U0620709

妻楊氏年肆拾貳歲 [illegible]

女大明年肆拾歲 寡

男明通年叁拾柒歲 [illegible] 係州前府所付 [illegible]

男思社年叁拾貳歲 白丁

男明弟年貳拾伍歲 白丁

[illegible]

敦煌社會歷史文獻釋録第一編

策劃、主編：郝春文

英藏敦煌社會歷史文獻釋録

第十三卷

郝春文、宋雪春、李芳瑶、王秀林、陳于柱　編著
游自勇、聶志軍、杜立暉、韓鋒、董大學　助編

社會科學文獻出版社
SOCIAL SCIENCES ACADEMIC PRESS (CHINA)

本書第十三卷　係

國家社會科學基金重大項目（10&ZD080）

上海市哲學社會科學規劃重大課題

國家社會科學基金一般項目（04BZS004）

敦煌社會歷史文獻釋録

凡例

一　本書係大型文獻圖集《英藏敦煌文獻》的文字釋録本。其收録範圍、選擇内容均與上書相同，但增收該書漏收的部分佛教典籍以外文獻；對於該書未收的佛經題記，因其具有世俗文書性質，亦予增收；對於該書所收的部分佛經，本書則予以剔除。凡屬增收、剔除之文書，均作説明。

二　本書的編排順序係依收藏單位的館藏編號順序排列。每號文書按正背次序排列，背面以『背』（V）表示。文書正背之區分均依文書原編號。發現原來正背標錯的情況，亦不改動，但在校記中加以説明。

三　凡一號中有多件文書者，即依次以件爲單位進行録校。在每件文書標題前標明其出處和原編號碼。

四　每件文書均包括標題、釋文兩項基本内容；如有必要和可能，在釋文後加説明、校記和有關研究文獻等内容。

五　文書的擬題以向讀者提供盡量多的學術信息爲原則，凡原題和前人的擬題符合以上原則者，即行採用；不符者則重新擬題。

六　凡確知爲同一文書而斷裂爲兩件以上者，在校記中加以説明；若能直接綴合，釋文部分將逕録綴合後的釋文。

七　本書之敦煌文獻釋文一律使用通行繁體字釋録。釋文的格式採用兩種辦法，對有必要保存原格式的文書，以忠實原件、反映文書的原貌爲原則，按原件格式釋録；没有必要保存原格式的文獻，則採用自然行釋録。原件中之逆書（自左向右書寫），亦不改動；一件文書寫於另一件文書行間者，分别釋録，但加以説明。保存原格式的文書，原文一行排不下時，移行時比文書原格式低二格，以示區别。

八　釋文的文字均以原件爲據，適當吸收前人的研究成果。如已發表的釋文有誤，則逕行改正，並酌情出校。

九　同一文書有兩種以上寫本者，釋録到哪一號，即以該號中之文書爲底本，以其他寫本爲參校本；有傳世本者，則以寫本爲底本，以傳世本爲參校本。

一〇　底本與參校本内容有出入，凡底本中之文字文義可通者，均以底本爲准，而將參校本中之異文附於校記，以備參考。若底本有誤，則保留原文，在錯誤文字下用（　）注出正字；如底本有脱文，可據他本和上下文義補足，但需將所補之字置於〔　〕内；改、補理由均見校記。

一一　原件殘缺，依殘缺位置用（前缺）（中缺）（後缺）表示。因殘缺造成缺字者，用□

表示，不能確知缺幾個字的，上缺用□表示，中缺用□表示，下缺用□表示，一般佔三格，但有時爲了保持原文格式，可適當延長，視具體情況而定。

一二　凡缺字可據别本或上下文義補足時，將所補之字置於□内，並在校記中説明理由；原文殘損，但據殘筆劃和上下文可推知爲某字者，逕補；無法擬補者，從缺字例；字跡清晰，但不識者照描，在該字下注以『（？）』，以示存疑；字跡模糊，無法辨識者，亦用□表示。

一三　原書寫者未書完或未書全者，用『（以下原缺文）』表示。

一四　原件中的俗體、異體字，凡可確定者，一律改爲通行繁體字；有些因特殊情況需要保留者，用（　）將正字注於該字之下。

一五　原件中的筆誤和筆劃增減，逕行改正；出入較大的保留，用（　）在該字之下注出正字，並在校記中説明理由。

一六　原件中的同音假借字照録，但用（　）在該字之下注出本字。

一七　原件有倒字符號者，逕改；有廢字符號者，不録；有重疊符號者，直接補足重疊文字；均不出校。有塗改、修改符號者，只録修改後的文字；不能確定哪幾個字是修改後應保留的，兩存之。有塗抹符號者，能確定確爲作廢者，不録；不能確定已塗抹的文字，則照録。原寫於行外的補字，逕行補入行内；不能確定補於何處者，仍照原樣録於夾行中。

一八　原件中的衍文，均保留原狀，但在校記中注明某字或某字至某字衍，並説明理由。

一九　文書中的朱書和印跡，均在説明中注明。

二〇　本書收録與涉及的敦煌文獻，在標明其出處時，使用學界通用的略寫中文詞和縮寫英文詞，即：

『斯』：倫敦英國國家圖書館藏敦煌文獻斯坦因（Stein）編號

『北敦』（BD）：北京中國國家圖書館藏敦煌文獻編號

『Ch BM』：倫敦英國國家博物館藏敦煌絹紙畫編號

『Ch IOL』：倫敦英國印度事務部圖書館藏敦煌文獻編號

『S. P』：倫敦英國國家圖書館藏敦煌文獻木刻本斯坦因（Stein）編號

『伯』：巴黎法國國立圖書館藏敦煌文獻伯希和（Pelliot）編號

『Дх.』：聖彼得堡俄羅斯聯邦科學院東方文獻研究所藏敦煌文獻編號

『Φ.』：聖彼得堡俄羅斯聯邦科學院東方文獻研究所藏敦煌文獻弗魯格（Флуг）編號

目録

斯二六一四　大目乾連冥間救母變文一卷并序

釋文

大目乾連冥間救母變文一卷并序〔一〕

夫爲七月十五日者，天堂啓户，地獄門開，三塗業消，十善增長〔二〕。爲衆僧咨（恣）下（夏）〔三〕，此日會福之神〔四〕，八部龍天盡來教福〔五〕。承供養者現世福資〔六〕，爲亡者轉生於勝處〔七〕。於是盂蘭百味，飾貢於三尊〔八〕。仰大衆之恩光〔九〕，救倒懸之窘急。昔佛在世時〔一〇〕，弟子厥號目連〔一一〕，在俗未出家時，名曰羅卜，深信三寶，敬重大乘。於一時間欲往他國興易〔一二〕，遂即支分財寶，令母在後設齋供佛法憎（僧）詵（諸）乞來者〔一三〕。及其羅卜去後〔一四〕，母生慳吝之心〔一五〕，所〔是〕囑付資財〔一六〕，並並私隱匿〔一七〕。兒子不經旬月〔一八〕，事了還家。母語子言：『依汝營齋作福〔一九〕。』因茲欺誑凡聖，命終遂墮阿鼻地獄中〔二〇〕，受諸劇苦〔二一〕。羅卜三周禮畢〔二二〕，遂即投佛出家，丞

（承）宿習因聞法證得阿羅漢果〔二三〕。即以道眼訪覓慈親〔二四〕，六道生死〔二五〕，都不見母。目連從定起〔二六〕，含悲諮白世尊〔二七〕：『慈母何方受於快樂〔二八〕？』爾時世尊報目連曰：『汝母已落阿鼻，見受諸苦。汝雖位登聖果，知欲何爲。若非十方衆僧解下（夏）脱之日〔二九〕，已（以）衆力乃可救之〔三〇〕。』故佛慈悲，開此方便〔三一〕，建盂蘭盆者〔三二〕，即是其事也〔三三〕。

羅卜自從父母没，禮垃（泣）三周復制畢〔三四〕。
聞樂道不樂損刑（形）容〔三五〕，食旨不甘傷筋骨〔三六〕。
聞道如來在鹿琓（苑）〔三七〕，一切人天皆無（憮）恤〔三八〕。
我今學道覓如來〔三九〕，往詣雙林而問佛〔四〇〕。
爾時佛自便逡巡〔四一〕，稽首和尚兩足尊〔四二〕。
左右磨（摩）訶釋梵衆〔四三〕，東西大將散支神〔四四〕。
看（胸）前萬字頗黎色〔四五〕，項後圓光像月輪〔四六〕。
欲知百寶千花上，恰似天邊五色雲。
弟子凡愚居五欲〔四七〕，不能捨離去貪嗔。
直爲平生罪業重〔四八〕，殃及慈母入泉門〔四九〕。

只恐無常相逼迫，苦海沈淪生死津。
願佛慈悲度弟子〔五〇〕，學道專心報二親。
世尊當聞羅卜説，知其正直不心邪。
屈指先論四諦去（法）〔五一〕，後聞應當没七遮。
縱令積寶陵雲漢，不及交（教）人暫出家〔五二〕。
恰似盲龜遇浮木，由（猶）如大火出連（蓮）花〔五三〕。
炎炎火宅難逃避〔五四〕，滔滔苦海闊無邊〔五五〕。
直爲衆生分别故〔五六〕，如來所已（以）立三車〔五七〕。
佛唤阿難而剃髮，衣裳便化作袈裟。
登時證得阿難（羅）漢〔五八〕，後受婆羅提木叉。
羅卜當時在佛前，金爐怕（拍）怕（拍）起香煙〔五九〕。
六種瓊林動天地〔六〇〕，四花標樣葉清天〔六一〕。
千般錦繡補（鋪）牀坐〔六二〕，萬道殊（珠）幡空裏玄（懸）〔六三〕。
佛自稱言我弟子〔六四〕，號曰神通大目連。

當時目連於雙林樹下，證得阿羅漢果〔六五〕。何爲如此？准《法華經》云：窮子品先受其價〔六六〕，然後除糞，此即是也。先得阿難（羅）〔漢〕果〔六七〕，後當學道。看目連深山坐禪之處〔六八〕，〔若〕〔爲〕〔六九〕？

目連剃除須髮了〔七〇〕，將身便即入深山〔七一〕。
幽深地淨無人處〔七二〕，便即觀空而坐禪〔七三〕。
坐禪觀空知善惡〔七四〕，降心住心無所著。
對鏡澄澄不動遥（摇）〔七五〕，左脚還須押右脚。
端身坐盤石〔七六〕，以舌著上萼（腭）〔七七〕。
白骨盡皆空，氣息無交錯。
當時群鹿止吟林〔七八〕，逼近清潭望海頭〔七九〕。
明月庭前聽法眼〔八〇〕，青山松下坐唯禪〔八一〕。
天邊海氣無（如）遐（霞）换（焕）〔八二〕，隴外青山望或（戍）樓〔八三〕。
秋風瑟瑟林中度〔八四〕，黄葉飄零水上浮。
目連宴坐虚無境〔八五〕，内外證（澄）心漸漸脩〔八六〕。
通達聲聞居望地〔八七〕，出入山間得自由。
目連從定出，迅速作神通。
來如霹靂急〔八八〕，去似一團風〔八九〕。

海雁啼繒徹（繳）〔九〇〕，倉鷹脱網籠〔九一〕。
譚（潭）中煙霞碧〔九二〕，天淨遠路紅〔九三〕。
神通得自在，擲鉢便騰空。
於時一向子，上至梵天宫〔九四〕。
目連一向至天庭〔九五〕，耳裏唯聞鼓樂聲〔九六〕。
紅樓半映黄金殿，碧牖渾論（淪）白玉成〔九七〕。
錫杖敲門三五下，胸前不覺淚〔交〕盈〔九八〕。
長者出來如（而）共語〔九九〕，合掌先論中（忠）孝情〔一〇〇〕。

啓言：『長者相識否？
頻（貧）道南閻浮提人〔一〇一〕，少小身遭父母喪〔一〇二〕。
其家大富小（少）兒孫〔一〇三〕，孤惸更亦無途（徒）當（黨）〔一〇四〕。
頻（貧）道慈母號清（青）提〔一〇五〕，阿耶名輔相〔一〇六〕。
一生多造福田因，亡過合生此天上。
可連（憐）富貴嬌奢地〔一〇七〕，望睹令人心悦暢〔一〇八〕。
鍾鼓鏗鏘知（和）雅音〔一〇九〕，鼓瑟也以聲遼亮〔一一〇〕。
哀哀劬勞長不捨，乳哺之恩難可忘〔一一一〕。

别後安和好在否〔一一二〕，比來此處相尋訪。』
長者聞語意以（似）悲〔一一三〕，心裏迴惶出語遲：
『弟子閻浮有一息，不省既有出家兒〔一一四〕。
和尚莫怪苦盤問，世上人倫有數般。
乍觀出語將爲異（易）〔一一五〕，收氣之時稍似難。
俗間大有同名姓〔一一六〕，相似顔容幾百般。
刑（形）容大省繒（曾）相織（識）〔一一七〕，只竟思量没處安〔一一八〕。
闍梨苦死來相認〔一一九〕，更説家徒（中）事意看〔一二〇〕。』

目連白言長者〔一二一〕：『頻（貧）道小時，名字羅卜〔一二二〕。父母亡没已後〔一二三〕，投佛出家，剃除須髮〔一二四〕，號曰大目乾連〔一二五〕，神通第一〔一二六〕。』長者見説小時名字，即知是兒：『别久，好在已否〔一二七〕？』羅卜目連認得慈父，起居問信（訊）已了〔一二八〕：『慈母今在何方受於快樂〔一二九〕？』長者報言羅卜〔一三〇〕：『汝母生存在日，與我行葉（業）不同〔一三一〕。我修十善五戒〔一三二〕，死後神織（識）得〔生〕天上〔一三三〕。汝母平生在日〔一三四〕，廣造諸罪〔一三五〕。命終之後，遂墮地獄〔一三六〕。汝向閻浮提冥路之中〔一三七〕，尋問阿孃〔一三八〕，即知去處〔一三九〕。』目連問（聞）語〔一四〇〕，便辭長者，頓身下降南閻浮提〔一四一〕，向冥路之中，尋覓阿孃不見〔一四二〕，且見八九個男子女人，閑閑無事，目連向前問其事由之處〔一四三〕：

但且莫禮拜〔一四四〕，賢者是何人〔一四五〕，此間都集會。
閑閑無一事〔一四六〕，遊城墎外來〔一四七〕。
頻（貧）道今朝至此間〔一四八〕，心中只手深相怪〔一四九〕。』
諸人答言啓和尚〔一五〇〕：
只爲同名復同性（姓）〔一五一〕，名字交錯被追來。
勘當恰經三五日〔一五二〕，無事得放卻歸迴。
早被妻兒送墳墓〔一五三〕，獨自抛我在荒祁（郊）〔一五四〕。
四邊更無親伴侶〔一五五〕，狐狼鴉鵲競分張〔一五六〕。
宅舍破壞無投處〔一五七〕，王邊披訴語聲哀。
判放作鬼閑無事，受其餘報更何哉〔一五八〕。
死生路今（而）而（今）已隔〔一五九〕，一掩泉門不再開〔一六〇〕。
塚上縱有千般食，何曾濟得腹中飢〔一六一〕。
號咷大哭終無益〔一六二〕，徒煩攪紙作錢財〔一六三〕。
寄語家中男女道，勸令脩福救冥灰（災）〔一六四〕。』

目連良久而言〔一六五〕：『識一青提夫人已否？』諸人答言：『盡皆不識。』目連又問：『閻羅大王住在何處？』諸人答言：『和尚，向北更行數步，遥見三重門樓，有千萬個壯士皆持刀棒，即是閻羅大王門。』目連聞語〔一六六〕，向北更行數步〔一六七〕，即見三重門樓，有壯士驅無量罪人入來〔一六八〕。目連向前尋聞（問）阿嬢不見〔一六九〕，路傍大哭〔一七〇〕，哭了前行，披（被）所由將見於王〔一七一〕。門官引入見大王，〔王〕問目連事〔由〕之處〔一七二〕，〔若〕〔爲〕〔一七三〕？

大王既見目連入，合掌逡巡而欲立。
『和尚又（有）没事由來〔一七四〕？』連忙案後相祇邑（挹）〔一七五〕：
『暫（慚）愧闍梨至此間〔一七六〕，〔□〕〔□〕〔□〕〔□〕〔□〕〔□〕〔□〕〔一七七〕。
弟子處在冥塗間〔一七八〕，拷定罪人生死〔一七九〕。
雖然不識和尚，早個知其名字〔一八〇〕。
爲當佛使至此間？别有家私事意？
太山定罪卒難移〔一八一〕，總是天曹地（把）筆批〔一八二〕。
罪人業報隨緣起〔一八三〕，造此何人救得伊〔一八四〕。
腥血凝脂長夜臭〔一八五〕，惡染闍梨清淨衣〔一八六〕。
冥塗不可多時住〔一八七〕，伏願闍梨早去歸〔一八八〕。』
目連啓言：『不得説，大王照知否〔一八九〕？
頻（貧）道生年有父母，日夜持齋常短（斷）午〔一九〇〕。

據其行事在人間，亡過合生於淨土。
天堂獨有阿耶居，慈母諸天覓總無。
計亦不應過地獄，只恐黄（皇）天横被誅〔一九一〕。
追放（訪）縱由天地邊〔一九二〕，悲嗟悔恨乃長嘘〔一九三〕。
業報若來過此界，大王繒（曾）亦得知否〔一九四〕？』

目連言訖，大王便喚上殿〔一九五〕，乃見地藏菩薩，便即禮拜。『汝覓阿孃來〔一九六〕？』目連啓言：『是覓阿孃來〔一九七〕。』『汝母生存在日〔一九八〕，廣造諸罪，無量無邊〔一九九〕，當墮地獄〔二〇〇〕。汝且向前，吾當即至〔二〇一〕。』大王便喚業官〔二〇二〕、伺命〔二〇三〕、司録〔二〇四〕，應時即至。『〔是〕和尚阿孃名青提夫人〔二〇五〕，亡後多少時〔二〇六〕？』業官啓言大王〔二〇七〕：『青提夫人〔亡〕〔來〕已經三載〔二〇八〕，配罪案總在天曹録事司太山都尉一本〔二〇九〕。』王喚善惡二童子，向太山檢青提夫人在何地獄。大王啓言和尚〔二一〇〕：『共童子相隨，問五道將軍，應知去處。』目連聞語，便辭大王即出〔二一一〕。行經數步，即至柰河，柰河之上見無數罪人〔二一二〕，脱衣掛在樹上〔二一三〕，大哭數聲，欲過不過，迴迴惶惶，五五三三，抱頭啼哭。目連問其事由之處〔二一四〕：〔若〕〔爲〕〔二一五〕？

柰河之水西流急，碎石讒（巉）巖行路澀〔二一六〕。
衣裳脱掛樹枝傍，被趁不交（教）時向立〔二一七〕。

河畔問（聞）他點名字〔二一八〕，兇（胸）前不覺沾衣濕〔二一九〕。
今日方知身死來，雙雙傍樹長悲泣。
生時我舍事（是）吾珍〔二二〇〕，今（金）軒駟馬駕珠（朱）倫（輪）〔二二一〕。
爲言萬古無千（遷）改〔二二二〕，誰知早個化惟（爲）塵〔二二三〕。
嗚呼哀哉心裹痛，徒理（埋）白骨爲高塚〔二二四〕。
南槽龍〔馬〕子孫乘〔二二五〕，北牖香車妻接（妾）兩（用）〔二二六〕。
異口咸言不可論，長嘘歎息更何怨。
造罪諸人落地獄〔二二七〕，作善之者必人（生）天〔二二八〕。
如今各自隨緣業，定是相逢後迴（會）難〔二二九〕。
握手丁寧須努力〔二三〇〕，迴頭拭淚飽相看〔二三一〕。
耳裹惟聞唱道急〔二三二〕，萬衆千群驅向前。
牛頭把棒河南岸，獄卒擎叉水北邊〔二三三〕。
水裹之人眼盼盼，岸頭之者淚涓涓。
早知到没艱辛地，悔不生時作福田。
目連問言柰河樹下人曰：『天堂地獄乃非虛〔二三四〕。
行惡不論天所罪〔二三五〕，應時（是）冥零（靈）亦共誅〔二三六〕。

貧道慈親不積善，亡魂亦復落三塗。
聞道將來入地獄，但曰知其逍（消）息否〔二三七〕？』
罪人總見目連師，一切啼哭損雙眉：
『弟子死來年月近，和尚慈親實不知。
我等生時多造罪〔二三八〕，今日辛苦方始悔。
縱令妻妾滿山川，誰肯死來相替代〔二三九〕。
何時更得別泉門，爲報家中我子孫〔二四〇〕。
不須白玉爲棺槨，徒勞黄金葬墓墳〔二四一〕。
長悲怨歎終無益，鼓樂絃歌我不聞。
欲得亡人没苦難〔二四二〕，無過修福救冥魂。
和尚卻歸〔二四三〕，〔與〕〔諸〕〔人〕爲傳逍（消）息〔二四四〕，交（教）令造福〔二四五〕，以救亡人。除佛一人，無由救得，願和尚捕（菩）提涅盤（槃）〔二四六〕，尋常不没。運載一切衆生，智惠鈕（劍）勤磨〔二四七〕，不煩惱林而誅〔二四八〕，威行普心於世界，而諸佛之大願。儻若出離泥犁，是和尚慈親普降。』目連問以（已）〔二四九〕，更往前行。時向中間，即至五道將軍坐所，問阿孃逍（消）息處〔二五〇〕：
五道將軍性令（靈）惡〔二五一〕，金甲明鼎、劍光交錯。

左右百萬餘人，總是接飛手脚。
叫譀似雷驚振動，怒目得電光耀鶴（霍）〔二五二〕。
或有劈腹開心，或有面皮生剥。
目連雖是聖人，亦得魂驚膽落。
目連啼哭念慈親〔二五三〕，神通急速若風雲。
若聞（問）冥途刑（形）要處〔二五四〕，無過此個大將軍。
左右攢槍當大道，東西立杖萬餘人。
縱然舉目西南望，正見俄俄五道神。
〔□〕〔□〕〔□〕〔□〕〔□〕〔□〕〔□〕〔二五五〕，守此路來經幾劫。
千軍萬衆定刑名，從頭各自隨緣業。
貧道慈母傍行檀，魂魄漂流冥路間。
若向（問）三塗何處苦〔二五六〕，咸言五道鬼門關。
畜生惡道人偏遶（饒）〔二五七〕，好道天堂朝暮閑。
一切罪人於此過，伏願將軍爲檢看。
將軍合掌啓闍梨：『不須啼哭損容儀。
尋常此路恒沙衆，卒問青提知是誰〔二五八〕。

太山都要多名部（簿）〔二五九〕，察會天曹并地府。
文牒知司各有名，符印下來過此處〔二六〇〕。
今朝弟子是名（冥）官〔二六一〕，暫與閣梨檢尋看。
可中果報（教）逢名字〔二六二〕，放（訪）覓縱由亦不難〔二六三〕。』

將軍問左右曰：『見一青提夫人以（已）否〔二六四〕？』左邊有一都官啓言將〔軍〕〔二六五〕：『三年已前，有一青提夫人，被阿鼻地獄牒上索將，見在阿鼻地獄受苦〔二六六〕。』目連聞語，啓言將軍：『將軍報言和尚，一切罪人皆從王邊斷決，然始下來。目連頻（貧）道阿孃，緣何不見王面？』將軍將軍報言和尚〔二六七〕：『世間兩衆（種）人不得見王面〔二六八〕：第一之人，平生在日，修於十善五戒〔二六九〕，死後神識得生天上，〔不〕〔見〕〔王〕〔面〕〔二七〇〕。第二之人，生存在日，不修善業，廣造之（諸）罪〔二七一〕，命終之後，便入地獄，亦不得見王面。唯有半惡半善之人〔二七二〕，將見王面斷決，然始託生，隨緣受報。』目連聞語，便向諸地獄尋覓阿孃之處：

目連淚落憶逍（悄）逍（悄）〔二七三〕，衆生業報似風飄。
慈親到没艱辛地，魂魄於時早已消〔二七四〕。
鐵倫（輪）往往從空入〔二七五〕，猛火時時腳下燒。
心腹到處皆零落〔二七六〕，骨肉尋時似爛燋。

銅鳥萬道望心攢，鐵計（汁）千迴頂上澆〔二七七〕。

昔（借）問前頭劍樹苦〔二七八〕，何如剉碓斬人腰。

不可論，凝脂碎肉（血）似津〔二七九〕。

莽蕩周迴數百里，嵯峨向下一由旬。

鐵鏘萬劍安其下，煙火千重遮四門。

借問此中何物罪，只是閻浮煞罪人〔二八〇〕。

目連言訖，更往前行，須臾之間，至一地獄。目連啓言獄主：『此個地獄中有青提夫人已否〔二八一〕？是頻（貧）道阿孃，故來訪覓。』獄主報言和尚：『此個獄中，總是男子，並無女人〔二八二〕。向前問有刀山地獄之中〔二八三〕，問必應得見。』目連前行，（又）至（一）地獄〔二八四〕，左名刀山，右名劍樹。地獄之中，鋒劍相向，涓涓血流。見獄主驅無量罪人入此地獄。目連問曰：『此個名何地獄？』羅察（刹）答言〔二八五〕：『此是刀山劍樹地獄。』目連問曰：『獄中罪人作何罪業，當墮此地獄〔二八六〕？』獄主報言〔二八七〕：『獄中罪人，生存在ヨ，浸損常住，游（淤）泥伽藍〔二八八〕，好用常住水果，盗常住柴新〔二八九〕。今日交（教）伊手攀劍樹〔二九〇〕，支支節節皆零落處：

刀山白骨亂縱橫，劍樹人頭千萬顆。

欲得不攀刀山者，無過寺家填好土。

栽接果木入伽藍〔二九一〕，布施種子倍常住。
阿你個罪人不可説〔二九二〕。
累劫受罪度恆沙，從佛涅盤（槃）仍未出〔二九三〕。
此獄東西數百里，罪人亂走肩相掇〔二九四〕。
業風吹火向前燒，獄卒把杈從後插。
身手（首）應時如瓦碎〔二九五〕，手足當時如粉沫。
沸鐵騰光向口傾〔二九六〕，著者左穿如右穴。
銅箭傍飛射眼精，劍輪直下空中割〔二九七〕。
爲言千載不爲人〔二九八〕，鐵杷摟聚還交（教）活〔二九九〕。』

目連聞語，啼哭咨嗟，向前問言獄主：『此個獄中，有一青提夫人已否〔三〇〇〕？』獄主啓言和尚：『是何親眷？』目連啓言：『是頻（貧）道慈母〔三〇一〕。』獄主報言和尚：『此個獄中無青提夫人〔三〇二〕。向前地獄之中，總是女人，應得相見。』目連聞以（語）〔三〇三〕，更往前行〔三〇四〕。至一地獄，高下可有一由旬，黑煙蓬勃，臭氣勳（薰）天〔三〇五〕。見一馬頭羅刹〔三〇六〕，手把鐵杈〔三〇七〕，意（氣）而立〔三〇八〕。目連問曰：『此個名何地獄？』羅刹答言：『此是銅柱鐵牀地獄。』目連問曰：『獄中罪人，生存在日，有何罪業〔三〇九〕，當墮此獄？』獄主答言：『在生之日〔三一〇〕，女將男子，男將女人，行婬欲於父母之牀〔三一一〕，弟子於師長之牀，奴婢於曹主之牀，當墮此獄之中〔三一二〕。東西不可算，男子女人〔三一三〕，相和一半〔三一四〕。』

女卧鐵牀釘釘身〔三一五〕，男抱銅柱兇（胸）懷（壞）爛〔三一六〕。
鐵鑽長交（教）利鋒刃〔三一七〕，鑱牙快似如錐鑽〔三一八〕。
腸空即以鐵丸充，唱渴還將鐵計（汁）灌〔三一九〕。
蒺蔾入腹如刀臂（劈）〔三二〇〕，空中劍戟跳星亂。
刀剜骨肉片片破〔三二一〕，劍割肝腸寸寸斷。
不可言〔三二二〕，地獄天堂相對疋。
天堂曉夜樂轟轟，地獄無人相求（救）出〔三二三〕。
父母見存爲造福，七分之中而獲一。
縱令東海變桑田，受罪之人仍未出〔三二四〕。

目連言訖，更往前行。須臾之間，至一地獄。啓言獄主：『此個獄中，有一青提夫人已否〔三二五〕？』獄主報言：『青提夫人，是和尚阿孃？』目連啓言：『是慈母〔三二六〕。』獄主報和尚曰〔三二七〕：『三年已前，有一青提夫人，亦到此間獄中，被阿鼻地獄牒上索將，今見在阿鼻地獄中〔三二八〕。』目連悶絶僻（擗）〔地〕〔三二九〕，良久氣通，漸漸前行，即逢守道羅刹問處〔三三〇〕，〔若〕〔爲〕〔三三一〕？

目連行步多愁惱〔三三二〕，刀劍路傍如野草。
側耳遥聞地獄間〔三三三〕，風火一時聲號號。
爲憶慈親長（腸）欲斷〔三三四〕，前路不婁行即到。
忽然逢著夜叉王〔三三五〕，按劍坐蛇當大道。
啓言：『貧道是釋迦如來佛弟子〔三三六〕，證見三明出生死〔三三七〕。
哀哀慈母號青提，亡過魂靈落於此。
擿（適）來巡曆（歷）諸餘獄〔三三八〕，問者咸言稱不是。
近云將母入阿鼻〔三三九〕，大將亦應之（知）此事〔三四〇〕。
有無實説莫沈吟，人間乳哺最恩深。
聞説慈親骨髓痛，造此（次）誰知貧道心〔三四一〕。』
夜叉聞語心遏遏〔三四二〕，直言更亦無刑（形）跡〔三四三〕。
『和尚孝順古今希，冥塗不憚親巡曆（歷）〔三四四〕。
青提夫人欲似有，影向不能全指的〔三四五〕。
〔□〕〔□〕〔□〕〔□〕〔□〕〔□〕〔□〕〔三四六〕，灌鐵爲城銅作壁〔三四七〕。
業風雷振一時吹，到者身骸似狼寂（藉）〔三四八〕。
勸諫闍梨早皈舍〔三四九〕，徒煩此處相尋覓。

不如早去見如來，槌胸懊惱知何益〔三五〇〕。』

目連見説地獄之難，當即迴〔身〕〔三五一〕。擲鉢騰空，須臾之間，即至婆（娑）羅林所〔三五二〕，遶佛三匝，卻坐一面，瞻〔仰〕尊顔〔三五三〕，目不暫舍（捨）〔三五四〕。白言世尊處〔三五五〕：

『闕事如來日已遠〔三五六〕，追放（訪）縱由天地遍〔三五七〕。
阿耶惟得生天上〔三五八〕，慈母不曾重會面。
聞道阿鼻見受罪〔三五九〕，思之不覺肝腸斷。
猛火龍蛇難向前，造次無由作方便。
如來神力移山海，一切衆生多受（愛）戀〔三六〇〕。
臣急由來解告君，如何慈母重相見〔三六一〕。』

世尊唤言：『大目連〔三六二〕，且莫悲哀泣〔三六三〕。
世間之罪由（猶）如繩〔三六四〕，不是他家尼碾來〔三六五〕。
火急將吾錫丈（杖）與〔三六六〕，能除八難及三災。
但知勤念吾名字，地獄應〔當〕爲如（汝）開〔三六七〕。』

目連丞（承）佛威力〔三六八〕，騰身向下〔三六九〕，急如風箭。須臾之間，即至阿鼻地獄。

空中見五十個牛頭馬腦〔三七〇〕，羅刹夜叉，牙如劍樹〔三七一〕，口似血盆，聲如雷鳴〔三七二〕，眼如掣電，向天曹當直〔三七三〕。逢著目連，遥報言〔三七四〕：『和尚莫來，此間不是好道〔三七五〕，此是地獄之路〔三七六〕。西邊黑煙之中，總是獄中毒炁，吸著和尚化爲灰塵處〔三七七〕：

和尚不聞道阿鼻地獄〔三七八〕，鐵石過之皆得殃〔三七九〕。

地獄爲言何處在，西邊怒那黑煙中〔三八〇〕。』

目連念佛若恆沙〔三八一〕，地獄元來是我家。

拭淚空中遥（摇）錫杖〔三八二〕，鬼神當即倒如麻〔三八三〕。

白汗交流如雨濕，昏迷不覺自噓嗟〔三八四〕。

手中放卻三楞棒，臂上遥抛六舌叉〔三八五〕。

如來遣我看慈母，阿鼻地獄救波吒。

目連不往（住）騰身過〔三八六〕，獄卒相看不敢遮。

目連前行，至一地獄，相去一百餘步，被火氣吸著〔三八七〕，而欲仰倒。其阿鼻地獄〔三八八〕，且鐵城高峻〔三八九〕，莽蕩連雲，劍戟森林〔三九〇〕，刀槍重疊〔三九一〕。劍樹千尋以芳撥〔三九二〕，針刺相揩〔三九三〕；刀山萬仞橫連〔三九四〕，讒（劖）嵒亂倒〔三九五〕。猛火掣浚似雲（雷）吼〔三九六〕，咷（跳）踉滿天〔三九七〕；劍輪蔟蔟似星明〔三九八〕，灰塵摸（撲）地〔三九九〕。鐵蛇吐火〔四〇〇〕，四面張鱗〔四〇一〕；銅狗吸煙〔四〇二〕，三邊振吠〔四〇三〕。蒺蔾空中亂下〔四〇四〕，穿其男子之胸〔四〇五〕；錐鑽天上旁飛〔四〇六〕，剜刺女人〔之〕背〔四〇七〕。鐵杷踔眼〔四〇八〕，赤血西流〔四〇九〕；銅叉剉腰〔四一〇〕，白膏東引〔四一一〕。於是〔上〕刀山〔四一二〕，入爐炭〔四一三〕，髑髏碎〔四一四〕，骨肉爛〔四一五〕，筋皮折〔四一六〕，手（肝）膽斷〔四一七〕。碎肉迸濺於四門之外〔四一八〕，凝血滂沛於獄墻之畔〔四一九〕。聲號叫天〔四二〇〕，岌岌汗汗〔四二一〕；雷□震地〔四二二〕，隱隱岸岸〔四二三〕。向上雲煙散散漫漫〔四二四〕，向下鐵鏘撩撩亂亂〔四二五〕。箭毛鬼嘍嘍竄竄〔四二六〕，銅嘴鳥吒吒叫叫喚〔四二七〕。獄卒數萬餘人〔四二八〕，總是牛頭馬面。饒君鐵石爲心，亦得亡魂膽戰處〔四二九〕：

目連執錫向前聽，爲念阿鼻意轉盈。
一切獄中皆有息，此個阿鼻不見停。
恆沙之衆同時入〔四三〇〕，共變其身作一刑（形）〔四三一〕。
忽若無人獨自入〔四三二〕，其身亦滿鐵圍城〔四三三〕。
案案難〔四三四〕，難振鐵〔四三五〕，吸（岌）岌雲空〔四三六〕。
轟轟鏘鏘括地雄〔四三七〕。
長蛇皎皎三曾黑〔四三八〕，大鳥崖柴兩翅青〔四三九〕。
萬道紅爐扇廣炭〔四四〇〕，千重赤炎迸流星〔四四一〕。
東西鐵鑽讒（劖）兇（胸）筋〔四四二〕，左右銅鉸石（射）眼精〔四四三〕。
金鏘亂下如風雨〔四四四〕，鐵計（汁）空中似灌傾〔四四五〕。

哀哉苦哉難可忍〔四四六〕，更交（教）腹背下長釘〔四四七〕。

目連見以（已）唱其哉〔四四八〕，專心念佛幾千迴〔四四九〕。

風吹毒氣遥呼吸〔四五〇〕，看著身爲一聚灰〔四五一〕。

一振黑城關鎖落〔四五二〕，再振明（冥）門兩扇開〔四五三〕。

目連那邊伋（仍）未唤〔四五四〕，獄卒擎叉便出來〔四五五〕：

『和尚欲覓阿誰消息〔四五六〕？』

其城廣闞（闊）萬由旬〔四五七〕，卒（倉）倉（卒）没人關閉得〔四五八〕。

刀劍皛光阿點點〔四五九〕，受罪之人愁懺懺〔四六〇〕。

大火終融滿地明〔四六一〕，煙霧滿滿帳（張）天黑〔四六二〕。

忽見闍梨於此立，又復從來不相識〔四六三〕。

縱由算當更無人〔四六四〕，應是三寶慈悲力。

獄主啓言和尚：『緣何事開他地獄門〔四六五〕？』報言〔四六六〕：『貧道不開阿誰開〔四六七〕？和（世）尚（尊）寄物來開〔四六八〕。』獄主問言〔四六九〕：『寄是没物來開〔四七〇〕？』目連啓獄主〔四七一〕：『寄十二環錫杖來開。』獄卒（主）又問〔四七二〕：『和尚緣何事來至此〔四七三〕？』目連啓言：『貧道阿孃名青提夫人〔四七四〕，故來訪覓看〔四七五〕。』獄主聞語，卻入獄中高樓之上〔四七六〕，迢（招）白幡〔四七七〕，打鐵鼓〔四七八〕：第一隔中有青提夫人已否〔四七九〕？第一隔中無。過到第二隔中，迢（招）黑幡〔四八〇〕，打鐵鼓〔四八一〕：第二隔中有青提夫〔人〕已否〔四八二〕？第二隔中已否亦無〔四八三〕。過到第三隔中〔四八四〕，迢（招）黃幡〔四八五〕，打鐵鼓〔四八六〕：第三隔中有青提夫人已否〔四八七〕？亦無〔四八八〕。過到第四隔中〔四八九〕，亦無。即至第五隔中問，亦道無。過到第六隔中，亦道無青提夫人〔四九〇〕。獄卒（主）行至第七隔中〔四九一〕，迢（招）碧幡〔四九二〕，打鐵鼓〔四九三〕：第七隔中有青提夫人已否〔四九四〕？其時青提〔夫〕〔人〕〔在〕第七隔中〔四九五〕，身上下卌九道長釘〔四九六〕，鼎（釘）在鐵牀之上〔四九七〕，不敢應獄主〔四九八〕。獄主更問〔四九九〕：『第七隔中有青提夫人已否〔五〇〇〕？』『若看覓青提夫人者〔五〇一〕，罪身即是〔五〇二〕。』『早個緣甚不應〔五〇三〕？』『恐畏獄主更將別處受苦〔五〇四〕，所以不敢應獄主〔五〇五〕。』獄主報言：『門外有一三寶〔五〇六〕，剃除髭髮〔五〇七〕，身披法服〔五〇八〕，稱言是兒〔五〇九〕，故來訪看〔五一〇〕。』青提夫人聞語〔五一一〕，良久思惟〔五一二〕，報言獄主〔五一三〕：『我無兒子出家〔五一四〕，不是莫錯〔五一五〕？』獄主聞語〔五一六〕，卻迴行至高樓〔五一七〕，報言和尚：『緣有何事〔五一八〕，詐認獄中罪人是阿孃〔五一九〕，緣没事謾語〔五二〇〕？』目連聞語，悲泣雨淚〔五二一〕，啓言獄主〔五二二〕：『貧道解（適）來傳語錯〔五二三〕。頻（貧）道小時自（字）羅卜〔五二四〕，父母亡没已後〔五二五〕，投佛出家，剃除髭髮〔五二六〕，號曰大目乾連〔五二七〕。獄主莫嗔〔五二八〕，更問一迴去。』獄主聞語，卻迴至第七隔中〔五二九〕，報言罪人〔五三〇〕：『門外三寶小時自（字）羅卜〔五三一〕，父母終没已後〔五三二〕，投佛出家，剃除髭髮，號曰大目乾連。』青提夫人聞語〔五三三〕：『門外三寶〔五三四〕，若小時字羅卜〔五三五〕，是也〔五三六〕。罪身一寸腸嬌子！』獄主聞語，扶起青提夫人〔五三七〕，升嘍（拔）卻卌九道長釘〔五三八〕，鐵鎖〔鎖〕腰〔五三九〕，生杖圍遶，驅出門外，母子相見處：

〔□〕〔□〕〔□〕〔□〕〔□〕〔□〕〔□〕〔五四〇〕，生杖魚鱗似雲集。

千年之罪未可知〔五四一〕，七孔之中流血汁。

猛火從孃口中出，蒺蘺步〔步〕從空入〔五四二〕。

由（猶）如五百乘破車聲〔五四三〕，腰脊豈能於管拾〔五四四〕。

獄卒擎叉左右遮，牛頭把鎖東西立。

一步一倒向前來，目連抱母號咷泣。

哭曰：『由如（兒）不孝順〔五四五〕，殃及慈母落三塗〔五四六〕。

積善之家有餘慶〔五四七〕，皇天只没煞無辜〔五四八〕。

阿孃昔日勝潘安，如今憔顇頓摧濺（殘）〔五四九〕。

曾聞地獄多辛苦〔五五〇〕，今日方知行路難。

一從遭禍耶孃死，每日墳陵常祭祀。

孃孃得食喫已否，一過容顏總憔悴。』

阿孃既得目連言，嗚呼怕（拍）搦淚交連〔五五一〕：

『昨與我兒生死隔，誰知今日重團圓。
阿孃生時不修福，十惡之愆皆具足〔五五二〕。
當時不用我兒言，受此阿鼻大地獄。
阿孃昔日極芬榮，出入羅幃錦障行。
那勘（堪）受此泥梨苦〔五五三〕，變作千年餓鬼行。
口裹千迴拔出舌〔五五四〕，兇（胸）前百過鐵犂耕〔五五五〕。
骨節筋皮隨處斷，不勞刀劍自彫零〔五五六〕。
一向須臾千過死〔五五七〕，於時唱道卻迴生。
入此獄中同受苦，一（不）論貴賤與公卿〔五五八〕。
汝向家中勤祭祀，只得鄉閭孝順明（名）〔五五九〕。
縱向墳中澆歷（瀝）酒〔五六〇〕，不如抄寫一行經〔五六一〕。』
目連哽噎啼如雨，便即迴頭諮獄主：
『頻（貧）道須（雖）是出家兒〔五六二〕，力小那能救慈母。
五服之中相容隱〔五六三〕，此即古來賢聖語。
惟願獄主放卻孃〔五六四〕，我身替孃長受苦〔五六五〕。』
獄主爲人情性剛〔五六六〕，嗔心默默色蒼茫〔五六七〕：

『弟子雖然爲獄主，斷決皆由平等王。
阿孃有罪阿孃受，阿師受（造）罪阿師當〔五六八〕。
金牌土（玉）諫（簡）無揩洗〔五六九〕，卒亦無人輒改張。
受罪只金（今）時以（已）至〔五七〇〕，須將刑殿上刀槍〔五七一〕。
和尚欲得阿孃出，不如歸家燒寶香〔五七二〕。』
目連慈母語聲哀，獄卒擎叉兩畔催。
欲至獄前而欲到（倒）〔五七三〕，便即長悲『好住來』！
青提夫人一個手，託著獄門迴顧盼〔五七四〕。言『好住來，罪身一寸長腸嬌子』〔處〕〔五七五〕：
『孃孃昔日行慳妒〔五七六〕，不具（懼）來生業報恩（因）〔五七七〕。
言作天堂没地獄，廣煞豬羊祭鬼神〔五七八〕。
但悦其身眼下樂〔五七九〕，寧知冥路拷亡魂。
如今既受泥犁苦〔五八〇〕，方知反悟自家身〔五八一〕。
悔時悔亦知何道〔五八二〕，覆水難收大俗云。
何時出離波吒苦，豈敢承聖（望）重作人〔五八三〕。
阿師子（是）如來佛弟子〔五八四〕，足解知之父母恩。

忽若一朝登聖覺，莫望（忘）孃孃地獄受艱辛〔五八五〕。』
目連既見孃孃別，恨不將身而自滅。
舉身自撲太山崩〔五八六〕，七孔之中皆灑血。
啓言『孃孃且莫入，迴頭更聽兒一言。
母子之情天生（性）也〔五八七〕，乳哺之恩是自然。
兒與孃孃今日別，定知相見在何年。
那堪聞此詖（波）咤苦〔五八八〕，其心楚痛鎮懸懸。
地獄不容相替代，唯知號叫大稱怨。
隔是不能相救濟，兒亦隨孃孃身死獄門前〔五八九〕』。
目連見母卻入地獄〔五九〇〕，切骨傷心〔五九一〕，哽噎聲嘶〔五九二〕。遂乃舉身自撲〔五九三〕，由（猶）如五太山崩〔五九四〕，七孔之〔中〕皆流迸血〔五九五〕。良久而死〔五九六〕，復乃重蘇，兩手按地起來〔五九七〕，政（整）頓衣裳〔五九八〕，騰空往至世尊之處〔五九九〕。
目連情地總昏昏，人語冥冥似不聞。
良久沈吟而性（醒）悟〔六〇〇〕，擲鉢騰空問世尊。
目連對佛稱怨苦〔六〇一〕，且（具）説刀山及劍樹〔六〇二〕：
『蒙佛神力借餘威，得向阿鼻見慈母。

鐵城煙焰火騰騰〔六〇三〕，劍刃（刀）森林數萬層〔六〇四〕。
人脂碎肉和銅汁，迸肉含潭（膘）血裹凝〔六〇五〕。
慈親容貌豈堪任，長夜遭他刀劍侵。
白骨萬迴登劍樹〔六〇六〕，紅顏百過上刀林。
天下之中何者重，父母之情恩最深。
如來是衆生慈父母，願照愚迷方寸心。』
如來本自大慈悲，聞語慘地斂雙眉：
『衆生出没於輪綱，恰似蠊蠡兔望絲〔六〇七〕。
汝母時（昔）多（時）昔（多）造罪〔六〇八〕，魂神一往落阿鼻。
此罪劫移仍未出〔六〇九〕，非佛凡夫不可知。』
佛喚〔阿〕難徒衆等〔六一〇〕，五（吾）往冥途自救之〔六一一〕。
如來領八部龍天〔六一二〕，前後圍遶，放光動地，救地獄〔之〕苦〔處〕〔六一三〕。
如來聖智本均平〔六一四〕，慈悲地獄救衆生。
無數龍神八部衆，相隨一隊向前行。
隱隱逸逸，天上天下無如疋〔六一五〕。
左邊沈，右邊没，如山岌岌雲中出。

催（崔）催（崔）嵬嵬〔六一六〕，天堂地獄一時開。
行如雨，坐（動）如雷〔六一七〕，似月圍（團）圍（團）海上來〔六一八〕。
獨自俄俄師子步〔六一九〕，虎行偘偘象王迴〔六二〇〕。
雲中天樂吹《楊柳》，空裏鑌（繽）芬下《落梅》〔六二一〕。
帝擇（釋）向前持玉寶〔六二二〕，梵王從後奉金牌。
不可論中不可論〔六二三〕，如來神力救泉門。
左右天人八部衆，東西持（侍）衛四方神〔六二四〕。
眉間豪相千般色〔六二五〕，項後圓光五採（綵）雲〔六二六〕。
地獄沾光消散盡，劍樹刀林似碎塵。
獄卒沾光皆⿰𧾷胡跪，合掌一心而頂禮〔六二七〕。
如來今日起慈悲〔六二八〕，地獄摧賤（殘）悉破壞〔六二九〕。
鐵丸化作磨尼寶，刀山化作琉璃地〔六三〇〕。
〔□〕〔□〕〔□〕〔□〕〔□〕〔□〕〔□〕〔六三一〕，銅汁變作功德水〔六三二〕。
清良（涼）屈由（曲）遶池流〔六三三〕，鵝鴨鴛鴦扶淚淚〔六三四〕。
紅波夜夜碧煙生，録（緑）樹朝朝紫雲氣（起）〔六三五〕。
罪人總得生天上〔六三六〕，唯有目連阿孃爲餓鬼〔六三七〕。

〔地〕〔獄〕〔一〕〔切〕〔並〕〔變〕〔化〕〔六三八〕，〔總〕〔是〕〔釋〕〔迦〕〔聖〕〔佛〕〔威〕〔六三九〕。

目連蒙佛威力〔六四〇〕，〔重〕得見慈母〔六四一〕。罪根深結，業力難排，雖免地獄之酸，墮在餓鬼之道。悲辛不等〔六四二〕，苦樂玄（懸）殊〔六四三〕。若並前途，感其百千萬倍〔六四四〕。咽如針孔，滴水不通。頭似太山〔六四五〕，三江難滿。無聞漿水之名〔六四六〕，累月經年，受飢羸之苦〔六四七〕。遥見清涼冷水〔六四八〕，近著變作膿河〔六四九〕。縱得美食香餐〔六五〇〕，便即化爲猛火。『孃孃見今飢困〔六五一〕，命若懸絲，汝若不去（起）〔慈〕悲〔六五二〕，豈名孝順之子？生死路隔，後會難期。欲救懸沙（絲）之危〔六五三〕，事亦不應遲曉（晚）〔六五四〕。』『出家之法，依信施而安存。縱有常住飲食，恐難消化。而（兒）辭孃孃〔六五五〕，往向王舍城中，取飯與孃孃相見〔六五六〕。』目連辭母〔六五七〕，擲鉢騰空，須臾之間，即到王舍城中。次第乞飯〔六五八〕，行到長者門前〔六五九〕。長者見目連非時乞食〔六六〇〕，盤問逗留之處〔六六一〕：『和尚，且齋已過〔六六二〕，食時已過〔六六三〕，乞飯將用何爲〔六六四〕？』目連啓言長者：

『貧道阿孃亡過後〔六六五〕，魂神一往落阿鼻。
近得如來相救出，身如枯骨氣如絲。
貧道肝腸寸寸斷，痛切傍人豈得知。
計亦不合非時乞，爲以慈親而食之〔六六六〕。』
長者聞言大驚䔊（愕）〔六六七〕，思寸無常情不樂〔六六八〕。

金鞍永絶晶珠心〔六六九〕，玉貌無由上莊（妝）閣〔六七〇〕。
但且歌〔六七一〕，但且樂〔六七二〕，人命由（悠）由（悠）如轉燭〔六七三〕。
何（不）覓（見）天堂受快樂〔六七四〕，唯聞地獄罪人多。
有時喫〔六七五〕，有時著〔六七六〕，莫學愚人貯（多）多（貯）積〔六七七〕。
不如廣造未來因，誰能保命存朝夕。
兩兩相看不覺死，錢財必莫於身惜〔六七八〕。
一朝擗手入長棺〔六七九〕，空澆塚上知何益〔六八〇〕。
智者用錢多造福，愚人將金買田宅〔六八一〕。
平生辛苦覓錢財，死後總被他分柏（擘）〔六八二〕。
長者聞語忽驚疑〔六八三〕，三寶福田難可遇〔六八四〕。
急催左右莫交（教）遲〔六八五〕，家中取飯以闍梨〔六八六〕。
地獄忽然消散盡，明知諸佛不思議。
長者手中執得飯，過以闍梨發大願〔六八七〕：
『非但和尚奉慈親〔六八八〕，合獄罪人皆飽滿〔六八九〕。』
目連乞得耕（粳）良飯〔六九〇〕，持鉢將來憲（獻）慈母〔六九一〕。
於時行至大荒交（郊）〔六九二〕，手捉金匙而自哺〔六九三〕。

青提夫人雖遭地獄之苦，慳貪久（究）竟未除〔六九四〕，見兒將得飯鉢來，望風即生吝惜〔六九五〕。『來者三寶，即是我兒〔六九六〕，爲我人間取飯，汝等令人息〔心〕〔六九七〕。我今自寮（療）〔六九八〕，況復更能相濟。』目連將飯并鉢奉上，阿孃恐被侵奪，舉眼連看四伴（畔）〔六九九〕，左手鄣鉢〔七〇〇〕，右手團食。食來（未）入口〔七〇一〕，變爲猛火。長者雖然願票（重）〔七〇二〕，不那慳部（鄣）尤深〔七〇三〕。目連見母如斯，肝膽猶如刀割〔七〇四〕。『我今聲聞力劣〔七〇五〕，智小人徵（微）〔七〇六〕。唯有啓問世尊〔七〇七〕，應知濟拔〔之〕路〔七〇八〕。』具（且）看〔與〕母飯處〔七〇九〕：

天（夫）人見願（飯）向前迎〔七一〇〕，慳貪未喫且空爭：

『我兒遠取人間飯，將來自擬療飢坑〔七一一〕。

獨喫猶看不飽足〔七一二〕，諸人息意慢承忘〔七一三〕。』

青提慳貪業力重，入口喉中猛火生。

目連見母喫飯成猛火〔七一四〕，渾塠（搥）自撲如山崩〔七一五〕。

耳鼻之中皆流血〔七一六〕，哭言『黄（皇）天我孃孃〔七一七〕。

南閻浮提施此飯〔七一八〕，飯上有七尺往神光〔七一九〕。

將作是香美飲食，飯未入口成（變）便（成）火〔七二〇〕。

口（只）爲慳貪心不改〔七二一〕，所以連年受其罪〔七二二〕。

如（兒）今痛切更無方〔七二三〕，業報不容相替代。
世人〔不〕須懷疾妒〔七二四〕，一落三塗罪未畢〔七二五〕。
香飲（飯）未及入咽喉〔七二六〕，猛火從孃口中出。
俗間之罪滿娑婆〔七二七〕，唯有慳貪罪最多〔七二八〕。
火既無端從口出，明知業報不由他。
一切常行平等意，亦復壽（專）心念彌陀〔七二九〕。
但能捨卻貪心者〔七三〇〕，淨土天堂隨意至〔七三一〕』。
青提喚言『孝順兒，罪業之身不自亡。
不得阿行（師）邪（行）孝道〔七三二〕，誰肯艱辛救耶（阿）孃〔七三三〕。
見飯未能抄入口〔七三四〕，見（大）火無端卻損傷（腸）〔七三五〕。
慳貪去（豈）得將心念〔七三六〕，只應過有諸餘殃〔七三七〕。
阿師是孃孃孝順子，與我冷水濟虚腸』。
目連聞阿孃索水〔七三八〕，氣咽聲嘶〔七三九〕。思寸中間〔七四〇〕，忽憶王舍城南有〔一〕大水〔七四一〕，闊浪無邊，名曰恆河之水，亦應救得阿孃火難之苦。南閻浮提衆生見水〔七四二〕，即是清涼冷水〔七四三〕。諸天見水，即是琉璃寶池〔七四四〕。〔魚〕鼈見此水〔七四五〕，即是潤澤〔七四六〕。青提見水，即是膿河猛火〔七四七〕。行至水頭，未見兒呪願〔七四八〕，更（便）即左手託岸良由慳〔七四九〕，右手抄水良由貪。直爲慳貪心不止〔七五〇〕，水未入口便（變）成〔火〕〔七五一〕。目連見阿孃喫飯成猛火〔七五二〕，喫水成猛火〔七五三〕，搥（搥）胸怕（拍）憶（臆）〔七五四〕，悲號啼哭。來向佛前，遶佛三匝，卻住一面〔七五五〕，白言〔七五六〕：『世尊慈悲〔七五七〕，救得阿孃〔波〕〔吒〕之苦〔七五八〕。只今喫飯成火，喫水成火〔七五九〕，如今（何）救得阿孃火難之苦〔七六〇〕？』世尊喚言：『目連，汝阿孃如今未得飯喫〔七六一〕，無過周匝一年七月十五日〔七六二〕，廣造盂蘭盆，始得飯喫〔七六三〕。』目連見阿孃飢〔七六四〕，白言：『世尊，每月十三〔七六五〕、十四日可不〔得〕否〔七六六〕？要須待一年之中七月十五日始得飯喫〔七六七〕？』世尊報言〔七六八〕：『非但汝阿孃當須此日〔七六九〕，廣造盂蘭盆〔七七〇〕，諸山坐禪戒（解）下（夏）日〔七七一〕，羅漢得道日，提婆達多罪滅日〔七七二〕，閻羅王歡喜日〔七七三〕，一切餓鬼總得普同飽滿〔七七四〕。』目連承佛明教，便向王舍城邊塔廟之前〔七七五〕，轉讀大乘經典，廣罪（造）盂蘭盆善根〔七七六〕，阿孃就此盆中〔七七七〕，始得一頓飽飯喫〔七七八〕。從得飯已來〔七七九〕，母子更不〔相〕見〔七八〇〕。目連諸處尋覓阿孃不見〔七八一〕，悲泣雨淚，來向佛前，遶佛三匝，卻住一面，合掌蹦跪。白言：『世尊，阿孃喫飯成火，喫水成火〔七八二〕，蒙世尊慈悲，救得阿孃火難之苦。從七月十五日得一頓飯喫已來，母子更不相見〔七八三〕。爲當墮〔於〕地獄〔七八四〕？爲復向餓鬼之途〔七八五〕？』世尊報言：『汝母亦不墮地獄〔及〕餓鬼之途〔七八六〕。〔得〕汝轉經功德〔七八七〕，造盂蘭盆善根〔七八八〕，汝母轉〔卻〕餓鬼之身〔七八九〕，向王舍城中作黑狗身去〔七九〇〕。汝欲得見阿孃者〔七九一〕，心行平等，次第乞食〔七九二〕，莫問貧富。行至大富長者家門前〔七九三〕，有一黑狗出來〔七九四〕，捉汝袈裟銜著〔七九五〕，作人語，即是汝阿孃也〔七九六〕。』目連蒙佛勑〔七九七〕，遂即託鉢持盂〔七九八〕，尋覓阿孃〔七九九〕。不問貧富坊巷〔八〇〇〕，行衣（一）匝合〔八〇一〕，總不見阿孃。行至一長者家門前，見一黑狗身從宅裏出來〔八〇二〕，便捉目連袈裟咸（銜）著〔八〇三〕，即作人語，語言〔八〇四〕：『阿孃孝順子〔八〇五〕，忽是能向地獄冥路之中救阿孃來〔八〇六〕，因何不救狗身之苦〔八〇七〕？』目連啓言慈母：『由兒不孝順，殃及慈母〔八〇八〕，墮落三塗〔八〇九〕。寧作狗身於此？你（寧）作（在）〔地〕〔獄〕餓鬼之途〔八一〇〕？』阿孃喚言：『孝順兒，受此狗身音啞報〔八一一〕，行住坐卧得存（安）〔寧〕〔八一二〕。飢即於坑中食人不淨〔八一三〕，渴飲長流以濟虚。朝聞長者念三寶〔八一四〕，莫聞孃子誦尊經〔八一五〕。寧作狗身，受大地不淨，耳中不聞地獄之名。』目連引得阿孃往於王舍城中佛塔之前，七日七夜，轉誦大乘經典，懺悔念戒〔八一六〕。阿孃乘此功德〔八一七〕，轉卻狗身，退卻狗皮，掛於樹上，還得女人身〔八一八〕，全具人扶（狀）圓滿〔八一九〕。目連啓言阿孃：『人身難得，中國難生，佛法難聞，善心難發。』喚言：『阿孃，今得人身，便即修福〔八二〇〕。』目連將母於娑羅雙樹下，遶佛三匝，卻住一面，白言：『世尊，與弟子阿孃看業道已來，從頭觀占，更有何罪？』世尊不違目連之語，從三業道觀看，更率私之罪。目連見母罪滅，心甚歡喜，啓言阿孃：『歸去來，閻浮提世界不堪停〔八二一〕。生住死本來無住處〔八二二〕，西方佛國最爲精。』敢（感）得龍〔天〕奉引其前〔八二三〕，亦得天女來迎接〔八二四〕，一往仰（迎）前刀（忉）利天〔八二五〕，刀（忉）利天受快樂〔八二六〕。最初説偈度俱輪，當時此經時〔八二七〕，有八萬涅（菩）槃（薩）〔八二八〕、八萬僧、八萬優婆塞、八萬〔優〕〔婆〕姨〔八二九〕，作禮圍遶，歡喜信受奉行。

大目犍連變文一卷〔八三〇〕。

貞明柒年辛巳歲四月十六日淨土寺學郎薛安俊寫。張保達文書。

（後缺）

説明

此件尾部完整，首部下沿略殘，有烏絲欄，起首題『大目乾連冥間救母變文一卷并序』，訖尾題『貞明柒年（公元九二一年）辛巳歲四月十六日淨土寺學郎薛安俊寫。張保達文書』。另一面的内容是『沙州諸寺僧尼名簿』和雜寫。雖然此件在各種圖録和著録中均被標爲正面，但實際上另一面的内容書寫在前，抄寫者是利用已經廢棄的僧尼名簿背面來抄寫『大目乾連冥間救母變文』的，理由請參看本書所收之斯二六一四背『沙州諸寺僧尼名簿』之『説明』。

現知對此件有校勘價值的另有伯二三一九、伯三四八五、伯三一〇七、伯四九八八背+羽一九背、羽七一、BD〇〇八七六（盈七六）、BD〇四〇八五（麗八五）+BD〇三七八九（霜八九）、斯三七〇四。其中伯二三一九首尾完整，起首題『大目乾連冥間救母變文一卷』，訖尾題『大目犍連變文一卷』。伯三四八五首全尾缺，起首題『目連變文』，訖『願和』。伯三一〇七首全尾缺，起首題『大目乾連冥間救母變文一卷并序』，訖『炎炎火宅難逃避』，卷背抄有『大目乾連變文一卷。竇護』。伯四九八八背與日本杏雨書屋藏敦煌文獻羽一九背可以直接綴合（參看張涌泉《敦煌變文整理之展望》，《第2回東アヅア宗教文獻國際研究集會『唱導、講經と文學』報告書》，廣島大學，二〇一三年，三七三頁），綴合後的文書首尾均缺，起『直爲衆生分別故』之『爲衆生分別故』，訖『獄卒擎叉水北邊』之『獄卒』。羽七一首尾均缺，起『鐵杷摟聚還交（教）活』，訖『報言獄主』。BD〇〇八七六（盈七六）首缺尾全，起『煙霧滿滿帳（張）天黑』之『天黑』，訖尾題『太平興國二年，歲在丁丑潤六月五日，顯德寺學仕郎楊願受一人恩微，發願作福，寫盡此《目連變》一卷。後同釋迦牟尼佛壹會彌勒生作佛爲定。後有衆生同發信心，寫盡《目連變》者，同池（持）願力，莫墮三塗』。BD〇四〇八五（麗八五）與BD〇三七八九（霜八九）亦可直接綴合，綴合後的文書首尾均缺，起『孃孃抄寫一行經』，訖『朝聞長者念三寶』之『三』。斯三七〇四首尾均缺，起『搥（搥）胸怕（拍）憶（臆）』之『憶』字，訖『阿孃乘此功德』之『阿孃』。

以上釋文以斯二六一四爲底本，以伯二三一九（稱其爲甲本）、伯三四八五（稱其爲乙本）、伯三一〇七（稱其爲丙本）、伯四九八八背+羽一九背（稱其爲丁本）、羽七一（稱其爲戊本）、BD〇〇八七六（盈七六）（稱其爲己本）、BD〇四〇八五（麗八五）+BD〇三七八九（霜八九）（稱其爲庚本）、斯三七〇四（稱其爲辛本）參校。

校記

〔一〕『大目乾連冥間救母變文一卷』，甲、丙本同，乙本作『目連變文』；『并序』，丙本同，甲、乙本無，甲本此句後另有『其偈子每衹三兩句，後云云是』。

〔二〕『十善增長』，據甲、乙、丙本補。

〔三〕『爲』，據甲、乙、丙本補；『咨』，甲、乙、丙本同，當作『恣』，《敦煌變文選注》據文義校改，『咨』爲『恣』之借字；『下』，甲、乙、丙本同，當作『夏』，《敦煌變文選注》據文義校改，『下』爲『夏』之借字。

〔四〕『之』，甲、乙、丙本同，《敦煌變文選注》校改作『諸』。《敦煌變文選注》《敦煌變文校注》將『之神』二字斷入下句。

〔五〕『教』，甲、乙、丙本同，《敦煌變文選注》校改作『徼』；『福』，據甲、乙、丙本及殘筆劃補。

〔六〕『承供養者』，據甲、乙、丙本補。

〔七〕『亡』，乙、丙本同，甲本作『亡過』。

〔八〕『飾貢於』，據甲、乙、丙本補，《敦煌變文校注》認爲『飾』當校改作『式』。

〔九〕『光』，甲、乙、丙本同，《敦煌變文選注》釋作『先』，校改作『光』，按底本原作『光』形，但因『光』『先』形近，手書易混，故逕釋作『光』。

〔一〇〕『時』，甲、丙本同，乙本無。

〔一一〕『子厥號』，據甲、乙、丙本補。

〔一二〕『於一時間』，據甲、乙、丙本補。

〔一三〕『供』，乙本同，甲、丙本作『供養』；『佛』，乙、丙本同，甲本作『諸佛』；『法』，據甲、乙本補；『憎』，當作『僧』，據甲、乙、丙本改；『詵』，當作『諸』，據乙、丙本改，甲本作『及諸』。

〔一四〕『及』，乙、丙本同，甲本無。

〔一五〕『吝』，甲、乙本同，丙本作『惜』。

〔一六〕「是」，據甲、乙、丙本補。

〔一七〕第二個「並」字，甲、乙、丙本無，係衍文，據文義當删。

〔一八〕「兒子」，甲、乙本同，丙本作「其兒羅卜」。

〔一九〕「汝」，甲、乙本同，丙本作「汝付囑」；「營」，據甲、乙、丙本補；「作」，甲、乙本同，丙本作「供養作」。

〔二〇〕「鼻」，甲、乙、丙本作「鼻大」。

〔二一〕「諸劇」，據甲、乙、丙本補。

〔二二〕「周」，甲、丙本同，乙本作「州」，「州」爲「周」之借字。

〔二三〕「丞」，當作「承」，據甲、乙、丙本改，「丞」爲「承」之借字；「得」，據甲本補，乙、丙本無；「阿羅」，據甲、乙、丙本補。

〔二四〕「以」，甲、丙本同，乙本作「是」，誤。

〔二五〕「生死」，甲、丙本同，乙本作「死生」。

〔二六〕「定起」，據甲、乙、丙本補。

〔二七〕「含」，據甲、乙、丙本補。

〔二八〕「快」，甲、丙本同，乙本作「決」，誤。

〔二九〕「下」，甲、乙、丙本同，當作「夏」，《敦煌變文選注》據文義校改，「下」爲「夏」之借字。

〔三〇〕「已」，甲、乙、丙本同，當作「以」，《敦煌變文集》據文義校改，「已」爲「以」之借字。

〔三一〕「開」，甲、丙本同，乙本作「聞」，誤。

〔三二〕「建」，甲、乙、丙本同，《敦煌變文集》《敦煌變文選注》《敦煌變文校注》均釋作「用建」，按底本「建」前原有未書完一字，當係抄者發現筆誤後停筆所致，應不録。

〔三三〕『是』，甲、乙、丙本無；『事』，甲、丙本同，乙本作『户』，誤。

〔三四〕『垃』，當作『泣』，據甲、乙、丙本改。

〔三五〕『道』，甲、乙、丙本無，據文義係衍文，當刪；『損』，甲、丙本同，乙本脱；『刑』，乙本同，當作『形』，據甲、丙本改，『刑』爲『形』之借字。

〔三六〕『旨』，甲、丙本同，乙本作『正』，誤。

〔三七〕『琬』，乙本同，甲本作『宛』，丙本作『菀』，當作『苑』，《敦煌變文集》據文義校改。

〔三八〕『人天』，乙、丙本同，甲本作『天人』；『無』，當作『憮』，據甲、乙、丙本改，《敦煌變文集》校改作『撫』，『無』爲『憮』之借字。

〔三九〕『學』，甲、丙本同，乙本作『覺』，誤。

〔四〇〕『林』，甲、丙本同，乙本作『如』；『而』，甲本同，乙本作『聞』，丙本作『如』；『問』，甲、丙本同，乙本作『佛』；『佛』，甲、丙本同，乙本作『聲』。甲本此句後有『云云』二字。

〔四一〕『自』，丙本同，乙本作『在』。此句至『號曰神通大目連』，甲本無。

〔四二〕『首』，丙本同，乙本作『手』，『手』爲『首』之借字。

〔四三〕『磨』，當作『摩』，據乙、丙本改，《敦煌變文集》《敦煌變文選注》《敦煌變文校注》逕釋作『摩』，『磨』爲『摩』之借字。

〔四四〕『支』，丙本同，乙本作『諸』，『諸』爲『支』之借字，《敦煌變文集》據乙本校改作『諸』，《敦煌變文校注》指出『支』字不誤。

〔四五〕『看』，乙、丙本同，當作『胸』，《敦煌變文集》據文義校改；『頗黎』，丙本同，乙本作『波利』。

〔四六〕『輪』，丙本同，乙本作『倫』，『倫』爲『輪』之借字。

〔四七〕『欲』，據乙、丙本補。

〔四八〕『直』，乙本作『真』。

〔四九〕『殃』，丙本同，乙本作『央』，『央』爲『殃』之借字；『泉門』，據乙、丙本補。

〔五〇〕『子』，據乙、丙本補。

〔五一〕『諦』，丙本同，乙本作『帝』，『帝』爲『諦』之借字；『去』，當作『法』，據乙、丙本改。

〔五二〕『交』，乙、丙本同，當作『教』，《敦煌變文選注》據文義校改，『交』爲『教』之借字；『人』，丙本同，乙本作『如』。

〔五三〕『由』，乙、丙本同，當作『猶』，《敦煌變文選注》據文義校改，『由』爲『猶』之借字；『連』，當作『蓮』，據乙、丙本及文義改，《敦煌變文集》《敦煌變文選注》《敦煌變文校注》逕釋作『蓮』，『連』爲『蓮』之借字。

〔五四〕丙本止於此句。

〔五五〕『邊』，乙本同，《敦煌變文選注》認爲當校改作『涯』。

〔五六〕『直』，乙本作『真』。丁本始於此句之『爲衆生分别故』。

〔五七〕『已』，乙本同，當作『以』，《敦煌變文集》據文義校改，『已』爲『以』之借字。

〔五八〕『難』，當作『羅』，據乙本改。

〔五九〕『怕怕』，乙、丁本同，當作『拍拍』，《敦煌變文選注》據文義校改。

〔六〇〕『林』，丁本同，乙本脱；『天』，乙、丁本作『大』。

〔六一〕『葉』，乙、丁本同，《敦煌變文校注》疑當讀作『協』；『清』，乙、丁本同，《敦煌變文選注》認爲當校改作『青』。

〔六二〕『補』，乙、丁本同，當作『鋪』，《敦煌變文集》據文義校改；『坐』，乙本同，《敦煌變文集》《敦煌變文選注》

《敦煌變文校注》釋作「座」，雖義可通而字誤。

〔六三〕「殊」，乙本同，當作「珠」，據丁本改；「玄」，乙、丁本同，當作「懸」，《敦煌變文集》據文義校改，「玄」爲「懸」之借字。

〔六四〕「子」，據乙、丁本補。

〔六五〕「漢」，據甲、乙、丁本補。

〔六六〕「品」，甲、乙、丁本同，《敦煌變文校注》認爲係衍文，當删；「價」，甲、乙本作「賈」，均可通，丁本作「位」，誤。

〔六七〕「難」，當作「羅」，據甲、乙、丁本改；「漢」，據甲、乙、丁本補。

〔六八〕「深」，甲、乙本同，丁本作「琛」，誤。甲本此句後有「其父生於天宫」。

〔六九〕「若爲」，據丁本補。

〔七〇〕「須」，乙本同，甲、丁本作「鬚」，均可通。

〔七一〕「便即」，甲、丁本同，乙本作「即便」；「入」，甲、乙本同，丁本脱。

〔七二〕「深」，甲、丁本同，乙本作「心」，「心」爲「深」之借字。

〔七三〕「而」，甲、乙本同，丁本作「學」。甲本此句後有「云云」二字。

〔七四〕丁本此句無。此句至「出入山間得自由」，甲本無。

〔七五〕「鏡」，乙、丁本同，《敦煌變文選注》認爲當校改作「境」；「遥」，乙本同，當作「摇」，據丁本改，「遥」爲「摇」之借字。

〔七六〕「坐」，乙本同，丁本作「坐著」；「石」，乙本同，丁本作「石上」。

〔七七〕「著」，丁本同，乙本作「看」，《敦煌變文選注》疑當作「拄」，《敦煌變文校注》認爲「著」亦通；「蓐」，乙、丁本作「咢」，當作「腭」，《敦煌變文集》據文義校改，「萼」「咢」均爲「腭」之借字。

〔七八〕「止」，乙、丁本作「正」，誤。

〔七九〕「潭」，乙本同，丁本作「譚」，「譚」爲「潭」之借字。

〔八〇〕「聽」，乙本同，丁本作「看」。

〔八一〕「青」，丁本同，乙本作「清」，「清」爲「青」之借字；「唯」，乙、丁本作「喉」，誤。

〔八二〕「無」，乙本同，當作「如」，據丁本改，「無」爲「如」之借字；「遐」，乙本同，當作「霞」，據丁本改，「遐」爲「霞」之借字；「换」，乙本同，丁本作「唤」，當作「焕」，《敦煌變文集新書》據文義校改，「换」「唤」均爲「焕」之借字。

〔八三〕「青」，丁本同，乙本作「清」，「清」爲「青」之借字；「或」，乙本同，當作「戍」，據丁本改。

〔八四〕「中」，乙本同，丁本作「夜」。

〔八五〕「坐」，乙本同，丁本脱；「境」，丁本同，乙本作「鏡」，「鏡」爲「境」之借字。

〔八六〕「證」，乙本同，當作「澄」，據丁本改；「脩」，丁本同，乙本作「修」，均可通。

〔八七〕「望」，乙、丁本同，《敦煌變文選注》校改作「聖」。

〔八八〕「來」，甲、乙本同，丁本作「如」；「如」，乙本同，甲本作「而」，丁本作「來」；「霹」，甲、乙本同，丁本作「壁」，「壁」爲「霹」之借字；「靂」，甲本同，乙本作「磨」，誤，丁本作「歷」，「歷」爲「靂」之借字。

〔八九〕「風」，甲、乙本同，丁本作「空」。

〔九〇〕「雁」，乙本同，丁本作「鳥」；「徹」，乙、丁本同，當作「繳」，《敦煌變文集》據文義校改。甲本此句至「天淨遠路紅」無。

〔九一〕「倉」，底本原作「鶬」，係涉下文「鷹」之增旁俗字；「網」，乙本同，丁本作「納」，誤。

〔九二〕「譚」，丁本同，當作「潭」，據乙本改，「譚」爲「潭」之借字。

〔九三〕「天」，乙本同，丁本作「無」；「路」，乙本同，丁本作「露」，「露」爲「路」之借字。

〔九四〕甲本此句後有「云云」二字。

〔九五〕「一向至天庭」，乙、丁本同，甲本作「到天宮尋父，至一門，見一長者」。

〔九六〕「唯」，乙、丁本作「惟」。此句至「更説家徒事意看」，甲本無。

〔九七〕「論」，乙、丁本同，當作「淪」，據文義改，《敦煌變文集》《敦煌變文選注》《敦煌變文校注》逕釋作「淪」，「論」爲「淪」之借字。

〔九八〕「胸」，丁本同，乙本作「兇」，「兇」爲「胸」之借字；「覺」，丁本同，乙本脱；「交」，據乙、丁本補；「盈」，乙、丁本同，底本原作「溋」，係涉上文「淚」之增旁俗字，《敦煌變文校注》釋作「盈盈」，按底本並無重文符號。

〔九九〕「如」，乙本同，當作「而」，據丁本改，「如」通「而」。

〔一〇〇〕「中」，乙、丁本同，當作「忠」，《敦煌變文選注》據文義校改，「中」爲「忠」之借字。

〔一〇一〕「頻」，當作「貧」，據乙、丁本改，「頻」爲「貧」之借字，以下同，不另出校；「道」，乙、丁本作「道是」。

〔一〇二〕「少」，丁本同，乙本作「小」；「遭」，乙本同，丁本作「曹」，誤。

〔一〇三〕「小」，乙本同，當作「少」，據丁本改。

〔一〇四〕「惸」，乙本同，底本原作「⿰孑甹」，係涉上文「孤」而成之類化俗字，《敦煌變文校注》釋作「甹」，丁本作「瓊」，「瓊」爲「惸」之借字；「途」，乙、丁本同，當作「徒」，《敦煌變文選注》據文義校改，「途」爲「徒」之借字；「當」，乙、丁本同，當作「黨」，《敦煌變文選注》據文義校改，「當」爲「黨」之借字。

〔一〇五〕「清」，當作「青」，據乙、丁本改，「清」爲「青」之借字。

〔一〇六〕「輔」，丁本同，乙本作「輸」，誤。

〔一〇七〕「連」，乙、丁本同，當作「憐」，《敦煌變文集》據文義校改，「連」爲「憐」之借字；「嬌」，乙本作「驕」，均可通，丁本作「憍」，誤。

〔一〇八〕「睹」，底本原作「覩」，「覩」爲「睹」之古文，丁本同，乙本作「都」，「都」爲「睹」之借字。

〔一〇九〕「鏗鎗」，乙本同，丁本作「鎗鏗」；「知」，當作「和」，據乙、丁本改。

〔一一〇〕「鼓瑟」，乙本同，丁本作「瑟琴」；「遼」，乙本同，丁本作「尞」，「尞」爲「遼」之借字。

〔一一一〕「忘」，乙、丁本作「妄」，「妄」爲「忘」之借字。

〔一一二〕「後」，乙本同，丁本作「久」。

〔一一三〕「語」，乙、丁本作「言」；「以」，乙、丁本同，當作「似」，《敦煌變文匯録》據文義校改。

〔一一四〕「既」，乙、丁本同，《敦煌變文選注》校改作「記」。

〔一一五〕「乍」，乙本同，丁本作「迮」，誤；「異」，乙、丁本同，當作「易」，《敦煌變文字義通釋》據文義校改，「異」爲「易」之借字。

〔一一六〕「大」，乙本同，丁本作「多」；「姓」，乙本同，丁本作「性」，「性」爲「姓」之借字。

〔一一七〕「刑」，丁本同，當作「形」，據乙本改，《敦煌變文集》《敦煌變文選注》《敦煌變文校注》逕釋作「形」，「刑」爲「形」之借字；「省」，乙本同，丁本作「性」，「性」爲「省」之借字；「繒」，乙本同，當作「曾」，據丁本改，「繒」爲「曾」之借字；「織」，當作「識」，據乙、丁本改。

〔一一八〕「竟」，丁本同，乙本作「鏡」，「鏡」爲「竟」之借字。

〔一一九〕「來」，丁本同，乙本作「未」。

〔一二〇〕「徒」，乙本同，當作「中」，據丁本改。

〔一二一〕『目連』，乙、丁本同，甲本脱。

〔一二二〕『名』，甲本同，乙、丁本脱。

〔一二三〕『已』，甲、丁本同，乙本無。

〔一二四〕『須』，甲、乙本同，丁本作『鬚』，均可通。

〔一二五〕『乾』，甲、乙本同，丁本作『健』。

〔一二六〕『第』，甲、乙、丁本同，底本原作『弟』形，因二字形近，在手書中易混，故可據文義判定其所屬，此逕釋作『第』。以下同，不另出校。

〔一二七〕『好在已否』，甲、乙本同，丁本作『已後好在』。

〔一二八〕『信』，乙本同，當作『訊』，據甲、丁本改。

〔一二九〕『快』，甲、乙本同，丁本作『决』，誤。丁本此句前有『問』字。

〔一三〇〕『羅卜』，甲、乙本同，丁本無。

〔一三一〕『葉』，乙、丁本同，當作『業』，據甲本改，『葉』爲『業』之借字。

〔一三二〕『修』，甲、乙本同，丁本作『脩』，均可通；『十善五戒』，甲、乙本同，丁本作『五戒十善』。

〔一三三〕『死後神』，甲、乙本同，丁本無；『織』，丁本無，當作『識』，據甲、乙本改；『生』，據甲、丁本補。

〔一三四〕『平生』，甲、乙本同，丁本作『生存』。

〔一三五〕『諸』，乙本同，甲本作『之』，『之』爲『諸』之借字。

〔一三六〕『墮』，甲、丁本同，乙本作『墜』。

〔一三七〕『向』，甲本同，乙、丁本作『向南』；『浮』，甲、丁本同，乙本脱；『冥』，甲、丁本同，乙本作『向名』。

〔一三八〕『問』，甲、乙本同，丁本作『覓』。

〔一三九〕「即知去處」，乙本同，甲本作「别父下天來」。

〔一四〇〕「問」，當作「聞」，據乙、丁本改，「問」爲「聞」之借字。此句至「向冥路之中」，甲本無。

〔一四一〕「下」，乙本無。

〔一四二〕「尋覔阿孃不見」，乙本同，甲本作「不見阿孃」。

〔一四三〕此句甲、乙本同，《敦煌變文選注》在此句後校補「□□□□□」。

〔一四四〕「但且」，甲、乙本同，丁本作「檀越」。

〔一四五〕「是」，甲、丁本同，乙本作「事」，「事」爲「是」之借字。

〔一四六〕「一」，乙、丁本同，甲本無。

〔一四七〕「墎」，《敦煌變文校注》釋作「郭」，乙本作「槨」，「墎」爲「郭」之借字。此句丁本作「遊遊城墎外」。此句至「心中只手深相怪」，甲本無。

〔一四八〕「道」，丁本同，乙本作「貧」，誤。

〔一四九〕「心中」，乙本同，丁本作「中心」。

〔一五〇〕「啓」，甲、乙本同，丁本無。

〔一五一〕「爲」，甲、乙本同，丁本作「是」；「性」，乙、丁本同，當作「姓」，據甲本改，《敦煌變文集》《敦煌變文選注》《敦煌變文校注》逕釋作「姓」，「性」爲「姓」之借字。

〔一五二〕「勘當恰經三五日」，甲、乙本同，丁本作「勘點經今三五日」。

〔一五三〕「墓」，甲本同，乙本作「基」，誤。

〔一五四〕「祁」，乙本作「交」，丁本作「效」，當作「郊」，《敦煌變文集》據文義校改，「交」爲「郊」之借字。此句至「何曾濟得腹中飢」，甲本無。

〔一五五〕『邊』，乙、丁本作『伴』。

〔一五六〕『狐』，乙本作『孤』，誤；『狼』，乙本作『鄉』，疑爲『郎』，係涉上文『狐』而成之類化俗字。

〔一五七〕『處』，乙本同，丁本作『寄』。

〔一五八〕『哉』，乙、丁本同，《敦煌變文選注》校改作『災』。

〔一五九〕『死生』，丁本同，乙本作『生死』；『今而』，乙、丁本同，當作『而今』，《敦煌變文校注》據文義校改，《敦煌變文選注》認爲『而今』二字當乙至句首。

〔一六〇〕『不再』，乙、丁本作『再不』。

〔一六一〕『曾』，丁本同，乙本作『增』，『增』爲『曾』之借字；『濟』，乙、丁本作『祭』。

〔一六二〕『咷』，甲、乙本同，丁本作『桃』，『桃』爲『咷』之借字。

〔一六三〕『攬』，乙本同，丁本作『箭』。此句甲本無。

〔一六四〕『脩』，丁本同，甲、乙本作『修』，均可通；『灰』，當作『災』，據甲、乙、丁本改。甲本此句後有『云云』二字。

〔一六五〕『目連』，甲、丁本同，乙本脱；『良久而言』，乙本同，甲本作『良久而言曰』，丁本作『聞語慘然無色，良久而言』。

〔一六六〕『聞』，甲、丁本同，乙本作『問』，『問』爲『聞』之借字。

〔一六七〕『更』，甲、乙本同，丁本作『即』；『數步』，甲、乙本同，丁本作『數步之間』。

〔一六八〕『壯士』，甲、乙本同，丁本作『千萬個壯士』。

〔一六九〕『聞』，丁本作『覓』，當作『問』，據甲、乙本改，《敦煌變文集》《敦煌變文選注》《敦煌變文校注》逕釋作『問』，『聞』爲『問』之借字。

〔一七〇〕「傍」，甲、乙、丁本同，《敦煌變文集》《敦煌變文選注》《敦煌變文校注》釋作「旁」，雖義可通而字誤。

〔一七一〕「披」，當作「被」，據甲、乙、丁本改。

〔一七二〕「王」，甲本無，據乙、丁本補；「事」，甲、乙本同，丁本作「行」；「由」，乙本無，據甲、丁本補。

〔一七三〕「若爲」，據丁本補。

〔一七四〕「又」，甲本同，當作「有」，據乙、丁本改，「又」爲「有」之借字。

〔一七五〕「後」，甲本同，乙本作「上」；「邑」，乙、丁本同，當作「挹」，據甲本改，「邑」爲「挹」之借字。甲本此句後有「云云」二字。

〔一七六〕「暫」，乙本同，丁本作「漸」，當作「慚」，《敦煌變文集》據文義校改。此句至「大王繒亦得知否」，甲本無。

〔一七七〕「□□□□□□□」，《敦煌變文選注》據文例校補。

〔一七八〕「塗」，乙本同，丁本作「路」。

〔一七九〕「拷」，乙本同，丁本作「考」，《敦煌變文校注》釋作「栲」，校改作「拷」；「生死」，乙本同，丁本作「於生死」。

〔一八〇〕「字」，乙本同，丁本作「子」，「子」爲「字」之借字。

〔一八一〕「移」，乙本同，丁本作「餘」，「餘」爲「移」之借字。

〔一八二〕「天」，丁本同，乙本脱；「曹」，丁本同，乙本作「槽」，「槽」爲「曹」之借字；「池」，乙本同，當作「把」，據丁本及文義改。

〔一八三〕「起」，乙本同，丁本作「處」。

〔一八四〕「何」，乙本同，丁本作「誰」；「救」，乙本作「久」，「久」爲「救」之借字；「得」，乙本同，丁本作「德」，「德」爲「得」之借字。

〔一八五〕『夜臭』，乙本同，丁本作『臭穢』。

〔一八六〕『染』，乙本同，丁本作『著』。

〔一八七〕『塗』，乙本同，丁本作『除』，誤。

〔一八八〕『去』，乙本同，丁本作『卻』。

〔一八九〕『照知否』，乙本同，丁本作『知』。

〔一九〇〕『持』，丁本同，乙本作『長』；『短』，乙本同，當作『斷』，據丁本改。

〔一九一〕『恐』，乙本同，丁本作『爲』；『黄』，乙、丁本同，當作『皇』，《敦煌變文選注》據文義校改，『黄』爲『皇』之借字。

〔一九二〕『放』，乙本同，丁本作『方』，當作『訪』，《敦煌變文選注》據文義校改，『放』『方』爲『訪』之借字；『縱』，乙、丁本同，《敦煌變文選注》校改作『蹤』，按不改亦可通；『邊』，乙本同，丁本作『遍』，《敦煌變文選注》認爲當校改作『遍』。

〔一九三〕『嘘』，乙本同，丁本作『呼』。

〔一九四〕『繒』，乙、丁本同，當作『曾』，《敦煌變文集》據文義校改，『繒』爲『曾』之借字。

〔一九五〕『目連言訖』至『大王便喚上殿』，甲、乙本同，丁本作『大王喚言，和尚近前上殿來，目連聞語，便即上殿』。

〔一九六〕『孃』，甲、乙本同，丁本作『誰』。

〔一九七〕『是』，甲本同，乙本作『見』，丁本作『貧道』。丁本此句後有『地藏菩薩造言』。

〔一九八〕『生存在日』，甲、乙本同，丁本無。

〔一九九〕『無量無邊』，甲、乙本同，丁本作『命終之後』。

〔二〇〇〕『墮』，甲、乙本同，丁本脱。

〔二〇一〕『吾』，甲、丁本同，乙本作『五』，『五』爲『吾』之借字。
〔二〇二〕『便』，甲、乙本同，丁本作『即』。
〔二〇三〕『伺』，甲、乙、丁本同，『伺』通『司』。
〔二〇四〕『司』，甲本同，乙、丁本作『伺』，『伺』通『司』。
〔二〇五〕『是』，甲、丁本無，據乙本補；『青』，甲、丁本同，乙本作『清』，『清』爲『青』之借字。
〔二〇六〕『後』，乙本同，甲本作『没』，丁本作『來』。
〔二〇七〕『言大王』，甲、乙本同，丁本作『大王言』。
〔二〇八〕『亡來』，據甲、乙、丁本補。
〔二〇九〕『司』，甲、乙本同，丁本作『伺』，『伺』通『司』；『本』，甲、乙本同，丁本作『太』，誤。
〔二一〇〕『啓』，甲、乙本同，丁本作『報』。
〔二一一〕『便』，甲、乙本同，丁本無。
〔二一二〕『柰河』，乙、丁本脱，甲本作『至柰河』。
〔二一三〕『掛』，甲、丁本同，乙本脱。
〔二一四〕『目連』，甲、乙本同，丁本作『目連向前』。
〔二一五〕『若爲』，據丁本補。
〔二一六〕『讒』，甲、乙、丁本同，當作『巉』，《敦煌變文集》據文義校改，『讒』爲『巉』之借字；『行路澀』，甲本同，乙本作『人行路』，丁本作『人路澀』。
〔二一七〕『交』，甲、乙、丁本同，當作『教』，《敦煌變文選注》據文義校改，『交』爲『教』之借字；『向』，甲、乙、丁本同，《『敦煌變文集』校記再補》認爲『向』同『晌』。

〔二一八〕『問』，甲、乙、丁本同，當作『聞』，《敦煌變文選注》據文義校改，『問』爲『聞』之借字；『字』，甲、乙本同，丁本作『子』，『子』爲『字』之借字。

〔二一九〕『兇』，乙本同，當作『胸』，據甲、丁本改，『兇』爲『胸』之借字。

〔二二〇〕『事』，乙本同，當作『是』，據丁本及文義改。此句至『萬衆千群驅向前』，甲本無。

〔二二一〕『今』，丁本同，當作『金』，據乙本改，『今』爲『金』之借字；『駟』，乙、丁本作『四』，『四』爲『駟』之借字；『珠』，乙、丁本同，當作『朱』，《敦煌變文選注》據文義校改，『珠』爲『朱』之借字；『倫』，乙本同，當作『輪』，據丁本及文義改，『倫』爲『輪』之借字。

〔二二二〕『爲』，乙、丁本同，《敦煌變文選注》認爲『爲』通『謂』；『古』，乙本同，丁本作『故』，『故』爲『古』之借字；『千』，乙、丁本同，當作『遷』，《敦煌變文選注》據文義校改，『千』爲『遷』之借字。

〔二二三〕『早』，丁本同，乙本作『旱』，誤；『惟』，乙本同，當作『爲』，據丁本及文義校改，『惟』爲『爲』之借字。

〔二二四〕『理』，丁本作『浪』，當作『埋』，據乙本改；『高』，乙本同，丁本作『蒿』。

〔二二五〕『槽』，乙本同，丁本作『曹』；『馬』，據乙、丁本補；『乘』，乙本同，丁本作『承』，『承』爲『乘』之借字。

〔二二六〕『接』，當作『妾』，據乙、丁本改；『兩』，當作『用』，據乙、丁本改。

〔二二七〕『罪』，乙本同，丁本作『業』；『諸』，乙、丁本作『之』，均可通。

〔二二八〕『者』，乙本同，丁本作『人』；『人』，當作『生』，據乙、丁本改。

〔二二九〕『逢』，乙本同，丁本作『蓬』，誤；『迴』，當作『會』，據乙、丁本改，『迴』爲『會』之借字。

〔二三〇〕『握』，乙本同，丁本作『屈』；『努』，乙、丁本作『怒』，『怒』爲『努』之借字。

〔二三一〕『拭』，乙、丁本作『識』，『識』爲『拭』之借字。

〔二三二〕「惟」，乙本同，《敦煌變文集》《敦煌變文選注》《敦煌變文校注》均釋作「唯」，雖意可通而字誤。

〔二三三〕「擎」，乙本同，甲本作「敬」，誤；「叉」，乙本同，甲本作「杈」，「杈」爲「叉」之借字。丁本止於此句之「獄卒」。

〔二三四〕「乃」，甲本同，乙本作「及」，誤。

〔二三五〕「罪」，甲、乙本作「罰」。

〔二三六〕「時」，當作「是」，據乙本改，「時」爲「是」之借字；「零」，乙本作「遷」，當作「靈」，《敦煌變文字義通釋》據文義校改，「零」爲「靈」之借字。此句甲本無。

〔二三七〕「逍」，乙本同，當作「消」，據甲本改，「逍」爲「消」之借字。

〔二三八〕「時」，乙本同，甲本作「來」。

〔二三九〕「相」，甲本同，乙本作「於」。

〔二四〇〕「子孫」，甲本同，乙本作「孫子」。

〔二四一〕「勞」，甲本同，乙本作「浪」；「墓」，甲本同，乙本作「基」，誤。

〔二四二〕「没」，乙本同，甲本作「不」；「苦」，甲本同，乙本作「共」，誤。

〔二四三〕「歸」，甲本脱，乙本作「雖」，誤。

〔二四四〕「與諸人」，乙本無，據甲本補；「逍」，乙本同，當作「消」，據甲本改，《敦煌變文集》《敦煌變文選注》《敦煌變文校注》逕釋作「消」，「逍」爲「消」之借字。

〔二四五〕「交」，甲、乙本同，當作「教」，《敦煌變文選注》據文義校改，「交」爲「教」之借字。

〔二四六〕「捕」，甲本同，當作「菩」，《敦煌變文集》據文義校改，「捕」爲「菩」之借字；「盤」，甲本同，當作「槃」，據文義改，《敦煌變文集》《敦煌變文選注》《敦煌變文校注》逕釋作「槃」。乙本止於此句之「願和」。

〔二四七〕「鈕」，甲本同，當作「劍」，《敦煌變文選注》據文義校改。
〔二四八〕「不」，甲本同，《敦煌變文校注》疑爲衍文。
〔二四九〕「以」，甲本同，當作「已」，《敦煌變文集》據文義校改，「以」爲「已」之借字。
〔二五〇〕「逍」，甲本同，當作「消」，據文義改，「逍」爲「消」之借字，《敦煌變文集》《敦煌變文選注》《敦煌變文校注》逕釋作「消」，「逍」爲「消」之借字。
〔二五一〕「令」，甲本同，當作「靈」，《敦煌變文選注》據文義校改，「令」爲「靈」之借字。
〔二五二〕「耀」，甲本作「輝」；「鶴」，當作「霍」，據甲本改，「鶴」爲「霍」之借字。
〔二五三〕此句至「伏願將軍爲檢看」，甲本無。
〔二五四〕「聞」，當作「問」，《敦煌變文校注》據文義校改，「聞」爲「問」之借字；「刑」，當作「形」，《敦煌變文校注》據文義校改，「刑」爲「形」之借字。
〔二五五〕「□□□□□□□」，《敦煌變文選注》據文例校補。
〔二五六〕「向」，當作「問」，《敦煌變文選注》據文義校改。
〔二五七〕「遶」，當作「饒」，《敦煌變文選注》據文義校改，「遶」爲「饒」之借字。
〔二五八〕甲本此句後有「云云」二字。
〔二五九〕「部」，當作「簿」，《敦煌變文選注》據文義校改，「部」爲「簿」之借字。此句至「放覓縱由亦不難」，甲本無。
〔二六〇〕「印」，《敦煌變文集》釋作「弔」，《敦煌變文選注》釋作「弔」，校改作「書」，《敦煌變文校注》釋作「卷」。
〔二六一〕「名」，當作「冥」，《敦煌變文選注》據文義校改，「名」爲「冥」之借字。
〔二六二〕「報」，當作「教」，《敦煌變文選注》據文義校改。

〔二六三〕『放』，當作『訪』，《敦煌變文選注》據文義校改，『放』爲『訪』之借字；『縱』，《敦煌變文選注》校改作『蹤』，按不改亦可通。
〔二六四〕『以』，甲本同，當作『已』，據文義改，『以』爲『已』之借字。
〔二六五〕『軍』，據甲本補。
〔二六六〕『見』，甲本作『今見』；『地獄』，甲本脱。
〔二六七〕第二個『將軍』，甲本同，據文義係衍文，當删。
〔二六八〕『兩』，甲本作『有兩』；『衆』，當作『種』，據甲本改，『衆』爲『種』之借字。
〔二六九〕『於』，甲本無。
〔二七〇〕『不見王面』，據甲本補。
〔二七一〕『之』，甲本同，當作『諸』，據文義改，『之』爲『諸』之借字。
〔二七二〕『半惡半善』，甲本作『半善半惡』。
〔二七三〕『逍逍』，甲本作『遥遥』，當作『悄悄』，《敦煌變文校注》據文義校改。
〔二七四〕甲本此句後有『云云』二字。
〔二七五〕『倫』，當作『輪』，《敦煌變文集》據文義校改，『倫』爲『輪』之借字。此句至『只是閻浮煞罪人』，甲本無。
〔二七六〕『腹』，《敦煌變文選注》校改作『腸』。
〔二七七〕『計』，當作『汁』，《敦煌變文集》據文義校改。
〔二七八〕『昔』，當作『借』，《敦煌變文集》據文義校改。
〔二七九〕『血』，《敦煌變文選注》據文義校補。
〔二八〇〕『煞』，《敦煌變文集》《敦煌變文選注》《敦煌變文校注》釋作『殺』。

〔二八一〕「地」，甲本無。
〔二八二〕「並」，甲本作「普」，誤。
〔二八三〕「問」，甲本無。
〔二八四〕「又」，據甲本補；「一」，據甲本補。
〔二八五〕「察」，甲本同，當作「刹」，《敦煌變文集》據文義校改，「察」爲「刹」之借字。
〔二八六〕「地」，甲本無。
〔二八七〕「報」，甲本作「啓」。
〔二八八〕「游」，甲本同，當作「淤」，《敦煌變文選注》據文義校改。
〔二八九〕「新」，甲本作「薪」，均可通。
〔二九〇〕「交」，甲本同，當作「教」，《敦煌變文選注》據文義校改，「交」爲「教」之借字。
〔二九一〕「接」，甲本作「插」。
〔二九二〕「阿」，甲本無。
〔二九三〕「盤」，當作「槃」，《敦煌變文選注》據文義校改。此句至「著者左穿如右穴」，甲本無。
〔二九四〕「掇」，《敦煌變文校注》釋作「棳」，認爲當讀作「綴」，「掇」亦可讀作「綴」。
〔二九五〕「手」，當作「首」，據文義改，「手」爲「首」之借字。底本「時」字旁書一「是」字，係「時」之注音。
〔二九六〕「頤」，《敦煌變文集》校改作「顦」，《敦煌變文選注》校改作「焦」。
〔二九七〕此句甲本作「刀山劍樹直下割」。
〔二九八〕「爲」，甲本作「唯」。
〔二九九〕「交」，甲、戊本同，當作「教」，《敦煌變文選注》據文義校改，「交」爲「教」之借字。甲本此句後有「云云」二字。戊本始於此句。

〔三〇〇〕「一」，甲、戊本無。

〔三〇一〕「頻」，甲本無，當作「貧」，據戊本改，「頻」爲「貧」之借字；「道」，戊本同，甲本無。

〔三〇二〕「個」，甲本無。

〔三〇三〕「以」，當作「語」，據甲本改，「以」爲「語」之借字。

〔三〇四〕「更往前行」，甲本同，戊本作「即前行於時中間」。

〔三〇五〕「動」，甲、戊本同，當作「薰」，《敦煌變文集》據文義校改，「動」爲「薰」之借字。

〔三〇六〕「刹」，甲本同，戊本作「察」，「察」爲「刹」之借字。以下同，不另出校。

〔三〇七〕「杈」，甲本同，戊本作「叉」。

〔三〇八〕「氣」，據甲本補。

〔三〇九〕「有」，甲本同，戊本作「作」。

〔三一〇〕「在生之日」，甲本同，戊本作「生存在日」。戊本此句前有「獄中罪人」。

〔三一一〕「欲」，甲本作「浴」，「浴」爲「欲」之借字。

〔三一二〕「此」，甲本作「於此」；「獄」，甲本作「地獄」。

〔三一三〕「男子女人」，甲本同，戊本作「女人男子」。

〔三一四〕「一」，甲本同，戊本無。

〔三一五〕第二個「釘」字，甲本作「其」。

〔三一六〕「兇」，當作「胸」，據甲本改，「兇」爲「胸」之借字；「懷」，當作「壞」，據甲本改，「懷」爲「壞」之借字。

〔三一七〕「交」，戊本同，當作「教」，《敦煌變文選注》據文義校改，「交」爲「教」之借字；「利」，戊本脱；「鋒」，戊本作「豐」，「豐」爲「鋒」之借字；「刃」，戊本作「劍」。此句至「空中劍戟跳星亂」，甲本無。

〔三一八〕「鑱」，戊本作「攙」，「攙」爲「鑱」之借字。

〔三一九〕「將」，戊本作「須」；「鐵」，戊本作「銅」；「計」，當作「汁」，據戊本改。

〔三二〇〕「臂」，戊本同，當作「劈」，據文義改，「臂」爲「劈」之借字，《敦煌變文集》校改作「擘」。

〔三二一〕「剜」，戊本同，甲本作「割」；「片」，甲、戊本同，《敦煌變文校注》釋作「斥」。

〔三二二〕此句至「地獄無人相求（救）出」，甲本無。

〔三二三〕「求」，當作「救」，據戊本改，「求」爲「救」之借字。

〔三二四〕「罪」，甲本同，戊本作「苦」。甲本此句後有「云云」二字。

〔三二五〕「一」，甲本同，戊本無。

〔三二六〕「慈母」，甲本同，戊本作「貧道慈母，獄主」。

〔三二七〕「和尚曰」，甲本同，戊本作「言和尚」。

〔三二八〕「今」，甲本同，戊本無；「地」，甲、戊本無；「中」，甲本同，戊本作「中受苦」。

〔三二九〕「目連」，甲本同，戊本作「目連聞語」；「僻」，甲本同，當作「擗」，據戊本改，「僻」爲「擗」之借字；「地」，據甲、戊本補。

〔三三〇〕「處」，甲本同，戊本作「阿孃處」。

〔三三一〕「若爲」，據戊本補。

〔三三二〕此句至「冥塗不憚親巡暦（歷）」，甲本無。

〔三三三〕「耳」，戊本同，《敦煌變文集》《敦煌變文選注》《敦煌變文校注》釋作「身」，誤。

〔三三四〕「長」，當作「腸」，據戊本改，「長」爲「腸」之借字。

〔三三五〕「逢」，戊本作「蓬」，「蓬」爲「逢」之借字。

〔三三六〕「貧道」，戊本作「獄主，貧道」。

〔三三七〕「見」，戊本作「得」。

〔三三八〕「擿」，當作「適」，據戊本改；「曆」，當作「歷」，據戊本改。

〔三三九〕「入」，戊本脱。

〔三四〇〕「之」，當作「知」，據戊本改，「之」爲「知」之借字。

〔三四一〕「此」，當作「次」，據戊本及文義改，「此」爲「次」之借字。「造此」，《敦煌變文校注》認爲同「造次」。

〔三四二〕「語」，戊本作「言」；第一個「逿」，戊本作「蕩」，《敦煌變文選注》校改作「愓」；第二個「逿」字，戊本無，《敦煌變文選注》校改作「愓」。

〔三四三〕「刑」，當作「形」，據戊本改，「刑」爲「形」之借字。

〔三四四〕「曆」，當作「歷」，據戊本改，「曆」爲「歷」之借字。

〔三四五〕「向」，甲、戊本同，《敦煌變文集》《敦煌變文選注》《敦煌變文校注》釋作「響」，按「向」或作「嚮」，「嚮」通「響」。

〔三四六〕「□□□□□□□」，《敦煌變文選注》據文例校補，戊本此處作「三年之外有名來，太山部上收文歷，和尚可不聞阿鼻獄」。

〔三四七〕「爲」，戊本作「圍」。此句至「業風雷振一時吹」，甲本無。

〔三四八〕「寂」，戊本同，當作「藉」，據甲本改，「寂」爲「藉」之借字。

〔三四九〕「皈」，甲、戊本作「歸」，《敦煌變文校注》釋作「歸」，「皈」同「歸」。

〔三五〇〕「槌」，甲、戊本同，《敦煌變文校注》釋作「捶」；「胸」，甲本同，戊本作「兇」，「兇」爲「胸」之借字；「益」，戊本同，甲本作「答」，誤。

〔三五一〕「迴」，甲本同，戊本作「卻迴」；「身」，戊本亦脱，據甲本補。

〔三五二〕「婆」，當作「娑」，據甲、戊本改。

〔三五三〕「仰」，據甲、戊本補。

〔三五四〕「舍」，當作「捨」，據甲、戊本改，「舍」爲「捨」之借字，《敦煌變文校注》逕釋作「捨」。底本「不」字右下方另書一「不」字。

〔三五五〕「處」，甲本同，戊本無。

〔三五六〕「已」，甲本同，戊本作「以」，「以」爲「已」之借字。

〔三五七〕「放」，甲本同，當作「訪」，據戊本改，「放」爲「訪」之借字；「縱」，甲、戊本同，《敦煌變文選注》校改作「蹤」，按不改亦可通。

〔三五八〕「惟」，甲本同，戊本作「唯」，《敦煌變文選注》認爲當校改作「雖」；「生天上」，甲、戊本作「上生天」。

〔三五九〕「罪」，甲本同，戊本作「苦」。

〔三六〇〕「受」，當作「愛」，據甲、戊本改。

〔三六一〕「慈」，甲、戊本作「子」；「重」，戊本同，甲本作「得」。

〔三六二〕「大」，甲本同，戊本作「唯大」。

〔三六三〕「悲哀」，甲、戊本同，《敦煌變文選注》認爲當校改作「泣悲」；「泣」，甲本同，戊本無，《敦煌變文選注》認爲當校改作「哀」。

〔三六四〕「由」，甲、戊本同，當作「猶」，《敦煌變文校注》據文義校改，「由」爲「猶」之借字；「如繩」，甲本同，戊本作「人遺」。

〔三六五〕「碾」，甲、戊本同，《敦煌變文選注》認爲或應作「捻」。

〔三六六〕「丈」，當作「杖」，據甲、戊本改，「丈」爲「杖」之借字。

〔三六七〕「當」，據甲、戊本補；「如」，當作「汝」，據甲、戊本改，「如」爲「汝」之借字。

〔三六八〕「丞」，當作「承」，據甲、戊本改，「丞」爲「承」之借字。

〔三六九〕「下」，甲本同，戊本作「上」。

〔三七〇〕「見」，甲本同，戊本作「且見」；「腦」，甲本同，戊本作「頭」。

〔三七一〕「牙」，甲本同，戊本作「身」。

〔三七二〕「如」，甲本同，戊本作「若」。

〔三七三〕「向」，甲本同，戊本作「上向」。

〔三七四〕「報」，戊本同，甲本脱；「言」，甲本同，戊本作「言曰」。

〔三七五〕「此間」，甲本同，戊本無。

〔三七六〕「此」，戊本同，甲本無。

〔三七七〕「灰塵」，甲本同，戊本作「粉碎」；「處」，甲本同，戊本無。

〔三七八〕「不」，甲本同，戊本作「可」；「道」，甲本同，戊本作「道道」；「地」，甲本同，戊本無。

〔三七九〕「殃」，甲本同，戊本作「駃」，「駃」爲「殃」之借字。

〔三八〇〕「怒那」，甲本同，戊本作「那個」。

〔三八一〕「連」，甲、戊本同，《敦煌變文集》《敦煌變文校注》釋作「蓮」，校改作「連」，按底本實爲「連」。

〔三八二〕「拭」，甲本同，戊本作「試」，「試」爲「拭」之借字；「遥」，甲、戊本同，當作「摇」，《敦煌變文集》據文義校改，『遥』爲『摇』之借字。
〔三八三〕『倒』，甲本同，戊本作『到』，『到』爲『倒』之借字。
〔三八四〕『嘘』，甲本同，戊本作『吁』。
〔三八五〕『遥』，甲本同，戊本作『摇』；『舌』，甲本同，戊本作『古』。
〔三八六〕『往』，當作『住』，據甲、戊本改。
〔三八七〕『被』，甲本同，戊本作『即』。
〔三八八〕『地』，戊本同，甲本脱。
〔三八九〕『且』，甲本同，戊本作『且得』。
〔三九〇〕此句戊本同，甲本無。
〔三九一〕此句戊本同，甲本無。
〔三九二〕『芳』，戊本作『傍』；『撥』，戊本作『掇』。此句甲本無。
〔三九三〕此句戊本同，甲本無。
〔三九四〕『仞』，戊本作『刃』，《敦煌變文選注》認爲『仞』後似脱一字。此句甲本無。
〔三九五〕『讒』，當作『劖』，據戊本改，『讒』爲『劖』之借字。此句甲本無。
〔三九六〕『掣』，戊本作『牽』；『湲』，戊本作『炎』；『雲』，當作『雷』，據戊本及文義改。此句甲本無。
〔三九七〕『咷』，當作『跳』，據戊本改。此句甲本無。
〔三九八〕此句戊本同，甲本無。
〔三九九〕『摸』，當作『撲』，據戊本改。
〔四〇〇〕此句戊本同，甲本無。

〔四〇一〕此句戊本同，甲本無。
〔四〇二〕『狗』，戊本作『苟』，『苟』爲『狗』之借字；『煙』，戊本作『咽』，『咽』爲『煙』之借字。此句甲本無。
〔四〇三〕此句戊本同，甲本無。
〔四〇四〕此句戊本同，甲本無。
〔四〇五〕『胸』，戊本作『兇』，『兇』爲『胸』之借字。此句甲本無。
〔四〇六〕『旁』，戊本作『傍』。此句甲本無。
〔四〇七〕『之』，據戊本及文義補，《敦煌變文集》《敦煌變文選注》《敦煌變文校注》釋作『之背』，按底本實無『之』字。此句甲本無。
〔四〇八〕『踔』，戊本同，《敦煌變文選注》校改作『卓』，《敦煌變文校注》認爲『踔』『卓』皆當讀作『築』。此句甲本無。
〔四〇九〕此句戊本同，甲本無。
〔四一〇〕此句戊本同，甲本無。
〔四一一〕『引』，戊本作『濺』。此句甲本無。
〔四一二〕『上』，《敦煌變文選注》據文義校補。此句甲本無。
〔四一三〕此句戊本同，甲本無。
〔四一四〕此句戊本同，甲本無。
〔四一五〕此句戊本同，甲本無。
〔四一六〕此句戊本同，甲本無。
〔四一七〕『手』，當作『肝』，據戊本及文義改。此句甲本無。

〔四一八〕此句戊本同，甲本無。

〔四一九〕『畔』，戊本作『半』，『半』爲『畔』之借字。此句甲本無。

〔四二〇〕此句戊本同，甲本無。

〔四二一〕此句戊本同，甲本無。

〔四二二〕『□』，戊本作『震』，《敦煌變文校注》校補作『吼』；『震』，戊本作『動』，《敦煌變文集》《敦煌變文選注》《敦煌變文校注》未能釋讀。

〔四二三〕此句戊本同，甲本無。

〔四二四〕此句戊本同，甲本無。

〔四二五〕此句戊本同，甲本無。

〔四二六〕此句戊本同，甲本無。

〔四二七〕『銅嘴』，戊本作『同力』；『咤咤叫叫喚』，徐震堮疑當作『叱咤叫喚』，陳治文認爲當作『咤咤喚喚』，潘重規認爲當作『咤咤叫喚』，按第二個『叫』字疑爲衍文。此句甲本無。

〔四二八〕此句戊本同，甲本作『此中惡事，説不可盡』。

〔四二九〕『處』，甲本同，戊本無。

〔四三〇〕此句戊本同，甲本無。

〔四三一〕『刑』，當作『形』，據戊本改，『刑』爲『形』之借字。此句甲本無。

〔四三二〕此句戊本同，甲本無。

〔四三三〕此句戊本同，甲本無。

〔四三四〕此句戊本同，甲本無。

〔四三五〕此句戊本同，甲本無。

〔四三六〕『吸』，當作『岌』，據戊本及文義校改。此句戊本作『岌雲空半』，甲本無。

〔四三七〕此句戊本同，甲本無。

〔四三八〕此句戊本同，甲本無。

〔四三九〕此句戊本同，甲本無。

〔四四〇〕『紅』，戊本作『洪』。此句甲本無。

〔四四一〕此句戊本同，甲本無。

〔四四二〕『讒』，當作『劖』，據戊本及文義改，『讒』爲『劖』之借字；『兇』，戊本同，當作『胸』，《敦煌變文選注》據文義校改，『兇』爲『胸』之借字；『筋』，戊本同，《敦煌變文選注》校改作『肋』。此句甲本無。

〔四四三〕『鉸』，戊本同，《敦煌變文選注》認爲當校改作『骹』；『石』，當作『射』，據戊本及文義改；『精』，戊本作『睛』，均可通。此句甲本無。

〔四四四〕此句戊本同，甲本無。

〔四四五〕『計』，當作『汁』，據戊本及文義校改。此句甲本無。

〔四四六〕『苦』，戊本作『痛』。此句甲本無。

〔四四七〕『交』，戊本同，當作『教』，《敦煌變文選注》據文義校改，『交』爲『教』之借字。此句甲本無。

〔四四八〕『以』，戊本同，當作『已』，《敦煌變文集》據文義校改，『以』爲『已』之借字；『唱』，戊本作『口唱』；『其』，戊本作『寄』，《敦煌變文集》校改作『奇』，《敦煌變文校注》疑爲『苦』之形訛。此句甲本無。

〔四四九〕『幾』，戊本作『己』，『己』爲『幾』之借字。

〔四五〇〕此句戊本同，甲本無。

〔四五一〕「看著」，戊本作「著者」。此句甲本無。
〔四五二〕此句戊本同，甲本無。
〔四五三〕「明」，戊本同，當作「冥」，據文義改，「明」爲「冥」之借字。此句甲本無。
〔四五四〕「伋」，戊本同，當作「仍」，《敦煌變文選注》據文義校改。此句甲本無。
〔四五五〕此句戊本同，甲本無。
〔四五六〕「消」，戊本作「逍」，「逍」爲「消」之借字。此句甲本無。
〔四五七〕「闕」，當作「闊」，據戊本及文義改。此句甲本無。
〔四五八〕「卒倉」，當作「倉卒」，據戊本及文義改。此句甲本無。
〔四五九〕「阿」，戊本作「河」。此句甲本無。
〔四六〇〕「懺」，戊本同，《敦煌變文校注》釋作「壙」，校改作「戢」。此句甲本無。
〔四六一〕「終」，戊本同，《敦煌變文選注》校改作「沖」。此句甲本無。
〔四六二〕「滿滿」，戊本作「漫漫」；「帳」，戊本同，當作「張」，《敦煌變文選注》據文義校改。己本始於此句之「天黑」。此句甲本無。
〔四六三〕「叉」，甲、戊本同，己本作「叉」，誤。
〔四六四〕「縱」，甲、戊、己本同，《敦煌變文選注》校改作「蹤」。
〔四六五〕「緣」，己本同，甲本作「緣有」。
〔四六六〕「報言」，甲、己本同，戊本無。
〔四六七〕此句戊、己本同，甲本無。
〔四六八〕「和尚」，己本同，戊本作「貧道和尚」，當作「世尊」，據甲本改；「物」，甲、戊本同，己本作「總」，誤。

〔四六九〕「問」，戊、己本同，甲本作「報」。
〔四七〇〕「是没」，戊、己本同，甲本作「甚」，「是没」即「什麽」；「開」，己本同，甲本無。
〔四七一〕「啓獄主」，己本同，甲本作「報曰」，戊本作「啓言」。
〔四七二〕「卒」，甲、己本同，當作「主」，據戊本及文義改；「又問」，甲、己本同，戊本作「報言」。
〔四七三〕「來」，甲、己本同，戊本無。
〔四七四〕「貧道」，戊、己本同，甲本無；「阿孃」，甲、己本同，戊本作「覓阿孃來」。
〔四七五〕「看」，甲、戊、己本無。
〔四七六〕「之」，甲、己本同，戊本無。
〔四七七〕「迢」，甲、己本同，當作「招」，《敦煌變文選注》據文義校改，戊本作「手把」。
〔四七八〕「打」，甲、戊、己本同，《敦煌變文校注》釋作「朾」。
〔四七九〕「人」，甲、戊本同，己本脱。
〔四八〇〕「迢」，戊、己本同，當作「招」，《敦煌變文選注》據文義校改；「黑」，己本同，戊本作「白」。此句甲本無。
〔四八一〕「打」，戊、己本同，《敦煌變文校注》釋作「朾」。此句甲本無。
〔四八二〕「人」，據戊、己本補。此句甲本無。
〔四八三〕「已否」，據戊、己本及文義係衍文，當删。此句甲本無。
〔四八四〕「三」，戊本同，己本脱。此句甲本無。
〔四八五〕「迢」，己本同，當作「招」，《敦煌變文選注》據文義校改。此句甲、戊本無。
〔四八六〕「打」，己本同，《敦煌變文校注》釋作「朾」。此句甲、戊本無。
〔四八七〕此句戊、己本同，甲本無。

〔四八八〕此句戊、己本同，甲本無。

〔四八九〕此句至『亦道無青提夫人』，己本同，甲本作『直至第三第四第五第六隔中亦無』，戊本作『過第四隔第五隔第六隔並無』。

〔四九〇〕『無』，己本作『無有』。

〔四九一〕『卒』，甲、己本同，戊本無，當作『主』，《敦煌變文選注》據文義校改；『行至』，甲、己本同，戊本作『過到』；『中』，甲、己本同，戊本無。

〔四九二〕『迢』，戊、己本同，當作『招』，《敦煌變文選注》據文義校改；『碧』，己本同，戊本作『黑』。此句甲本無。

〔四九三〕『打』，戊、己本同，《敦煌變文校注》釋作『朾』。此句甲本無。

〔四九四〕『有』，戊本同，己本作『有一』。此句甲本無。

〔四九五〕『夫人在』，據戊、己本補。此句甲本無。

〔四九六〕『身』，戊、己本同，甲本作『見青提夫人身』；『釘』，己本同，甲本作『打』，誤。

〔四九七〕『鼎』，戊、己本同，甲本作『打』，當作『釘』，據文義改，『鼎』爲『釘』之借字；『鐵』，戊、己本同，甲本無；『牀』，甲、戊本同，己本脱。

〔四九八〕此句戊、己本同，甲本無。

〔四九九〕此句己本同，甲本作『唤云』，戊本作『獄主宰迢（招）黑幡，打鐵鼓』。

〔五〇〇〕『第』，戊、己本同，甲本無；『七隔中有』，戊、己本同，甲本作『是』；『夫人』，甲、戊本同，己本脱。

〔五〇一〕『看』，戊、己本無。此句甲本作『是也』。

〔五〇二〕『罪身即是』，戊本作『罪身即是，獄主』，己本作『是也』。此句甲本無。

〔五〇三〕『早個緣甚不應』，己本同，甲本無，戊本作『獄主報言早個緣何事不應』。

〔五〇四〕「恐畏獄主更將別處受苦」，己本同，甲本無，戊本作「罪人身上早有卌九道長釘□我，恐畏更將別處受苦」。

〔五〇五〕「以」，己本同，戊本作「已」，「已」爲「以」之借字。此句甲本無。

〔五〇六〕「門外有一三寶」，甲、己本同，戊本作「罪人門外有一三寶」。

〔五〇七〕「髭」，己本同，戊本作「須」。此句甲本無。

〔五〇八〕「披」，己本作「被」。此句甲本無。

〔五〇九〕「言」，甲、己本同，戊本作「道」。

〔五一〇〕「看」，戊本作「覔阿孃名」，己本作「覔」。此句甲本無。

〔五一一〕「夫人」，戊、己本同，甲本無。

〔五一二〕此句戊、己本同，甲本無。

〔五一三〕戊本止於此句。

〔五一四〕「我」，己本同，甲本無；「子」，己本同，甲本無。

〔五一五〕「不是莫錯」，甲本作「莫錯」，己本作「不是莫錯，獄主」。

〔五一六〕「語」，己本同，甲本作「言」。

〔五一七〕「行」，己本同，甲本無。

〔五一八〕「有」，己本同，甲本無；「事」，己本同，甲本無。

〔五一九〕「詐認獄中罪人」，己本同，甲本作「錯認獄中罪人言道」。

〔五二〇〕「緣没事」，己本同，甲本作「如何」。

〔五二一〕「雨淚」，己本同，甲本無。

〔五二二〕「言」，己本同，甲本無。

〔五二三〕『解』，己本同，當作『適』，《敦煌變文選注》據文義校改。此句甲本無。

〔五二四〕『頻』，己本同，當作『貧』，據文義改，《敦煌變文集》《敦煌變文集新書》《敦煌變文選注》《敦煌變文校注》逕釋作『貧』，『頻』爲『貧』之借字，以下同，不另出校；『時』，己本作『時名』；『自』，己本作『名字』，當作『字』，據文義改，『自』爲『字』之借字。此句甲本作『某乙小名是羅卜』。

〔五二五〕『亡』，甲本同，己本作『終』；『没』，己本同，甲本無；『已』，己本同，甲本無。

〔五二六〕此句己本同，甲本無。

〔五二七〕『曰』，己本同，甲本無。

〔五二八〕『獄』，己本同，甲本作『諸獄』。

〔五二九〕『七隔中』，己本同，甲本無。

〔五三〇〕『報言』，己本同，甲本無。

〔五三一〕『自』，當作『字』，據甲、己本改，『自』爲『字』之借字。

〔五三二〕此句至『號曰大目乾連』，己本同，甲本無。

〔五三三〕『夫人聞語』，己本同，甲本作『曰』。

〔五三四〕『門外三寶』，己本同，甲本無。

〔五三五〕『小時字』，己本同，甲本作『是小名』。

〔五三六〕『是』，己本同，甲本作『即是兒』。

〔五三七〕『夫人』，甲、己本無。

〔五三八〕『升』，己本同，甲本無，《敦煌變文選注》釋作『提』，《敦煌變文校注》未釋，係衍文，據文義當删；『嗄』，己本同，當作『拔』，據甲本改，《敦煌變文選注》釋作『提』，《敦煌變文校注》未釋。

〔五三九〕「鎖」，據甲、己本補。

〔五四〇〕「□□□□□□」，《敦煌變文選注》據文例校補。

〔五四一〕「可」，甲、己本作「何」，誤。

〔五四二〕「步」，據己本補。此句至「獄卒擎叉左右遮」，己本同，甲本無。

〔五四三〕「由」，己本同，當作「猶」，《敦煌變文選注》據文義校改，「由」爲「猶」之借字。

〔五四四〕「於」，己本同，《敦煌變文校注》疑當作「相」。

〔五四五〕「如」，甲、己本同，當作「兒」，《敦煌變文選注》據文義校改。甲本此句後有「云云」二字。

〔五四六〕此句己本同，甲本作「其母卻驅入獄」。

〔五四七〕此句至「兒亦隨孃孃身死獄門前」，甲本無。

〔五四八〕「煞」，己本同，《敦煌變文集》《敦煌變文選注》《敦煌變文校注》釋作「殺」。

〔五四九〕「燋」，己本同，《敦煌變文選注》校改作「憔」，按不改亦可通；「顇」，原卷右半作「佳」，蓋涉上文「燋」而成之類化俗字；「濺」，己本同，當作「殘」，《敦煌變文選注》據文義校改。

〔五五〇〕「聞」，己本脱。

〔五五一〕「怕」，己本同，當作「拍」，《敦煌變文選注》據文義校改。

〔五五二〕「具」，己本作「倶」。

〔五五三〕「勘」，己本同，當作「堪」，《敦煌變文集》《敦煌變文選注》《敦煌變文校注》逕釋作「堪」，「勘」爲「堪」之借字。

〔五五四〕「迴拔」，己本作「拔迴」。

〔五五五〕「兇」，己本同，當作「胸」，《敦煌變文集》據文義校改，「兇」爲「胸」之借字。

〔五五六〕『彫』，己本同，《敦煌變文集》校改作『凋』，按不改亦可通。

〔五五七〕『過』，己本作『迴』。

〔五五八〕『一』，當作『不』，據己本改。

〔五五九〕『明』，當作『名』，據己本改，『明』爲『名』之借字。

〔五六〇〕『歷』，己本同，當作『瀝』，《敦煌變文集》據文義校改，『歷』爲『瀝』之借字。

〔五六一〕『不如』，己本同，庚本作『孃孃』。庚本始於此句。

〔五六二〕『須』，己本同，當作『雖』，據庚本改；『兒』，己本同，庚本作『人』。

〔五六三〕『中』，己本同，庚本作『内』。

〔五六四〕『孃』，己本同，庚本作『孃孃身』；『惟』，己本同，庚本作『唯』。

〔五六五〕『我身替孃』，己本同，庚本作『情願替孃孃』。

〔五六六〕『情性』，己本同，庚本作『性自』。

〔五六七〕『默默』，己本同，庚本作『點點』；『芒』，己、庚本同，《敦煌變文集》《敦煌變文集新書》《敦煌變文校注》校改作『茫』，按不改亦可通，《敦煌變文選注》釋作『茫』，雖義可通而字誤。

〔五六八〕『受』，當作『造』，據己、庚本改。

〔五六九〕『土』，己本同，當作『玉』，據庚本改；『諫』，己、庚本同，當作『簡』，《敦煌變文集》據文義校改，『諫』爲『簡』之借字。

〔五七〇〕『金』，庚本同，當作『今』，據己本改，『金』爲『今』之借字；『以』，己、庚本同，當作『已』，《敦煌變文選注》據文義校改，『以』爲『已』之借字。

〔五七一〕『刑』，己、庚本作『形』，『形』爲『刑』之借字。

〔五七二〕「如」，己本同，庚本作「及」。

〔五七三〕「獄」，己本同，庚本作「獄門」；「到」，己本同，當作「倒」，據庚本改，「到」爲「倒」之借字。

〔五七四〕「迴」，庚本同，己本脱。

〔五七五〕「長」，己本同，係衍文，據庚本當删；「腸」，己本同，庚本作「腹」；「處」，己本無，據庚本補。

〔五七六〕「孃孃」，庚本同，己本作「孃」；「妒」，己本同，庚本作「姑」，誤。

〔五七七〕「具」，己、庚本同，當作「懼」，《敦煌變文選注》據文義校改，「具」爲「懼」之借字；「恩」，己本同，當作「因」，據庚本改。

〔五七八〕「煞」，己、庚本同，《敦煌變文集》《敦煌變文選注》《敦煌變文校注》釋作「殺」。

〔五七九〕「悦」，己本同，庚本作「挩」，誤；「眼」，己本同，庚本作「明」，誤。

〔五八〇〕「犁」，己本同，庚本作「梨」。

〔五八一〕「反」，按底本原字形似「及」，但因「及」「反」手書易混，故可據上下文義判定其歸屬，此逕釋作「反」，以下同，不另出校；「悟」，庚本同，己本作「悟悔」，《敦煌變文校注》釋作「悟悔」，按底本「悔」字右側有一删除符號，應不録。

〔五八二〕第二個「悔」字，庚本同，己本原書「悔」字，但字上有一墨點。

〔五八三〕「聖」，己本同，當作「望」，據庚本改。

〔五八四〕「子」，己本作「子是」，當作「是」，據庚本改。

〔五八五〕「望」，己、庚本同，當作「忘」，《敦煌變文集》據文義校改，「望」爲「忘」之借字。

〔五八六〕「身」，庚本同，己本作「永」，誤；「太」，己本作「大」，庚本作「如太」；「崩」，庚本同，己本作「皆」，誤。

〔五八七〕「生」，當作「性」，據己、庚本改。
〔五八八〕「詖」，當作「波」，據己、庚本改。
〔五八九〕「兒亦」，己本同，庚本無。
〔五九〇〕「地獄」，己本同，庚本脱，甲本作「獄中」。
〔五九一〕「傷」，甲、庚本同，己本作「腹」，誤。
〔五九二〕「嘶」，甲、己本同，庚本作「西」，誤。
〔五九三〕「乃」，甲、庚本同，己本無。
〔五九四〕「由」，甲、己、庚本同，當作「猶」，《敦煌變文選注》據文義校改，「由」爲「猶」之借字；「太」，甲、己本同，庚本作「大」。
〔五九五〕「中」，據甲、己、庚本補。
〔五九六〕「而」，甲、己本同，庚本作「兒」，「兒」爲「而」之借字。
〔五九七〕「起」，甲、己本同，庚本作「氣」，「氣」爲「起」之借字。
〔五九八〕「政」，甲、己、庚本同，當作「整」，《敦煌變文集》據文義校改，「政」爲「整」之借字。
〔五九九〕「至」，甲、己本同，庚本作「向」；「之」，己、庚本同，甲本無。
〔六〇〇〕「良」，甲、己本同，庚本作「量」，「量」爲「良」之借字；「性」，甲、己、庚本同，當作「醒」，《敦煌變文選注》據文義校改，「性」爲「醒」之借字。
〔六〇一〕「對」，甲、庚本同，己本脱；「怨」，甲、己本同，庚本作「冤」。
〔六〇二〕「且」，當作「具」，據甲、己、庚本改。
〔六〇三〕「城」，己本同，庚本作「成」，「成」爲「城」之借字；「煙」，己本同，庚本作「咽」，「咽」爲「煙」之借字。此句至『恰似蠊螽兔望絲』，甲本無。

〔六〇四〕『刃』，庚本同，己本脱，當作『刀』，《敦煌變文校注》據文義校改；『林』，己本同，庚本作『森』。

〔六〇五〕『潭』，庚本同，己本作『漂』，當作『膘』，《敦煌變文選注》據文義校改。

〔六〇六〕『劍樹』，庚本同，己本作『樹劍』。

〔六〇七〕『兔望』，己、庚本同，《敦煌變文選注》認爲當作『網兔』。

〔六〇八〕『時多昔』，甲、己本同，當作『昔時多』，據庚本改。

〔六〇九〕『罪』，甲、庚本同，己本作『羅』，誤。

〔六一〇〕『阿』，據甲、己、庚本補。

〔六一一〕『五』，己本同，當作『吾』，據甲、庚本改，『五』爲『吾』之借字。

〔六一二〕『八部龍天』，甲、己本同，庚本作『龍神八部』。庚本此句前有『卷第二』。

〔六一三〕『之』，據甲、己、庚本補；『處』，己、庚本無，據甲本補。

〔六一四〕『智』，甲、庚本同，己本作『知』，均可通。

〔六一五〕『下』，甲、庚本同，己本脱。

〔六一六〕『催』，甲、己、庚本同，當作『崔』，《敦煌變文集》據文義校改，『催』爲『崔』之借字。

〔六一七〕『坐』，當作『動』，據甲、己、庚本改。

〔六一八〕『圍』，當作『團』，據甲、己、庚本改。

〔六一九〕此句己、庚本同，甲本無。

〔六二〇〕『虎』，己本同，庚本作『狐』，誤。此句甲本無。

〔六二一〕『鑌』，甲、己、庚本同，當作『繽』，《敦煌變文集》據文義校改，『鑌』爲『繽』之借字。

〔六二二〕「擇」，當作「釋」，據甲、己、庚本改；「寶」，甲、己本同，庚本作「諫」。

〔六二三〕第二個「不可論」，甲、己本同，庚本無。

〔六二四〕「持」，當作「侍」，據甲、己、庚本改。

〔六二五〕「般」，甲、己本同，庚本作「那」，誤；「豪」，甲、己、庚本同，《敦煌變文集》《敦煌變文選注》《敦煌變文校注》釋作「毫」，雖義可通而字誤。

〔六二六〕「後」，甲、己本同，庚本作「背」；「採」，庚本作「色」，當作「綵」，據甲、己本改，「採」爲「綵」之借字。

〔六二七〕「而頂禮」，己、庚本同，甲本作「禮佛尊」。

〔六二八〕此句至「録（緑）樹朝朝紫雲氣（起）」，甲本無。

〔六二九〕「賤」，己本同，庚本作「箋」，當作「殘」，《敦煌變文集》據文義校改。

〔六三〇〕「地」，庚本同，己本作「池」。

〔六三一〕「□□□□□□□」，《敦煌變文選注》據文例校補。

〔六三二〕「作」，己本同，庚本作「爲」。

〔六三三〕「良」，己、庚本同，當作「涼」，《敦煌變文集》據文義校改，「良」爲「涼」之借字；「由」，己本同，當作「曲」，據庚本改。

〔六三四〕第二個「淚」字，己本同，庚本脱。

〔六三五〕「録」，己本同，當作「緑」，據庚本改，「録」爲「緑」之借字；「氣」，己、庚本同，當作「起」，《敦煌變文選注》據文義校改，「氣」爲「起」之借字。

〔六三六〕「生天上」，甲、己本同，庚本作「上生天」。

〔六三七〕『爲餓鬼』，己、庚本同，甲本作『飢』。
〔六三八〕『地獄一切並變化』，據甲本補。
〔六三九〕『總是釋迦聖佛威』，據甲本補。
〔六四〇〕『力』，甲、己、庚本無。
〔六四一〕『重』，據甲、己、庚本補；『見』，甲、己本同，庚本作『見地獄』。
〔六四二〕『辛』，甲、庚本同，己本作『身』，誤。
〔六四三〕『玄』，甲、己、庚本同，當作『懸』，《敦煌變文集》據文義校改，『玄』爲『懸』之借字。
〔六四四〕『感』，甲本同，己、庚本作『咸』。
〔六四五〕『頭』，甲、己、庚本同，《敦煌變文校注》疑當作『腹』。
〔六四六〕『聞』，甲、己本同，庚本作『門』，誤。
〔六四七〕『受』，甲、己本同，庚本作『被受』。
〔六四八〕『冷』，甲、己本同，庚本無。
〔六四九〕『近著』，己、庚本同，甲本無。
〔六五〇〕『得』，甲、己本同，庚本作『逢』。
〔六五一〕『見』，甲、己本同，庚本脱；『困』，甲、己本同，庚本作『困死』。
〔六五二〕『去』，甲、己本同，當作『起』，據庚本改；『慈』，據甲、己、庚本補。
〔六五三〕『沙』，甲、庚本同，己本無，當作『絲』，《敦煌變文集》據文義校改。
〔六五四〕『曉』，甲、己本同，當作『晚』，據庚本改。
〔六五五〕『而』，當作『兒』，據甲、己、庚本改，『而』爲『兒』之借字；『孃孃』，甲、己本同，庚本作『阿孃』。

〔六五六〕「孃孃」，甲、己本同，庚本作「阿孃」。

〔六五七〕此句至「即到王舍城中」，甲、己本同，庚本作「目連行至城中」。

〔六五八〕「乞」，甲、己本同，庚本作「訖」，「訖」爲「乞」之借字。

〔六五九〕「行」，甲、己本同，庚本無。

〔六六〇〕此句甲、己本同，庚本作「見非乞飯」。

〔六六一〕「之」，己、庚本同，甲本無。

〔六六二〕「齋」，己本同，甲、庚本作「齋時」。

〔六六三〕此句己、庚本同，甲本無。

〔六六四〕「乞」，甲、己本同，庚本作「訖」，「訖」爲「乞」之借字；「用」，甲、己本同，庚本作「欲」。

〔六六五〕「貧」，庚本同，甲、己本作「頻」，「頻」爲「貧」之借字。

〔六六六〕「以」，甲、己本同，庚本作「與」，均可通。

〔六六七〕「蕚」，甲、己、庚本同，當作「愕」，《敦煌變文集》據文義校改，「蕚」爲「愕」之借字。

〔六六八〕「寸」，己、庚本同，甲本作「忖」，均可通。

〔六六九〕「金」，甲、庚本同，己本作「今」，「今」爲「金」之借字。

〔六七〇〕「貌」，庚本同，甲、己本作「白」，誤；「莊」，甲、己、庚本同，當作「妝」，《敦煌變文集》據文義校改，「莊」爲「妝」之借字。

〔六七一〕「但」，甲、己本同，庚本作「俱」，誤；「歌」，甲、己、庚本作「哥」，「哥」爲「歌」之借字。

〔六七二〕此句甲、己本同，庚本無。

〔六七三〕「由由」，庚本同，甲本作「猶如」，己本作「命」，當作「悠悠」，《敦煌變文集選注》據文義校改，「由」爲

「悠」之借字；「如」，甲、己本作「而」，均可通，庚本作「知」，誤；「轉燭」，甲、己本同，庚本作「既」。
〔六七四〕「何覓」，己、庚本同，當作「不見」，據甲本改；「快」，甲、己本同，庚本作「决」，誤。
〔六七五〕「喫」，甲、己本同，庚本作「著」。
〔六七六〕「著」，甲、己本同，庚本作「喫」。
〔六七七〕「貯多」，當作「多貯」，據甲、己、庚本改。
〔六七八〕「惜」，甲、己本同，庚本作「昔」，「昔」爲「惜」之借字。
〔六七九〕「擗」，甲、庚本同，己本作「僻」，「僻」爲「擗」之借字。
〔六八〇〕「知」，庚本同，甲、己本作「有」。
〔六八一〕「金」，甲、己本同，庚本作「錢」。
〔六八二〕「柏」，己本同，當作「擘」，據甲、庚本改，「柏」爲「擘」之借字。
〔六八三〕「疑」，甲、己本同，庚本作「芒」。
〔六八四〕「遇」，甲、己本同，庚本作「愚」，「愚」爲「遇」之借字。
〔六八五〕「莫」，甲、庚本同，己本作「急」，誤；「交」，甲、己、庚本同，當作「教」，《敦煌變文選注》據文義校改，「交」爲「教」之借字。
〔六八六〕「以」，己本同，甲、庚本作「與」，均可通。
〔六八七〕「以」，甲、己本同，庚本作「與」，均可通。
〔六八八〕「非」，甲、庚本同，己本作「悲」。
〔六八九〕「人」，甲、己本同，庚本脱；「飽」，甲、庚本同，己本作「抱」，「抱」爲「飽」之借字。
〔六九〇〕「乞」，甲、己本同，庚本作「訖」，「訖」爲「乞」之借字；「耕」，甲、己、庚本同，當作「粳」，《敦煌變文集》據文義校改；『良』，甲、己、庚本同，《敦煌變文集》校改作『粱』，《敦煌變文校注》疑當作『糧』。

〔六九一〕『持』，甲、己本同，庚本作『豐』；『憲』，庚本同，當作『獻』，據甲、己本改，『憲』爲『獻』之借字。

〔六九二〕『交』，庚本同，己本作『效』，當作『郊』，據甲本改，『交』『效』爲『郊』之借字。

〔六九三〕『捉』，甲、己、庚本作『把』；『而』，甲、己本同，庚本作『兒』，『兒』爲『而』之借字。

〔六九四〕『久』，甲、己本同，當作『究』，據庚本改，『久』爲『究』之借字。

〔六九五〕『即』，甲、己本同，庚本無。

〔六九六〕『即』，甲、己本同，庚本無。

〔六九七〕『令』，甲、己、庚本同，《敦煌變文選注》校改作『各』；『心』，據甲、己、庚本補。

〔六九八〕『自』，甲、己本同，庚本作『自救』；『尞』，甲、己本同，庚本作『無尞』，當作『療』，《敦煌變文集》據文義校改，『尞』爲『療』之借字。《敦煌變文校注》疑此句後有脱文。

〔六九九〕『舉』，甲、己本同，庚本脱；『伴』，甲、己本同，當作『畔』，據庚本改，『伴』爲『畔』之借字。

〔七〇〇〕『鄣』，己、庚本同，甲本作『將』。

〔七〇一〕『來』，當作『未』，據甲、己、庚本改。

〔七〇二〕『票』，甲、己本同，當作『重』，據庚本改。

〔七〇三〕『部』，甲、己本同，當作『鄣』，據庚本改。

〔七〇四〕『猶』，甲、己本同，庚本作『由』，『由』爲『猶』之借字。

〔七〇五〕『聞』，甲、庚本同，己本脱；『力』，甲、己本同，庚本無。

〔七〇六〕『徵』，當作『微』，據甲、己、庚本改，《敦煌變文校注》逕釋作『微』。

〔七〇七〕『有』，己、庚本同，甲本作『須』。

〔七〇八〕「濟拔」，甲、己本同，庚本作「拔濟」；「之」，據甲、己、庚本補。

〔七〇九〕「具」，甲、己本同，當作「且」，據庚本改；「與」，甲、己本無，據庚本補。

〔七一〇〕「天」，甲、己、庚本同，當作「夫」，據文義改，《敦煌變文集》《敦煌變文選注》《敦煌變文校注》逕釋作「夫」；「願」，甲、己本同，當作「飯」，據庚本改。

〔七一一〕「來」，甲、庚本同，己本作「平」，誤；「療」，甲、己本同，庚本作「寮」，「寮」爲「療」之借字。

〔七一二〕「看」，甲、己、庚本同，《敦煌變文選注》校改作「自」。

〔七一三〕「慢」，己本同，甲本作「謾」，庚本作「滿」，《敦煌變文選注》認爲「慢」通「漫」，《敦煌變文校注》認爲「慢」「謾」「滿」皆讀作「漫」；「忘」，甲、己本同，庚本作「亡」，《敦煌變文字義通釋》認爲「忘」當讀作「望」。

〔七一四〕「母」，甲、己本同，庚本作「阿孃」；「喫飯」，己本同，甲本無，庚本作「喫」；「猛」，甲、己本同，庚本無。

〔七一五〕「塠」，甲、己、庚本同，《敦煌變文集》《敦煌變文校注》釋作「搥」，《敦煌變文選注》釋作「搥」，校改作「塠」，按底本實爲「塠」；「撲」，甲、己本同，庚本作「僕」，「僕」爲「撲」之借字；「如」，甲、己本同，庚本作「由如」；「山」，甲、己本同，庚本作「五大山」。

〔七一六〕「流」，甲、己本同，庚本作「流迸」。

〔七一七〕「黄」，甲、己本同，庚本無，當作「皇」，《敦煌變文選注》據文義校改，「黄」爲「皇」之借字；「天」，甲、己本同，庚本無；「我」，甲、己本同，庚本作「阿」；第二個「孃」字，甲、己本同，庚本無。

〔七一八〕此句至「誰肯艱辛救耶孃」，甲本無。

〔七一九〕「往」，己本同，庚本無。

〔七二〇〕「成」，己本同，當作「變」，據庚本改；「便」，己本同，當作「成」，據庚本改。

〔七二一〕「口」，己本同，當作「只」，據庚本改。

〔七二二〕「以」，己本同，庚本作「已」，「已」爲「以」之借字。

〔七二三〕「如」，己本同，當作「兒」，據庚本改。

〔七二四〕「不」，己本亦脱，據庚本補；「疾」，庚本同，己本作「如疾」，《敦煌變文集》《敦煌變文選注》《敦煌變文校注》釋作「嫉」，按「疾」通「嫉」。

〔七二五〕「畢」，己本同，庚本作「必」，「必」爲「畢」之借字。

〔七二六〕「飲」，當作「飯」，據己、庚本改；「喉」，己本同，庚本作「唯」，誤。

〔七二七〕「之」，己、庚本同，《敦煌變文選注》校改作「諸」，按不改亦可通。

〔七二八〕「慳」，庚本同，己本脱。

〔七二九〕「復」，己、庚本同，《敦煌變文校注》疑當作「須」；「壽」，己本同，當作「專」，據庚本改。

〔七三〇〕「貪心者」，己本同，庚本作「慳貪心」。

〔七三一〕「土」，己本同，庚本作「度」，誤；「至」，己本同，庚本作「志」，「志」爲「至」之借字。

〔七三二〕「行邪」，己本同，當作「師行」，據庚本改。

〔七三三〕「耶」，己本作「邪」，當作「阿」，據庚本改。

〔七三四〕「未」，甲、己本同，庚本作「不」。

〔七三五〕「見」，甲、己本同，當作「大」，據庚本改；「傷」，甲、己本同，當作「腸」，據庚本改。

〔七三六〕「去」，甲、己本同，當作「豈」，據庚本改；「心」，甲、庚本同，己本作「身」。

〔七三七〕「有」，甲、己本同，庚本作「去」；「諸」，甲、己本作「百」，庚本作「有」；「殃」，甲、己本同，庚本作

〔七三八〕『央』，『央』爲『殃』之借字。
〔七三九〕『聞』，甲、己本同，庚本作『問』，『問』爲『聞』之借字；『阿』，甲、己本同，庚本無。
〔七四〇〕『斷』，甲、己本同，庚本作『西』，誤。
〔七四一〕『寸』，庚本同，己本作『寸時』，甲本作『忖』。
〔七四二〕『憶』，己、庚本同，甲本作『憶得』；『舍』，甲、己本同，庚本作『捨』，『捨』爲『舍』之借字；『一』，據甲、己、庚本補。庚本此句後有『將阿孃向水頭可不得，阿孃飽滿，目連背附阿孃，往向王捨城南有一大水』。
〔七四三〕『水』，己、庚本同，甲本作『此水』。
〔七四四〕『涼』，甲、己本同，庚本作『良』，『良』爲『涼』之借字。
〔七四五〕『琉』，甲、己本同，庚本作『流』，『流』爲『琉』之借字；『璃』，甲、己本同，庚本作『漓』，『漓』爲『璃』之借字；『池』，甲、己本同，庚本作『地』。
〔七四六〕『魚』，據甲、己、庚本補；『此』，甲、己本同，庚本無。
〔七四七〕『潤』，甲、己本同，庚本作『潤』。
〔七四八〕『即』，甲、己本同，庚本作『唯』；『河』，甲、己本同，庚本作『何』，『何』爲『河』之借字。
〔七四九〕『見』，甲、己本同，庚本作『及』。
〔七五〇〕『更』，當作『便』，據甲、己、庚本改；『託』，庚本同，甲、己本作『托』，均可通。
〔七五一〕『止』，甲、己本同，庚本作『志』，『志』爲『止』之借字。
〔七五二〕『便』，甲、己本同，當作『變』，據庚本改，『便』爲『變』之借字；『火』，據甲、己本補，庚本作『猛火』。
〔七五三〕『阿孃』，己、庚本同，甲本作『母』；『猛』，甲、己本同，庚本無。
〔七五四〕此句甲、己本同，庚本無。

〔七五四〕『搥』，庚本同，當作『捶』，據甲、己本改，《敦煌變文集》《敦煌變文選注》《敦煌變文校注》逕釋作『捶』，『搥』爲『捶』之借字；『胸』，甲本同，己、庚本作『兇』，『兇』爲『胸』之借字；『怕』，甲、己、庚本同，當作『拍』，《敦煌變文集》據文義校改；『憶』，甲、己、庚、辛本同，當作『臆』，《敦煌變文集》據文義校改，『憶』爲『臆』之借字。辛本始於此句之『憶』字。

〔七五五〕此句甲、己、庚本同，庚本此句後有『踟跪合掌而』。

〔七五六〕『言』，甲、己、辛本同，庚本無。

〔七五七〕此句甲、己本同，庚本作『世尊，弟子阿孃造諸不善，墮樂（落）三塗，蒙世尊慈悲』。

〔七五八〕『波咤』，甲、己、辛本亦脱，據庚本補。

〔七五九〕『喫』，甲、己、辛本同，庚本作『飲』。

〔七六〇〕『今』，辛本同，己本無，當作『何』，據甲、庚本改。

〔七六一〕『今』，甲、己、辛本同，庚本作『今時』。

〔七六二〕『匝』，甲、己、辛本同，庚本作『遭』。

〔七六三〕『喫』，甲、己、庚本同，辛本脱。

〔七六四〕『見』，甲、己、辛本同，庚本脱。

〔七六五〕『三』，甲、己、辛本同，庚本作『三日』。

〔七六六〕『得』，辛本無，據甲、己、庚本補；『否』，甲、己、辛本同，庚本脱。

〔七六七〕『待』，甲、己、辛本同，庚本作『到』。

〔七六八〕『世尊』，甲、己、辛本同，庚本作『世尊世尊』；『報言』，甲、己、辛本同，庚本作『報言目連』。

〔七六九〕『須』，甲、己、辛本同，庚本脱；『此』，甲、辛本同，己、庚本作『次』，『次』爲『此』之借字。

〔七七〇〕『盆』，甲、己、辛本同，庚本脱。
〔七七一〕『戒』，甲、己、辛本同，當作『解』，據庚本改，『戒』爲『解』之借字；『下』，甲、己、庚、辛本同，當作『夏』，《敦煌變文選注》據文義校改，『下』爲『夏』之借字。
〔七七二〕『提』，甲、己、辛本同，庚本作『啼』，『啼』爲『提』之借字；『罪』，甲、庚、辛本同，己本作『羅』，誤。
〔七七三〕『歡喜』，甲、己、辛本同，庚本作『勸善』。
〔七七四〕『總得』，己、庚、辛本同，甲本無；『滿』，庚、辛本同，甲、己本作『滿日』。
〔七七五〕『舍』，甲、己、辛本同，庚本作『捨』，『捨』爲『舍』之借字。
〔七七六〕『罪』，辛本同，當作『造』，據甲、己、庚本改。
〔七七七〕『此』，甲、己、辛本同，庚本作『次』，『次』爲『此』之借字。
〔七七八〕『始』，甲、己、辛本同，庚本作『施』，『施』爲『始』之借字。
〔七七九〕『飯』，甲、己、辛本同，庚本作『飯喫』。
〔七八〇〕『相』，辛本無，據甲、己、庚本補。
〔七八一〕『覓』，甲、己、辛本同，庚本無。
〔七八二〕『喫』，甲、己、辛本同，庚本作『飲』。
〔七八三〕『不』，甲、己、辛本同，庚本作『不得』。
〔七八四〕『墮』，甲、己、辛本同，庚本作『卻墮』；『於』，己、庚、辛本無，據甲本補。
〔七八五〕『爲』，甲、己、辛本同，庚本作『爲當』。
〔七八六〕『及』，己、庚、辛本無，據甲本補。
〔七八七〕『得』，己、庚、辛本無，據甲本補。

〔七八八〕「造」，甲、己、辛本同，庚本作「造次」；「蘭」，甲、庚、辛本同，己本脱。

〔七八九〕「母」，甲、己、辛本同，庚本作「阿孃」；「卻」，甲、己、辛本無，據庚本補。

〔七九〇〕「舍」，甲、己、辛本同，庚本作「捨」，「捨」爲「舍」之借字；「中」，甲、己、庚本同，辛本脱；「黑狗」，己、辛本同，甲本作「黑狗之」，庚本作「一黑母狗」。

〔七九一〕「者」，甲、己、辛本同，庚本無。

〔七九二〕「次」，甲、己、辛本同，庚本作「此」，「此」爲「次」之借字；「乞」，甲、己、辛本同，庚本作「訖」，「訖」爲「乞」之借字；「食」，甲、己、辛本同，庚本作「飯」。

〔七九三〕「家」，甲、庚、辛本同，己本無。

〔七九四〕「狗」，甲、己、辛本同，庚本作「母苟」，「苟」爲「狗」之借字。

〔七九五〕「袈」，甲、己、辛本同，庚本作「架」，「架」爲「袈」之借字；「裟」，甲、辛本同，己、庚本作「沙」，「沙」爲「裟」之借字；「銜」，甲、己、辛本同，庚本作「函」，誤。

〔七九六〕「也」，甲、己、辛本同，庚本無。

〔七九七〕「蒙」，甲、庚、辛本同，己本脱；「勑」，甲、己、辛本同，庚本作「明教」。

〔七九八〕「託」，己、庚、辛本同，甲本作「托」，均可通；「盂」，甲、己、辛本同，庚本作「于」，「于」爲「盂」之借字。

〔七九九〕「阿」，甲、庚、辛本同，己本作「一阿」。

〔八〇〇〕此句甲、己、辛本同，庚本作「不問貧不問富坊卷（巷）」。

〔八〇一〕「衣」，辛本同，甲、己、庚本作「於」，當作「一」，據文義改，《敦煌變文校注》認爲當作「已」；「匝合」，辛、己本同，甲本作「合匝」，庚本作「九迊」。

〔八〇二〕「見」，甲、己、辛本同，庚本作「阿孃作」；「狗」，甲、己、辛本同，庚本作「母苟（狗）」；「身」，己、庚、辛本同，甲本無；「裏」，己、庚、辛本同，甲本無。

〔八〇三〕「捉」，甲、庚、辛本同，己本作「投」，誤；「袈」，甲、己、辛本同，庚本作「架」，「架」爲「袈」之借字；「裟」，甲、己、辛本同，庚本作「沙」，「沙」爲「裟」之借字；「咸」，甲、己、庚、辛本同，當作「銜」，《敦煌變文集》據文義校改，「咸」爲「銜」之借字。

〔八〇四〕「語言」，己、辛本同，甲本作「曰」，庚本作「唤言」。

〔八〇五〕「阿孃」，甲、己、辛本同，庚本作「孃孃」。

〔八〇六〕「忽」，甲、己、辛本同，庚本作「骨」，誤；「是」，己、庚、辛本同，甲本作「於」；「能向」，己、庚、辛本同，甲本無；「地獄」，己、庚、辛本同，甲本無；「冥路」，甲、己、辛本同，庚本無。

〔八〇七〕「因何」，甲、己、辛本同，庚本作「可」，誤；「狗」，甲、己、辛本同，庚本作「苟」，「苟」爲「狗」之借字。

〔八〇八〕「殃」，甲、己、辛本同，庚本作「央」，「央」爲「殃」之借字。

〔八〇九〕「墮」，甲、己、辛本同，庚本脱。

〔八一〇〕「你」，甲、己、辛本同，當作「寧」，據庚本改；「作」，甲、己、辛本同，當作「在」，據庚本改；「地獄」，甲、己、辛本無，據庚本補；「餓」，甲、己、辛本同，庚本作「我」，「我」爲「餓」之借字。

〔八一一〕「此」，甲、己、辛本同，庚本作「次」，「次」爲「此」之借字；「狗」，甲、己、辛本同，庚本作「苟」，「苟」爲「狗」之借字；「音」，甲、己、庚、辛本同，《敦煌變文選注》校改作「喑」。

〔八一二〕「存」，甲、己、辛本同，當作「安」，據庚本改；「寧」，甲、己、辛本無，據庚本補。

〔八一三〕「於」，甲、己、辛本同，庚本無；「人」，甲、己、辛本同，庚本無。

〔八一四〕庚本止於此句之『三』。

〔八一五〕『莫』，辛本同，甲、己本作『夜』，《敦煌變文集》校改作『暮』，按不改亦可通，『莫』有『暮』義；『聞』，辛本同，甲、己本作『間』。

〔八一六〕『悔』，甲、庚本同，己本作『誨』，『誨』爲『悔』之借字。

〔八一七〕辛本止於此句之『阿孃』。

〔八一八〕『身』，甲本同，己本脱。

〔八一九〕『扶』，當作『狀』，據甲、己本改。

〔八二〇〕『便即』，甲、己本作『即便』。

〔八二一〕『提』，甲、己本脱。

〔八二二〕第一個『住』，甲、己本同，據文義係衍文，當删。

〔八二三〕『敢』，己本作『咸』，當作『感』，據甲本改，『敢』爲『感』之借字；『天』，甲本無，據己本補。

〔八二四〕『接』，己本同，甲本無。

〔八二五〕『仰』，當作『迎』，據甲、己本改；『刀』，甲、己本同，當作『切』，《敦煌變文集》據文義校改，『刀』爲『切』之借字。

〔八二六〕『刀』，甲、己本同，當作『切』，《敦煌變文集》據文義校改，『刀』爲『切』之借字。

〔八二七〕第一個『時』，甲、己本同，《敦煌變文集新書》認爲當校改作『持』，《敦煌變文選注》校改作『説』；『此經』，甲本同，己本作『此經此經』。

〔八二八〕『涅槃』，當作『菩薩』，據甲、己本改，《敦煌變文集》《敦煌變文選注》釋作『菩薩』，《敦煌變文校注》認爲底本兩字乃『菩薩』之變體。

〔八二九〕『優婆』，據甲、己本補；『姨』，甲、己本同，《敦煌變文選注》校改作『夷』。

〔八三〇〕甲本止於此句。己本此句後有『太平興國二年，歲在丁丑潤六月五日，顯德寺學仕郎楊願受一人恩微，發願作福，寫盡此《目連變》一卷。後同釋迦牟尼佛壹會彌勒生作佛爲定。後有衆生同發信心，寫盡《目連變》者，同池（持）願力，莫墮三途』。

參考文獻

《敦煌變文匯録》，上海出版公司，一九五四年，一四九至一八六頁（録）；《敦煌變文集》，北京：人民文學出版社，一九五七年，七一四至七四四頁（録）；《敦煌の文學》，東京：大藏出版株式會社，一九七一年，六九頁；《敦煌變文字義通釋》（增訂本），上海古籍出版社，一九八一年，一七六、二七一、五〇〇頁；《敦煌寶藏》二一册，臺北：新文豐出版公司，一九八二年，四八七至四九六頁（圖）；《敦煌變文論文録》，上海古籍出版社，一九八二年，四二一、四三一、四五九頁；《敦煌孝道文學研究》，臺北：石門圖書公司，一九八二年，一六、七五、一一〇、一九一頁；《敦煌變文集新書》，臺北：中國文化大學中文研究所，一九八四年，六八五至七三四頁（録）；《敦煌文學》，蘭州：甘肅人民出版社，一九八九年，二四一頁；《中國古代寫本識語集録》，東京：東京大學東洋文化研究所，一九九〇年，四六五頁；《敦煌變文集校議》，長沙：嶽麓書社，一九九〇年，三七〇、三九三頁；《敦煌變文選注》，成都：巴蜀書社，一九九〇年，六四四至七二一頁（録）；《英藏敦煌文獻》四卷，成都：四川人民出版社，一九九一年，一一六至一二二頁（圖）；《敦煌變文校注》，北京：中華書局，一九九七年，一〇二四至一〇七〇頁（録）；《敦煌變文選注》（增訂本），北京：中華書局，二〇〇六年，八四二至九四五頁（録）；《敦煌變文整理之展望》，《第2回東アヅア宗教文獻國際研究集會『唱導、講經と文學』報告書》，廣島大學，二〇一三年，三七三頁。

斯二六一四背　一　沙州諸寺僧尼名簿

釋文

（前缺）

法願[一]、談辯、慶恩、慶福、法信、慈力、圓滿。舊沙彌：潛智、紹智。新沙彌：願德、紹隆、善成、宗定、紹建、願會、紹進、智通、願通、紹淨、紹圓、紹忍、定光、紹戒、紹性、福住、紹滿。計僧壹拾陸人，舊沙彌貳人，計新沙彌壹拾柒人，都計僧及沙彌參拾伍人。

開元寺

張僧政、文晟、常祕[二]、智邕、法凝、惠閏[三]、王法律、德成、寶慶、寶通、孟法律、陰法律、惠通、智惠、慈音、陰法律[四]、法德、慈周、洪恩、堅信、慶道、大雲、法晟、法照、慈力、道崇、神秀、神心、靈慜、談意、惠廣、惠嵩、戒月、法濟、廣濟、大弁、願淨。舊沙彌：紹燈、惠幽、圓寂、惠證、願就、願成、願寂。新沙彌：善友、善會、智勝、願行。計僧参拾柒人，計舊沙彌柒人，新沙彌肆人，都計僧及沙彌肆拾捌人。

乾元寺

張僧政、聰進、善應、信達、智漸、海藏、法寶、法進、洪濟、海晏、大慈、道岑、法惠、廣信、惠諫、廣果、法界、佛頂、日輪、善道。新沙彌：善光、善安、玄通[五]、法定、法安、惠光、靈應。計僧貳拾人，計沙彌柒人，都計貳拾柒人。

龍興寺

翟僧政、威淨、法真、禪惠、神吼、安信、神友、惠閏[六]、紹通、弁惠、翟法律、智惠、遂恩、洪福、皈忍、索判官、法光、慶林、法雨、道巖[七]、智弁、智光、慶圓、道心、願力、恒清、慶進、大喜、樂淨、神智、惠恩、惠達、惠果、惠淨、法安、法達、大行、戒超、守真、善現、證信、慶信。舊沙彌：守行、守淨。新沙彌：深信、宗明、善定、神宗[八]、善惠、忍德。計僧肆拾貳人，計新舊沙彌捌人，都計僧及沙彌伍拾人。

大雲寺

康僧統、超淨、法原、氾僧録、智惠、法海、法通、道德、氾法律、廣惠、福成、堅固藏、福惠、福圓、願成、寶明、慶壽、法滿、慶進、堅信、守行、惠閏[九]、法心、濬愍、濬弁、濬皈、玄寂。舊沙彌[一〇]：願德、宗進、宗忍、紹燈。計僧貳拾柒人，計沙彌肆人，都計参拾壹人。

報恩寺

張僧政、日輪、寶良、義舟、法澄、藏勝、福威、智廣、法力、龍威、定嚴、智定、頓乞立、喜寂、慈惠、福惠、閻法律、洪紹、法進、法惠、宋判官、王法律、福巖、信德、政惠、惠進、定真、慶弁、智巖、寶德、慶力、海巖、法眼、道惠、廣紹、大慈。舊沙彌：海眼、願滿、願解、願度、神慶、紹德、慶海、寶甲、紹建、大會。新沙彌：法雲。計僧參拾陸人，計新舊沙彌壹拾壹人，都計肆拾柒人。

淨土寺

李僧政、法受、惠明、法藏、法心、法惠、信惠、海鏡、神寂、惠真、道啓、慈恩、惠寂亡〔一一〕、寶積、紹宗、慶安、法靈、法光、願濟、龍贊。舊沙彌：恆明。新沙彌：神會、宗智。計僧壹拾玖人，計新舊沙彌參人，都計貳拾貳人。

蓮臺寺

史法師、智惠力、神威、原德、戒因、海澄、惠捷、法集〔一二〕、月光、法興、如意、道廣、法惠、法輪、法成、法淨、善進、神力、福因、法安〔一三〕。舊沙彌：悟道。新沙彌：法勝、大福、玄深、善清、宗惠、宗淨。計僧貳拾人，計沙彌柒人，都計貳拾柒人。

三界寺

法贊、福威、法勝、智海、日光、寶聖、法達、願成、善學、談深、師子吼、崇真、無礙、靈就、福惠、惠欽今[一四]、法林。新沙彌：大喜、善住、法閏[一五]、善慈、善恩[一六]。

計僧壹拾柒人，計沙彌肆人[一七]，都計貳拾壹人[一八]。

（中缺）

行、真藏[一九]、妙心、李真嚴、戒心[二〇]、信相、妙嚴、妙勝、妙德、如惠、修心、修意、修惠、福行、福喜、善心、妙戒、妙行、妙信、妙福、無相、無念、最勝福、戒真、定空、聖行、修定。式叉尼：圓意、圓真、喜捨、慈妙、妙會、念戒、念定、念惠、勝行、妙慈[二一]、善思[二二]、靈會、靈忍、精進、啓行、啓相、啓果、圓喜、明惠、明智、政戒、政定、政念、政定[二三]、無忘、巧明、巧意、善恩、皈信、花嚴、福滿、法意、慈濟、慈光、了信、嚴忍、妙力、喜集、覺因、相好、福進、體真、明行、靈智、明證、靈進、啓淨、秀嚴、妙積、真意、證性、證信、覺悟、明意、明真、鏡忍、慶果、鏡意、啓恩。沙彌尼：善淨、善進、善護、妙言、性福、善持、妙進、妙善、妙德、性修、性戒、性忍、善意、善施、善忍、善惠、政智、啓勝[二四]、鏡相、巧惠、慈相、鏡相[二五]、妙堅、性滿、善因[二六]、善妙、慶喜。計大戒尼壹百肆人，計式叉尼伍拾玖人，計沙彌尼貳拾柒人，都計壹百捌拾玖人[二七]。

大乘寺

平等政、戒性、明了空、海性、啓相、妙真、賢意、啓如、性淨花、自在德、性淨顯、思惠、堅悟、最勝意、最勝善、智妙、最勝德、智嚴、定惠智、嚴行、惠意、嚴德、菩提惠、皈淨、真賢、明德、圓妙、蓮花意、相妙、功德藏、蓮花妙、堅性、信定、法喜、定心、寂淨藏、嚴真、花嚴、智花、精進藏、善緣、覺性、嚴妙、普定、智寶、賢福、戒德、普惠、法性、定嚴、妙賢、意賢、善賢、戒威、能信、能妙、妙行、明覺、德真、妙覺、聖妙、嚴福、普滿〔二八〕、性真、嚴律、真意、妙定、圓會、圓勝、圓行、圓戒、圓進、緣覺、海意、海賢、圓桐、慶喜、如真、嚴淨、嚴勝、普圓、無礙定、勝意、圓淨、嚴定、善意、勝意〔二九〕、真定、圓妙、明信、海真、善惠、圓政、宋嚴律、法空、修因、福德、福林、真寂、最寂、政心、無言、無著、善願

（中缺）

式叉尼：勝妙、妙言、真性、修果、善住、靈進、最行、明心〔三〇〕、政意、巧能、巧德、巧信、明戒、明了、菩提藏、乘因、妙福、殊勝惠、殊勝果、善政、嚴性、妙光、妙啓、妙音、政修、善修、勝心、嚴意、花藏、戒清、戒忍、敬行、慶相、勝行、證性、妙信。沙彌尼：巧智、政意、妙信、妙覺、慶悟、妙果、敬信、如妙。新沙彌尼：妙喜、妙惠、妙智、妙戒、善信、善願、性意、性善、明覺、明念、善勝、喜信、妙福、妙建。計大戒尼壹百壹拾伍人，計式叉尼參拾陸人，計新舊沙彌尼貳拾貳人，都計壹百柒拾參人。

安國寺

智忍花、善性、聖智、戒淨、能照、德念、最勝音、智空、福因、德了、妙淨、妙意、性淨惠、智勝、真性、真寂、妙真、真圓、花德、蓮花燈、定明、乘智、花嚴、明了念、慶意、堅護、慶妙、勝相、慈德、自在滿、慈覺、勝妙、信惠、遍淨、勝皈、智花、福意、福嚴、勝因、菩提、德意、堅持、政心、善勝、善賢、威德、嚴戒、菩提惠、能定、戒賢、延惠、永定音、能嚴、堅悟、妙定、妙乘、政惠、能妙、政意、堅忍、戒乘、蓮花心、能真、勝願、堅證、能戒、圓藏、圓妙、能忍、能惠、戒性、堅妙、戒定、真惠、真意、善行、自在燈、妙勝、勝惠、能勝、堅藏、照心、妙賢、真原、妙行、圓智、妙林、真如、真勝、真相、福喜、修戒、如意、妙悟、妙戒、無染、無性、妙嚴、能寂、勝威。式叉尼：巧聖、慈藏、慈惠、政性、照惠、妙力、真頂、妙行、政信、善清、政思、真行、殊勝果、戒香、啓圓、殊勝智、殊勝戒、皈滿、皈因、實濟〔三一〕、如意、明了德、妙嚴言〔三二〕。沙彌尼：啓理、喜圓、相妙、啓真〔三三〕、明進、政信、政念、善證、性慈、性寂、政因、性智、性真、善護、慈濟、妙真。計大戒尼壹百人，式叉尼貳拾參人，沙彌尼壹拾陸人，都計壹百參拾玖人。

靈修寺

智空、體性、堅固林、體淨、淨勝、精進藏、自在行、最勝德、勝惠、常念、嚴心、妙性、勝藏、性淨眼、真行、德林、菩提心、妙寂、妙明、普圓、妙心、最勝修、定戒、真意、福妙、勝賢、法相、凝淨、真妙、相慈、慈滿、法慈、威德花、明了花、福惠、性行、自在喜、慶心、政行、遍行、啓行、如來淨、德行、花勝、福德花、政行[三四]、勝嚴、聖意、善政、明相、戒圓、真明、定惠、嚴意、性淨藏、乘淨、圓鏡、延春、延慶、凝清、妙圓、妙建、性淨讚、明了惠、念證、福悟、妙淨[三五]、嚴妙、功德花、聖惠、光嚴、德惠、圓累[三六]、圓惠、圓行[三七]、勝明、勝花、嚴信、如性、妙行、真如、花嚴、圓智、聖性、如願、修忍、福會、福慶、妙音、圓真、菩提果、圓啓、圓體、福喜、思妙、普淨[三八]、妙因、凝政、修定。式叉尼：菩提凝、修因、密行、啓如、啓因、等持、明律、政惠、無言、無思、無念、慈眼、最行、殊勝定、明戒、明心、皈心、皈忍、了因、了慈、了寂、敬信、證淨、心真、皈妙、了真、明惠、明意、皈性。舊沙彌尼：政思、敬戒。新沙彌尼：敬福、性勤、性淨、性喜、善智、了心、妙福、嚴淨、善戒、性如、性真、性德。計大戒尼玖拾玖人[三九]，計式叉尼貳拾玖人，計沙彌尼壹拾肆人，都計壹百肆拾貳人。

聖光寺

性淨遍、真定、勝惠、清淨藏、普淨[四〇]、淨意、菩提明、嚴真、勝明、功德花、圓滿、妙意、妙行、慈嚴、勝行、勝藏、勝淨、明了心、菩提藏、明了相、嚴律、能性、能照、能持、聖賢、妙真、覺藏、覺護、能妙、圓妙、覺悟、圓淨、無漏〔四一〕、嚴意。式叉尼：因勝、普光、堅性、嚴忍花、普明（？）〔四二〕、無垢、靈意、明空、□□、明信。沙彌尼：圓意、圓智、圓行、圓勝、修因。〔計〕大戒尼參拾肆人〔四三〕，式叉尼拾人，計沙彌尼伍人，都計肆拾玖人。

（中空二行）

都計尼陸百玖拾參人〔四四〕，僧尼都計壹仟壹百肆拾人〔四五〕。

説明

此卷爲一長卷，首尾均缺。現存主體部分爲『沙州諸寺僧尼名簿』，首缺尾全，其後爲雜寫，『沙州諸寺僧尼名簿』行間和空白處亦有後人隨手所寫的文字。從筆跡和墨跡来看，這些雜寫應非一時一人所爲。因『沙州諸寺僧尼名簿』行間和空白處的雜寫與該件無關，故將這些雜寫與其後的雜寫合併爲一件釋録。

『沙州諸寺僧尼名簿』存開元、乾元、龍興、大雲、報恩、淨土、蓮臺、三界、大乘、安國、靈修、聖光等寺的僧尼名，起首部分寺名缺失，從其僧名推測應爲永安寺（參看郝春文《唐後期五代宋初敦煌僧尼的社會生活》，一〇〇頁）。各寺間或留有一至數行的空白，其中之『舊沙彌』『新沙彌』『舊沙彌尼』『新沙彌尼』『式叉尼』『沙彌尼』和諸寺僧尼的統計數字等文字均爲朱書。一些地方有朱書和墨書修改。值得注意的是，『三界寺』和其後的寺院内容不連續。三界寺尾部至少缺失一行，其後則接續另一寺的大戒尼名。該寺計有『大戒尼壹百肆人』，但僅存二十七個尼名，且失寺名。從敦煌的五尼寺獨缺普光寺名來看，這個缺失寺名的尼寺應爲普光寺。此外，『大乘寺』的大戒尼部分亦有缺失。據該寺的最後統計數字，我們知道該寺的大戒尼爲壹百壹拾伍人，而底本存壹百肆人，缺少拾壹人。由此可見，雖然目前我們看到此件的狀態是首缺尾全，但其内容中間亦有殘缺，藤枝晃已指出後人是將已經殘缺的『沙州諸寺僧尼名簿』重新粘接在一起，利用其背面來抄寫『大目乾連冥間救母變文一卷并序』，這一點不僅可從『沙州諸寺僧尼名簿』前缺中斷，而『大目乾連冥間救母變文一卷并序』首尾完整、内容連貫得到證實，就抄寫時間而言，也是『沙州諸寺僧尼名簿』在前，『大目乾連冥間救母變文一卷并序』在後（參看《敦煌の僧尼籍》，二九六至三〇一頁）。

所以，此卷正確的正背關係應該是『沙州諸寺僧尼名簿』是正面，而『大目乾連冥間救母變文一卷并序』是背面。爲避免混亂，我們仍遵從縮微膠片、《敦煌寶藏》和《英藏敦煌文獻》圖版，把『沙州諸寺僧尼名簿』作爲背面。還需要説明的是，《英藏敦煌文獻》關於『沙州諸寺僧尼名簿』的圖版不完整，漏印了十行文字。

此件之年代，藤枝晃將其定爲公元八九五年（參看《敦煌の僧尼籍》，三〇二頁），參照伯六〇〇五《福圓等唱布歷》、伯二二五〇背《龍興寺、乾元寺、開元寺、永安寺、金光明寺儭狀》和Дх二一五一背+Дх一三二九B《道場司諸勾當分配牓稿》、伯二八五六背《乾寧三年（公元八九五年）三月十一日僧統和尚營葬牓》等寫本的相關信息推斷，此件的年代應該在乾寧二年（公元八九五年）三月以後數年的公元十世紀初（參看郝春文《唐後期五代宋初敦煌僧尼的社會生活》，三〇至三一頁），而另一面的『大目乾連冥間救母變文一卷并序』卻是抄寫於貞明柒年（公元九二一年）四月十六日。

此件對於瞭解九世紀末沙州僧尼的數量具有重要參考價值。

校記

〔一〕『法願』，據殘筆劃補。

〔二〕『祕』，《中國古代籍帳研究》釋作『祕』，校改作『祕』。

〔三〕『閏』，《敦煌社會經濟文獻真蹟釋録》釋作『潤』。

〔四〕『陰法律』重出，應爲同姓而重。

〔五〕『玄』，《敦煌の僧尼籍》《中國古代籍帳研究》《敦煌社會經濟文獻真蹟釋録》釋作『志』，誤。

〔六〕『閏』，《敦煌社會經濟文獻真蹟釋録》釋作『潤』。

〔七〕『巖』，《敦煌社會經濟文獻真蹟釋録》釋作『嚴』，誤。

〔八〕『宗』，《敦煌社會經濟文獻真蹟釋録》釋作『宗惠』，按底本『惠』已被朱筆塗抹。

〔九〕『閏』，《敦煌社會經濟文獻真蹟釋録》釋作『潤』。

〔一〇〕『舊』，《敦煌社會經濟文獻真蹟釋録》釋作『新』，誤。

〔一一〕『亡』字被朱筆重描，表示此字原應爲朱書，『惠寂』名頂部及右側有朱筆勾銷符號，朱書和勾銷符號均是提示此人已亡故，段末『計僧壹拾玖人』未將『惠寂』計算在内。

〔一二〕『法集』及其後之『月光』『法成』『福因』四僧名均已被墨筆圈除，應不録，但此寺最後的僧人統計數字又包括了這四個人，故仍保留了這四個僧名。

〔一三〕「安」，《敦煌社會經濟文獻真蹟釋録》釋作「定」，誤。

〔一四〕「今」書於「欽」字右下側，疑爲注音。

〔一五〕「閏」，《敦煌社會經濟文獻真蹟釋録》釋作「潤」。

〔一六〕「善恩」原寫於「大喜」左邊行間，似爲補加，朱書統計該寺沙彌數未被包括在内。

〔一七〕「肆」，《敦煌社會經濟文獻真蹟釋録》校作「伍」。

〔一八〕「拾壹人」，《中國古代籍帳研究》據文義校補。底本此句内容殘損，其後有紙張粘接的痕跡。

〔一九〕「真」，《敦煌社會經濟文獻真蹟釋録》釋作「直」，誤。

〔二〇〕《敦煌社會經濟文獻真蹟釋録》於「戒心」後釋有「福滿」，按底本「福滿」已被朱筆塗抹。

〔二一〕「慈」，《敦煌の僧尼籍》《中國古代籍帳研究》《敦煌社會經濟文獻真蹟釋録》均釋作「意」。

〔二二〕「思」，《敦煌社會經濟文獻真蹟釋録》釋作「恩」。

〔二三〕「政定」重出，應爲重名。

〔二四〕「啓」，《敦煌の僧尼籍》《中國古代籍帳研究》均釋作「智」，誤。

〔二五〕「鏡相」重出，應爲重名。

〔二六〕「因」，《敦煌社會經濟文獻真蹟釋録》釋作「囙」，誤。

〔二七〕依據「大戒尼」「式叉尼」和「沙彌尼」各自的具體人數，「都計」應爲「壹百玖拾人」，「壹百捌拾玖人」計算有誤。

〔二八〕「普」，《敦煌社會經濟文獻真蹟釋録》釋作「善」，誤。

〔二九〕「勝意」重出，應爲同名而重。

〔三〇〕底本「心」上有朱點。

〔三一〕「實」，《敦煌社會經濟文獻真蹟釋録》釋作「寶」，誤。

〔三二〕「言」書於「巖」字右上側，疑爲注音。

〔三三〕「真」，《中國古代籍帳研究》釋作「進」，誤。

〔三四〕「政行」重出，應爲同名而重。

〔三五〕「淨」，據殘筆劃補。

〔三六〕「累」，《敦煌社會經濟文獻真蹟釋録》釋作「里」。

〔三七〕「行」，《敦煌社會經濟文獻真蹟釋録》釋作「竹」，誤。

〔三八〕「普」，《敦煌の僧尼籍》《中國古代籍帳研究》《敦煌社會經濟文獻真蹟釋録》均釋作「善」，誤。

〔三九〕「人」，據殘筆劃補。

〔四〇〕「普」，《敦煌社會經濟文獻真蹟釋録》釋作「善」，誤。

〔四一〕「漏」，《敦煌社會經濟文獻真蹟釋録》釋作「偏」。

〔四二〕「明」，據殘筆劃補。

〔四三〕「計」，《敦煌社會經濟文獻真蹟釋録》據文義校補。

〔四四〕《敦煌社會經濟文獻真蹟釋録》在此條後另釋有「都計尼陸百玖拾參人」和「都計肆拾玖人」，按底本「都計尼陸百玖拾參人」和「都計肆拾玖人」分別書於「都計尼陸百玖拾參人」和「僧尼都計壹仟壹百肆拾人」的左側，但與前後筆跡和墨跡均不同，蓋後人所添。

〔四五〕「仟」，據殘筆劃補，《敦煌社會經濟文獻真蹟釋録》釋作「千」；「壹」，《中國古代籍帳研究》據殘筆劃校補。

參考文獻

《敦煌の僧尼籍》，載《東方學報》二九册，京都大學人文科學研究所，一九五九年，二九六至三〇二頁（録）；《中國古代籍帳研究》，東京大學東洋文化研究所，一九七九年，五九二至五九七頁（録）；《鳴沙餘韻・解説》一部，京都：臨川書店，一九八〇年，二五九至二六一頁；《敦煌寶藏》二一册，臺北：新文豐出版公司，一九八二年，四九六至五〇五頁（圖）；《敦煌學輯刊》一九八四年一期，四一至四四頁；《唐五代敦煌寺户制度》，北京：中華書局，一九八七年，二一三至二一四頁；《敦煌社會經濟文獻真蹟釋録》四輯，北京：全國圖書館文獻縮微複制中心，一九九〇年，二二九至二四五頁（録）；《唐後期五代宋初沙州僧尼的特點》，載《敦煌吐魯番學研究論文集》，上海：漢語大詞典出版社，一九九〇年，八二三至八二四、八四三頁；《英藏敦煌文獻》四卷，成都：四川人民出版社，一九九一年，一二二至一二八頁（圖）；《首都師範大學學報》一九九三年五期，七六至七七頁；《唐研究》二卷，北京大學出版社，一九九六年，六六至六七頁；《唐後期五代宋初敦煌僧尼的社會生活》，北京：中國社會科學出版社，一九九八年，三〇至三一、二五五、三一五頁；《英藏敦煌文獻年代叢考》，載《英國收藏敦煌漢藏文獻研究：紀念敦煌文獻發現一百周年》，北京：中國社會科學出版社，二〇〇〇年，三七〇至三七一頁。

斯二六一四背　二　雜寫（大目乾連冥間救母變文等）

釋文

海　惠光　惠光　忍之忍　之貪〔一〕　惠　福成　紫　天道　阝　家　家　人人進〔二〕　子

道　天　一行鏡　行　賢　南山　卷頭拂耳〔三〕　恩兒大歌　恩兒　以　賢　賢　智　真

智　賢　戒定　賢　直　真　都僧統氾　弟子今日等〔四〕　明惠　敬信　證淨　心真　皈

妙　了真　圓娘　内紙廿張　今日好風光花作是長　夏（？）氏老上

大目乾連冥間救母變文張保[達]〔五〕□▭

[大]目乾連冥間救母[變文張保達]〔六〕□▭

大目乾連冥間▭

（後缺）

說明

以上文字爲時人隨手所寫，有倒書，有横書，有的寫於『沙州諸寺僧尼名簿』行間和空白處，有的寫於該件之後。從筆跡和墨跡來看，這些雜寫應非一時一人所爲。因『沙州諸寺僧尼名簿』行間和空白處的雜寫與該件無關，故將這些雜寫與其後的雜寫（大目乾連冥間救母變文等）合併爲一件釋録。

校記

〔一〕『貪』，《中國古代籍帳研究》疑爲『員』。
〔二〕第二個『人』，《中國古代籍帳研究》漏録。
〔三〕『耳』，《中國古代籍帳研究》釋作『取』，誤。
〔四〕『子』，《中國古代籍帳研究》釋作『寺』，誤。
〔五〕『達』，據殘筆劃及斯二六一四《大目乾連冥間救母變文一卷并序》補。
〔六〕『大』，據文義補；『變文張保達』，據殘筆劃及文義補。

參考文獻

《敦煌寶藏》二一册，臺北：新文豐出版公司，一九八二年，五〇五頁（圖）；《英藏敦煌文獻》四卷，成都：四川人民出版社，一九九一年，一二八頁（圖）。

斯二六一五背　大部禁方

釋文

大部禁方

龍樹菩薩、九天玄女呪受氣時先用香盤，然後受氣。

受氣法

取端午日寅時，受五方氣，各十（一）遍[一]，連咽三口，如是二十一遍，至四十九遍亦得。便用香盤受氣[二]，後誦呪。先安香盤[三]，用劍五口，三口亦得；用炭一斤，二斤亦得；用生鐵三二斤；用五色線五條；更用鏡五面，三面亦得；更用筋一雙。用五色線五條，收氣纏筋，更畫北斗，安槃內。然後……[四]

戒香、定香、惠香、解脱香、解脱知見香。光明雲臺遍法界，供養十方一切佛，見聞普薰證寂滅，一切衆生亦如是。

奉請十方諸佛、諸大菩薩、羅漢、聖僧、一切神祇，奉請房山長、李老君、孫賓[五]、董仲、葉淨、本部禁師郎，聞呼即至，聞請即來，助弟子威力。

奉請北方世界主，多聞自在毗沙門。無量劫來廣供養，修行鎮在水精宮。身生金鉀光明現，掌塔持戈北壁中。非時下界見精靈，舉目觀之如粉麵。那吒太子去先風，多領善神持劍戰。我王押管下閻浮，一切鬼神總愁死。急急如律令，勑攝！此呪誦一遍，噴三噴。又誦破傷呪一七遍，誦一遍，唾三唾。

四方金剛

奉請東方青面金剛，來入道場。牙如劍樹，眼似流星，口如血盆，手執金槍師子云爪似金鉤。不食五穀，純食走痛白虎〔六〕、邪魔魍魎。朝食三千，暮食八百。欠一不足〔七〕，下符來索。急急如律令，勑攝！南西北方，各念一遍〔八〕，噴三噴。誦四方呪後，念破傷呪一七遍，每遍噴三噴。

五方師子

奉請東方青毛師子，來入道場。牙如劍樹，眼似流星，口如血盆，爪似金鉤金剛云手執金槍。不食五穀，純食走痛白虎，邪魔魍魎。朝食三千，暮食八百。欠一不足，下符來索。急急如律令，勑攝！南西北中方，各念一遍，每遍噴三噴。誦五方師子後，誦破傷呪一七遍，每遍噴三噴。

奉請恆沙悉帝衆、發聲聖者大輪王、瑜伽五部曼吒羅。一身見出八百臂手，大念火頭金剛霹靂聲。空中跳躑輪刃（刀）劍〔九〕，口中哮吼忽雷鳴。金剛忽睹金剛搆（鉤）〔一〇〕，引童子，散香花，來入金剛三昧界。

奉請六丙六丁。知你姓名，若破邪注記，若有魍魎妖精，吾自手持鐵索，捕捉妖精。吾請四方門王、天王，奉請五方師子，不食五穀，純食走痛白虎。朝食三千，暮食八百。欠一不足，下符來索。急急如律令，敕攝！誦此呪一遍，噴三噴。更誦破傷呪一七遍，每遍噴三噴。

奉請天蓬天蓬〔一一〕、久（九）遠（元）煞同（童）〔一二〕、五丁都司、高鵰北翁、七征（政）八靈〔一三〕、太上號（浩）凶〔一四〕。長爐（顱）具（巨）戰（獸）〔一五〕，手執鼎鍾。威嚴神王，敢有不從。紫氣昇天，丹霞赫衝〔一六〕。吞魔食鬼，横身飲風。倉舌六（緑）齒〔一七〕，四暮（目）老翁〔一八〕。天丁力士，威不衝風〔一九〕。三十萬兵，圍你九重〔二〇〕。辟師（尸）千里〔二一〕，又見不祥。敢有鬼來，欲見我莊（狀）〔二二〕。厥（攫）天大夫（斧）〔二三〕，斬鬼五形。嚴（炎）帝裂血〔二四〕，北斗斫（燃）骨〔二五〕。四明皮（破）匝（骸）〔二六〕，〔天〕〔猷〕〔滅〕〔類〕〔二七〕。神刀一下〔二八〕，萬鬼自虧（潰）〔二九〕。急急如律令，敕攝！誦此呪一遍，噴三噴。更誦破傷呪一七遍，每遍噴三噴。

奉請六個大將軍。貎稜稜，出勃禄，鼻笆查，眼鶻禄，口似血盆牙曲録，爪似金鉤剥鬼皮，常餐走鬼長無數。朝食三千似等閑，暮食八百爲餐肉。腹槍（腸）馳項紇縮〔三〇〕，肚裹飢虚搜地獄。去邪精，斷十惡，捋肘塇（揎）拳逞行作〔三一〕。嘴犍欹，顋⿺尢是⿺尢皇，躭鬼頭，拽鬼腳，路逢去走鬼生披剥〔三二〕。肉生吞，血淋落，走鬼聞之消化卻。急急如律令，敕攝！

誦此呪一遍，噴三噴。更誦破傷呪一七遍，每遍唾三唾。到此處且住，後持（待）一餐飯了後〔三三〕，再誦後呪部。

四方賴吒金剛

奉請東方青頭青帝賴吒金剛隨方稱之，來入道場，步步亞金槍而刺，左手執金刀，右手執金槍。舞劍盤槍，盤槍患子頂門而入。左攪三千，右攪八百。有精縛精，有鬼縛鬼，有神縛神，有邪縛邪，有魅縛魅，馳逐不出。鐵叫棒三千，木叫棒八百。馳逐不出，別有方術。急急如律令！西方賴吒金剛，每方誦一遍，噴三噴。四方了後，誦破傷呪一七遍，每遍唾三唾。

相州城南張第奴身〔三四〕，偷阿郎馬轡蓆帽，隨時捉得，反縛吊在梁頭。左隻（肢）下七口要刀〔三五〕，右隻（肢）下七口要刀〔三六〕，埋在糞堆内〔三七〕，後來變爲痛病。阿耶姓馮，名夏温；阿孃姓管，名騰華；妻兒姓墨，名恭華；痛病白虎之身是仲卿〔三八〕。後有五方之虎，天有三十六虎，地有三十六虎，六六三十六虎。天留八萬四千門王，教吾禁方：一禁禁痛，二禁禁槍（瘡）〔三九〕，三禁如來不動如常。唾山山崩，唾石石列，唾河河枯，唾海海竭。大鬼投江，小鬼投海。魑魅魍魎，當吾者死，值吾者亡，觸吾者滅。急急如律令，勑攝！

恆山樹下有一毒龍，八頭九尾。純食妖魅之鬼、走痛之鬼、餓死之鬼、行病之鬼、血光之鬼、不葬之鬼。朝食三千，暮食八百。欠〔一〕不足〔四〇〕，下符來索。急急如律令，勑攝！此呪誦一遍，噴三噴。更誦破傷呪一七遍，每遍唾三唾。

南無佛陀耶僧禁吒婆尸耶

乘車來，車軸折；乘馬來，雙目閉；步行來，雙膝腫。戰戰兢兢，東倒西傾，天迷地惑。白佛言：『虎將軍，令羊草，麝香烈。』急急如律令！誦此呪一遍，噴三噴。更誦破傷呪一七遍，每遍唾三唾。

破傷方

日出東方，乍赤乍黄。上告天翁，下告地黄。地黄夫人交（教）吾禁瘡〔四一〕，仙人提水，玉女洗瘡。一禁便定，兩禁平伏如常。驢鳴馬鳴，瘡也不驚；天雷地動，瘡也莫恐。吾是毗沙羅、攝地蟲。急急如律令，勑攝！若有破傷者，誦此呪四十九遍。初頭噴三噴，誦一呪七遍，唾三唾。

破傷方

今日不祥，何物損傷。一禁便定，兩禁平伏如常。急急如律令，勑攝！誦七遍，唾三唾，至四十九遍。

亦是破傷方

日出東方，乍赤乍黄。仙人玉女，交（教）吾禁瘡〔四二〕。不痛不疼，不腫不膿。不出膿，不出血。急急如律令，勑攝！誦呪七遍，唾三唾，至四十九遍。

小兒衣（夜）啼方〔四三〕

你是廚中則火杖，差你作門軍將。與吾捉取夜啼呼，直到明即放。急急如律令，勑攝！

誦七遍，唾三唾，至四十九遍。用香盤火杖一個，男左女右，手把火杖，香爐上度過。誦呪七遍，唾三唾。然後門外人出入處，其火杖子立著〔四四〕，令人湯（盪）倒〔四五〕，合得差也。

攙絲亂方

吾是上界天婆婆，故來下界除妖訛。急急如律令，勑攝！

女人孀吹方

東來骨曆，西來羊孀，妖（？）女兒著東墻〔四六〕。急急如律令，勑攝！

牙疼方

蟲是江南蟲，身是赤勇子。合向草中藏，因何來膠人？牙齒打在梁南頭，一釘永年死。急急如律令，勑攝！先交（教）牙疼人阿嗽三聲〔四七〕，然後書七個『蟲』字，香爐上度過，釘在南梁上。

結印法

師子印

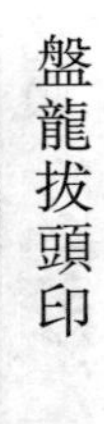

盤龍拔頭印

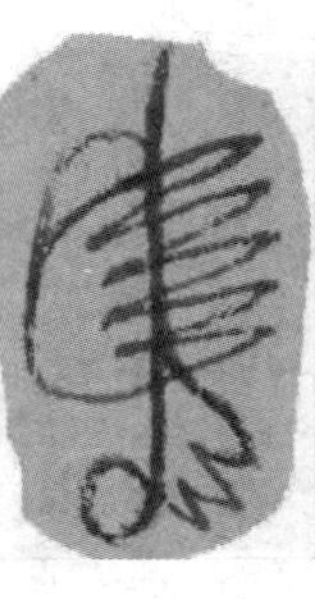

五指續頭印〔四八〕

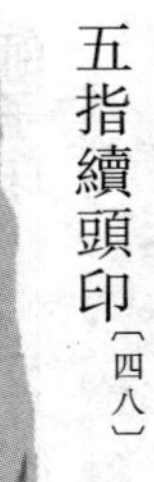

〔四九〕

已前符，端午日取未日出時書。就硯瓦内醋（?）磨墨，含一口醋（?），直至書了。便用馬牙朱筆〔五〇〕，符上書勑子（字）〔五一〕。厭阿穤伽藥，塗磨身，蟲蠱毒自除〔五二〕。

休糧方

内　不出外〔五三〕，入達本原〔五四〕，萬事畢。

又方

每日喫杏子七人（個）〔五五〕、棗三個，渴時喫人參伏（茯）令（苓）湯止渴〔五六〕。

説明

此件抄於《妙法蓮華經》卷六的背面，首尾完整，首題『大部禁方』。其内容包括『受氣法』、禮懺文中之片段、請諸佛及金剛師子等諸神鎮鬼呪、諸禁方及結印法等，其中結印法中有『師子印』『盤龍拔頭印』『五指續頭印』等符印。所抄内容有省略或脱漏，如『受氣法』和『休糧方』就都不完整。所以，此件雖有原題，但仍具有雜抄性質。現知敦煌文獻中保存與此件内容相同的寫本尚有伯三八三五。該件爲册子裝，首尾完整，存首題，有朱筆點勘。譚蟬雪認爲其中之受氣法又稱食氣法，是我國道教所推崇者，佛教用這些道家之方來供養十方諸佛，並遍及法界衆生，是顯著的佛教融匯道教的事例（參看《唐宋敦煌歲時佛俗——二月至七月》，《敦煌研究》二〇〇一年一期，一〇一頁）。

以上釋文以斯二六一五背爲底本，用伯三八三五（稱其爲甲本）參校。

校記

〔一〕『十』，當作『一』，據甲本改。
〔二〕『盤』，甲本作『槃』，均可通。
〔三〕『盤』，甲本作『槃』，均可通。
〔四〕底本『然後』以後爲留白，疑抄寫者省略了其後的文字。
〔五〕『孫』，據殘筆劃及甲本補。
〔六〕『痛』，甲本作『誦』，誤。
〔七〕『足』，甲本作『捉』，誤。
〔八〕『念』，甲本作『誦』。
〔九〕『刃』，當作『刀』，據甲本改。
〔一〇〕『搆』，甲本同，當作『鉤』，據文義改，『搆』爲『鉤』之借字。
〔一一〕第二個『天』，甲本作『地』。
〔一二〕『久』，甲本同，當作『九』，據《真誥》卷一〇『北帝煞鬼之法』改，『久』爲『九』之借字；『遠』，甲本同，當作『元』，據《真誥》卷一〇『北帝煞鬼之法』改，『遠』爲『元』之借字；『同』，甲本同，當作『童』，據《真誥》卷一〇『北帝煞鬼之法』改，『同』爲『童』之借字。
〔一三〕『征』，甲本同，當作『政』，據《真誥》卷一〇『北帝煞鬼之法』改，『征』爲『政』之借字。
〔一四〕『號』，甲本同，當作『浩』，據《真誥》卷一〇『北帝煞鬼之法』改，『號』爲『浩』之借字。
〔一五〕『爐』，甲本同，當作『顱』，據《真誥》卷一〇『北帝煞鬼之法』改，『爐』爲『顱』之借字；『具』，甲本同，當作『巨』，據《真誥》卷一〇『北帝煞鬼之法』改，『具』爲『巨』之借字；『戰』，甲本同，當作『獸』，據

《真誥》卷一〇「北帝煞鬼之法」改。

〔一六〕「赫」，甲本作「嚇」，誤。

〔一七〕「六」，甲本同，當作「録」，據《真誥》卷一〇「北帝煞鬼之法」改。

〔一八〕「暮」，甲本同，當作「目」，據《真誥》卷一〇「北帝煞鬼之法」改，「暮」爲「目」之借字。

〔一九〕「衝」，甲本作「衜」，誤。

〔二〇〕「圍」，甲本作「國」，誤。

〔二一〕「師」，甲本同，當作「尸」，據《真誥》卷一〇「北帝煞鬼之法」改，「師」爲「尸」之借字。

〔二二〕「莊」，甲本同，當作「狀」，據《真誥》卷一〇「北帝煞鬼之法」改，「莊」爲「狀」之借字。

〔二三〕「厥」，甲本同，當作「攫」，據《真誥》卷一〇「北帝煞鬼之法」改，「厥」爲「攫」之借字；「夫」，當作「斧」，據《真誥》卷一〇「北帝煞鬼之法」改，「夫」爲「斧」之借字。

〔二四〕「嚴」，甲本同，當作「炎」，據《真誥》卷一〇「北帝煞鬼之法」改，「嚴」爲「炎」之借字。

〔二五〕「斫」，甲本作「研」，當作「燃」，據《真誥》卷一〇「北帝煞鬼之法」改。

〔二六〕「皮」，甲本同，當作「破」，據《真誥》卷一〇「北帝煞鬼之法」改；「匝」，甲本同，當作「骸」，據《真誥》卷一〇「北帝煞鬼之法」改。

〔二七〕「天猷滅類」，據《真誥》卷一〇「北帝煞鬼之法」補。

〔二八〕「刀」，甲本作「力」。

〔二九〕「虧」，甲本同，當作「潰」，據《真誥》卷一〇「北帝煞鬼之法」改，「虧」爲「潰」之借字。

〔三〇〕「槍」，甲本作「瘡」，當作「腸」，據文義改。

〔三一〕「埴」，甲本同，當作「揎」，據文義改。

〔三二〕『去』，甲本無，據文義係衍文，當刪。

〔三三〕『持』，甲本作『待』，當作『待』，據文義改。

〔三四〕『第』，甲本作『弟』。

〔三五〕『隻』，甲本同，當作『肢』，據文義改，『隻』爲『肢』之借字；『要』，甲本同，《敦煌古俗與民俗流變》校改作『腰』，不必。

〔三六〕『隻』，甲本同，當作『肢』，據文義改，『隻』爲『肢』之借字。

〔三七〕『糞』，甲本作『粉』。

〔三八〕『痛病』，甲本脱。

〔三九〕『槍』，當作『瘡』，據甲本改。

〔四〇〕『一』，據甲本補。

〔四一〕『交』，甲本同，當作『教』，據文義改，『交』爲『教』之借字。

〔四二〕『交』，甲本同，當作『教』，《敦煌古俗與民俗流變》據文義校改，『交』爲『教』之借字。

〔四三〕『衣』，甲本同，當作『夜』，據文義改。

〔四四〕『立』，甲本作『倍壁立』。

〔四五〕『湯』，甲本同，當作『盪』，據文義改，『湯』爲『盪』之借字。

〔四六〕『妖（？）』，底本介於『妖』『吠』之間，據甲本釋作『妖』。

〔四七〕『交』，甲本同，當作『教』，據文義改，『交』爲『教』之借字。

〔四八〕『續』，甲本作『縛』。

〔四九〕此處兩小印，甲本無，疑爲抄寫者或後來的閱讀者臨摹上去的。

〔五〇〕『便』，甲本作『更』；『朱』，甲本作『珠』，『珠』爲『朱』之借字。

〔五一〕『子』，甲本同，當作『字』，據文義改，『子』爲『字』之借字。

〔五二〕『蠱』，甲本無。

〔五三〕底本『内』字後有留白，此方疑有脱漏。

〔五四〕『原』，甲本作『源』。

〔五五〕『人』，甲本同，當作『個』，據文義改。

〔五六〕『伏令』，甲本同，當作『茯苓』，據文義改，『伏』爲『茯』之借字，『令』爲『苓』之借字。甲本此句後另書有濃墨大字『又方』。

參考文獻

《敦煌寶藏》二一册，臺北：新文豐出版公司，一九八二年，五〇九至五一一頁（圖）；《敦煌古俗與民俗流變》，南京：河海大學出版社，一九九〇年，一五八至一五九、一七三至一七六、一七八至一七九頁（録）；《英藏敦煌文獻》四卷，成都：四川人民出版社，一九九一年，一二八至一三〇頁（圖）；《唐宋敦煌歲時佛俗——二月至七月》，《敦煌研究》二〇〇一年一期，一〇一頁；《中華道藏》二册，北京：華夏出版社，二〇〇四年，一七四頁；《法藏敦煌西域文獻》二八卷，上海古籍出版社，二〇〇四年，三〇四至三〇八頁（圖）。

斯二六一六　藥師瑠璃光如來本願功德經題記

釋文

弟子賈崇俊，願平安。廣德二年十二月十五日，發心寫《藥師經》一卷。

説明

此件《英藏敦煌文獻》未收，現予增收。廣德二年十二月十五日已是公元七六五年。

參考文獻

Descriptive Catalogue of the Chinese Manuscripts from Tunhuang in the British Museum, The Trustees of the British Museum, London 1957, p. 98（録）；《敦煌寶藏》二一册，臺北：新文豐出版公司，一九八二年，五二〇頁（圖）；《敦煌學要籥》，臺北：新文豐出版公司，一九八二年，一一九頁（録）；《敦煌遺書總目索引》，北京：中華書局，一九八三年，一六二頁（録）；《中國古代寫本識語集録》，東京大學東洋文化研究所，一九九〇年，三〇八頁（録）；《敦煌遺書總目索引新編》，北京：中華書局，二〇〇〇年，八〇頁（録）；《敦煌密教文獻論稿》，北京：人民文學出版社，二〇〇三年，二八、一九〇頁（録）。

斯二六一八　太玄真一本際經付囑品卷第二

釋文

（前缺）

上相青童君内自思惟〔一〕：天尊所説十種階梯〔二〕，爲始學者入道方便。如是之相，我尚未了〔三〕，初發意者〔四〕，豈能解耶〔五〕？作是念已，從座而起，嚴整衣冠〔六〕，一心庠序，到天尊前，禮畢長跪，白天尊曰〔七〕：『向聞十法爲行階梯〔八〕，愚未能解，願重告示〔九〕，云何名爲善欲之心〔一〇〕？』天尊曰：『善哉！上相問有二種〔一一〕：一者狐疑未解故問，二爲一切未解者問。上相已於久遠劫來，善解妙門，通達正法，已入道界〔一二〕，沐浴法流，並觀空有〔一三〕，善知廣略説法之要〔一四〕，爲衆生故，方便啓請。夫説法者〔一五〕，有二種相，一略二廣。爲鈍根者，亦略亦廣。但開一門，故名爲略。若多説者，智不堪故，於一事中，分别説故〔一六〕，名之爲廣〔一七〕，以其難悟，指掌殷勤，故名爲廣〔一八〕。爲利根者，亦有廣略。被（備）開法門〔一九〕，是名爲廣。智力堪故，不須曲碎，而能具解〔二〇〕，粗釋一隅，故名爲略。我爲皇人，處中而説，初學下根，理所未究。上想慈愍〔二一〕，爲來世人，啓請分別，今當廣示。言善欲者，承宿習因，自然而發，信敬之念，願樂三寶，欲求出世，厭惡世間。一切衆生，凡所爲作，皆因欲生。若欲行善，則能趣善〔二二〕。欲行惡者，便造惡事。[是]欲所本〔二三〕，由根利鈍，福果之人，廩（稟）炁純和〔二四〕，其根利故，能生善欲。鈍根罪報〔二五〕，受氣濁辱，其根闇鈍〔二六〕，則生惡欲。習欲增積，成性不移，是名分別，善欲之相。』

青童君曰：『云何復名近於善友？』天尊曰：『友亦二種，有敗有成，若人勸言〔二七〕，人生受報，任命自然，數盡則終，非關習業，如刺頭尖，火燥水濕，誰之所爲？凡聖愚智，貴賤富貧，誰作之者？但當守分，達其所廩（稟），從容自足，何須苦行？求學善法，矯性自傷，勞而無獲，尚無現益，何道之有？作此説者，名惡知識，不可親近，宜即遠離。若有説言，一切果報，由業緣來，肉眼不睹，三世業相，謂言自然。此非實義，汝勿信之。當發善志，尋師問道，脩行正教，爲來生緣，轉入信根，成無上道。如是説者，名善知識。如是之人，常應親近。何以故？是能生成法身慧命故〔二八〕，能生二世福利樂故〔二九〕。』

青童君曰：『始聞善友利益之相，云何名爲造事明師？』天尊曰：『師有二種，一華二實〔三〇〕。所言華者，内無所解，外現解相，光飾誑物，令使信從，是名愚始（師）〔三一〕，不可歸依。所言實者，内解備故，行無缺故，衣弊履穿，謙光晦跡，外若不肖，名大丈夫。若因善友，識此師者，宜往伏勤，諮稟（稟）嚴訓。若説小乘，有得之義，生滅法相，有有有無[三二]，有因有果，説如是等，名爲暗師。若説諸法，無脩無得，無滅無生，非有非無，非因非果，而有而無，非不因果，巧解因緣，假名中道，示教是法，乃名明師。』青童君曰：『如是大師，甚爲希有，云何名爲出家之相？』天尊曰：『夫出家者，義趣甚深，利益弘遠。家有二種：一者恩愛[三三]，二者諸有。始學之人，既值明師，志能勤苦，執事奉承，餐受妙訓。若在居家，父母妻子，愛累自纏，如處囹圄，不得自在適意從容。遠近隨師，詢請玄業。故求父母，請別妻子，捨離居室，遠遊山林[三四]，依憑精舍[三五]，棄俗服玩，黄褐玄巾，捨世榮華，隨緣告乞，廣建福田，唯道是務，是名初出恩愛之家。既出家已[三六]，勤行齋誡[三七]，免離三塗，信根已立，學靜入空，離三界愛，登入九清，是名出離諸有之家，是名出家。』

青童君曰：『我今乃離三惡道家，願得出離諸有家也，不審何者名爲正教[三八]？』天尊曰：『若有經文，具十二印，應三洞者[三九]，是名正經。自此之外，皆名邪法，不可受持，當自請師，審定分別。』

青童君曰：『云何名誡[四〇]？』天尊曰：『誡有二種[四一]：一者有得，二者無得。有得誡者[四二]，三誡[四三]、五誡[四四]、九誡[四五]、十誡[四六]、廿七誡[四七]、百八十誡[四八]、三百大誡〔四九〕，止惡防罪，未達方便，名有得誡〔五〇〕。止離三塗，及人中苦，未入道分，若識諸法，畢竟空寂，是名正誡〔五一〕。無持無犯，開四觀門，爲道根本。』

青童君曰：『云何名爲隱處山林？』天尊曰：『是亦二種，下士小心〔五二〕，常畏諸塵之所染汙，故入巖阜林藪之間，避諸穢惡，靜然端拱，脩寂滅行〔五三〕。上士在世，不畏塵勞〔五四〕，雖居世間，無所染汙，猶如寶珠，體性明淨，處智慧山〔五五〕，依無相野，是名善解山棲之相。』

青童君曰：『云何名爲念道之相？』天尊曰：『夫念道者，通能制滅一切惡相（根）〔五六〕。猶金剛刀，無所不斷；猶如猛火，無所不燒。念有二種。一念生身，七十二相，八十一好，具足微妙，人中天上，三界特尊，是我歸依覆護之處。二念法身，猶如虛空〔五七〕，圓滿清淨，即是真道，亦名道身，亦名道性，常以正念，不聞餘心〔五八〕，是名念道。』青童君曰：『請事要言，云何復名念經之相？』天尊曰：『經有三種：大乘、小乘，及以中乘，係心受持，常生信慕，存想不移，審知是法，是出要道〔五九〕，無他雜念，是名念經〔六〇〕。若知諸法，本無文字，正觀實相，達其旨趣，亦名念經，是名

（後缺）

説明

此件首尾均缺，首部下沿殘損，起『上相青童君内自思惟』，訖『是名』，其内容爲『太玄真一本際經付囑品卷第二』。現知敦煌文獻中保存有《太玄真一本際經付囑品》卷第二的共有二十四件，其中對此件具有校勘價值的有十件，分别爲：伯二三九三，首尾完整，有首尾題；伯二三五九，首全尾殘，起首題，訖『不審何者名爲』；伯二四七五，首缺尾全，起『我住』，訖尾題和題記；斯三五六三，首殘尾全，起『洞者是名』，訖尾題和題記；斯三一三五，首缺尾全，起『情，轍欲諮問』，訖尾題和題記；伯二四二二，首缺尾全，起『可否進退之儀（宜）』，訖尾題；伯三七八六，首尾均缺，起『能破四魔』，訖『是故各懷大憂苦』，失題；伯二三六七，首殘尾缺，起『常念』，訖『一時』，失題；伯三二三五背，首缺尾全，起『童君内』，訖尾題和題記；上圖〇七八（八一二五二五），首缺尾全，起『遊山林，依憑精舍』，訖尾題和題記。《太玄真一本際經》爲研究唐初道教義理的重要資料（參看王卡《敦煌道教文獻研究：綜述・目録・索引》，一九三頁）。

以上釋文以斯二六一八爲底本，用伯二三九三（稱其爲甲本）、伯二三五九（稱其爲乙本）、伯二四七五（稱其爲丙本）、斯三五六三（稱其爲丁本）、斯三一三五（稱其爲戊本）、伯二四二二（稱其爲己本）、伯三七八六（稱其爲庚本）、伯二三六七（稱其爲辛本）、伯三二三五背（稱其爲壬本）、上圖〇七八（稱其爲癸本）參校。

校記

〔一〕壬本始於此句之『童君内』。
〔二〕『階梯』，據甲、乙、丙、戊、己、庚、辛本補。
〔三〕『了』，據甲、乙、丙、戊、己、庚、辛、壬本補。
〔四〕『初』，據甲、乙、丙、戊、己、庚、辛本補。
〔五〕『耶』，甲、乙、丙、戊、庚、辛、壬本同，己本作『邪』，均可通。
〔六〕『嚴整』，據甲、乙、丙、戊、己、庚、辛、壬本補。
〔七〕『白天尊』，據甲、乙、丙、戊、己、庚、辛、壬本補。
〔八〕『階』，甲、乙、丙、戊、己、辛、壬本同，庚本作『階楷』，據文義『楷』係衍文；『梯』，甲、丙、戊、己、庚、辛、壬本同，乙本作『悌』，『悌』爲『梯』之借字。
〔九〕『示』，據甲、乙、丙、戊、己、庚、辛、壬本補。
〔一〇〕『云』，據甲、乙、丙、戊、己、庚、辛、壬本補。
〔一一〕『二』，據甲、乙、丙、戊、己、庚、辛、壬本補。
〔一二〕『入』，據甲、乙、丙、戊、己、庚、辛、壬本補。
〔一三〕『觀』，甲、乙、丙、戈、庚、辛、壬本同，己本作『競』，誤。
〔一四〕『之』，據甲、乙、丙、戊、己、庚、辛、壬本補。
〔一五〕『者』，甲、乙、丙、己、庚、辛、壬本同，戊本作『者者』，一在行末，一在次行行首，此爲當時之换行添字抄寫體例，第二個『者』字應不讀。

〔一六〕『説』，戊、己、庚、壬本同，甲、乙、丙、辛本作『解説』。

〔一七〕『之』，甲、丙、戊、己、庚、辛、壬本同，乙本無。

〔一八〕『爲』，據殘筆劃及甲、乙、丙、戊、己、庚、辛、壬本補。

〔一九〕『被』，當作『備』，據甲、乙、丙、戊、己、庚、辛、壬本改，『被』爲『備』之借字。

〔二〇〕『能』，甲、乙、丙、己、庚、辛、壬本同，戊本作『爲』，誤。

〔二一〕『想』，己本同，甲、乙、丙、戊、庚、辛、壬本作『相』。

〔二二〕『趣』，甲、乙、丙、戊、辛本同，己、庚、壬本作『起』，『起』爲『趣』之借字。

〔二三〕『是』，據殘筆劃及甲、乙、丙、戊、己、庚、辛、壬本補。

〔二四〕『廩』，當作『稟』，據甲、乙、丙、戊、己、庚、辛、壬本改，以下同，不另出校；『炁』，甲、乙、丙、庚、辛、壬本同，戊、己本作『氣』，均可通。

〔二五〕『鈍』，甲、乙、丙、己、庚、辛、壬本同，戊本作『純』，誤。

〔二六〕『闇』，甲、乙、丙、戊、庚、辛、壬本同，己本作『暗』，均可通。

〔二七〕『勸』，甲、丙、戊、己、庚、辛、壬本同，乙本作『有』。

〔二八〕『慧』，戊、己、庚、壬本無，甲、乙、丙、辛本作『惠』，均可通。

〔二九〕『二』，甲、乙、丙、己、庚、辛、壬本同，戊本作『三』，《中華道藏》校改作『三』。

〔三〇〕『實』，甲、乙、丙、戊、己、庚、壬本同，辛本作『寶』，誤。

〔三一〕『始』，甲、乙、丙、戊、己、庚、辛、壬本同，當作『師』，《中華道藏》據文義校改，『始』爲『師』之借字。

〔三二〕『有無』，甲、乙、丙、戊、辛、壬本同，己、庚本作『無有』，誤。

〔三三〕『恩』，甲、乙、丙、戊、己、庚、壬本同，辛本作『思』，誤。

〔三四〕癸本始於此句。
〔三五〕『憑』，甲、丙、戊、己、庚、辛、壬、癸本同，乙本作『馮』，通『憑』。
〔三六〕『家』，甲、乙、丙、戊、庚、辛、壬、癸本同，己本脱。
〔三七〕『誡』，甲、丙、庚、辛、壬、癸本同，戊、己本作『戒』。
〔三八〕『教』，甲、丙、戊、己、庚、辛、壬、癸本同，《中華道藏》釋作『敬』，誤。乙本止於此句。
〔三九〕丁本始於此句。
〔四〇〕『誡』，甲、丙、丁、庚、辛、壬、癸本同，戊、己本作『戒』。
〔四一〕『誡』，甲、丙、丁、庚、辛、壬、癸本同，戊、己本作『戒』。
〔四二〕『誡』，甲、丙、丁、庚、辛、壬、癸本同，戊、己本作『戒』。
〔四三〕『誡』，甲、丙、丁、庚、辛、壬、癸本同，戊、己本作『戒』。
〔四四〕『誡』，甲、丙、丁、庚、辛、壬、癸本同，戊、己本作『戒』。
〔四五〕『誡』，甲、丙、丁、庚、辛、壬、癸本同，戊、己本作『戒』。
〔四六〕『誡』，甲、丙、丁、戊、庚、辛、壬、癸本同，己本作『戒』。
〔四七〕『誡』，甲、丙、丁、庚、辛、壬、癸本同，戊、己本作『戒』。
〔四八〕『誡』，甲、丙、丁、庚、辛、壬、癸本同，戊、己本作『戒』。
〔四九〕『誡』，甲、丙、丁、庚、辛、壬、癸本同，戊、己本作『戒』。
〔五〇〕『誡』，甲、丙、丁、戊、庚、辛、壬、癸本同，己本作『戒』。
〔五一〕『誡』，甲、丙、丁、庚、辛、壬、癸本同，戊、己本作『戒』。
〔五二〕『士』，甲、丙、丁、戊、己、庚、辛、癸本同，壬本作『土』，誤。

〔五三〕『寂滅』，甲、丙、丁、辛、癸本作『静寂』，戊、己、庚、壬本作『恬愉』。

〔五四〕『勞』，甲、丙、丁、己、庚、辛、壬、癸本同，戊本作『牢』，『牢』爲『勞』之借字。

〔五五〕『處』，甲、丙、丁、戊、己、庚、辛、壬、癸本同，《中華道藏》釋作『入』，誤。

〔五六〕『相』，己、庚、壬本同，當作『根』，據甲、丙、丁、戊、辛、癸本改。

〔五七〕『猶』，甲、丙、丁、戊、辛、癸本同，己、庚、壬本無。

〔五八〕『聞』，甲、丙、丁、戊、己、庚、辛、壬、癸本同，《中華道藏》釋作『間』，誤。

〔五九〕『出』，甲、丙、丁、戊、己、庚、辛、壬、癸本同，《中華道藏》據伯二四六七《諸經要略妙義》補作『出世』。

〔六〇〕『是名念經』，甲、丙、丁、己、庚、辛、壬、癸本同，戊本脱。

參考文獻

《敦煌寶藏》二一册，臺北：新文豐出版公司，一九八二年，五二二至五二四頁（圖）；《敦煌寶藏》二六册，臺北：新文豐出版公司，一九八二年，一八三至一八五頁（圖）；《敦煌寶藏》二九册，臺北：新文豐出版公司，一九八二年，四七四頁（圖）；《敦煌寶藏》一一九册，臺北：新文豐出版公司，一九八五年，五九三至五九四頁（圖）；《敦煌寶藏》一二〇册，臺北：新文豐出版公司，一九八五年，四〇至四二、一九八至二〇〇、三五二至三五四頁（圖）；《敦煌寶藏》一二一册，臺北：新文豐出版公司，一九八五年，二〇至二三頁（圖）；《敦煌寶藏》一二七册，臺北：新文豐出版公司，一九八五年，一〇二至一〇四頁（圖）；《敦煌寶藏》一三〇册，臺北：新文豐出版公司，一九八五年，五九二至五九三頁（圖）；《英藏敦煌文獻》四卷，成都：四川人民出版社，一九九一年，一三〇至一三一頁（圖）；《英藏敦煌文獻》五卷，成都：四川人民出版社，一九九二年，一七至一八、一二四至一二五頁（圖）；《上海圖書館藏敦煌吐魯番文獻》二册，上海古籍出版社，一九九九年，二六五至二六六頁（圖）；《法藏敦煌西域文獻》一二册，上海古籍出版社，二〇〇〇年，三七一至三七二頁（圖）；《法藏敦煌西域文獻》一三册，上海古籍出版社，二〇〇〇年，四二至四四、一九二至一九四、三二七至三二九頁（圖）；《法藏敦煌西域文獻》一四册，二〇〇一年，二二四至二二六頁（圖）；《法藏敦煌西域文獻》二二册，二〇〇二年，二五六至二五八頁（圖）；《法藏敦煌西域文獻》二八册，上海古籍出版社，二〇〇四年，五八至六〇頁（圖）；《中華道藏》五册，北京：華夏出版社，二〇〇四年，二二四至二二六頁（録）；《敦煌道教文獻研究：綜述·目録·索引》，北京：中國社會科學出版社，二〇〇四年，一九三、一九六至一九八頁；《敦煌吐魯番研究》七卷，北京大學出版社，二〇〇四年，三六八頁。

斯二六二〇　唐年神方位圖

釋文

（前缺）

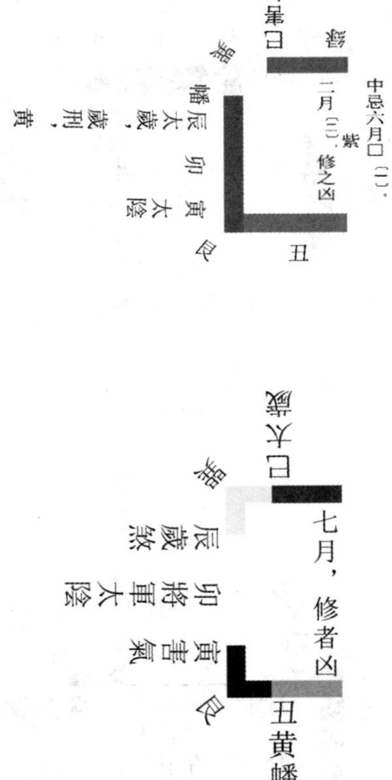

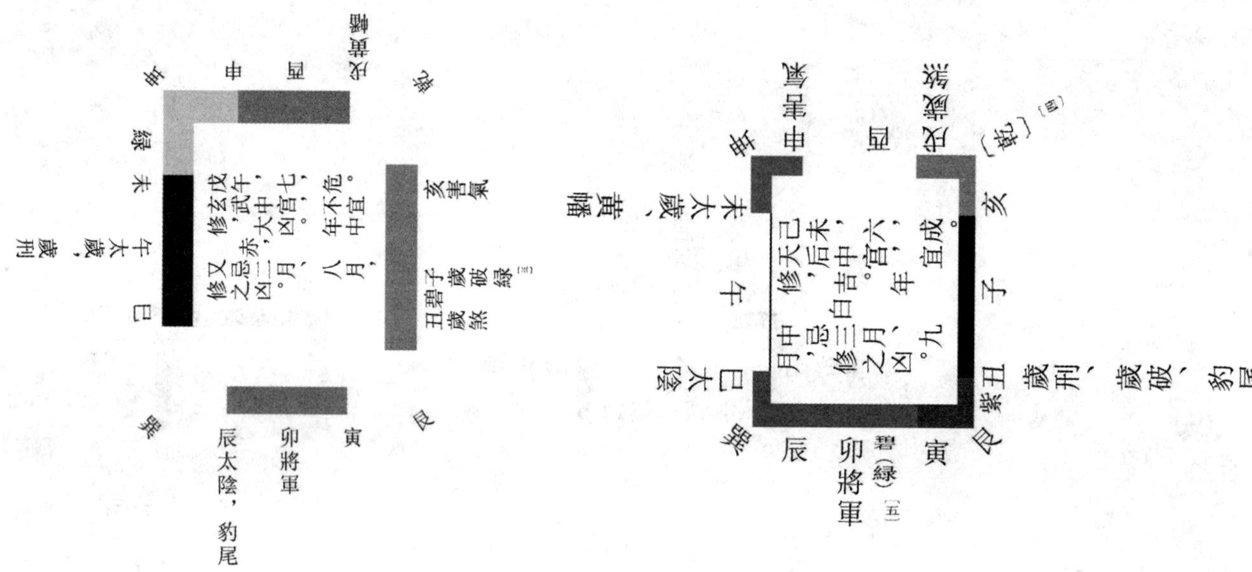
戊午，七，危。
玄武中宮，不宜修，大凶。年中赤，
又忌二月、八月，修之凶。
午太歲，歲刑
未
綠
坤
申
酉
戌黃幡
乾
亥害氣
子歲破綠[三]
碧
丑歲煞
艮
寅
卯將軍
辰太陰，豹尾
巽
巳
己未，六，成。
天后中宮，宜修，吉。年中白，
忌三月、九月，修之凶。
未太歲、黃幡
坤
申喪門
酉
戌歲煞
〔乾〕[四]
亥
子
丑歲刑、歲破、豹尾
紫
艮
寅
卯將軍
碧（綠）[五]
辰
巽
巳太陰
午

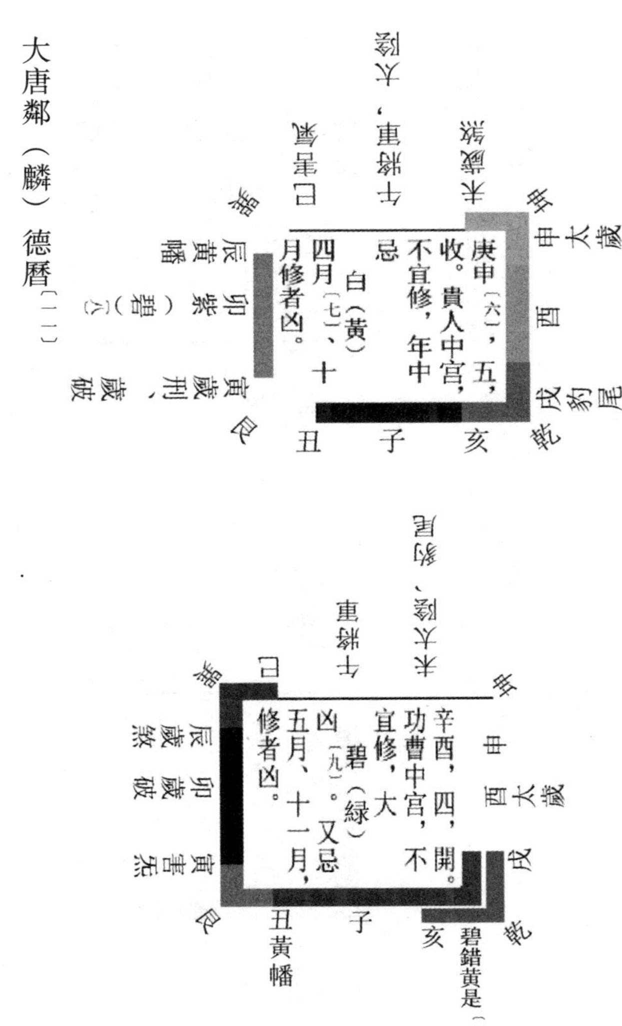

申
酉
戌豹尾
乾
亥
子
丑
艮
寅歲刑、歲破
卯紫（碧）〔八〕
辰黃幡
巽
巳害氣
午將軍、太陰
未歲殺
坤
申太歲
庚申〔六〕，五，收。貴人中宮，不宜修，年中忌白（黃）〔七〕、十四月修者凶。
坤
申
酉太歲
戌
乾
碧錯黃是〔一〇〕
亥
子
丑黃幡
艮
寅害氣
卯歲破
辰歲煞
巽
巳
午將軍
未太陰、豹尾
辛酉，四，開。功曹中宮，不宜修，大碧（綠）〔九〕。又忌凶五月、十一月，修者凶。

大唐鄰（麟）德曆〔一一〕

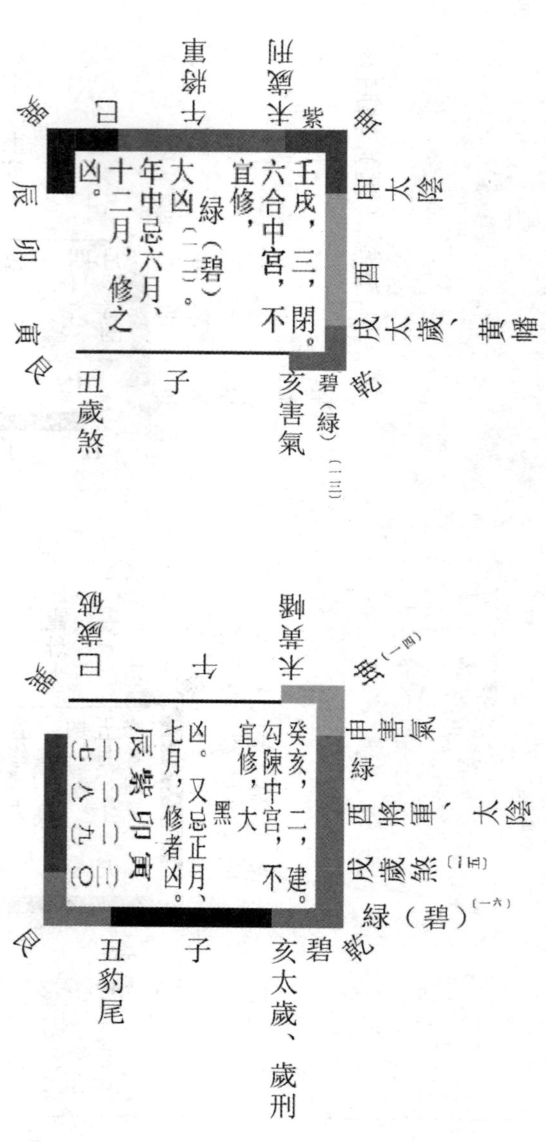

右從下元天寶九載至庚寅〔二一〕，覆前勘算至乙未。天寶十五載改爲至德，自後計算於今，卻入上元甲子旬中已來，一十八年至辛巳年。

説明

此件首缺尾全，共存八幅圖，首兩幅圖殘，尾有題記兩行。每圖以九宫色畫框，各圖框外爲十二地支和八卦所示方位，方位外爲該年年神。框内依次爲年干支、年九宫之中宫數、建除十二客、六壬十二神及當年的魁罡之月。框内正中表示顔色的字是該年九宫圖之中宫顔色，框外各方位間表示顔色的字是中宫以外有關各宫的顔色，各圖方框原爲彩色，不閉合的部位是白色，閉合的部位由數種顔色組成，共同組成了該年的九宫圖（參看鄧文寬《敦煌天文曆法文獻輯校》，六九七頁）。因此件原有題籤『大唐鄰（麟）德曆』，故以往目録均以此爲題。鄧文寬考定此『年神方位圖』以甲子爲序，所存八圖爲『丙辰』至『癸亥』，並由尾題推算此件的寫成年代爲建中四年（公元七八三年）（參看《敦煌文獻斯二六二〇號〈唐神方位圖〉試釋》，《文物》一九八八年二期，六三至六八頁），此從之。

校記

〔一〕『中忌六月』，《敦煌天文曆法文獻輯校》漏録。
〔二〕『紫』，《敦煌天文曆法文獻輯校》漏録。
〔三〕『緑』，《敦煌天文曆法文獻輯校》據文義認爲係衍文，當删。
〔四〕『乾』，《敦煌天文曆法文獻輯校》據文義校補。
〔五〕『碧』，當作『緑』，《敦煌天文曆法文獻輯校》據文義校改。
〔六〕《敦煌天文曆法文獻輯校》認爲此圖『五黄』爲中宫，『丑子』塗色有誤，應爲白色。
〔七〕『白』，當作『黄』，《敦煌天文曆法文獻輯校》據文義校改。

〔八〕「紫」，當作「碧」，《敦煌天文曆法文獻輯校》據文義校改。
〔九〕「碧」，當作「緑」，《敦煌天文曆法文獻輯校》據文義校改。
〔一〇〕「碧錯黄是」，《敦煌天文曆法文獻輯校》認爲當校改作「緑」。
〔一一〕「鄰」，當作「麟」，據文義改，《敦煌天文曆法文獻輯校》逕释作「麟」，「鄰」爲「麟」之借字。按此行文字係後人書於紙條之上，倒粘於「庚申」年「年神方位圖」之天頭，應係書寫者對此件之標名，姑將其置於此處。
〔一二〕「緑」，當作「碧」，《敦煌天文曆法文獻輯校》據文義校改。
〔一三〕「碧」，當作「緑」，《敦煌天文曆法文獻輯校》據文義校改。
〔一四〕「坤」，《敦煌天文曆法文獻輯校》認爲此圖「二黑」爲中宫，右上角當作「八白」，塗色有誤。
〔一五〕「歲」，《敦煌天文曆法文獻輯校》漏録。
〔一六〕「緑」，當作「碧」，《敦煌天文曆法文獻輯校》據文義校改。
〔一七〕「辰」，依此件體例，應位於框外。
〔一八〕「紫」，依此件體例，應位於框外。
〔一九〕「卯」，依此件體例，應位於框外。
〔二〇〕「寅」，依此件體例，應位於框外。
〔二一〕「至」，《敦煌天文曆法文獻輯校》認爲係衍文，當删。

參考文獻

《敦煌寶藏》二二册，臺北：新文豐出版公司，一九八二年，五二六至五二七頁（圖）；《文物》一九八八年二期，六三至六八頁；《敦煌學輯刊》一九八九年一期，一〇九頁；《英藏敦煌文獻》四卷，成都：四川人民出版社，一九九一年，一三二頁（圖）；《敦煌天文曆法文獻輯校》，南京：江蘇古籍出版社，一九九六年，六九四至六九九頁（録）；《敦煌占卜文書與唐五代占卜研究》，北京：學苑出版社，二〇〇一年，九六至九七頁；《敦煌吐魯番天文曆法研究》，蘭州：甘肅教育出版社，二〇〇二年，一〇八頁、二一八至二二七頁；《敦煌吐魯番研究》七卷，北京大學出版社，二〇〇四年，二九三頁；《王重民向達所攝敦煌西域文獻照片合集》，北京圖書館出版社，二〇〇八年，一〇一〇一至一〇一〇二（圖）。

斯二六二〇背　　陰陽人神智狀抄

釋文

陰陽人神智。伏緣神智逐日參拜本分，今緣自從四月廿日德（得）大患疾〔一〕，至今行動不得。昨官家處分，恐懼前條不合於（？）時限，特望虞候仁（？）恩照（？）〔察〕知聞（？）〔二〕。（以下原缺文）

説明

此件首尾完整，抄於『唐年神方位圖』卷背，原未抄完。從内容看，應爲陰陽人神智狀抄。

校記

〔一〕『德』，當作『得』，據文義改，『德』爲『得』之借字。

〔二〕『察』，據文義補。

參考文獻

《敦煌寶藏》二一册，臺北：新文豐出版公司，一九八二年，五二七頁（圖）；《英藏敦煌文獻》四卷，成都：四川人民出版社，一九九一年，一三三頁（圖）。

斯二六二二　大般若波羅蜜多經卷第四百八十一題記

釋文

曇真，第一校。

説明

此件《英藏敦煌文獻》未收，現予增收。

參考文獻

Descriptive Catalogue of the Chinese Manuscripts from Tunhuang in the British Museum, The Trustees of the British Museum, London 1957, p. 11（録）；《敦煌寶藏》二一册，臺北：新文豐出版公司，一九八二年，五五二頁（圖）；《敦煌學要籥》，臺北：新文豐出版公司，一九八二年，一一九頁（録）；《敦煌遺書總目索引》，北京：中華書局，一九八三年，一六二頁（録）；《中國古代寫本識語集録》，東京大學東洋文化研究所，一九九〇年，三七二頁（録）；《敦煌遺書總目索引新編》，北京：中華書局，一九九〇年，八〇頁（録）。

斯二六二四　　諸佛要行捨身功德經題記

釋文

清信弟子史荀仁，爲七世父母、所生父母，前死後亡寫〔一〕。

開元十七年六月十五日記〔二〕。

説明

此件《英藏敦煌文獻》未收，現予增收。開元十七年即公元七二九年。

校記

〔一〕『前死後亡』，《試論唐人寫經題記的原始著作權意義》釋作『前後死亡』，誤。

〔二〕『七』，《敦煌學要籥》《敦煌遺書總目索引》《試論唐人寫經題記的原始著作權意義》均釋作『五』，誤；『六』，《敦煌學要籥》《敦煌遺書總目索引》《試論唐人寫經題記的原始著作權意義》《敦煌遺書總目索引新編》均釋作『七』，誤。

參考文獻

Descriptive Catalogue of the Chinese Manuscripts from Tunhuang in the British Museum, The Trustees of the British Museum, London 1957, p. 162（録）；《敦煌寶藏》二一册，臺北：新文豐出版公司，一九八二年，五五六頁（圖）；《敦煌學要籥》，臺北：新文豐出版公司，一九八二年，一一九頁（録）；《敦煌遺書總目索引》，北京：中華書局，一九八三年，一六二頁（録）；《中國古代寫本識語集録》，東京大學東洋文化研究所，一九九〇年，二九四頁（録）；《敦煌研究》一九九四年三期，一一四頁（録）；《敦煌遺書總目索引新編》，北京：中華書局，二〇〇〇年，八〇頁（録）。

斯二六三〇　唐太宗入冥記

釋文

（前缺）

問〔一〕，使人奏曰〔二〕：『只爲□走□□人〔三〕，直至爲今（？）受罪未了〔四〕。』帝聞語驚而言曰〔五〕：『憶德（得）武德三年至伍年〔六〕，收六十四頭目之日〔七〕。朕自親征，無陣不經，無陣不歷，煞人數廣〔八〕。昔日□□〔九〕，今受罪由（猶）自未了〔一〇〕，朕即如何歸得生路？』憂心若醉。使人即引行〔一一〕，帝乃隨逐，入得朝門蕭（牆）立定〔一二〕。通事捨（舍）人云〔一三〕：『引唐天子太宗皇帝李某乙生魂〔一四〕！』使人唱喏，引至殿前令設拜〔一五〕，皇帝不施拜禮。殿上有高品一人喝云：『大唐天子太宗皇帝〔一六〕，何不拜舞？』皇帝未喝之時由（猶）校可〔一七〕，亦（一）見被喝〔一八〕，便即高聲而言〔一九〕：『索朕拜舞者，是何人也？朕在長安之日，只是受人拜舞〔二〇〕，不慣拜人。殿上索朕拜舞者，應莫不是人？朕是大唐天子〔二一〕，閻羅王是鬼團頭，因何索　朕拜舞？』閻羅王被罵，聞□羞見地獄〔二二〕，有恥於群臣。遂乃作色動容，處分左右曰〔二三〕：『□□□推勘〔二四〕！』領過殿〔二五〕，使人唱喏〔二六〕。便引□□□□□卻歸長安去也〔二七〕。今問□□□判官名甚？使□□判官懆惡〔二八〕，不敢道名字。帝曰：『卿近前來輕道。』『判官姓催（崔）名子玉〔二九〕。』『朕當識。』纔言訖，使人引　皇帝至判官院門〔三〇〕，使人奏曰：『伏惟　陛下，且立在此，容臣入報判官，報了速來〔三一〕。』言訖，使者到廳前拜了，啓判官：『奉大王處分〔三二〕，將太宗皇〔帝〕生魂到〔三三〕，領判官推勘，見在門外，未敢引入〔三四〕。』崔子玉聞語〔三五〕，驚忙起立，惟言『禍事』。兼云：『子玉是人臣，不曾遠迎　皇帝〔三六〕，卻交（教）人君向門外祇候〔三七〕，微臣子玉□□乖禮〔三八〕，又復見任輔楊（陽）縣尉〔三九〕，當家伍伯餘口〔四〇〕，躍馬肉食〔四一〕，□是　皇帝所司〔四二〕。今到冥司〔四三〕，全無主領之分，事將□怠〔四四〕。若勘　皇帝命盡，即萬事絶言。或若有壽，卻歸長安〔四五〕，伍伯餘口〔四六〕，則須變爲魚肉。豈不緣子玉冥司禮乖〔四七〕！』此時催（崔）子玉憂惶不已。　皇帝見使人久不出來〔四八〕，心口思惟〔四九〕：『應莫被使者於催（崔）判官説　朕惡事？』　皇帝此時未免憂惶〔五〇〕。於〔是〕催（崔）子玉忙然索公服〔五一〕、執槐笏匆匆下廳〔五二〕，安定神思。須臾，自通名銜，唱喏走出，至皇帝前拜舞〔五三〕，叫呼萬歲〔五四〕，匐面在地，專候進旨。　皇帝問曰〔五五〕：『　朕前拜舞者，不是輔陽縣尉催（崔）子玉否？』子玉稱臣〔五六〕。『賜卿無畏，平身祇對　朕。』此時　皇帝緣心憂惶〔五七〕，便問催（崔）子玉：『卿與李乾風爲知己朝庭否〔五八〕？』催（崔）子玉答曰〔五九〕：『臣與李乾風爲朝庭〔六〇〕。』　帝曰：『卿既與李乾風爲知己朝庭〔六一〕，情分如何？』子玉曰：『臣與李乾風爲朝庭已來〔六二〕，情同管鮑〔六三〕。』　帝曰：『甚濃厚！李乾風有書與卿，見在　朕懷〔六四〕。』催（崔）子〔玉〕聞道有書〔六五〕，情似不悦。　皇帝遂取書，分付崔子玉跪而授之〔六六〕。拜舞謝　帝訖，收在懷中。　皇帝問崔子玉〔六七〕：『何不讀書？』催（崔）子玉奏曰：『臣緣〔官〕卑〔六八〕，不合對陛下讀朝庭書〔六九〕，有失朝儀。』　帝曰：『賜卿無畏，與朕讀之。』催（崔）子玉既奉帝命拜了〔七〇〕，對　帝前拆書便讀。子玉讀書已了，情意不悦〔七一〕，更無君臣之禮。對帝前遥望長安便言：『李乾風□□真共你是朝庭〔七二〕，豈合將書囑這個事來！』皇帝一聞此語〔七三〕，無地自容〔七四〕。遂低心下意，軟語問催（崔）子〔玉〕曰〔七五〕：『卿□□書中事意〔七六〕，可否之間，速奏一言，與（以）寬　朕懷〔七七〕。』催（崔）子玉答曰〔七八〕：『得則得，在事實校難〔七九〕。』皇帝又問（聞）道『校難』之語〔八〇〕，□意慘然〔八一〕。遂即告子玉曰：『朕被卿追來，束手而至〔八二〕，且緣太宗（子）年幼〔八三〕，國計事大，不忘（望）歸生多時〔八四〕。如寬假朕三五日間〔八五〕，與卿卻到長安，囑付社稷與太子了〔八六〕，卻來對會非晚〔八七〕。』皇帝此時論著太子，涕淚交流。子玉見君王惆悵〔八八〕，遂即奏曰：『伏惟　陛下〔八九〕，且賜寬懷。過來與臣商量〔九〇〕。』皇帝遂衣（依）催（崔）子玉所請〔九一〕，進步而行。催（崔）子玉前〔九二〕，皇帝隨後，入得屏牆内東面〔九三〕。見有廿所已來，皇帝問從者〔九四〕：『第六曹司内有兩人哭〔九五〕，爲何事得爾許哀傷歎〔九六〕？』催（崔）子〔玉〕奏曰〔九七〕：『不是餘人，健（建）成〔九八〕、元吉二太子。』皇帝聞之，□□語催（崔）子玉曰：『朕不因卿追來到此，憑何得見兄弟？』崔子玉奏曰〔九九〕：『二太子在來多時，頻通款狀，苦請追

取　陛下對直〔一〇〇〕，稱訴冤屈，詞狀頗切，所以追到　陛下對直。　陛〔下〕若不見兄弟〔一〇一〕，臣與陛下作計校有路。　陛〔下〕若入曹司與二太子相見〔一〇二〕，恰是怨家相逢〔一〇三〕，臣亦無門救得，　陛下應不得卻歸長安〔一〇四〕。思惟　陛下不用看去〔一〇五〕，甚將穩便。』　帝聞此語，更不敢看去〔一〇六〕，遂偬（忽）偬（忽）上廳而坐〔一〇七〕。其催（崔）子玉於階下立。通曹官入□□皇帝〔一〇八〕，唱喏走入，拜了起居，再拜走出。　帝問催（崔）子玉曰〔一〇九〕：『適來廳前拜者是何人？』催（崔）子玉奏曰：『是六曹官□〔一一〇〕。』帝又問：『何爲六曹官？』催（崔）子玉奏曰：『陽道呼爲六曹官，陰道亦呼爲六曹官〔一一一〕。』　皇帝曰：『卿何不上廳與朕相伴語話〔一一二〕？』崔子玉奏曰〔一一三〕：『臣緣官卑，不合〔與〕陛下同廳對坐〔一一四〕。』　帝曰：『卿在長安之日〔一一五〕，卿即官卑；今在冥司，須伴□上來〔一一六〕。』催（崔）子玉拜了，遂上廳坐〔一一七〕。　皇帝既（舉）頭而看屏牆外〔一一八〕，□亦（一）見便識〔一一九〕。催（崔）子玉以手招之，□走到廳前拜了〔一二〇〕，上廳立定□在長安之日〔一二一〕，有何善事，造何功德〔一二二〕，子（童）童（子）向前叉手〔一二三〕，啓判官云：『皇□來並無善事〔一二四〕，亦不書寫

經像，□陰道與（以）功德爲憑〔一二五〕，今　皇帝□帝卻歸生路〔一二六〕。』崔（崔）
子玉又問道〔一二七〕：『□功德〔一二八〕。』善童子啓判官曰：『　皇帝□下大
赦〔一二九〕，三度曲恩。』崔（崔）子玉曰：『□判放著三萬六千五伯五十□造多
少功德〔一三〇〕？』善童子曰：『此事□量功德使即知〔一三一〕。』崔（崔）子玉問□

（中缺）

將來，逡巡取到，放在案上〔一三二〕，□本院〔一三三〕，喚即須來。六曹官唱喏，卻歸本
院〔一三四〕。崔子玉語皇帝曰〔一三五〕：『此案上三卷文書，便是　陛下命禄及造功德〔一三六〕，
一一見在其中。今欲與　陛下檢尋勾改，未敢擅□〔一三七〕。』皇帝曰〔一三八〕：『依卿所奏，
與　朕盡意，如法勾改。』崔（崔）子玉卻據□□而坐〔一三九〕，檢尋文部（簿）〔一四〇〕：『皇
帝命禄歸盡。』遂依命禄上（？）□□命禄額上添禄〔一四一〕，又注『十年天子，再歸陽
道』。崔（崔）子玉添禄已訖〔一四二〕，心口思惟：『我緣生時官卑，不因追　皇帝
到此〔一四三〕，憑何得見　皇帝面？今此覓取一員政（正）官〔一四四〕。』遂即執笏奏
曰〔一四五〕：『臣與　陛下勾改文案了〔一四六〕。』　皇帝曰：『如何也？卿即速奏朕

知〔一四七〕！』崔子玉又心口思惟：我不辭便道『注得十年天子』即得〔一四八〕，忽若 皇帝不遂我心中所求之事，不可卻□□三年伍年〔一四九〕，且須少道。崔子玉奏曰：『微臣何無（德）〔一五〇〕，得陛下亲躬到此〔一五一〕！但臣與陛下添注命禄，更得五年，卻歸陽道〔一五二〕。』『朕若到長安城，天下應有進貢物〔一五三〕，悉賜與卿〔一五四〕。』崔子玉又心口思惟：此度許五年，即賜我錢物。忽若更許五年〔一五五〕，必合得一員政（正）官〔一五六〕。遂再奏曰：『臣緣□□〔一五七〕，昔言已主（注）得五年歸生路〔一五八〕。臣與李乾風爲知與（己）朝庭〔一五九〕，將書來苦囑，非不殷勤。臣與（以）李乾風更與 陛下注五年〔一六〇〕，計十年再歸長安城。』 皇帝再聞所奏，語崔子玉〔一六一〕：『朕深愧卿與 朕再三添注。 朕若到長安城，天下應有進貢錢物〔一六二〕，悉總賜卿。』崔子玉又心口思惟： 皇帝兩度只與我錢物〔一六三〕，盡不道與崔子玉官職，將知 皇帝大惜官職〔一六四〕。崔子玉 見皇帝不道與官，心口思惟〔一六五〕，良久不語。 皇帝遂問崔子玉：『卿適來奏 朕，□朕卻歸陽道〔一六六〕。 朕到長安取卿，卿須朝朕。』崔子玉曰〔一六七〕：『臣當朝 陛下。』 帝曰：『卿早晚放 朕歸去？』崔子玉奏曰〔一六八〕：『伏惟 陛下通一紙文狀下〔一六九〕，以爲案底。』帝曰：『朕□之日〔一七〇〕，不曾解通文狀，如何通得？』崔子玉曰又心口思惟〔一七一〕：若不痛嚇〔一七二〕，然可覓得官職〔一七三〕！子玉遂乃奏曰：『陛下若不通文狀〔一七四〕，臣有一個問頭，陛下若答得，即卻歸長安；若答不得〔一七五〕，應不及再歸生路。』皇帝聞已，忙怕極甚，苦囑崔子玉〔一七六〕：『卿與我出一個異（易）問頭〔一七七〕，朕必不負卿！』崔子玉覓官心切〔一七八〕，便索紙祗揖　皇帝了〔一七九〕，自出問頭云〔一八〇〕：『問大唐天子太宗皇帝，去武德七年爲甚殺兄弟於前殿〔一八一〕，因慈父於後宮？仰答！』崔子玉書了〔一八二〕，□與　皇帝〔一八三〕。〔皇〕〔帝〕把得問頭尋讀〔一八四〕，悶悶不已，如杵中心，拋問頭在地〔一八五〕，語子玉：『此問頭交（教）朕爭答不得〔一八六〕！』子玉見皇帝有憂〔一八七〕，遂收問頭，執〔笏〕而奏曰〔一八八〕：『陛下答不得，臣爲陛下代答得無〔一八九〕？』皇帝既聞其奏，大悦龍顏〔一九〇〕，『依卿所奏〔一九一〕！』崔子玉又奏云：『臣爲　陛下答此問頭，必得陛下大開口〔一九二〕。』帝曰：『與朕答問頭，又交（教）朕大開口〔一九三〕，何也〔一九四〕？』子玉奏曰：『不是那個大開口。臣緣在生官卑，見任輔陽縣尉〔一九五〕。乞陛下殿前賜臣一足之地，立死亦幸〔一九六〕！』皇帝語子玉：『卿要何官職？卿何不早道！』又問〔一九七〕：『是何處人事（氏）〔一九八〕？』崔子玉奏曰：『臣是蒲州人事（氏）〔一九九〕。』皇帝曰：『賜卿蒲州刺史兼河北廿四州採訪使〔二〇〇〕，官至御史大夫，賜紫金魚袋〔二〇一〕，仍賜蒲（輔）州（陽）縣庫錢二萬貫與卿資家〔二〇二〕。』崔子玉奉口　敕賜官〔二〇三〕，下廳拜舞，謝　皇帝訖，上廳坐定。答問頭次〔二〇四〕，報：『天符使下〔二〇五〕。』崔子玉問：『何來？』使啓判官：『判官往陽間授蒲州刺史兼河北廿四州採訪使〔二〇六〕，官至御史大夫，賜紫金魚袋〔二〇七〕，仍賜輔陽縣正（鎮）庫錢二萬貫〔二〇八〕。今日天符崔子玉云〔二〇九〕。　皇帝曰〔二一〇〕：『天符早知。朕聞陰補陽授，蓋不虛矣。』崔子玉□□與　皇帝答問頭〔二一一〕，此時只用六字便答了，云：『大聖滅族興國〔二一二〕。』崔子玉書了似　帝，歡喜倍常。崔子玉呈了收卻，又曰〔二一三〕：『陛下若到長安，須修功德，發走馬使，令放天下大赦，仍令沙門街西邊寺録講《大雲經》〔二一四〕。陛下自出己分錢，抄寫《大雲經》〔二一五〕。』崔子玉遂依　帝命取紙，一依前功德數抄寫一本，度與皇帝收得〔二一六〕，插在懷中。皇帝語子玉曰：『朕稍似飢餒，如何得飯〔二一七〕？』子玉奏曰：『陛下若飢，臣當取飯。』崔子玉左右處〔二一八〕（下缺）

説明

此件已斷裂爲三片，首尾均缺，下沿略殘，每行行末大約缺文二至三字。第一片與第二片中間有殘缺，第二片與第三片則大致可以銜接。收藏者已將第一與第二片粘接在一起，但前後次序被倒置。以上釋文據其内容按三片正確次序釋録，即自『問，使人奏曰』至『催（崔）子玉問』爲第二與第三片，自『將來，逡巡取到』至『崔子玉左右處』爲第一片。

此件標題已失，王國維據其内容定名爲『唐太宗入冥記』（參看《敦煌發見唐朝之通俗詩及通俗小説》，《東方雜誌》一七卷八期，一九二〇年，九五至一〇〇頁）。其中『皇帝』『帝』『朕』『陛下』等文字前均有空格，以示敬空。

此件之創作時間，蕭登福認爲産生於武后朝（參看《敦煌寫卷〈唐太宗入冥記〉之撰寫年代及其影響》，原載《中華文化復興月刊》一九八五年一八卷五至六期，後載《中國敦煌學百年文庫文學卷》（五），二七三至三〇一頁）；卞孝萱認爲産生於武則天以周代唐之時（參看《〈唐太宗入冥記〉與『玄武門之變』》，《敦煌學輯刊》二〇〇〇年二期，一至一五頁）。此件之抄寫年代，《敦煌變文校注》據此卷背之『天復六年丙寅歲閏十二月廿六日汜美賫書記』，推斷此件之抄寫年代也在『天復六年』（參看黄征、張涌泉《敦煌變文校注》，三三二頁）。經查，『天復六年』題記抄寫於此卷背面，蓋後人利用此卷卷背空白所書，據之可斷定此件之抄寫年代的下限爲『天復六年』，但不能據之確定此件之抄寫年代之上限。因此件將『李淳風』均寫作『李乾風』，似避唐憲宗李淳之諱而改，由此可推測此件抄寫年代的上限應爲唐憲宗時期。此件所載故事内容與張鷟所撰《朝野僉載》中情節極爲類似，但太宗的形象由《朝野僉載》的『曠達超然』之聖君明主，演變成貪生怕死、虚僞矯情的猥瑣小人。王昊認爲此作即以《朝野僉載》爲情節增殖點，並對其進行加工和改造的結果（參看《敦煌本〈唐太宗入冥記〉的擬題、年代及其叙事藝術》，《廣州大學學報》二〇〇五年九期，二六頁）。

校記

〔一〕『問』，《敦煌變文校注》釋作『闃』，《敦煌變文選注》（增訂本）釋作『閻』。

〔二〕『奏』，《敦煌變文校注》釋作『即』，《敦煌變文選注》（增訂本）釋作『答』，均誤。

〔三〕『走』，《敦煌變文校注》釋作『名』。

〔四〕『直』，《敦煌變文校注》漏録；『至』，《敦煌變文校注》釋作『到』，並將其斷入上句『人』後。

〔五〕『帝聞』，《〈唐太宗入冥記〉缺文補意與校釋》據文義校補。

〔六〕『德』，當作『得』，《敦煌變文集》據文義校改，『德』爲『得』之借字。

〔七〕『目之』，《〈唐太宗入冥記〉缺文補意與校釋》據文義校補。

〔八〕『煞』，《敦煌變文集》《敦煌變文校注》《敦煌變文選注》（增訂本）釋作『殺』。

〔九〕『□□』，《〈唐太宗入冥記〉缺文補意與校釋》認爲當補『威武』或『功業』，《敦煌變文校注》認爲似應爲『殺生』之類。

〔一〇〕「由」，當作「猶」，《敦煌變文集》據文義校改，「由」爲「猶」之借字。

〔一一〕「使人」，《〈唐太宗入冥記〉缺文補意與校釋》據文義校補。

〔一二〕「牆」，《敦煌變文集》據文義校補。

〔一三〕「捨」，當作「舍」，《敦煌變文校注》據文義校改，「捨」爲「舍」之借字，《〈唐太宗入冥記〉缺文補意與校釋》認爲「捨」字當是「攝」字之誤；「人」，《敦煌變文校注》據文義校補；「云」，《敦煌小説合集》據文義校補。

〔一四〕「引」，《敦煌變文校注》據文義校補，《〈唐太宗入冥記〉缺文補意與校釋》認爲當補作「得大」，《敦煌小説合集》疑當補作「引大」。

〔一五〕「前令」，《〈唐太宗入冥記〉缺文補意與校釋》據文義校補。

〔一六〕「太宗皇」，《敦煌變文集》據文義校補。

〔一七〕「由」，當作「猶」，《敦煌變文集》據文義校改，「由」爲「猶」之借字。

〔一八〕「亦」，當作「一」，《敦煌變文集》據文義校改，「亦」爲「一」之借字。

〔一九〕「高」，《敦煌變文集》據文義校補。

〔二〇〕「受」，據殘筆劃及文義補；「人拜舞」，《敦煌變文集》據文義校補，《敦煌小説合集》認爲「受」下僅缺兩字，當補「人拜」。

〔二一〕「唐天子」，《敦煌變文集》據文義校補。

〔二二〕「聞」，據殘筆劃補；「□」，《〈唐太宗入冥記〉缺文補意與校釋》認爲當補「感得」或「於是」。

〔二三〕「曰」，《敦煌變文校注》據文義校補。

〔二四〕此處之缺文，《敦煌變文集》釋作「□□□閻羅□□□」，《〈唐太宗入冥記〉缺文補意與校釋》將《敦煌變文集》所釋之「閻羅」補作「送十殿閻羅著判官」，《敦煌變文校注》補作「領過判官廳」，《敦煌變文選注》（增訂本）

將《敦煌變文集》所釋之『閻羅』校改作『判官』；『推』，《〈唐太宗入冥記〉缺文補意與校釋》據殘筆劃及文義校補。

〔二五〕『領』，據殘筆劃及文義補，《敦煌變文選注》（增訂本）釋作『頁』，校改作『領』；『過』，據殘筆劃及文義補；『殿』，《敦煌變文校注》據文義校補。《敦煌變文校注》、《敦煌變文選注》（增訂本）、《敦煌小說合集》均將此句之『領過』二字斷入上句『推勘』之後。

〔二六〕『使人唱』，《〈唐太宗入冥記〉缺文補意與校釋》據文義校補。

〔二七〕第一個『□』，《敦煌變文校注》《敦煌小說合集》補作『帝』；第二個『□』，《敦煌變文校注》釋作『曰』，《敦煌小說合集》補作『曰』；『卻歸』，《敦煌變文校注》據殘筆劃校補。

〔二八〕『使』，《敦煌小說合集》據殘筆劃校補，《敦煌變文校注》釋作『姓』；第一個『□』，《敦煌變文校注》補作『誰』，《敦煌小說合集》補作『人』；第二個『□』，《敦煌小說合集》補作『曰』。《〈唐太宗入冥記〉缺文補意與校釋》認爲應將此句中之『使□□』補作『使人言』或『緣生死』。

〔二九〕『判官』，《敦煌變文校注》據文義校補，《〈唐太宗入冥記〉缺文補意與校釋》補作『這判官』，《敦煌小說合集》補作『使人曰』；『催』，當作『崔』，據文義改，『催』爲『崔』之借字，以下同，不另出校。

〔三〇〕『判官』，《〈唐太宗入冥記〉缺文補意與校釋》據文義校補。

〔三一〕『報了』，《敦煌變文校注》據文義校補，《〈唐太宗入冥記〉缺文補意與校釋》補作『後，即便』。

〔三二〕『分』，《敦煌變文集》據文義校補。

〔三三〕『將』，《敦煌變文集》據文義校補，《〈唐太宗入冥記〉缺文補意與校釋》認爲當補作『攝』，《敦煌小說合集》根據上下文疑爲『引』；『帝』，《敦煌變文集》據文義校補。

〔三四〕『入』，《敦煌變文集》據文義校補。

〔三五〕「崔」，《敦煌變文選注》（增訂本）據文義校補，底本或寫作「催」。
〔三六〕「不曾」，徐震堮據文義校補，《〈唐太宗入冥記〉缺文補意與校釋》補作「合當」。
〔三七〕「交」，當作「教」，《敦煌變文校注》據文義校改，「交」爲「教」之借字。
〔三八〕「□□」，《〈唐太宗入冥記〉缺文補意與校釋》補作「深爲」，《敦煌變文校注》認爲當爲「即已」之類。
〔三九〕「楊」，當作「陽」，《敦煌變文集》據文義校改，「楊」爲「陽」之借字。
〔四〇〕「伯」，《敦煌變文校注》釋作「佰」，《敦煌變文選注》（增訂本）釋作「百」，《敦煌小説合集》校改作「佰」。
〔四一〕「食」，據殘筆劃及文義補。
〔四二〕「□」，《〈唐太宗入冥記〉缺文補意與校釋》認爲當是「皆」「盡」「並」之類。
〔四三〕「司」，《敦煌變文選注》（增訂本）校改作「賜」。
〔四四〕「□」，《〈唐太宗入冥記〉缺文補意與校釋》補作「有」。
〔四五〕「卻歸」，《敦煌變文校注》據文義校補，《〈唐太宗入冥記〉缺文補意與校釋》補作「返回」。
〔四六〕「伯」，《敦煌變文校注》釋作「佰」，《敦煌變文選注》（增訂本）釋作「百」，《敦煌小説合集》校改作「佰」。
〔四七〕「禮」，《〈唐太宗入冥記〉缺文補意與校釋》據文義校補。
〔四八〕「來」，《敦煌變文集》據文義校補。
〔四九〕「心」，《敦煌變文集》據文義校補。
〔五〇〕「帝」，《敦煌變文集》據文義校補；「此」，《〈唐太宗入冥記〉缺文補意與校釋》據文義校補。
〔五一〕「是」，《敦煌變文集》據文義校補。
〔五二〕「匆匆」，《〈唐太宗入冥記〉缺文補意與校釋》據文義校補。
〔五三〕「皇」，《敦煌變文集》據文義校補。

〔五四〕「叫」，《敦煌變文選注》（增訂本）、《敦煌小説合集》釋作「叫」，校改作「叫」，按底本實爲「叫」。
〔五五〕「皇」，《敦煌變文集》據文義校補。
〔五六〕「子玉」，《〈唐太宗入冥記〉缺文補意與校釋》據文義校補，《敦煌變文校注》認爲當缺三字，並補作「催子玉」。
〔五七〕「憂惶」，《〈唐太宗入冥記〉缺文補意與校釋》據文義校補。
〔五八〕「乾」，《敦煌變文校注》認爲乃「淳」之訛；「庭」，《敦煌變文選注》（增訂本）釋作「廷」，雖義可通而字誤。
〔五九〕「答曰」，《敦煌變文集》據文義校補。
〔六〇〕「庭」，《敦煌變文選注》（增訂本）釋作「廷」，雖義可通而字誤。
〔六一〕「知己」，《敦煌變文集》據文義校補。
〔六二〕「庭」，《敦煌變文集》《敦煌變文校注》釋作「廷」，雖義可通而字誤。
〔六三〕「情同」，《〈唐太宗入冥記〉缺文補意與校釋》據文義校補。
〔六四〕「朕懷」，《〈唐太宗入冥記〉缺文補意與校釋》據文義校補。
〔六五〕「玉」，《敦煌變文集》據文義校補。
〔六六〕「崔」，《敦煌變文集》據文義校補，底本或寫作「催」；「子」，《敦煌變文集》據文義校補。
〔六七〕「崔」，《敦煌變文集》據文義校補，底本或寫作「催」；「子」，《敦煌變文集》據文義校補。
〔六八〕「官」，《敦煌變文校注》據文義校補。
〔六九〕「下」，據殘筆劃及文義補；「朝」，據殘筆劃及文義補，《敦煌變文校注》補作「知」；「庭書」，《〈唐太宗入冥記〉缺文補意與校釋》據文義校補，《敦煌變文校注》補作「已書」。
〔七〇〕「奉帝」，《敦煌變文校注》據文義校補，《〈唐太宗入冥記〉缺文補意與校釋》補作「奉皇帝」。
〔七一〕「不悦」，《敦煌變文校注》據文義校補，《〈唐太宗入冥記〉缺文補意與校釋》補作「茫亂」。

〔七二〕「□□」，《敦煌變文校注》疑爲「若是」，《敦煌小説合集》補作「忽若」；「庭」，《敦煌變文選注》（增訂本）釋作「廷」，雖義可通而字誤。
〔七三〕「一」，《敦煌變文校注》據文義校補；「聞」，《敦煌變文集》據文義校補。
〔七四〕「無」，《敦煌變文選注》（增訂本）釋作「毛」，誤。
〔七五〕「玉」，《敦煌變文集》據文義校補。
〔七六〕「□□」，《〈唐太宗入冥記〉缺文補意與校釋》認爲僅缺一字，並補作「於」，《敦煌小説合集》補作「既知」。
〔七七〕「與」，當作「以」，據文義改，「與」爲「以」之借字。
〔七八〕「玉答」，《敦煌變文集》據文義校補，《敦煌小説合集》補作「玉奏」。
〔七九〕「校」，《敦煌小説合集》釋作「挍」，校改作「校」。以下同，不另出校。
〔八〇〕「問」，當作「聞」，《敦煌變文校注》據文義校改，「問」爲「聞」之借字；「語」，《敦煌變文校注》據文義校補。
〔八一〕「□」，《〈唐太宗入冥記〉缺文補意與校釋》補作「心」，《敦煌變文校注》疑當補作「情」，《敦煌小説合集》補作「情」。
〔八二〕「而」，《〈唐太宗入冥記〉缺文補意與校釋》據文義校補。
〔八三〕「宗」，當作「子」，《敦煌變文集》據文義校改。
〔八四〕「忘」，當作「望」，《敦煌變文校注》據文義校改，「忘」爲「望」之借字。
〔八五〕「寬假」，《〈唐太宗入冥記〉缺文補意與校釋》據文義校補。
〔八六〕「付」，《敦煌變文選注》（增訂本）釋作「咐」，校改作「付」，按底本實爲「付」。
〔八七〕「卻」，《敦煌變文校注》據文義校補，《〈唐太宗入冥記〉缺文補意與校釋》補作「再」，《敦煌小説合集》認爲可補作『再』。

〔八八〕『子玉』，《敦煌變文集》據文義校補，《敦煌變文校注》認爲當缺三字，並補作『催子玉』，《敦煌小説合集》補作『崔子玉』；『悵』，《敦煌小説合集》釋作『帳』，校改作『悵』。

〔八九〕『惟』，《敦煌變文選注》（增訂本）釋作『維』，校改作『惟』，按底本實爲『惟』。

〔九〇〕『來與』，《敦煌變文校注》據文義校補。

〔九一〕『衣』，當作『依』，《敦煌變文集》據文義校改，『衣』爲『依』之借字。

〔九二〕『子玉』，《敦煌變文集》據文義校補，《敦煌變文校注》《敦煌小説合集》另增補『在』字，按不增亦可通。

〔九三〕『東面』，《敦煌小説合集》將此兩字斷入下句『見有』之前。

〔九四〕『皇帝』，《敦煌變文集》據文義校補。

〔九五〕『第』，底本原作『弟』形，因二字形近，在手書中易混，故可依據文義判定其所屬，《敦煌變文集》、《敦煌變文校注》、《敦煌變文選注》（增訂本）均逕釋作『第』。

〔九六〕『傷歎』，《〈唐太宗入冥記〉缺文補意與校釋》據文義校補，《敦煌小説合集》補作『傷』。

〔九七〕『玉』，《敦煌變文集》據文義校補。

〔九八〕『健』，當作『建』，《敦煌變文選注》（增訂本）據文義校改，『健』爲『建』之借字，《敦煌小説合集》釋作『健』，校改作『建』。

〔九九〕『崔』，據文義補，底本或寫作『催』。

〔一〇〇〕『下』，據殘筆劃及文義補；『對直』，《〈唐太宗入冥記〉缺文補意與校釋》據文義校補。

〔一〇一〕『下』，《敦煌變文集》據文義校補；『兄弟』，《〈唐太宗入冥記〉缺文補意與校釋》據文義校補，《敦煌變文選注》（增訂本）補作『二太子』。

〔一〇二〕「下」，《敦煌小説合集》據文義校補，《敦煌變文集》、《敦煌變文校注》、《敦煌變文選注》（增訂本）均逕釋作「下」。

〔一〇三〕「恰是」，《〈唐太宗入冥記〉缺文補意與校釋》據文義校補；「怨」，《敦煌變文集》《敦煌變文校注》均釋作「寃」，誤。

〔一〇四〕「安」，《敦煌變文集》據文義校補。

〔一〇五〕「思」，《敦煌小説合集》據文義校補。

〔一〇六〕「看去」，《敦煌變文校注》據文義校補，《〈唐太宗入冥記〉缺文補意與校釋》補作「多問」。

〔一〇七〕「偬偬」，當作「匆匆」，《敦煌變文集》據文義校改，《敦煌變文校注》認爲「偬」乃「匆」之增旁俗字。

〔一〇八〕「□□」，《敦煌變文選注》（增訂本）、《敦煌小説合集》補作「起居」。

〔一〇九〕「子玉」，《敦煌變文集》據文義校補。

〔一一〇〕「□」，《敦煌小説合集》補作「也」。

〔一一一〕「陰道」，《敦煌變文集》據文義校補，《〈唐太宗入冥記〉缺文補意與校釋》補作「此」；「亦」，《〈唐太宗入冥記〉缺文補意與校釋》據文義校補。

〔一一二〕「話」，《敦煌變文校注》據文義校補，《〈唐太宗入冥記〉缺文補意與校釋》認爲應是疑問語氣詞「也」之類。

〔一一三〕「崔」，據文義補，底本或寫作「催」。

〔一一四〕「與」，《敦煌變文集》據文義校補。

〔一一五〕「在」，《敦煌變文選注》（增訂本）釋作「至」，校改作「在」，按底本實爲「在」；「長安」，《敦煌變文集》據文義校補。

〔一一六〕「伴」，據殘筆劃及文義補，《敦煌變文校注》認爲此字殘存右上角，似「達」之殘劃。《〈唐太宗入冥記〉缺文補意與校釋》將此句中之「伴□」補作「從容」，認爲或可作「無妨」。
〔一一七〕「遂上廳」，《〈唐太宗入冥記〉缺文補意與校釋》據文義校補。
〔一一八〕「既」，當作「舉」，《敦煌變文校注》據文義校改。
〔一一九〕此處之缺文，《〈唐太宗入冥記〉缺文補意與校釋》認爲當補「判善童子向廳而來」；「亦」，當作「一」，《敦煌變文校注》據文義校改，「亦」爲「一」之借字。
〔一二〇〕此處之缺文，《〈唐太宗入冥記〉缺文補意與校釋》認爲當補「其判善童子聞招」。
〔一二一〕此處之缺文，《〈唐太宗入冥記〉缺文補意與校釋》認爲當補「崔子玉遂問皇帝」。
〔一二二〕「功德」，《敦煌變文選注》（增訂本）據文義校補。
〔一二三〕「子童」，《敦煌變文集》疑當乙作「童子」，《敦煌變文選注》據文義校改，《敦煌變文校注》誤以爲底本無「子」字，並據下文補作「（善）童〔子〕」。
〔一二四〕「皇」，據殘筆劃補。「皇」字後缺文，《〈唐太宗入冥記〉缺文補意與校釋》認爲當補「帝在長安之日，向」。
〔一二五〕此處之缺文，《〈唐太宗入冥記〉缺文補意與校釋》認爲當補「於是崔子玉謂帝曰」；「與」，當作「以」，《敦煌變文校注》據文義校改，「與」爲「以」之借字。
〔一二六〕此處之缺文，《〈唐太宗入冥記〉缺文補意與校釋》認爲當補「既無功德善事，如何放」。
〔一二七〕「道」，《敦煌變文校注》據文義校補，《敦煌小説合集》疑爲「善童子」。
〔一二八〕此處之缺文，《〈唐太宗入冥記〉缺文補意與校釋》認爲當補「一皇帝可有慈憫冤囚」事」。
〔一二九〕此處之缺文，《〈唐太宗入冥記〉缺文補意與校釋》認爲當補「曾詔令天」。
〔一三〇〕第一處缺文，《〈唐太宗入冥記〉缺文補意與校釋》認爲當補「皇帝「既有憐憫冤囚」」，《敦煌小説合集》疑第一字爲「放」；「伯」，《敦煌變文校注》釋作「佰」，《敦煌變文選注》（增訂本）釋作「百」，《敦煌小説合集》校改作「佰」；「十」，《敦煌小説合集》補作「十三」；第二處缺文，《〈唐太宗入冥記〉缺文補意與校釋》認爲當補「人，死囚得生，勝」。

〔一三一〕此處之缺文，《〈唐太宗入冥記〉缺文補意與校釋》認爲當補「須另問六曹司」。

〔一三二〕「上」，《〈唐太宗入冥記〉缺文補意與校釋》據文義校補。

〔一三三〕此處之缺文，《〈唐太宗入冥記〉缺文補意與校釋》認爲當補「子玉又著六曹官且回」。

〔一三四〕「院」，《敦煌變文校注》據文義校補，《〈唐太宗入冥記〉缺文補意與校釋》補作「曹」。

〔一三五〕「崔」，據文義補，底本或寫作「催」；「子玉語」，《敦煌變文校注》據文義校補。

〔一三六〕「功德」，《〈唐太宗入冥記〉缺文補意與校釋》據文義校補。

〔一三七〕「擅」，《敦煌小説合集》釋作「檀」，校改作「擅」；「□」，《〈唐太宗入冥記〉缺文補意與校釋》補作「專」，《敦煌變文校注》認爲當爲「行」「施」之類。

〔一三八〕「皇」，《敦煌變文集》據文義校補。

〔一三九〕「□□」，《〈唐太宗入冥記〉缺文補意與校釋》補作「案前」，《敦煌變文校注》疑補作「廳上」。

〔一四〇〕「部」，當作「簿」，《敦煌變文集》據文義校改，「部」爲「簿」之借字。

〔一四一〕「□□」，《〈唐太宗入冥記〉缺文補意與校釋》補作「所注」；「額上」，《〈唐太宗入冥記〉缺文補意與校釋》認爲係衍文。

〔一四二〕「禄」，《敦煌變文集》據文義校補。

〔一四三〕「到」，據殘筆劃及文義補，《〈唐太宗入冥記〉缺文補意與校釋》、《敦煌變文校注》、《敦煌變文選注》（增訂本）釋作「至」；「此」，《敦煌變文校注》據文義校補，《〈唐太宗入冥記〉缺文補意與校釋》補作「此間」或「冥間」。

〔一四四〕『政』，當作『正』，《敦煌變文選注》（增訂本）、《敦煌小説合集》據文義校改。

〔一四五〕『即執』，《敦煌變文校注》據文義校補，《〈唐太宗入冥記〉缺文補意與校釋》補作『前執』。

〔一四六〕『文』，《敦煌變文選注》（增訂本）釋作『之』，校改作『文』，按底本實爲『文』。

〔一四七〕『即』，《〈唐太宗入冥記〉缺文補意與校釋》據文義校補，《敦煌小説合集》認爲可校補作『須』。

〔一四八〕『十年』，《〈唐太宗入冥記〉缺文補意與校釋》據文義校補。

〔一四九〕『□□』，《〈唐太宗入冥記〉缺文補意與校釋》補作『再減』，《敦煌變文校注》疑爲『多道』，《敦煌小説合集》補作『多道』。

〔一五〇〕『無』，當作『德』，據文義改。

〔一五一〕『得』，《敦煌變文校注》校改作『德』，並斷入上句，同時於此句句首補一『得』字；『下』，據殘筆劃及文義補；『親』，《〈唐太宗入冥記〉缺文補意與校釋》據文義校補，《敦煌變文選注》（增訂本）補作『聖』。

〔一五二〕『歸』，《〈唐太宗入冥記〉缺文補意與校釋》據文義校補。

〔一五三〕『下』，《敦煌變文選注》（增訂本）釋作『上』，校改作『下』，按底本實爲『下』。

〔一五四〕『賜』，《敦煌變文集》據文義校補。

〔一五五〕『忽若』，《敦煌變文校注》據文義校補。

〔一五六〕『政』，當作『正』，《敦煌變文選注》（增訂本）、《敦煌小説合集》據文義校改。

〔一五七〕『□□』，《〈唐太宗入冥記〉缺文補意與校釋》補作『官卑』，《敦煌變文校注》疑爲『勾改』『添注』之類。

〔一五八〕『主』，當作『注』，《敦煌變文集》據文義校改，『主』爲『注』之借字。

〔一五九〕『與』，當作『已』，《敦煌變文集》據文義校改，《敦煌變文校注》均逕釋作『已』；『朝庭』，《〈唐太宗入冥記〉缺文補意與校釋》據文義校補。

〔一六〇〕「與」，當作「以」，《敦煌變文字義通釋》據文義校改，「與」爲「以」之借字；「下」，《敦煌變文集》據文義校補；「注」，《敦煌變文字義通釋》據文義校補。

〔一六一〕「語」，據殘筆劃及文義補；「崔子」，《敦煌變文集》據文義校補。

〔一六二〕「天下應」，《敦煌變文校注》據文義校補，《〈唐太宗入冥記〉缺文補意與校釋》補作「將應」。

〔一六三〕「帝」，《敦煌變文集》據文義校補。

〔一六四〕「帝」，《敦煌變文集》據文義校補。

〔一六五〕「思」，據殘筆劃及文義補；「惟」，《敦煌變文集》據文義校補。

〔一六六〕「□」，《〈唐太宗入冥記〉缺文補意與校釋》補作「放」，《敦煌變文校注》疑爲「許」之類。

〔一六七〕「子玉」，《敦煌變文集》據文義校補。

〔一六八〕「子玉」，《敦煌變文集》據文義校補。

〔一六九〕「陛」，《敦煌變文選注》（增訂本）釋作「朕」，校改作「陛」，按底本實爲「陛」。

〔一七〇〕「朕」，據殘筆劃及文義補；「□」，《〈唐太宗入冥記〉缺文補意與校釋》補作「來」，《敦煌變文校注》疑爲「昔」字。

〔一七一〕「曰」，《敦煌變文集》據文義認爲係衍文，當删。

〔一七二〕「若」，《〈唐太宗入冥記〉缺文補意與校釋》據文義校補。

〔一七三〕「然」，《〈唐太宗入冥記〉缺文補意與校釋》認爲當作「焉」。

〔一七四〕「不通」，《敦煌變文集》據文義校補。

〔一七五〕「答不」，《敦煌變文集》據文義校補。

〔一七六〕「苦」，《敦煌變文選注》（增訂本）釋作「若」，校改作「苦」，按底本實爲「苦」；「崔」，《敦煌變文集》據文義校補。

〔一七七〕「異」，當作「易」，《敦煌變文集》據文義校改，「異」爲「易」之借字。

〔一七八〕「玉」，據殘筆劃及文義補。

〔一七九〕「紙」，《敦煌小説合集》釋作「絺」，校改作「紙」。

〔一八〇〕「頭」，《敦煌變文集》據文義校補。

〔一八一〕「去」，《〈唐太宗入冥記〉缺文補意與校釋》認爲當是「在」之訛，誤；「殺兄」，《敦煌變文集》據文義校補；「弟」，底本原作「第」形，因二字形近，在手書中易混，故可依據文義判定其所屬，《敦煌變文集》、《敦煌變文校注》、《敦煌變文選注》（增訂本）均逕釋作「弟」，《敦煌小説合集》釋作「苐」，校改作「弟」。

〔一八二〕「了」，《敦煌變文校注》據文義校補。

〔一八三〕「□」，《敦煌變文校注》疑爲「遞」「把」之類，《敦煌小説合集》補作「度」。

〔一八四〕「皇帝」，《敦煌變文集》據文義校補。

〔一八五〕「問」，《敦煌變文集》據文義校補。

〔一八六〕「交」，當作「教」，《敦煌變文校注》據文義校改，「交」爲「教」之借字。

〔一八七〕「皇帝」，《〈唐太宗入冥記〉缺文補意與校釋》據文義校補。

〔一八八〕「笏」，《〈唐太宗入冥記〉缺文補意與校釋》據文義校補。

〔一八九〕「爲」，《敦煌變文集》據文義校補。

〔一九〇〕「顔」，據殘筆劃及文義補。

〔一九一〕「依」，《敦煌變文集》據文義校補。

〔一九二〕「得」，《〈唐太宗入冥記〉缺文補意與校釋》據文義校補。

〔一九三〕『交』，當作『教』，《敦煌變文校注》據文義校改，『交』爲『教』之借字。
〔一九四〕『也』，《敦煌變文校注》據文義校補，《〈唐太宗入冥記〉缺文補意與校釋》補作『故』。
〔一九五〕『任』，《敦煌變文集》據文義校補。
〔一九六〕『亦』，《〈唐太宗入冥記〉缺文補意與校釋》據文義校補。
〔一九七〕『問』，《敦煌變文集》據文義校補。
〔一九八〕『事』，當作『氏』，《敦煌變文集》據文義校改，『事』爲『氏』之借字。
〔一九九〕『事』，當作『氏』，《敦煌變文集》據文義校改，『事』爲『氏』之借字。
〔二〇〇〕『賜』，《〈唐太宗入冥記〉缺文補意與校釋》據文義校補，《敦煌小説合集》補作『授』；『北』字右側有删除符號，《敦煌小説合集》據文義推測此删除符號或係誤加，故仍照録；『廿』，《敦煌變文校注》釋作『二十』。
〔二〇一〕『紫金』，《敦煌變文集》據文義校補。
〔二〇二〕『蒲州』，當作『輔陽』，《敦煌小説合集》據文義校改。
〔二〇三〕『子玉』，《敦煌變文集》據文義校補。
〔二〇四〕『答』，《敦煌變文集》據文義校補。
〔二〇五〕『符』，《敦煌小説合集》釋作『苻』，校改作『符』。
〔二〇六〕『陽間』，《〈唐太宗入冥記〉缺文補意與校釋》據文義校補；『廿』，《敦煌變文校注》釋作『二十』。
〔二〇七〕『金魚』，《敦煌變文集》據文義校補。
〔二〇八〕『正』，當作『鎮』，《敦煌變文校注》據文義校改。
〔二〇九〕『崔子玉云』，《敦煌變文校注》據文義認爲係衍文，當删。

〔二一〇〕『皇』，《敦煌變文集》據文義校補。

〔二一一〕『□□』，《〈唐太宗入冥記〉缺文補意與校釋》補作『繼又』。

〔二一二〕『興國』，《〈唐太宗入冥記〉缺文補意與校釋》據文義校補。

〔二一三〕『曰』，《敦煌變文集》據文義校補，《敦煌小説合集》補作『奏曰』。

〔二一四〕『令沙』，《〈唐太宗入冥記〉缺文補意與校釋》據文義校補。

〔二一五〕『雲經』，《敦煌變文集》據文義校補。

〔二一六〕『皇帝』，《敦煌變文集》據文義校補，《敦煌小説合集》認爲底本有重文符號，補作『皇帝皇帝』。

〔二一七〕『何得』，《敦煌變文集》據文義校補。

〔二一八〕此句後《敦煌變文校注》另釋有『天復六年丙寅歲閏十二月二十六日汜美賨書記』，按『天復六年』條乃抄於此卷背面，應不録。

參考文獻

《東方雜誌》一七卷八期，一九二〇年，九五至一〇〇頁；《敦煌變文集》（上），北京：人民文學出版社，一九五七年，二〇九至二一五頁（録）；《敦煌寶藏》二二册，臺北：新文豐出版公司，一九八二年，五六三至五六六頁（圖）；《文獻》一九八七年四期，二八至三七頁；《文獻》一九九〇年四期，一六一至一七一頁；《英藏敦煌文獻》四卷，成都：四川人民出版社，一九九一年，一三四至一三六頁（圖）；《文化遺産》一九九四年一期，九三至九七頁；《敦煌變文校注》，北京：中華書局，一九九七年，三一九至三三二頁（録）；《敦煌學輯刊》二〇〇〇年二期，一至一五頁；《中國敦煌學百年文庫文學卷》（五），蘭州：甘肅文化出版社，二〇〇〇年，二七三至三〇一頁；《廣州大學學報》二〇〇五年九期，二四至二八頁；《敦煌變文選注》（增訂本），北京：中華書局，二〇〇六年，一九六五至一九九九五頁（録）；《敦煌小説合集》，杭州：浙江文藝出版社，二〇一〇年，三九三至四〇九頁（録）。

斯二六三〇背　一　雜寫（紫羅衫子一褄等）

釋文

五邏羅被子一條　五邏

之民民

邏

紫羅衫子一褄

（中空數行）

奉

（中空一行）

邏

邏

説明

以上文字爲時人隨手所寫於《唐太宗入冥記》的卷背，其後尚有『天復六年（公元九〇六年）閏十二月廿六日氾善賫書記』和其他雜寫。

參考文獻

《敦煌寶藏》二一册，臺北：新文豐出版公司，一九八二年，五六七頁（圖）；《英藏敦煌文獻》四卷，成都：四川人民出版社，一九九一年，一三六頁（圖）。

斯二六三〇背　二　天復六年（公元九〇六年）閏十二月廿六日氾善賨書記

釋文

氾山山者麻鷄頭兵子〔一〕。

天復六年丙寅歲潤（閏）十二月廿六日〔二〕，氾善賨書記〔三〕。

説明

以上兩行文字筆跡相同，應爲同一人所書。『天復』爲唐昭宗年號，共計四年，天復六年實爲天祐三年（公元九〇六年）。

校記

〔一〕『頭』，《中國古代寫本識語集録》漏録。

〔二〕『潤』，當作『閏』，據文義改，《歸義軍史研究——唐宋時代敦煌歷史考索》均逕釋作『閏』，『潤』爲『閏』之借字。

〔三〕『賨』，《中國古代寫本識語集録》《歸義軍史研究——唐宋時代敦煌歷史考索》釋作『威』，誤。

參考文獻

Descriptive Catalogue of the Chinese Manuscripts from Tunhuang in the British Museum , The Trustees of the British Museum , London 1957 , p. 213（録）；《敦煌寶藏》二一册，臺北：新文豐出版公司，一九八二年，五六七頁（圖）；《中國古代寫本識語集録》，東京大學東洋文化研究所，一九九〇年，四五一頁（録）；《英藏敦煌文獻》四卷，成都：四川人民出版社，一九九一年，一三七頁（圖）；《歸義軍史研究——唐宋時代敦煌歷史考索》，上海古籍出版社，一九九六年，二一七頁（録）。

斯二六三〇背　　三　雜寫

釋文

今今今

説明

以上文字爲時人隨手所寫，《敦煌寶藏》和《英藏敦煌文獻》均未收，現予增收。

斯二六三七　妙法蓮華經卷第三題記

釋文

上元三年八月一日，弘文館楷書任道寫〔一〕。
用紙一十九張。
裝潢手解善集〔二〕。
初校慈門寺僧無及。
再校寶刹寺僧道善。
三校寶刹寺僧道善。
詳閲太原寺大德神符〔三〕。
詳閲太原寺大德嘉尚〔四〕。
詳閲太原寺主慧立。
詳閲太原寺上座道成。
判官司農寺上林〔署〕令李德〔五〕。

使朝散大夫守尚舍奉御閻玄道監。

說明

此件《英藏敦煌文獻》未收，現予增收。上元三年即公元六七六年。

校記

〔一〕『書』，《敦煌學要篇》《敦煌遺書總目索引》《敦煌遺書總目索引新編》釋作『書手』，按底本實無『手』字。

〔二〕『解善集』，《敦煌學要篇》認爲其中之『善』字係衍文，按『解善集』出現於多件宮廷寫經中，或有寫作『解集』而略去『善』者，故此處『善』字非衍文。

〔三〕『閲』，《敦煌學要篇》釋作『校』，校改作『閲』，按底本實爲『閲』；『苻』，《敦煌遺書總目索引》《敦煌遺書總目索引新編》釋作『苻』，《敦煌學要篇》釋作『苻』，校改作『符』，按敦煌寫本『⺮』『艹』常混寫不分，故可據文義判定該字之歸屬。

〔四〕『閲』，《敦煌學要篇》釋作『校』，校改作『閲』，按底本實爲『閲』。

〔五〕『署』，據文義補，《敦煌學要篇》《敦煌遺書總目索引》《敦煌遺書總目索引新編》逕釋作『署令』，按底本實無『署』字。

參考文獻

《敦煌寶藏》二一册，臺北：新文豐出版公司，一九八二年，六二二頁（圖）；《敦煌學要篇》，臺北：新文豐出版公司，一九八二年，一一九至一二〇頁（録）；《敦煌遺書總目索引》，北京：中華書局，一九八三年，一六二頁（録）；《中國古代寫本識語集録》，東京大學東洋文化研究所，一九九〇年，二二六頁（録）；《敦煌遺書總目索引新編》，北京：中華書局，二〇〇〇年，八〇頁（録）。

斯二六四三　　讚僧功德經一卷

釋文

讚僧功德經　　詞辯菩薩譯

阿含經中略集出，歎大德僧聽我説。
世尊出廣長舌相，以大梵音讚僧寶。
如地堅牢承邁（萬）物[一]，任持有情非情類。
我末法中出家人，常住僧寶亦如是。
諸願誓重不退者，志求菩提微妙果。
於濁苦惡世界中，常在如來清淨衆。
僧中或有求四果，或以證果在僧中。
此等八輩諸上人，和合僧中常不斷。
或有頭陀行乞食，或有山間樂寂靜。
乃至於微細戒中，不犯如來嚴命教。

或有深廣學智惠，或有息慮習諸禪。
並皆集在僧衆中，猶如百川歸大海。
殊勝妙寶大德僧，長養衆生功德種。
能與人天勝果者，無過佛法僧寶衆。
善心僧中施掬水，獲福多於大海量。
微塵尚可有算期，僧中施報無有盡。
若人當來求遠離，越於生死貧窮河。
應當速疾志誠心，於僧寶中豎因果。
於此最勝妙福田，若有種摃（植）功德子〔二〕。
當來收獲無邊畔，由（猶）如雲中含大雨〔三〕。
施者不籌量受者，平等奉詭（施）無二法〔四〕。
是人方可能堪任，受人天中勝妙果。
無量功德具莊嚴，大悲世尊弟子衆。
凡夫肉眼難分別，猶如灰覆於火上。
或有外現犯戒相，内秘無量諸功德。
應當信順崇重心，賢聖凡愚不可測。

或有外現具威儀，或示未能捨其欲。
外相人觀謂凡夫，不妨内即是其聖。
猶如四種菴羅果，生熟難分不可別。
如來弟子亦如是，有戒無戒亦難辯。
是故殷勤勸諸人，不聽毁罵僧寶衆。
若欲不沈淪苦海，常當敬重植良田。
若欲天中受樂者，亦當供養苾芻僧。
勿以凡夫下劣人，分別如來弟子衆。
若有清信士女等，能於一念生信心。
平等供養苾芻僧，是人獲得無量報。
若於僧中起邪見，當來定墮三惡道。
世尊親自以梵音，金口弘宣誠不妄。
寧以利刀割其舌，或以捻杵碎其身。
不應一念嗔恚心，謗毁如來淨僧衆。
寧以吞大熱鐵丸，寧使口中出猛焰。
不應戲論以一言，毁罵出家清淨衆。

寧以利刀自屠割，殘害支節毁肥（肌）膚〔五〕。
不應戲笑謂凡愚，何況打駡苾芻衆。
寧以自手挑兩目，寧於多劫受生盲。
其於習行離欲人，不應惡眼而瞻視。
寧毁精舍及制多，寧焚七寶舍利塔。
勿於僧中出惡言，誹謗如來清淨衆。
毁塔之人自墮落，經無量劫受諸苦。
好説衆僧短長者，自墮亦引無量衆。
是故智者善思量，勿於僧中起輕慢。
善自防護口業非，莫談此持彼犯戒。
若一惡言毁沙門，當墮泥犂受極苦。
從地獄出得人身，即招聾盲瘖啞報。
世間多有愚劣人，談説僧尼諸過惡。
因茲墮落惡道中，永劫沈淪没苦海。
大悲世尊禮大衆，尊敬和合大德僧。
諸佛尚自致殷勤，何況凡夫輕慢衆。

世間多有信心人，崇重世尊弟子者。
聞説三寶短長時，恐於僧中起邪見。
因此退敗諸善人，毁壞如來清淨衆。
不見賢劫千世尊，是故智者應思忖。
昔有俱迦離苾芻，以一惡言罵僧衆。
由（猶）落鉢頭磨地獄〔六〕，舌被耕梨（犁）數萬段〔七〕。
亦有迦葉佛弟子，謗毁無量世間人。
承斯惡業捨殘形，還受耕梨（犁）舌地獄〔八〕。
沙門懷忿毁諸人，尚招無量口業報。
何況無戒白衣人，罵僧免墮惡道者。
是故智人不應罵，乃至草木塼瓦等。
况毁清淨出家人，習行離欲善法者。
縱使欲火熾燒心，汙點尸羅清淨戒。
不久速能自懺除，還入如來聖衆位。
如人暫迷失其道，有目還能尋本路。
苾芻雖犯世尊禁，雖然暫犯還能滅。

如人平地蹶腳時，有足還能而速起。
苾芻雖暫缺尸羅，雖犯不久還能補。
猶如世間金寶器，雖破其價一種貴。
木器縱然全不漏，不可比於破寶器。
破禁苾芻雖無戒，初心出家功德勝。
百千萬億白衣人，功德縱多不及彼。
出家弟子能堪任，繼嗣如來末代法。
萬億無量在俗人，不能須臾弘聖教。
最下犯禁破戒僧，供養由（猶）獲萬億報〔九〕。
是故世尊讚勝因，天上人中受尊貴。
是故殷勤勸諸人，勿毀如來僧寶衆。
今生習惡因緣故，當來業成亦毀佛。
緣兹身口意業支，永斷世間人天種。
當墮三塗惡道中，億劫沈淪無休息。
若於清衆起正信，無有毀謗名僧罪。
常能防護口業過，不談如來僧寶衆。

若能於僧有罵詈，應須志誠速求懺。
於僧勿起憍慢心，來生受苦必當悔。
如僧刹那有功德，其福不容於大地。
何況經月累歲年，堅持如來嚴禁戒。
是人持戒功德報，佛於一劫説不盡。
況餘凡俗知其邊，福等虛空無有量。
當知功德廣莊嚴，釋迦如來僧寶衆。
是故不聽在家者，毁辱打罵出家僧。
縱見沙門犯戒時，當寬其意勿嫌毁。
如入芳叢採妙花，不應擿選枯枝葉。
廣大清淨佛法海，多有持戒精脩者。
其中縱有犯威儀，白衣不應生毁謗。
譬如田中新苗稼，於中〔亦〕有稗莠草〔一〇〕。
應可一種敬良田，不應簡選生分別。
是以世尊制諸人，不聽毁謗沙門衆。
唯當尊重生敬心，同此受勝諸天報。

佛日滅没雖久遠，僧寶連暉傳法燈。
猶如龍王降甘雨，大地萌芽普洽潤。
和合僧寶亦如是，雨於如來妙法雨。
滋潤枯渴諸郡（群）生〔一一〕，長養善牙功德種。
於多劫中宿植因，得爲如來弟子衆。
處在賢聖法海中，飲妙解脱甘露味。
傳持世尊末代教，流化十方諸國土。
利益一切諸衆生，令佛法輪恆不絶。
佛法久後滅没時，伽藍精舍毁成聚。
龕塔尊像併荒良（凉）〔一二〕，設欲供養難可得。
壁畫僧形不可見，何況得聞於正法。
人身難得生人中，佛法難逢今已遇。
如何於妙良福田，不種當來功德種。
冥路懸遠不可達，當辦資糧備前所。
善福田中不種植，當來嶮路乏資糧。
是故諸人應善思，聞强僧中應惠施。

依經我略讚僧寶，功德無量遍虛空。
迴施一切諸群生，願共當來值彌勒。
讚僧功德經一卷。

說明

此件首尾完整，首題『讚僧功德經』，尾題『讚僧功德經一卷』。此件雖名爲『經』，實是俗講師爲俗講根據《阿含經》鋪陳而成，並非佛教原典，其體裁與《大漢三年季布罵陣詞文》相類（參見周紹良、白化文、李鼎霞《敦煌變文集補編》，一一四至一一六頁）。

現知敦煌文獻中保存的『讚僧功德經』共有十件，本書第七卷所收斯一五四九《讚僧功德經》曾以包括此件在內的七件文書參校，第十二卷所收斯二四二〇曾以包括此件在內的九件文書參校，各件的起止情況均已見於以上兩件之說明。

以上釋文以斯二六四三爲底本，因各件之異同已見於以上兩件之校記，故僅用斯二四二〇（稱其爲甲本）參校錯誤，不出校異文，甲本未盡之處，則參校其他文本。

校記

〔一〕『邁』，當作『萬』，據北敦〇〇九七〇《讚僧功德經》、北敦〇六二七八B《讚僧功德經》、斯六一一五《佛說讚僧功德經》改。

〔二〕『揁』，當作『植』，據甲本改。
〔三〕『由』，甲本同，當作『猶』，據文義改，『由』爲『猶』之借字。
〔四〕『訑』，當作『施』，據甲本改。
〔五〕『肥』，當作『肌』，據甲本改。
〔六〕『由』，當作『猶』，據甲本改，『由』爲『猶』之借字。
〔七〕『梨』，當作『犁』，據甲本改，『梨』爲『犁』之借字。
〔八〕『梨』，甲本無，當作『犁』，據北敦〇六二七八B《讚僧功德經》改，『梨』爲『犁』之借字。
〔九〕『由』，甲本同，當作『猶』，據北敦〇三九四〇《讚僧功德經》改，『由』爲『猶』之借字。
〔一〇〕『亦』，據甲本補。
〔一一〕『郡』，當作『群』，據甲本改。
〔一二〕『良』，甲本同，當作『涼』，據斯一五四九《讚僧功德經一卷》改，『良』爲『涼』之借字。

參考文獻

《敦煌寶藏》一一册，臺北：新文豐出版公司，一九八一年，五三七頁（圖）；《敦煌寶藏》一九册，臺北：新文豐出版公司，一九八一年，二九二至二九四頁（圖）；《敦煌寶藏》二二册，臺北：新文豐出版公司，一九八二年，六四八至六五一頁（圖）；《敦煌變文集補編》，北京大學出版社，一九八九年，一〇九至一一六頁（録）；《英藏敦煌文獻》三卷，成都：四川人民出版社，一九九〇年，九四頁（圖）；《英藏敦煌文獻》四卷，成都：四川人民出版社，一九九一年，六九至七〇、一三七至一三九頁（圖）；《英藏敦煌社會歷史文獻釋録》七卷，北京：社會科學文獻出版社，二〇一〇年，二四九至二五四頁（録）。

斯二六四六背　一　壁畫榜書底稿

釋文

□天王、菩薩口漏齒。東方毗樓勒叉天王。□

□毗沙門天王。乾闥婆神。

西欶〔一〕

月藏菩薩。妙吉祥菩薩。優波離持律第一〔二〕。

日藏菩薩。金剛藏菩薩。迦旃延論義第一。

慈氏菩薩。大勢至菩薩。須菩提解空第一。

大迦葉波頭陀第一。

南欶

虛空藏菩薩。大目乾連神通第一。

不休息菩薩。舍利弗智惠第一。

無緣觀菩薩。阿那律天眼第一〔三〕。
不空羂索菩薩。富樓那説法第一。
大悲如意輪菩薩。
西方毗樓博叉天王。南方提頭賴吒天神。
廣目天王。多聞天王。增長天王。
阿修羅王。

説明

此件首殘尾全，原抄於《佛説無量壽宗要經》之背，《英藏敦煌文獻》定名爲《諸菩薩目》，《敦煌寶藏》擬名爲《十弟子讚》。《敦煌遺書總目索引新編》定名爲『壁畫榜書底稿』，兹從之。其後有雜寫數行。

校記

〔一〕『欺』，據殘筆劃和文義補。
〔二〕『第』，底本原作『弟』形，因二字形近，在手書中易混，故可依據文義判定其所屬，此逕釋作『第』。以下同，不另出校。
〔三〕『一』，後有『是』字，似係後人雜寫，不録。

參考文獻

《敦煌寶藏》二一册，臺北：新文豐出版公司，一九八二年，六五九頁（圖）；《英藏敦煌文獻》四卷，成都：四川人民出版社，一九九一年，一三九頁（圖）；《敦煌遺書總目索引新編》，北京：中華書局，二〇〇〇年，八一頁（録）。

斯二六四六背　二　雜寫（韻書、文盈師兄好舍經詩）

釋文

令順〔一〕。

者。切，近也，迫也。

文盈師兄好舍經〔二〕，過角了後没人情〔三〕。

上大夫〔四〕。

説明

此件爲時人隨手所寫。有正書，有倒書。

校記

〔一〕此二字爲横書，上有紋狀。

〔二〕『盈』，《敦煌遺書總目索引新編》未能釋讀；『舍』，《敦煌遺書總目索引新編》釋作『念』。

〔三〕『角』，《敦煌遺書總目索引新編》未能釋讀。

〔四〕此三字爲倒書。

參考文獻

《敦煌寶藏》二一册，臺北：新文豐出版公司，一九八二年，六六〇頁（圖）；《敦煌遺書總目索引》，北京：中華書局，一九八三年，一六二頁（録）；《英藏敦煌文獻》四卷，成都：四川人民出版社，一九九一年，一四〇頁（圖）；《敦煌詩集殘卷輯考》，北京：中華書局，二〇〇〇年，八六九頁（録）；《敦煌遺書總目索引新編》，北京：中華書局，二〇〇〇年，八一頁（録）。

斯二六五〇　般若波羅蜜多心經題記

釋文

又爲官羊一口〔一〕，寫此經一卷，莫爲怨懟〔二〕。彌勒初會，同聞般若〔三〕。

説明

此件《英藏敦煌文獻》未收，現予增收。

校記

〔一〕『又』，《敦煌遺書總目索引》釋作『奉』，《敦煌遺書總目索引新編》未能釋讀，《唐宋時期敦煌佛經性質功能的變化》漏録。

〔二〕『懟』，《中國古代寫本識語集録》《唐宋時期敦煌佛經性質功能的變化》均釋作『對』，誤。

〔三〕『聞般若』，《敦煌遺書總目索引新編》未能釋讀。

參考文獻

Descriptive Catalogue of the Chinese Manuscripts from Tunhuang in the British Museum, The Trustees of the British Museum, London 1957, p. 35（録）；《敦煌寶藏》二二册，臺北：新文豐出版公司，一九八二年，六六三頁（圖）；《敦煌遺書總目索引》，北京：中華書局，一九八三年，一六二至一六三頁（録）；《中國古代寫本識語集録》，東京大學東洋文化研究所，一九九〇年，三七六頁（録）；《敦煌遺書總目索引新編》，北京：中華書局，二〇〇〇年，八一頁（録）；《上古和中古時代中國的動物喪葬活動》，《法國漢學》五輯，北京：中華書局，二〇〇〇年，一四〇頁（録）；《唐宋時期敦煌佛經性質功能的變化》，《戒幢佛學》二卷，長沙：嶽麓書社，二〇〇二年，二四頁（録）；《涅槃、淨土的殿堂：敦煌莫高窟第一四八窟研究》，北京：民族出版社，二〇〇四年，一五七頁（録）。

斯二六五一背　一　雜寫（題名）

釋文

應願。

説明

以上文字是時人隨手所寫於『大乘百法明門論開宗義記』卷背，同卷背尚有墨筆、朱筆所書對正面佛教文獻文字的注釋，未録。此件後有『五藴山頭一室空偈一首』。

參考文獻

《敦煌寶藏》二一册，臺北：新文豐出版公司，一九八二年，六八六頁（圖）；《英藏敦煌文獻》四卷，成都：四川人民出版社，一九九一年，一四一頁（圖）。

斯二六五一背　二　五蘊山頭一室空偈一首

釋文

五蘊山頭〔一〕室空〔一〕，來來去〔去〕不相逢〔二〕。一年（？）一年（？）任（賃）舍住〔三〕，至今不識主人功（公）〔四〕。

五蘊山山中一室空〔五〕，來來去〔去〕不相逢〔六〕。一年（？）一年（？）任（賃）舍住〔七〕，至今不識主人功（公）〔八〕。

說明

此偈文又見於《五燈會元》，文字有出入。

校記

〔一〕『一』，據《五燈會元》及文義補。

〔二〕『去』，據文義補。

〔三〕『任』，當作『賃』，據《五燈會元》及文義改。
〔四〕『功』，當作『公』，據《五燈會元》及文義改。
〔五〕第二個『山』，《〈敦煌歌辭總編〉匡補》疑此字衍，當删。
〔六〕『去』，《敦煌歌辭總編》據文義校補。
〔七〕『一年（？）一年（？）』，《敦煌歌辭總編》認爲底本作『一生生』，並校改作『一生身』，《〈敦煌歌辭總編〉匡補》認爲『一生生』可通；『任』，當作『賃』，據《五燈會元》及文義改。
〔八〕『功』，當作『公』，據《五燈會元》及文義改，『功』爲『公』之借字。

參考文獻

《敦煌寶藏》二一册，臺北：新文豐出版公司，一九八二年，六八七頁（圖）；《敦煌遺書總目索引》，北京：中華書局，一九八三年，一六三頁（録）；《五燈會元》，北京：中華書局，一九八四年，三六二頁；《敦煌歌辭總編》，上海古籍出版社，一九八七年，五一二至五一三頁（録）；《英藏敦煌文獻》四卷，成都：四川人民出版社，一九九一年，一四二頁（圖）；《敦煌文獻語言詞典》，杭州大學出版社，一九九四年，二三五頁（録）；《敦煌遺書總目索引新編》，北京：中華書局，二〇〇〇年，八一頁（録）；《〈敦煌歌辭總編〉匡補》，成都：巴蜀書社，二〇〇〇年，三〇至三一頁（録）。

斯二六五四　大般涅槃經卷第卅題記

釋文

一校。

說明

此件《英藏敦煌文獻》未收，現予增收。

參考文獻

Descriptive Catalogue of the Chinese Manuscripts from Tunhuang in the British Museum, The Trustees of the British Museum, London 1957, p. 50（録）；《敦煌寶藏》二二册，臺北：新文豐出版公司，一九八二年，一七頁（圖）；《敦煌遺書總目索引新編》，北京：中華書局，二〇〇〇年，八一頁（録）。

斯二六五九　下部讚一卷

釋文

□思一〔一〕。那里思咄烏嚧詵伊烏嚧詵□前□布思三〔二〕。那里思咄麗引所嫁反。伊所紇

耶囒布□伊嗚嚧詵于呬所倒五。奴嚕阿勿倒六。奴嚕□吉八門崛利呼唵吽九。謀

蘇吽噎而坭緩十。奴嚧呼詘鬱□□反，引聲。涅薩底十一〔三〕。拂羅辭所底十二。鬱喏夷囒紗嘐

嗚□能十三〔四〕。

□□□覽讚夷數文

敬禮稱讚常榮樹〔五〕，衆寶莊嚴妙無比。擢質彌綸充世界，枝葉花果□□□〔六〕。

一切諸佛花間出〔七〕，一切智惠果中生。能養五種光明子，能降五種貪□□〔八〕。

心王清淨恆警覺，與信悟者增記念。如有進發堅固者，引彼令安平正路。

我今蒙開佛性眼，得睹四處妙法身。又蒙開發佛性耳，能聽三常清淨音。

是故澄心禮稱讚，除諸亂意真實言。承前不覺造諸愆，今時懇懺罪銷滅。
常榮寶樹性命海，慈悲聽我真實啓。名隨方土無量名，伎隨方土無量伎。
一切明性慈悲父，一切被抄憐愍母。今時救我離豺狼，爲是光明夷數許。
大聖自是無盡藏，種種珍寶皆充滿。開施一切貧乏者，各各隨心得如意。
大聖自是第二尊，又是第三能譯者。與自清淨諸眷屬，宣傳聖旨令以悟〔九〕。
又是第八光明相，作導引者倚託者。一切諸佛本相貌，一切諸智心中王。
諸寶嚴者真正覺，諸善業者解脱門。與（於）抄掠者充爲救〔一〇〕，與（於）纏縛者能爲解〔一一〕。
被迫迮者爲寬泰，被煩惱者作歡喜。慰愈一切持孝人，再蘇一切光明性。
我今懇切求哀請，願離肉身毒火海。騰波沸涌無暫停，魔竭出入吞船舫〔一二〕。
元是魔宫羅刹國，復是稠林蘆葦澤〔一三〕。諸惡禽獸交横走，藴集毒蟲及蚖蝮。
亦是惡業貪魔體，復是多形卑訴斯〔一四〕。亦是暗界五重坑，復是無明五毒院。
亦是無慈三毒苗，復是無惠五毒泉。上下寒熱二毒輪，二七兩般十二殿。
一切魔男及魔女，皆從肉身生緣現。又是三界五趣門，復是十方諸魔口。
一切魔王之暗母，一切惡業之根源。又是猛毒夜叉心，復是貪魔意中念。
一切魔王之甲仗，一切犯教之毒網。能沈寶物及商人，能翳日月光明佛。

一切地獄之門户，一切輪迴之道路。徒摇常住涅槃王，竟被焚燒囚永獄。
今還與我作留難，枷鎖禁縛鎮相縈。令我如狂復如醉，遂犯三常四處身。
大地草木天星宿，大地塵沙及細雨。如我所犯諸愆咎，其數更多千萬倍。
廣惠莊嚴夷數佛，起大慈悲捨我罪。聽我如斯苦痛言，引我離斯毒火海[一五]。
願施戒香解脱水，十二寶冠衣纓珞。洗我妙性離塵埃，嚴飾淨體令端正。
願除三冬三毒結，及以六賊六毒風。降大法春榮性地，性樹花果令滋茂。
願息火海大波濤，暗雲暗霧諸繚蓋。降大法日普光輝，令我心性恒明淨。
願除多劫昏癡病，及以魍魎諸魔鬼。降大法藥速醫治，噤以神呪驅相離。
我被如斯多障礙，餘有無數諸辛苦。大聖鑒察自哀矜，救我更勿諸災惱。
唯願夷數降慈悲，解我離諸魔鬼縛。現今處在火坑中，速引令安清淨地。
一切病者大醫王，一切暗者大光輝。諸四散者勤集聚，諸失心者令□□[一六]。
我今以（已）死願令蘇[一七]，我今已暗願令照。魔王散我遍十方，引我隨形染三有。
令我昏醉無知覺，遂犯三常四處身。無明癡愛鎮相榮，降大法藥令瘳愈[一八]。
大聖速申慈悲手，按我佛性光明頂。一切時中恒守護，勿令魔黨來相害。
與我本界已前歡[一九]，除我曠劫諸煩惱。盡我明性妙莊嚴，如本未沈貪欲境。

復啓清淨妙光輝，衆寶莊嚴新淨土。琉璃紺色新惠日，照我法身淨沙（妙）國〔二〇〕。
大聖自是吉祥時，普曜我等諸明性。妙色世間無有比，神通變現復如是。
或現童男微妙相，癲發五種雌魔類。或現童女端嚴身，狂亂五種雄魔□〔二一〕。
自是明尊憐愍子，復是明性能救父。自是諸佛最上兄，復是智惠慈悲母。

讚夷數文　第二疊

懇切悲嘷誠心啓，滿面慈悲真實父。願捨所造諸愆咎，令離魔家詐親厚。
無上明尊力中力，無上甘露智中王。普施衆生如意寶，接引離斯深火海。
懇切悲嘷誠心啓，救苦平斷無顏面。乞以廣敷慈悲翅，令離能蹃諸魔鳥〔二二〕。
無知肉身諸眷屬，併是幽邃坑中子。内外堛塞諸魔性，常時害我清淨體。
一切惡獸無能比，一切毒蛇何能類。復似秋末切風霜，飄落善業□□□〔二三〕。
懇切悲嘷誠心啓，美業具智大醫王。善知識者逢瘳愈，善慈愍者遇歡樂。
有礙無礙諸身性，久已傷沈生死海。肢節四散三界中，請聚還昇超萬有。
更勿斷絶正法流，更勿抛擲諸魔口。降大方便慈悲力，請蘇普厄諸明性。
莫被魔軍卻抄將，莫被怨家重來煞。以光明翅慈悲覆，捨我兩般身性罪。
唯願降大慈悲手，按我三種淨法身。除蕩曠劫諸繚縛，沐浴曠劫諸塵垢。

開我法性光明眼，無礙得睹四處身。無礙得睹四處身，遂免四種多辛苦。
開我法性光明耳，無礙得聞妙法音。無礙得聞妙法音，遂免萬般虚妄曲。
開我法性光明口，具歎三常四法身。具歎三常四法身，遂免渾合迷心讚。
開我法性光明手，遍觸如如四寂身。遍觸如如四寂身，遂免沈於四大厄。
解我多年羈絆足，得履三常正法路。得履三常正法路，速即到於安樂國。
令我復本真如心，清淨光明常閑寂。清淨光明常閑寂，永離迷妄諸顛倒。
願我常見慈悲父，更勿輪迴生死苦。諸根已淨心開悟，更勿昏癡無省覺。
我今依止大聖尊，更勿沈迷生死道。速降光明慈悲手，更勿棄擲在魔類。
懇切悲嘷誠心啓，降大慈悲恆遮護。恕我曠劫諸愆咎，如彼過去諸男女〔二四〕。
我是大聖明羔子，垂淚含啼訴冤屈。卒被豺狼諸猛獸，劫我離善光明牧。
降大慈悲乞收採，放入柔濡光明群。得預秀嶽法山林〔二五〕，遊行自在常無畏。
復是大聖明穀種，被擲稠林荆棘中〔二六〕。降大慈悲乞收採，聚向法場光明窖。
復是大聖蒲萄枝，元植法園清淨苑。卒被葛勒藤相遶〔二七〕，抽我妙力令枯悴。
復是大聖膏腴地，被魔栽蒔五毒樹。唯希法钁利刀鐮〔二八〕，斫伐焚燒令清淨。
其餘惡草及荆棘，願以戒火盡除之。榮秀一十五種苗，申暢一十五種體〔二九〕。
復是大聖新妙衣，卒被魔塵來坌染。唯希法水洗令鮮，得預法身清淨體。

懇切悲嘷誠心啓，衆寶莊嚴性命樹。最上無比妙醫王，平安淨業具衆善。
常榮寶樹性命海，基址堅固金剛體。莖幹真實無妄言，枝條脩巨常歡喜〔三〇〕。
衆寶具足慈悲葉，甘露常鮮不彫果。食者永絶生死流，香氣芬芳周世界。
已見大聖冀長生〔三一〕，能蘇法性常榮樹。智惠清虚恆警覺，果是心王巧分別。
懇切悲嘷誠心啓，具智法王夷數佛。令我肉身恆康預〔三二〕，令我佛性無繚汙。
一切時中增記念，令離能吞諸魔口。令離能吞諸魔口，永隔惡業貪□□〔三三〕。
放入香花妙法林，放入清淨濡羔群。令我信基恆堅固，令我得入堪褒譽。
懇切悲嘷誠心啓，慈父法王性命主。能救我性離災殃，能令淨體常歡喜。
作寬泰者救苦者，作慈悲者捨過者。與我明性作歡愉，與我淨體作依止。
能摧刀山及劍樹，能降師子噤蚖蝮。難治之病悉能除，難捨之恩令相離。
我今決執法門幢，大聖慈愍恆遮護。殷勤稱讚慈父名，究竟珍重願如是。

歎無常文　末思信法王爲暴君所逼，因即製之。

告汝一切智人輩，各聽活命真實言。具智法王忙你佛，咸皆顯現如目前。
我等既蒙大聖悟，必須捨離諸恩愛。決定安心正法門，勤求涅槃超火海〔三四〕。
又告上相福德人，專意勤求解脱者。努力精修勿閑暇，速即離諸生死怕。
一切世界非常住，一切倚託亦非真。如彼磧中化城閣，愚人奔逐喪其身。

世界榮華及尊貴，以少福德自在者。如雲涌起四山頭，聚以風吹速散罷。
臭穢肉身非久住，無常時至並破毁。如春花葉暫榮柯，豈得堅牢恆青翠。
當造肉身由巧匠，即是虚妄惡魔王。成就如斯窟宅已，網捕明性自潛藏。
無恩飢火充連鎖，煞害衆生無停住〔三五〕。終日食啖諸身分，仍不免於生死苦。
積聚一切諸財寶，皆由惡業兼妄語。無常之日並悉留，仍與明性充爲杻。
先斷無明恩愛欲，彼是一切煩惱海。未來緣彼受諸殃，現世充爲佛性械。
苦哉世間衆生類，不能誠信尋正路。日夜求財不暫停，皆爲肉身貪魔主。
肉身破壞魔即出，罪業殃及清淨性。隨所生處受諸殃，良爲前身業不正。
愛惜肉身終須捨，但是生者皆歸滅。一切財寶及田宅，意欲不捨終相別。
縱得榮華於世界，摧心須厭生死苦。捨除憍慢及非爲，專意勤修涅槃路。
生時裸形死亦爾，能多積聚非常住。男女妻妾嚴身具，死後留他供別主。
迴獨將羞并惡業，無常已後擔背負。平等王前皆屈理，卻配輪迴生死苦。
還被魔王所綰攝，不遇善緣漸加濁。或入地獄或焚燒，或共諸魔囚永獄。
歌樂舞笑諸音樂，喫啖百味營田宅。皆如夢見皎還無，子細思惟無倚託。
世諦暫時諸親眷，豈殊客館而寄住。暮則衆人共止宿〔三六〕，旦則分離歸本土。
妻妾男女如債主，皆由過去相侵害。併是慈悲怨家賊，所以意分還他力。

食肉衆生身似塚，又復不異無底坑。枉煞無數群生類，供給三毒六賊兵。
佛性湛然閉在中，煩惱逼迫恒受苦。貪婬饑火及先殃，無有一時不相煮。
世界漸惡恒恩迫，上下相管無歡娛〔三七〕。衆生唯加多貧苦，富者魔驅無停住。
脩善之人極微少，造惡之輩無邊畔。貪婬饞魔熾燃王，縱遇善緣卻退散。
對面綺言恒相競，元無羞恥及怕懼。於聖光明大力惠，非分加諸虛妄語。
衆生多被無明覆，不肯勤修真正路。謗佛毀法慢真僧，唯加損害不相護。
汝等智人細觀察，大界小界作由誰？建立之時緣何造？損益二條須了知。
一切有情諸形類，世界成敗安置處。如此並是秘密事，究竟萬物歸何所？
善業忙你具開揚〔三八〕，顯說一切諸性相。汝等尋求解脱者，應須覺了諦思量。
布施持齋勤讀誦〔三九〕，用智分別受淨戒。憐愍怕懼好軌儀，依因此力免災隘。
踊躍堅牢於正法，勤修智惠如法住。共捨一切惡軌儀，決定安心解脱處。
寧今自在爲性故，能捨一切愛欲習。無常忽至來相逼，臨時懊惱悔何及。
子細尋思世間下，無有一事堪憑在。親戚男女及妻妾，無常之日不相替。
唯有兩般善惡業，隨彼佛性將行坐。一切榮華珍玩具，無常之日皆須捨。
智者覺察預前脩，不被魔王生死侵。能捨恩愛諸榮樂，即免三毒五欲沈。
普願齊心登正路，速獲涅槃淨國土。七厄四苦彼元無，是故名爲常樂處〔四〇〕。

普啓讚文　末夜暮闍作

普啓一切諸明使，及以神通清淨衆。各乞愍念慈悲力，捨我一切諸愆咎。
上啓明界常明主，并及寬弘五種大。十二常住寶光王，無數世界諸國土。
又啓奇特妙香空，光明暉輝清淨相。金剛寶地元堪譽，五種覺意莊嚴者。
復啓初化顯現尊，具相法身諸佛母。與彼常勝先意父，及以五明歡喜子。
又啓樂明第二使，及與尊重造新相。雄猛自在淨活風〔四一〕，并及五等驍健子。
復啓道師三丈夫，自是第二尊廣大。夷數與彼電光明，并及湛然大相柱。
又啓日月光明宫，三世諸佛安置處。七及十二大船主，并餘一切光明衆。
復啓十二微妙時，吉祥清淨光明體。每現化男化女身，殊特端嚴無有比。
又啓五等光明佛，水火明力微妙風。并及淨氣柔和性，並是明尊力中力。
復啓富饒持世主，雄猛自在十天王。勇健大力降魔使，忍辱地藏與催明。
又啓闇默善思惟，即是夷數慈悲想。真實斷事平等王，并及五明清淨衆。
復啓特勝花冠者，吉祥清淨通傳信。最初生化諸佛相，及與三世慈父等。
又啓唤應警覺聲，并及四分明兄弟。三衣三輪大施主，及與命身卉木子。
復啓四十大力使，并七堅固莊嚴柱。一一天界自扶持，各各盡現降魔相。
又啓普遍忙你尊，闇默惠明警覺日。從彼大明至此界，敷揚正法救善子〔四二〕。

詮柬十二大慕闍，七十有二拂多誕。法堂住處承教人，清淨善衆并聽者。
又詮新人十二體，十二光王及惠明。具足善法五淨戒，五種智惠五重院。
一切諸佛常勝衣，即是救苦新夷數。其四清淨解脱風，真實大法證明者。
又啓善法群中相，上下内外爲依止。詮柬一切本相貌，上中下界無不遍。
復告冥空一切衆〔四三〕，大力敬信尊神輩。及諸天界諸天子，護持清淨正法者。
又啓善業尊道師，是三明使真相貌。自救一切常勝子，及以堅持真實者。
復啓光明解脱性，一切時中無盡藏。及彼最後勝先意，并餘福德諸明性。
我今諦信新明界，及與於中常住者。唯願各降慈悲力，蔭覆我等恒觀察。
我今專心求諸聖，速與具足真實願。解我得離衆災殃，一切罪鄣俱銷滅。
敬禮清淨微妙風，本是明尊心中智。恒於四處光明宫，遊行住止常自在。
清淨光明大力惠，我今至心普稱歎。慈父明子淨法風，并及一切善法相。
一切光明諸佛等，各願慈悲受我請。與我離苦解脱門，令我速到常明界。
又歎善業修道衆，過去未來現在者。各開清淨甘露口，吐大慈音捨我罪。
末夜今修此歎偈，豈能周悉如法説？而於聖凡諸天衆，咸願無殃罪銷滅。
復啓一切諸明使，及以神通清淨衆。各降大慈普蔭覆，拔除我等諸愆咎。
清淨光明力智惠，慈父明子淨法風。微妙相心念思意，夷數電明廣大心。

又啓真實平等王，能戰勇健新夷數。雄猛自在忙你尊，并諸清淨光明衆。

一切善法群中相，一切時日諸福業。普助我等加勤力，功德速成如所願。

次偈，宜從依梵。

伽路師羅吒一。伽路師立無羅二。伽路師阿嘍訶三。呬耶訖哩吵四。伽路師奥卑嘌五。伽路師奥補忽六。伽路師奥活時雲𠹭七。鬱于而勒八。嗚嚧嚩而雲咖引九。鬱佛呬不哆舌頭漢沙嚩十。醫羅訶槈呼邏十一。醫羅訶紇彌哆十二。夷薩烏盧詵十三。祚路鬱于呬十四。伽路師十五。伽路師十六。

稱讚忙你具智王　諸慕闍作

稱讚忙你具智王，自是光明妙寶花。擢幹彌輪超世界，根果通身並堪譽。

若人能食此果者，即得長生不死身。或復嘗彼甘露味，内外莊嚴令心憘。

即是衆生倚託處，策持令安得堅固。能與我等無生滅，豈不齊心稱讚禮。

珍重珍重慈父名，究竟究竟願如是。

一者明尊　那羅延佛作

一者明尊，二者智惠，三者常勝，四者歡喜，五者勤修，六者真實，七者信心，八者忍辱，九者直意，十者功德，十一者齊心和合，十二者内外俱明。莊嚴智惠，具足如日，名十二時，圓滿功德。

收食單偈　大明使釋

一者無上光明王，二者智惠善母佛，三者常勝先意佛，四者歡喜五明佛，五者勤脩樂明佛〔四四〕，六者真實造相佛，七者信心淨風佛，八者忍辱日光佛，九者直意盧舍那，十者知恩夷數佛，十一者齊心電光佛，十二者惠明莊嚴佛。身是三世法中王，開揚一切秘密事〔四五〕。二宗三際性相義，悉能顯現無疑滯。

收食單偈　第二疊

無上光明王智惠，常勝五明元歡喜。勤心造相恆真實，信心忍辱鎮光明。直意知恩成功德〔四六〕，和合齊心益惠明。究竟究竟常寬泰，稱讚稱揚四處佛。

初聲讚文　夷數作

義理幽玄，宜從依梵。

于唿喝思嚨一。蘇昬喝思嚨二。慕嚅嘟落思嚨三。唵呼布喝思嚨四。咮夷里弗哆喝思嚨五。阿羅所底弗哆喝思嚨六。佛呬弗哆喝思嚨七。呼于里弗哆喝思嚨八。訴布哩弗哆喝思嚨九〔四七〕。呼史拂哆喝思嚨十。哪哩啊吽你弗哆喝思嚨十一。哪吽哩弗哆喝思嚨十二〔四八〕。呼咊無娑矣弗哆喝思嚨十三。遏⿰口考以弗哆喝思嚨十四〔四九〕。弭呬哩麼你弗哆喝思嚨十五〔五〇〕。那呼咊喝思嚨十六。阿雲那⿰口你詵喝思嚨十七。阿拂哩殞喝思嚨十八。薩哆舌中喡詵喝思嚨十九。

雲那囉吽于而嘞喝思喻二十〔五一〕。咈傣唆烏盧詵喝思喻廿一〔五二〕。止訶舌根哩娑布哩弗哆總與前同。

歎諸護法明使文　于黑哆忙你電達作〔五三〕，有三疊。

烏列弗哇阿富覽，彼驍踴（勇）使護法者〔五四〕。常明使衆元堪譽，願降大慈護我等。
無上貴族輝耀者，蓋覆此處光明群。是守牧者警察者，常能養育軟羔子。
真斷事者神聖者，遊諸世間最自在。能降黑暗諸魔類，能滅一切諸魔法。
進途善衆常提策，於諸善業恆祐助。與（於）聽信者加勤力〔五五〕，於諸時日爲伴侣。
又復常鑒淨妙衆，令離怨嗔濁穢法。勤加勇猛無閑暇，令離魔王犯網毒。
寥（料）簡一切諸明性〔五六〕，自引入於清淨法。訶罰惡業諸外道，勿令損害柔和衆。
光明善衆加榮樂，黑暗毒類令羞恥。下降法堂清淨處，自榮善衆離怨敵。
顯現記驗爲寬泰，能除怕懼及戰慄〔五七〕。持孝善衆存慰愈，通傳善信作依止。
滅除魔鬼雜毒焰，其諸虚妄自然銷。備辦全衣具甲仗，利益童男及童女。
一切魔事諸辛苦，如日盛臨銷暗影。常作歡樂及寬泰，益及一切善法所。
接引儭贈不辭勞，利益觸處諸明性。歡樂寬泰加褒譽，普及同鄉光明衆。
唯願驍勇諸明使，加斯大衆堅固力。自引常安寬泰處，養育我等增福業。

歎諸護法明使文　第二疊

護正法者誠堪譽，所謂大力諸明使。無上光明之種族，普於正法常利益。

如有重惱諸辛苦，聖衆常擲離淨法。碎散魔男及魔女，勿令對此真聖教。
能除怨敵諸暗種，安寧正法令無畏。救拔羔子離豺狼，善男善女寧其所。
芸除惡草淨良田，常自鑒臨使增長。弱者策之加大力，慄者偶之使無懼。
同鄉真衆須求請，如響應聲速來赴。一切時中策淨衆，其樂性者常加力。
造惡業者令羞恥，修善業者令歡喜。清淨法門令寬泰，又復常加大寧靜。
我實不能具顯述，此歎何能得周悉。勇族所作皆成辦，伎藝彌多難稱説。
尊者即是劫傷怒思〔五八〕，其餘眷屬相助者。一切時中應稱讚，爲是究竟堪譽者。
唯願今時聽我啓，降大慈悲護我等。任巧方便自遮防，務得安寧離怨敵。
唯願法門速寬泰，巍巍堂堂無障礙。我等道路重光輝，遊行之處得無畏。
歡樂慕闍諸尊首〔五九〕，乃至真心在法者。各加踴躍及善業，必於諸聖獲大勝。

歎諸護法明使文　第三疊〔六〇〕

諸明使衆恕我等，慈父故令護我輩。無上善族大力者，承慈父命護正法。
既於明群充牧主，所有苦難自應防。是開法者修道者，法門所至皆相倚。
護樂性者棄世榮，並請遮護加大力。柔濡羔子每勤收，光明淨種自防被（備）〔六一〕。
法田荊棘勤科伐，令諸苗實得滋成。既充使者馳驛者，必須了彼大聖旨。
復與法體元無二〔六二〕，平安護此善明群。世界法門諸聖置，專令使衆常防護。

既充福德驍踴（勇）者[六三]，實勿輕斯真聖教。頭首大將耶俱孚[六四]，常具甲仗摧逆黨。

大雄淨風能救父，勑諸言教及戒約。福德勇健諸明使，何故不勤所應事？
勿懷懈怠及變異，莫被類於犯事者。必須如彼能牧主，掣脱羔兒免狼虎。
彼大威聖降魔將，是上人相常記念。元化使衆自莊嚴，故令護法作寬泰。
今請降魔伏外道，以光明手持善衆。勤加勇猛常征罰，攻彼迷徒害法者。
清淨善衆持戒人，各願加歡及慈力。我今略述名伎藝，諸明使衆益法者。
其有聽衆相助人，與法齊安無障礙。救拔詮者破昏徒，摧伏魔尊悦淨衆。

歎無上明尊偈文　法王作之

我等常活明尊父，隱密恒安大明處。高於人天自在者，不動國中儼然住。
爲自性故開惠門，令覺生緣涅槃路。巧示我等性命海，上方下界明暗祖。
微妙光輝内外照，聚集詮簡善業體。魔王惡黨競怒嗔，恐明降暗不自在。
苦哉世間諸外道，不能分別明宗祖。輪迴地獄受諸殃，良爲不尋真正路。
告汝明群善業輩，及能悟此五明者。常須警覺淨心田，成就父業勿閑暇。
分別寥（料）簡諸性相[六五]，及覺明力被捉（捉）縛[六六]。於此正法決定修，若能如是速解脱。

世界諸欲勿生貪，莫被魔家網所著。堪譽惠明是法王，能收我等離死錯。
照曜内外無不曉，令我等類同諸聖。恬寂仙藥與諸徒，餌者即獲安樂逕。
鍊於淨法令堪譽，心意莊嚴五妙身。智惠方便教善子，皆令具足無不真。
奇特光明大慈父，所集善子因祖力。搥鍾擊鼓告衆生，明身離縛時欲至。
究竟分析明暗力〔六七〕，及諸善業并惡敵。世界天地及參羅，並由慈尊當解析〔六八〕。
魔族永囚於暗獄，佛家踴躍歸明界。各復本體妙莊嚴，串戴衣冠得常樂。

歎五明文　諸慕闍作，有兩疊。

敬歎五大光明佛，充爲惠甲堅牢院。世界精華之妙相，任持物類諸天地。
一切含識諸身命，一切眼見耳聞音。能爲骨節諸身力，能爲長養諸形類。
復作諸舌數種言，又作諸音數種聲。亦是心識廣大明，能除黑暗諸災苦。
一切仁者之智惠，一切辯者之言辭。能作身貌端嚴色，能爲貴勝諸福利。
復作上性諸榮顯，又作勇健諸伎能。是自在者威形勢，是得寵者諸利用。
一切病者之良藥，一切競者之和顏。能作萬物諸身酵，能爲依止成所辦。
復是世界榮豐稔，又是草木種種苗。春夏騰身超世界，每年每月充爲首。
若有智惠福德人，何不思惟此大力。常須護念真實言，恆加怕懼勿輕慢。
覺察五大光明佛，緣何從父來此界。了知受苦更無過，善巧抽拔離魔窟。

是即名爲有眼人，是即名爲智惠者。停罷一切諸惡業，遂送還於本宗祖。
齋戒堅持常慎護，及以攝念恆療治。晝夜思惟真正法，務在銓澄五妙身。
其有地獄輪迴者，其有劫火及長禁。良由不識五明身，遂即離於安樂國。

歎五明文　第二疊

復告善業明兄弟，用心思惟詮妙身。各作勇健智船主，渡此流浪他鄉子。
此是明尊珍貴寶，咸用身船般出海。勤醫被刺苦瘡疣〔六九〕，久已悲哀希救護。
請各慈悲真實受，隨即依數疾還主。貴族流浪已多年，速送本鄉安樂處。
端正光明具相子，早拔離於貪欲藏。幽深苦海尋珍寶，奔奉涅槃清淨王。
抽拔惡刺出瘡痍，洗濯明珠離泥溺。法稱所受諸妙供，莊嚴清淨還本主。
夷數肉血此即是，堪有受者隨意取。如其虚妄違負心，夷數自微無雪路。
憶念戰慄命終時〔七〇〕，平等王前莫屈理。法相惠明餘諸佛，爲此明身常苦惱。
過去諸佛羅漢等，並爲五明置妙法。今時雄猛忙你尊，對我等前皆顯現。
汝等智惠福德人，必須了悟憐愍性。勤行醫藥防所禁，其有苦患令瘳愈。
戒行威儀恆堅固，持齋禮拜及讚誦。身口意業恆清淨，歌唄法言無間歇〔七一〕。
又復真實行憐愍，柔和忍辱淨諸根。此乃並是明身藥，遂免疼悛諸苦惱。
流浪他鄉一朝客，既能延請令歡喜。莊嚴寺舍恆清淨，勤辦衣糧雙出海。

歎明界文　凡七十八頌〔七二〕，分四句，未冒慕闍撰〔七三〕。

我等上相悟明尊，遂能信受分別説。大聖既是善業體，願降慈悲令普悦。
蒙父愍念降明使，能療病性離倒錯。及除結縛諸煩惱，普令心意得快樂。
無幽不顯皆令照，一切秘密悉開揚〔七四〕。所謂兩宗二大力，若非善種誰能祥？
一則高廣非限量，並是光明無暗所。諸佛明使於中住，即是明尊安置處。
光明普遍皆清淨，常樂寂滅無動俎。彼受歡樂無煩惱，若言有苦無是處。
聖衆法堂皆嚴淨，乃至諸佛伽藍所。常受快樂光明中，若言有病無是處。
如有得往彼國者，究竟普會無憂愁。聖衆自在各逍遥，拷捶囚縛永無由。
處所莊嚴皆清淨，諸惡不淨彼元無。快樂充遍常寬泰，言有相陵無是處。
無上光明世界中，如塵沙等諸國土。自然微妙寶莊嚴，聖衆於中恆止住。
彼諸世界及國土，金剛寶地徹下暉。無始時來今究竟，若言震動無是處。
在彼一切諸聖等，不染無明及婬欲。遠離癡愛男女形，豈有輪迴相催促。
聖衆齊心皆和合，分析刀劍無由至〔七五〕。釋意逍遥無障礙〔七六〕，亦不願求婬欲事。
伽藍處所皆嚴淨，彼無相害及相非。生死破壞無常事，光明界中都無此。
彼無怨敵侵邊境，亦無戎馬鎮郊軍。魔王縱起貪愛心，於明界中元無分。
金剛寶地極微妙，無量妙色相暉曜。諸聖安居無障礙，永離銷散無憂惱。

聖衆嚴容甚奇特〔七七〕，光明相照體暉凝。將此百千日月明，彼聖毛端光尚勝。

内外光明無暗影，妙體常暉千萬種。遊行勝譽金剛地，彼則無有毫氂重〔七八〕。

所著名衣皆可悦，不因手作而成就。聖衆衣服唯鮮潔，縱久不朽無蟲蛟。

此界名花皆採集，喻彼微妙端正相。然彼服飾更加倍，奇特莊嚴色無量。

彼諸寺觀殿塔等，妙寶成就無瑕疊〔七九〕，飲食餚饍皆甘路（露）〔八〇〕，國土豐饒無饑饉。

琉晃究竟不破壞〔八一〕，一戴更無脱卸期。諸聖普會常歡喜，永無苦惱及相離。

花冠青翠妙莊嚴，相映唯鮮不萎落。肉舌欲歎叵能思，妙色無盡不淡薄。

聖衆體輕恆清淨，手足肢節無擁塞。不造有爲生死業，豈得説言有疲極。

彼聖清虚身常樂，金剛之體無眠睡。既無夢想及顛倒，豈得説言有恐畏。

聖衆常明具妙惠，健忘無記彼元無。無邊世界諸事相，如對明鏡皆見睹。

諸聖心意皆真實，詐僞虚矯彼元無。身口意業恆清淨，豈得説言有妄語。

世界充滿諸珍寶，無有一事不堪譽。伽藍廣博無乏少，豈得説言有貧苦。

飢火熱惱諸辛苦，明界常樂都無此。永離飢渴相惱害，彼亦無諸鹹苦水。

百川河海及泉源，命水湛然皆香妙。若入不漂及不溺，亦無暴水來損耗。

諸聖安居常快樂，國土堪譽不相譏。怨憎會苦彼元無，亦不面讚背相毁。

慈悲踴躍相憐愍，妒嫉諸惡彼元無。行步速踕疾逾風，四肢癱緩無是處。
神足運轉疾如電，應現十方無障礙。奇特妙形實難陳，諸災病患無能害。
迫迮諸災及隘難，恐懼一切諸魔事。戰伐相害及相煞，明界之中都無此。
世界常安無恐怖，國土嚴淨無能俎。金剛寶地無邊際，若言破壞無是處。
彼處寶樹皆行列，寶果常生不彫朽。大小相似無蟲食，青翠茂盛自然有。
苦毒酸澀及黚黑，寶果香美不如是。亦不內虛而外實，表裏光明甘露味。
寶樹根莖及枝葉，上下通身並甘露。香氣芬芳充世界，寶花相映常紅素。
彼國園苑廣嚴淨，奇特香氣周園圃。瓦礫荆棘諸穢草，若言有者無是處。
彼金剛地常暉耀，內外鑒照無不見。寶地重重國無量，徹視間間皆顯現。
香氣氛氳周世界〔八二〕，純一無雜性命海。彌綸充遍無障礙，聖衆遊中香妙最。
虛空法爾無變易，微妙光雲無影礙。湛然清淨無塵翳，平等周羅諸世界。
彼界寶山億千種，香煙涌出百萬般。內外光明體清淨，甘露充盈無邊畔。
泉源清流無間斷，真甘露味無渾苦。聖衆充飽無欠少，若有渴乏無是處。
妙風飄蕩皆可悦，和暢周迴遍十方。輕拂寶樓及寶閣，寶鈴寶鐸恆震響。
光明妙火無可比，妙色清涼常暉曜。赫爾恆存不生滅，奇特暉光實難類。
火體清虛無毒熱，觸入於中不燒煮。彼無灰燼及煙煤，若言焚燎無是處。

彼處殿堂諸宫室，皆非手作而成堅。不假功夫法自爾，若言修造無是處。
所從寶地涌出者，皆有見聞及覺知。得睹無上涅槃王，稱讚歌揚大聖威〔八三〕。
彼處暗影本元無，所有内外明無比。一切身相甚希奇，於寶地者恆青翠。
聖衆形軀甚奇特，高廣嚴容實難思。下徹寶地無邊際，欲知限量無是處。
彼聖妙形堪珍重，元無病患及災殃。有力常安無衰老，説彼無損體恆强。
若非大聖知身量，何有凡夫能算説。金剛之體叵思議，大小形容唯聖别。
聖衆色相甚微妙，放大光明無邊所。無始現今後究竟，若言身壞無是處。
人天聖凡諸形類，叵有肉舌能讚彼。諸佛性相實難思，金剛寶地亦如是。
聖衆常樂無疲極，珍重榮華究竟悦。身相微妙恆端正，内外莊嚴實難説。
聖衆光明甚奇異，無有間斷互相暉。彼聖齊心皆和合，若言分析元無是〔八四〕。
諸聖嚴容微妙相，皆處伽藍寶殿閣。起意動念諸心想，普相照察無疑錯。
光明界中諸聖等，其身輕利無疲重。妙形隨念遊諸剎，思想顯現悉皆同。
聖衆齊心恆歡喜，演微妙音無停止。讚禮稱揚無疲厭〔八五〕，普歎明尊善業威。
讚唄妙音皆可悦，其聲清美皆安静。上下齊同震妙響，周遍伽藍元不寧。
其音演暢甚殊特，遍互歌揚述妙德〔八六〕。諸聖快樂皆究竟，常住恆安無疲極。
光明寶地無邊際，欲尋厓岸無是處。元無迫迮及遮護，各自逍遥任處所。

聖衆齊心皆和合，元無分析爭名利〔八七〕。平等普會皆具足，安居廣博伽藍寺。
伽藍清淨妙莊嚴，元無恐怖及留難。街衢巷陌廣嚴飾，隨意遊處普寧[寬]〔八八〕。
一切諸魔及餓鬼，醜惡面貌及形軀。無始時來今及後，若言説有無是處。
鷄犬豬豚及餘類，涅槃界中都無此。五類禽獸諸聲響，若言彼有無是處。
一切暗影及塵埃，極樂世界都無此。諸聖伽藍悉清淨，若有昏暗無是處。
光明遍滿充一切，壽命究竟永恒安。珍重歡樂元無間，慈心真實亦常寬。
常樂歡喜無停息，暢悦身意寶香中。不計年月及時日，豈慮命盡有三終。
一切諸聖無生滅，無常殺鬼不侵害。不行婬欲無穢妊，豈得説言有癡愛。
敗壞男女雄雌體〔八九〕，生死無常婬欲果。極樂世界都無此，處所清淨無災禍。
光明界中諸聖尊，遠離懷胎無聚散。遍國安寧不驚怖，元無怕懼及荒亂。
皆從活語妙言中，聖衆變化緣斯現。一一生化本莊嚴，各各相似無別見。
國土大小皆相類，寺觀安居復無異。各放光明無限量，壽命究竟無年記。
諸邊境界恒安靜，性相平等地無異。三常五大鎮相暉，彼言有暗元無是。
斯乃名爲常樂國，諸佛明使本生緣。無有三災及八難，生老病死不相遷。
斯乃如如一大力，忙你明使具宣示。能闡生緣真正路，聖衆普會得如是。

第一，旬齋默結願用之。

稱讚忙你具智王，及以五明清淨體。稱讚一切諸明使，及以護持正法者。

過去一切慈父等，過去一切慕闍輩。過去一切拂多誕，過去一切法堂主。

具戒男女解脱者，並至安樂普稱歎。亡没沈輪諸聽者，衆聖救將達彼岸。

右三行三禮，至於亡没聽者，任依梵音唱亡人名，然依後續。

一切信施士女等，於此正法結緣者。倚託明尊解脱門，普願離諸生死苦。

今日所造諸功德，請收明使盡迎將。一切天仙善神等，平安遊止去災殃。

一切法堂伽藍所，諸佛明使願遮防。内外安寧無障礙，上下和合福延長。

第二，凡常日結願用之。

稱讚忙你具智王，及以光明妙寶身。稱讚護法諸明使，及以廣大慈父等。

慕闍常願無礙遊，多誕所至平安住。法堂主上加歡喜，具戒師僧增福力。

清淨童女策令勤，諸聽子等唯多悟。衆聖遮護法堂所，我等常寬無憂慮。

右三行三禮，立者唱了，與前偈結，即合衆同聲言：我等上相……

我等上相悟明尊，遂能信受分别説。

大聖既是善業體，願降慈悲令普悦。

若『我等上相』既了，衆人並默，尊者即誦『阿拂利偈』〔九〇〕，次云『光明妙身』

結。

光明妙身速解脫，所是施主罪銷亡。
一切師僧及聽子，於此功德同榮念。
正法流通得無礙，究竟究竟願如是。

此偈讚明尊訖，末後結願用之。

大真實主，十二光王，衆妙世界，微塵國土，常活妙空，堪褒譽地，作光明者，忙你尊佛，捨諸罪，有礙無礙，或時本意，或隨他意，身口思想，諸不善業。我等善衆及諸聽者[九一]，乞懺罪已[九二]，各如本願。

此偈讚日光訖，末後結願用之。

稱讚微妙大光輝，世間最上最無比。
光明殊特遍十方，十二時中作歡喜。
大力堪譽慈悲母，驍健踴（勇）猛淨活風[九三]。
十二船主五收明，及餘無數光明衆。
各乞愍念慈悲力[九四]，請救普厄諸明性。
得離火海大波濤，合衆究竟願如是。

此偈讚盧舍那訖，末後結願用之。

稱讚褒譽，蘇露沙羅夷，具足丈夫，金剛相柱，任持世界，充遍一切，以自妙身，以自大力，利益自許，孤棲寵子。我等今者，不能具讚，唯願納受，此微啓訟，護助善衆，常如所願。

此偈讚夷數訖，末後結願用之。

稱讚淨妙智，夷數光明者，示現仙童女，廣大心先意。安泰一切真如性，再蘇一切微妙體。病者爲與作醫王，苦者爲與作歡喜。五收明使七船主，忙你慈父光明者。捨我一切諸愆咎，合衆平安如所願。

此偈讚忙你佛訖，末後結願用之。

稱讚褒譽，珍重廣大，彼真實主，最上光王，常明世界，及其聖衆，忙你法王，明尊許智，諸聖許惠。從三界外，來生死中，蘇我等性，爲大醫王，作平斷者；開甘露泉，栽活命樹，救同鄉衆，收光明子，於柔軟群，作當牧者；牆塹福田〔九五〕，滋盛苗實，於清淨法，作守護者。敬禮威德，慚愧深恩。對無上尊，對光明衆，深領大恩，慚賀大澤。實於我等，除大厄難，作大歡喜。我等今者，對於諸聖，誠心懇懺，一從忙你佛邊所〔九六〕，受上方法之鹽印，日夜堅持，不敢輕慢；我等今者，於一淨名，決定修行，究竟獲勝，如先本願。

此偈凡莫日用爲結願。

敬禮及稱讚，常加廣稱歎。

讚此今時日，於諸時最勝。

諸有樂性者，今時入香水。

澡浴諸塵垢〔九七〕，皆當如法住。

稱讚大威相，充遍於淨法。

自是夷數佛，能蘇諸善種。

稱讚真實主，大力忙你尊。

能活淨法體，能救諸明性。

願以慈悲眼，普觀此淨衆。

如斯最小群，如斯最小處。

唯願自遮防，恆加力提策。

礙身無礙體，内外常加被。

我等淨法男，諸堅童女輩。

及以諸聽者，究竟如所願。

此偈凡至莫日，與諸聽者懺悔願文。

斯二二六五九

汝等聽者，人各跽跪。誠心懇切，求哀懺悔，對真實父〔九八〕，大慈悲主，十二光王，涅槃國土；對妙生空，無邊聖衆，不動不俎，金剛寶地；對日月宮，二光明殿，各三慈父，元堪讚譽；對盧舍那，大莊嚴柱，五妙相身，觀音勢至；對今吉日，堪讚歎時，七寶香池，滿活命水。有缺七施十戒、三印法門，又損五分法身，恆加費用；或斬伐五種草木，或勞役五類衆生，餘有無數愆違，今並洗除懺悔；若至無常之日，脱此可厭肉身。諸佛聖賢，前後圍遶，寶船安置，善業自迎，直至平等王前，受三大勝，所謂花冠瓔珞，萬種妙衣串佩，善業福德佛性，無窮讚歎。又從平等王所，幡花寶蓋，前後圍遶，衆聖歌揚〔九九〕。入盧舍那境界，於其境内，道路平正，音聲梵響，周迴彌覆。從彼直至日月宮殿，而於六大慈父及餘眷屬，各受快樂，無窮讚歎。又復轉引到於彼岸，遂入涅槃，常明世界，與自善業，常受快樂。合衆同心，一如上願。

此偈結諸唄願而乃用之。

梵音唄響，詞美殊佳，善業同資，普及一切。上啓諸天聖衆，荷重光明，願降大慈，增諸福力，捨我合衆之過，及篤信聽人，於一常名，究竟安樂。

此偈爲亡者受供結願用之。

某乙明性，去離肉身，業行不圓，恐沈苦海。唯願二大光明、五分法身、清淨師僧、大慈悲力，救拔彼性，令離輪迴剛强之體，及諸地獄鑊湯爐炭。唯願諸佛，哀愍彼性，起大慈悲，與其解脱。自引入於光明世界，本生之處，安樂之境。功德力資，依如上願。

此偈你逾沙懺悔文。

我今懺悔所，是身口意業，及貪嗔癡行，乃至縱賊毒心，諸根放逸，或疑常住三寶，并二大光明，或損盧舍那，身兼五明子。於師僧父母、諸善知識，起輕慢心，更相毀謗〔一〇〇〕。於七施十戒、三印法門，若不具脩，願罪銷滅。

吉時吉日，翻斯讚唄。上願三常捨過及四處法身，下願五級明群乃至十方賢哲，直爲聖言無盡〔一〇一〕，凡識有厓。梵本三千之條，所譯二十餘道。又緣經讚唄願，皆依四處製焉。但道明所翻譯者，一依梵本。如有樂習學者，先誦諸文，後暫示之，即知次第。其寫者，存心勘校，如法裝治。其讚者，必就明師，須知訛舛。於是法門蕩蕩，如日月之高明；法侶行行，若江漢之清肅。唯願：

皇王延祚，寥寀忠誠；四海咸寧，萬人安樂。

下部讚一卷

說明

此件首缺尾全，尾題『下部讚一卷』，是摩尼教徒舉行儀式時誦唱用的贊美詩，尾部有譯者道明的題記。林悟殊認爲翻譯時代約爲八世紀下半葉至九世紀中葉（參見《倫敦藏敦煌寫本〈下部讚〉原件考察》，《季羡林教授八十華誕紀念論文集》（下），八七五頁），虞萬里認爲抄寫時代約爲唐建中元年（公元七八〇年）至貞元二十一年（公元八〇五年）之間（參見《敦煌摩尼教〈下部讚〉寫本時代新探》，《敦煌吐魯番研究》一卷，三七頁）。

此件對研究中古時期的摩尼教具有無可替代的史料價值。卷背抄有『大唐西域記一卷第一』『往生禮讚文一卷』和『十二光禮懺文』。文中『世』字缺筆。

校記

〔一〕『思』，《東方摩尼教研究》據文義在此字前補『布』。

〔二〕『□』，《東方摩尼教研究》釋作『難』；『前』，《東方摩尼教研究》疑作『前』，《林悟殊敦煌文書與夷教研究》未能釋讀。

〔三〕『涅』，《林悟殊敦煌文書與夷教研究》漏録。

〔四〕『嗚』，《東方摩尼教研究》《林悟殊敦煌文書與夷教研究》據殘筆劃校補；『□』，《東方摩尼教研究》據文義補作『嚧』，《林悟殊敦煌文書與夷教研究》釋作『□□』；『能』，《林悟殊敦煌文書與夷教研究》據殘筆劃校補，《東方摩尼教研究》據殘筆劃補作『詵』。

〔五〕『敬』，《東方摩尼教研究》《林悟殊敦煌文書與夷教研究》據殘筆劃校補。

〔六〕『果』，《東方摩尼教研究》《林悟殊敦煌文書與夷教研究》據殘筆劃校補。

〔七〕『一切』，《東方摩尼教研究》逕釋，《林悟殊敦煌文書與夷教研究》據殘筆劃校補。

〔八〕第一個『□』，《東方摩尼教研究》據文義補作『魔』。

〔九〕『令以』，《東方摩尼教研究》《林悟殊敦煌文書與夷教研究》據殘筆劃校補。

〔一〇〕『與』，當作『於』，據文義改。

〔一一〕『與』，當作『於』，據文義改。

〔一二〕『吞』，《林悟殊敦煌文書與夷教研究》釋作『香』。

〔一三〕『蘆』，《東方摩尼教研究》釋作『籚』，按寫本中『艹』和『⺮』形近易混，此處據文義釋作『蘆』；『葦』，《東方摩尼教研究》《林悟殊敦煌文書與夷教研究》釋作『筆』，誤。

〔一四〕『訴』，《東方摩尼教研究》認爲底本此字爲『訢』字異體。

〔一五〕『海』，《東方摩尼教研究》逕釋，《林悟殊敦煌文書與夷教研究》據殘筆劃校補。

〔一六〕『者令』，據殘筆劃及文義補，《東方摩尼教研究》逕釋，《林悟殊敦煌文書與夷教研究》據殘筆劃校補作『者令』；『□□』，《東方摩尼教研究》《林悟殊敦煌文書與夷教研究》據殘筆劃補作『悟性』。

〔一七〕『以』，當作『已』，據文義改，『以』爲『已』之借字。

〔一八〕『瘳』，《林悟殊敦煌文書與夷教研究》釋作『瘳』，校改作『療』，不必。

〔一九〕『已』，《林悟殊敦煌文書與夷教研究》釋作『己』，校改作『已』，按寫本『已』『己』形近易混，可據文義逕釋。

〔二〇〕『沙』，當作『妙』，據文義改，《東方摩尼教研究》逕釋作『妙』，《林悟殊敦煌文書與夷教研究》認爲『沙』爲『妙』之誤寫。

〔二一〕『種雄魔』，《東方摩尼教研究》逕釋，《林悟殊敦煌文書與夷教研究》據殘筆劃校補；『□』，《林悟殊敦煌文書與夷教研究》《東方摩尼教研究》據殘筆劃補作『黨』。

〔二二〕『島』，底本此字似『鳥』，《東方摩尼教研究》釋作『鳥』，《林悟殊敦煌文書與夷教研究》認爲乃『島』之俗寫。

〔二三〕『業』，《東方摩尼教研究》據殘筆劃校補，《林悟殊敦煌文書與夷教研究》逕釋。

〔二四〕『彼』，《林悟殊敦煌文書與夷教研究》釋作『被』。

〔二五〕『預』，《東方摩尼教研究》據底本釋作『頙』，認爲此字意義不明，按此字應爲『預』之異體。以下《東方摩尼教研究》釋作『頙』字處不再出校。

〔二六〕『棘』，《林悟殊敦煌文書與夷教研究》釋作『蕀』。

〔二七〕『藤』，《林悟殊敦煌文書與夷教研究》釋作『籐』。

〔二八〕『刀』，《林悟殊敦煌文書與夷教研究》釋作『刃』，誤。

〔二九〕『種』，《東方摩尼教研究》《林悟殊敦煌文書與夷教研究》據殘筆劃校補；『體』，《林悟殊敦煌文書與夷教研究》據殘筆劃校補，《東方摩尼教研究》補作『本』。

〔三〇〕『脩』，《林悟殊敦煌文書與夷教研究》釋作『修』。

〔三一〕『見』，《東方摩尼教研究》《林悟殊敦煌文書與夷教研究》釋作『具』，按底本字形原寫作『具』，後改作『見』。

〔三二〕『肉身』，《林悟殊敦煌文書與夷教研究》釋作『内心』，誤。

〔三三〕第一個『□』，《東方摩尼教研究》《林悟殊敦煌文書與夷教研究》補作『魔』；第二個『□』，《林悟殊敦煌文書與夷教研究》補作『王』。

〔三四〕『火』，《東方摩尼教研究》釋作『大』。

〔三五〕『煞』，《東方摩尼教研究》釋作『殺』。

〔三六〕底本此句在『豈殊客館而寄住』之前，兩句間有倒乙符及『下句正』，釋文據以乙正。

〔三七〕『無』，《林悟殊敦煌文書與夷教研究》釋作『王』，誤。

〔三八〕『揚』，《東方摩尼教研究》《林悟殊敦煌文書與夷教研究》釋作『楊』。

〔三九〕『讀』，《林悟殊敦煌文書與夷教研究》釋作『讚』，誤。

〔四〇〕『處』，《東方摩尼教研究》《林悟殊敦煌文書與夷教研究》據殘筆劃校補。

〔四一〕『活』，《東方摩尼教研究》釋作『法』，按底本此字有塗改痕跡，殘筆劃較似『活』，且『活風』亦常見於佛典。

〔四二〕『揚』，《東方摩尼教研究》釋作『楊』。

〔四三〕『冥』，《東方摩尼教研究》《林悟殊敦煌文書與夷教研究》釋作『寘』，誤。

〔四四〕『脩』，《林悟殊敦煌文書與夷教研究》釋作『修』。

〔四五〕『揚』，《東方摩尼教研究》《林悟殊敦煌文書與夷教研究》釋作『楊』。

〔四六〕『直』，《東方摩尼教研究》《林悟殊敦煌文書與夷教研究》釋作『宜』，誤。

〔四七〕『訴』，《東方摩尼教研究》據底本録，認爲此字爲『訢』之異體。

〔四八〕『⿰口能十二』，據殘筆劃補，《東方摩尼教研究》《林悟殊敦煌文書與夷教研究》逕釋。

〔四九〕『⿰口考』，《東方摩尼教研究》釋作『咾』，誤；『哆』，《東方摩尼教研究》《林悟殊敦煌文書與夷教研究》釋作『多』，誤。

〔五〇〕『哆』，《東方摩尼教研究》釋作『多』，誤。

〔五一〕『于』，《林悟殊敦煌文書與夷教研究》釋作『無』，誤。

〔五二〕『⿰口能』，《東方摩尼教研究》《林悟殊敦煌文書與夷教研究》釋作『⿰口能烏盧詵喝思⿰口能』，按底本『烏盧詵喝思⿰口能』右側書有小字『咈傣唛烏盧詵喝思⿰口能』，乃更正『烏盧詵喝思⿰口能』之義，故『⿰口能』之後之『烏盧詵喝思⿰口能』應不録。

〔五三〕『于』，《東方摩尼教研究》釋作『子』。

〔五四〕『踴』，當作『勇』，據文義改，『踴』爲『勇』之借字。

〔五五〕『與』，當作『於』，據文義改。

〔五六〕『寥』，當作『料』，據文義改，『寥』爲『料』之借字。

〔五七〕『慄』，《林悟殊敦煌文書與夷教研究》《東方摩尼教研究》釋作『慓』，《林悟殊敦煌文書與夷教研究》校改作『懔』，認爲『懔』爲『慄』之異體。《東方摩尼教研究》在下文『慄者偶之使無懼』句中認爲『慄』『慓』意義不同，『慄』有懼怕義，『慓』有急、疾義，與『剽』通。按底本實作『慓』，敦煌寫本中『木』『示』作爲構件可寫作同形，故『慓』可逕釋作『慄』。以下同，不另出校。

〔五八〕『是』，據文義係衍文，當删，《林悟殊敦煌文書與夷教研究》未録；『傷』，《林悟殊敦煌文書與夷教研究》校改作『易』。

〔五九〕『歡樂慕闍』，原卷殘損，上粘有一小紙片，寫有『歡樂暮闍』四字，字跡與其他字體不同，當爲後人修補時所寫。『慕』字被覆蓋，但仍可辨認，故按原字録，『闍』字没被覆蓋，故原卷此句有兩個『闍』字，第二個『闍』字不録。

〔六〇〕『第』，底本原作『弟』形，因二字形近，在手書中易混，故可依據文義判定其所屬，此逕釋作『第』。以下同，不另出校。

〔六一〕『被』，當作『備』，據文義改。

〔六二〕『與』，《東方摩尼教研究》《林悟殊敦煌文書與夷教研究》釋作『興』。

〔六三〕『踴』，當作『勇』，據文義改，『踴』爲『勇』之借字。

〔六四〕『耶』，《林悟殊敦煌文書與夷教研究》釋作『那』。

〔六五〕『寥』，當作『料』，據文義改，『寥』爲『料』之借字。

〔六六〕『掟』，當作『捉』，據文義改。

〔六七〕『析』，《東方摩尼教研究》釋作『折』。

〔六八〕『析』，《東方摩尼教研究》釋作『折』。

〔六九〕『剌』，《東方摩尼教研究》《林悟殊敦煌文書與夷教研究》釋作『刻』。

〔七〇〕『終』，原件此字爲古文，釋文已改爲今文。以下同，不另出校。

〔七一〕『言』，《東方摩尼教研究》逕釋，《林悟殊敦煌文書與夷教研究》據殘筆劃校補。

〔七二〕《林悟殊敦煌文書與夷教研究》認爲此題下詩句有七十六頌，按底本實有七十七頌，均與『七十八』之數不符。

〔七三〕『未』，《東方摩尼教研究》《林悟殊敦煌文書與夷教研究》疑作『末』。

〔七四〕『揚』，《東方摩尼教研究》《林悟殊敦煌文書與夷教研究》釋作『楊』。

〔七五〕『析』，《東方摩尼教研究》釋作『折』。

〔七六〕『逍』，《林悟殊敦煌文書與夷教研究》釋作『消』，誤。

〔七七〕『容』，《東方摩尼教研究》釋作『客』，誤。

〔七八〕『㲠』，《林悟殊敦煌文書與夷教研究》釋作『鼇』。

〔七九〕『疊』，《東方摩尼教研究》釋作『亹』。

〔八〇〕『路』，當作『露』，據文義改，『路』爲『露』之借字。

〔八一〕『冕』，《東方摩尼教研究》釋作『冤』，誤。

〔八二〕『氛』，《林悟殊敦煌文書與夷教研究》以底本該字底端尚有横劃爲由釋作『氤』，按該字底端的所謂『横劃』實爲『皿』，這個部首和『氛』組合，乃是受文中『氳』影響而成，是『氛』的類化俗字。

〔八三〕『揚』，《東方摩尼教研究》《林悟殊敦煌文書與夷教研究》釋作『楊』。

〔八四〕『析』，《東方摩尼教研究》釋作『折』。

〔八五〕『揚』，《東方摩尼教研究》《林悟殊敦煌文書與夷教研究》釋作『楊』。

〔八六〕『揚』，《東方摩尼教研究》《林悟殊敦煌文書與夷教研究》釋作『楊』。

〔八七〕『析』，《東方摩尼教研究》釋作『折』。

〔八八〕『寬』，《東方摩尼教研究》《林悟殊敦煌文書與夷教研究》據殘筆劃校補。『寧』和『寬』之間有濃墨書寫的文字，似『寬』字，有塗改痕跡，故不録。

〔八九〕『壞』，《林悟殊敦煌文書與夷教研究》釋作『懷』。

〔九〇〕『拂』，《林悟殊敦煌文書與夷教研究》釋作『佛』，誤。

〔九一〕『諸』，據殘筆劃及文義補，《東方摩尼教研究》《林悟殊敦煌文書與夷教研究》逕釋。

〔九二〕『已』，《林悟殊敦煌文書與夷教研究》釋作『己』，校改作『已』。

〔九三〕『踴』，當作『勇』，據文義改，『踴』爲『勇』之借字。

〔九四〕『慈』，據殘筆劃及文義補，《東方摩尼教研究》《林悟殊敦煌文書與夷教研究》逕釋。

〔九五〕『墻』，《東方摩尼教研究》釋作『塘』。

〔九六〕『一』，《東方摩尼教研究》《林悟殊敦煌文書與夷教研究》釋作『一切』，按底本『切』字旁有删除符號，應不録。

〔九七〕『澡』，《東方摩尼教研究》《林悟殊敦煌文書與夷教研究》釋作『滲』。

〔九八〕『對』，據殘筆劃及文義補，《東方摩尼教研究》《林悟殊敦煌文書與夷教研究》逕釋。

〔九九〕『揚』，《東方摩尼教研究》《林悟殊敦煌文書與夷教研究》釋作『楊』。

〔一〇〇〕『毁』，《東方摩尼教研究》《林悟殊敦煌文書與夷教研究》釋作『譭』。

〔一〇一〕『直』，《東方摩尼教研究》《林悟殊敦煌文書與夷教研究》釋作『宜』，誤。

參考文獻

《大正新脩大藏經》五四卷，東京：大正一切經刊行會，一九三四年，一二七〇至一二七九頁（録）；《敦煌寶藏》二二册，臺北：新文豐出版公司，一九八二年，五五至六五頁（圖）；《摩尼教及其東漸》，北京：中華書局，一九八七年，二三四至二六五頁（録）；《中國古代寫本識語集録》，東京大學東洋文化研究所，一九九〇年，二八二頁（録）；《英藏敦煌文獻》四卷，成都：四川人民出版社，一九九一年，一四三至一五七頁（圖）；《季羨林教授八十華誕紀念論文集》（下），南昌：江西人民出版社，一九九一年，八七五頁；《敦煌願文集》，長沙：嶽麓書社，一九九五年，九〇二頁（録）；《敦煌吐魯番研究》一卷，北京大學出版社，一九九六年，三七頁；《摩尼教及其東漸》，臺北：淑馨出版社，一九九七年，二八七至三二五頁（録）；《敦煌遺書總目索引新編》，北京：中華書局，二〇〇〇年，八一頁；《東方摩尼教研究》，上海人民出版社，二〇〇九年；三八四至四二〇頁（録）；《林悟殊敦煌文書與夷教研究》，上海古籍出版社，二〇一一年，四三四至四六六頁（録）。

斯二六五九背　一　大唐西域記卷一

釋文

（前缺）

勇而寡略〔一〕，好自稱伐，國無綱紀，法不整肅。僧徒二千餘人〔二〕，習學小乘教説一切有部。經教律儀，既遵印度〔三〕，諸習學者〔四〕，即其文而翫之。戒行律儀，潔清勤勵。然食雜三淨，滯於漸教矣。

從此西南行二百餘里〔五〕，踰一小山〔六〕，越二大河，西得平川，行七百餘里，至（居勿反）屈支國（舊曰龜兹）〔七〕。

屈支國，東西千餘里，南北六百餘里。大都城周十七八里〔八〕。宜穈（糜）〔九〕、麥，有粳稻，出蒲萄〔一〇〕、石榴，多梨、柰、桃、杏。土産黄金、銅、鐵、鉛、錫。氣序和，風俗質。〔文〕字取則印度〔一一〕，粗有改變。管絃伎樂，特善諸國。服飾錦褐，斷髮巾帽。貨用金錢、銀錢、小銅錢。王，屈支種也，智謀寡昧，迫於强臣。其俗，生子以木押頭，欲其匾㔸也〔一二〕。伽藍百餘所，僧徒五千餘人，習學小乘教説一切有部。經教律儀，取則印度，其習讀者，即本文矣。尚拘漸教，食雜三淨。潔清耽翫，人以功競〔一三〕。

國東境城北天祠前，有大龍池。諸龍易刑（形）容〔一四〕，交合牝馬，遂生龍駒，㦬戾難馭。龍駒之子，方乃馴駕，所以此國多生善馬〔一五〕。聞之（諸）耆舊曰〔一六〕：近代有王，號曰金花〔一七〕，政教明察，感龍馭乘。王欲終没，鞭觸其耳，因即潛隱，以至於今。城中無井，取汲池水。龍變爲人，與諸婦會，生子驍勇，走及奔馬。如是漸染，人皆龍〔種〕〔一八〕，恃力作威，不恭王命。王引搆突厥〔一九〕，殺此城人，少長俱戮，略〔無〕〔噍〕類〔二〇〕。城今荒蕪，人煙斷絶。

荒城北四十餘里，接山河〔二一〕，隔一河水，有二伽藍，同名昭怙釐，而東西相稱〔二二〕。佛像莊飾，殆越人功〔二三〕。僧徒清肅，誠爲勤勵。東昭怙釐佛堂中有玉石，面廣二尺餘，色帶黄白，狀如海蛤。其上有佛足履之跡〔二四〕，長尺有八寸矣〔二五〕。或有齋日，照燭光明。

大城西門外，路左右有五（立）佛像〔二六〕，高九十餘尺。於此像前，建五十（年）一大會處〔二七〕。每歲秋分數十日間，舉國僧徒皆會集〔二八〕。上自君王，下至士庶，損廢俗務〔二九〕，奉持齋戒，受經聽法，渴日忘疲。諸僧伽藍，莊嚴佛像，瑩以珍寶，飾之錦綺，載諸輦與（輿）〔三〇〕，謂之行像，動以〔千〕數〔三一〕，雲集會所。常以月十五日、晦日，國王大臣，謀議國事，訪及高僧，然後宣布。

會場西北，度河至阿奢理貳伽藍（唐言奇特）〔三二〕。庭宇顯敞，佛像工飾。僧徒肅穆，精勤匪怠，並是耆艾宿德，碩學高才，遠方俊彦，暮（慕）儀至止〔三三〕。國王大臣，士庶豪右，四事供養，久而彌敬。聞之（諸）耆舊曰〔三四〕：此國先〔王〕〔三五〕，崇敬三寶，將欲遊方，觀禮聖跡，乃命母弟攝知留事。其弟受命，竊自割勢，防未萌也。封之金函，持以上王。〔王〕曰〔三六〕：『斯何謂也？』對曰：『迴駕之日，乃可開發。』即〔付〕執事〔三七〕，隨軍掌護。王之還也，果有構禍者王（曰）〔三八〕：『曰（王）命監國〔三九〕，婬亂中宫。』王聞震奴（怒）〔四〇〕，欲置嚴刑。弟曰：『不敢逃責，願開金函。』王遂發而視之，乃斷勢也，曰：『斯何異物？欲何發明？』對曰：『王昔遊方，命知留事，懼有讒禍，割勢自明。金（今）果有徵〔四一〕，願垂照覽。』王深敬異〔四二〕，情愛彌隆，出入後庭，無所禁礙。王弟於後行，過（遇）一夫擁五百牛〔四三〕，欲事刑腐。見而惟念，引類增懷：『我今刑（形）虧〔四四〕，豈非宿業〔四五〕？』即以財寶，贖此群牛。以慈善力，男形漸具〔四六〕。以形具故，遂不入宫。王怪而問之，陳其始末〔四七〕。王以奇特也〔四八〕，遂建伽藍，式旌美跡，傳芳後葉。

徒（從）此西行六百餘里〔四九〕，經小沙磧，至跋禄迦國（舊曰謂姑墨〔五〇〕，又曰極墨〔五一〕）。

跋禄迦國，東西六百餘里，南北三百餘里。國大都城周五百（六）餘（里）〔五二〕。土宜氣序，人姓（性）風俗〔五三〕，文字法則，同屈支國，語言少異。細氈細褐，鄰國所重。伽藍數十所，僧徒千餘人，習學小乘教説一切有部。

國西北行三百餘里，渡石磧〔五四〕，至凌山。此則葱嶺北源〔五五〕，水多東流矣。山谷積雪，春夏合凍，雖時消泮，尋復結冰。經途險阻，寒風慘烈，多暴龍難，陵犯行〔人〕〔五六〕。由此路者，不得赭衣持瓠，大聲叫〔喚〕〔五七〕。微有違犯，災禍目睹。暴風奮發，飛沙雨石，遇者喪没，難以全生。

山行四百餘里，至大清池或名熱海，又謂鹹海。周千餘里，東西廣〔五八〕，南北狹。四面負山，衆流交湊，色帶青黑，味兼鹹苦，洪濤浩汗，驚波汩淴。龍魚雜處，靈怪間起。所以往來行旅，禱以祈福。水族雖多，莫敢漁捕。

清池西北行五百餘里，至素葉城〔五九〕。城周六七里，諸國商〔胡〕雜居也〔六〇〕。玉（土）宜糜〔六一〕、麥、蒲陶〔六二〕，林樹稀疏〔六三〕。氣序風寒，人衣氈褐。

素葉已西數十孤城，城皆立長，雖不相稟命，然皆役屬突厥。

自素葉水城，至羯霜那國，地名窣利，人亦謂焉〔六四〕。文字語言，即隨稱矣。字源簡略，本二十餘言，轉而相生，其流浸廣。粗有書記，豎讀其文，遞相傳授，師資無替。服氈褐，衣皮氎〔六五〕。裳服褊急，齊髮露頂，或總翦剃〔六六〕，繒綵絡額〔六七〕。形容偉大，志性恇怯。風俗澆訛，多行詭詐，大抵貪求，父子許（計）利〔六八〕，財多爲貴，良賤無差。雖富巨萬，服食麤敝〔六九〕。力田逐利〔者〕雜半矣〔七〇〕。

素葉城〔西〕行四百餘里〔七一〕，至千泉。〔千〕〔泉〕者〔七二〕，地方二百餘里，南面雪山，

〔三〕垂平陸〔七三〕。水土沃潤，林樹扶疏，暮春之月，雜花若綺，泉池千所，故以名焉。突厥可汗每來避暑。中有群鹿，多飾鈴鐶，馴狎於人，不甚驚走。可汗愛賞，下命群屬：敢加殺害，有誅無赦。故此群鹿得終壽〔七四〕。

千泉西行百四五十里，至呾邏私城。城周八九里，諸國商胡雜居也。土宜氣序，大同素葉。

南行十餘里，有小孤城，三百餘户。本中國人也，昔爲突厥所掠，後遂鳩集同國，共保此城，於中宅居。衣裳去就〔七五〕，遂同突厥，言辭儀範，猶在本國〔七六〕。

從此西南行二百餘里，至白水城，城周六七里。土地所宜〔七七〕，逾勝呾邏私。

西南行二百餘里，至恭御城，城周五六里。原隰高（膏）腴〔七八〕，樹林蓊鬱。

從此南行四五十里，至笯奴故反赤建國。

笯赤建國，周千餘里。地沃壤，備稼穡〔七九〕。草木鬱茂，花果繁盛〔八〇〕，多蒲陶〔八一〕，亦所貴也。城邑百數，各别君長，進止往來，不相稟命。雖則畫野區分，總稱笯赤建國。

從此西行二百餘里，至赭時〔國〕唐言石國〔八二〕。

赭時國〔八三〕，周千餘里，西臨葉葉河〔八四〕，東西狭，南北長。土宜氣序，同笯赤建國。城邑數十，各别君長，既無總王〔八五〕，役屬突厥。

從此東南行千餘里〔八六〕，至怖（數發反）捍國。

怖捍國，周四千餘里。山周四境，土地膏腴，稼穡滋盛，多花果，宜羊馬。氣序風寒，人惟（性）剛勇〔八七〕，語異諸國，形貌醜弊。自數十年，無大君長，酋豪力競〔八八〕，不相賓伏，〔依〕川據嶮〔八九〕，晝野分都。

從此西行千餘里，至窣堵利瑟那國。

窣堵利瑟那國，周千四五百餘里〔九〇〕，東臨葉河。葉河出蔥嶺北原，西北而流，浩汗渾濁，汩淴漂急。風（土）土（宜）〔風〕俗〔九一〕，同赭時國。自有王，附突厥。

從此西北，入大沙磧，絶無水草。途路彌漫，疆境難測。望大山，尋遺骨，以知所指，以記經途。行五百餘里，至颯秣建國（唐言康國）。

颯秣建國，周千六七百里，東西長，南〔北〕狹〔九二〕。國大城周二十餘里〔九三〕，極險固，多居人。異方寶貨，多〔聚〕此國〔九四〕。土地沃壤，稼穡備植，林樹蓊鬱，花果滋茂。機巧之伎〔九五〕，特工諸國。氣序和暢，風俗猛烈。凡諸胡國，此爲其中。進上（止）威儀〔九六〕，近遠取則。其王豪勇，鄰國承命。兵馬强盛，多是赭羯〔九七〕。赭羯之人〔九八〕，其性勇烈，視死如歸，戰無前敵。多出善馬〔九九〕。

從此東南，至弭秣賀〔國〕（唐言米國）〔一〇〇〕。

弭秣賀國，周四五百里，據川中，東西狹，南北長。土宜風俗，同颯秣建國。從此〔北〕至劫布呾那國唐言曹國〔一〇一〕。

劫布呾那國，周千四五百里，東西長，南北狹。土宜風俗，同颯秣建國。從此西行三百餘里〔一〇二〕，至屈居勿反霜去〔聲〕你迦國唐言何國〔一〇三〕。

屈霜你迦國，周千百里〔一〇四〕，東西狹，南北長。土宜風俗，同颯秣建國。從此國西行二百餘里〔一〇五〕，至喝捍國唐言安國〔一〇六〕。

喝捍國，周千餘里。土宜風俗，〔同〕颯秣建國〔一〇七〕。從此國西百餘里〔一〇八〕，至捕喝國唐言中安國。

捕喝國，周千六七百里，東西長，南北狹。土宜風俗，同颯秣建國。從此國西四百餘里，至戊地國唐言西安國〔一〇九〕。

戊地國〔一一〇〕，周四百餘里。土宜風俗，〔同〕颯秣建國〔一一一〕。從此西南五百餘里，至貨利習彌迦國〔一一二〕。

貨利習彌迦國〔一一三〕，順縛芻河兩岸，東西二三十里，南北五百餘里。土宜風俗，同戊地國〔一一四〕，語言少異。

從颯秣建國西南行三百餘里，至羯霜去〔聲〕那國唐言史國〔一一五〕。

羯霜那國，周千四五百里，土宜風俗，同颯秣建國。

從此西南行二百餘里，入山。山路崎嶮〔一一六〕，谿逕危險，既絶人里，又少水草。東南山行百餘里〔一一七〕，入鐵門。

鐵門者，左右帶山，山極峭峻。雖有狹逕，加之險阻。兩傍石壁，其色如鐵。既設門扉，又以鐵銅（錮）〔一一八〕，多有鐵鈴，懸諸户扉〔一一九〕。因其險固，遂以爲名。

出鐵門，至睹貨邏國舊曰羅（吐）國（火）吐（羅）火（國）〔一二〇〕，訛〔也〕〔一二一〕。故地南北千餘里，東西三千餘里。東阨蔥嶺，四（西）接波剌斯〔一二二〕，南大雪山，北據鐵門，縛芻大河中境西流。自數百年，王族絶嗣，酋豪力競〔一二三〕，各擅君長〔一二四〕，依川據險，分爲二十七國。雖畫野區分，總役屬突厥。氣序既温，疾疫亦衆。冬末春初，霖雨相繼。故此境已南，濫波已北，其國風土，並多温疾。而諸僧徒以〔十〕二月十六日入安居〔一二五〕，二月十五日解安居〔一二六〕，斯乃據其多雨，亦是設教隨時也。其俗則志性恇怯，容貌鄙陋。粗知信義，不甚欺詐。語言去就，稍異諸國。字源二十五言，轉而相生，用之備物。書以横讀，自左向右，文記漸多，逾廣窣利。多衣氎〔一二七〕，少服褐。貨用金、銀等錢，横（模）樣異諸國〔一二八〕。

順縛芻河北，下流至呾蜜國唐言竺國〔一二九〕。

呾蜜國，東西六百餘里，南北四百餘里。國大城周二十餘里〔一三〇〕，〔東〕西長〔一三一〕，南北狹。伽藍十餘所，僧徒千餘人。諸窣堵波郎（即）舊所謂浮圖也〔一三二〕，又曰鍮婆，又曰塔婆〔一三三〕，又曰私鍮簸，又曰藪升（斗）彼（波）〔一三四〕，皆訛也。及佛尊像，多神異，有靈鑒。

東〔至〕赤鄂衍那國〔一三五〕。

赤鄂衍那國，東西四百餘里，南北五百餘里。國之大都城周十餘里〔一三六〕。伽藍五所，僧從（徒）尠〔少〕〔一三七〕。

東至忽露摩國。

忽露摩國，東西百餘里，南北三百餘里。國大都城周十餘里。其王奚素突厥也。伽藍三所〔一三八〕，僧從（徒）百餘人〔一三九〕。

東至瑜朔俱反漫國〔一四〇〕。

瑜漫國〔一四一〕，東西四百餘里，南北百餘里。國大都城周十六七里。其王奚素突厥也。伽藍二所，僧從（徒）寡少〔一四二〕。

西南臨縛芻河，至鞠和衍那國。

鞠和衍那國，東西〔二〕〔百〕〔餘〕〔里〕〔一四三〕，〔南〕〔北〕〔三〕〔百〕〔餘〕〔里〕〔一四四〕。

鑊沙國，東西三百餘里，南北五百餘里。國大都城周十六七里〔一四五〕。

東至珂咄羅國。

珂咄羅國，東西〔千〕餘里〔一四六〕，南北千餘里。國大都城周二十餘〔里〕〔一四七〕。

東接蔥嶺，至拘謎[莫閉反]陀國。

拘謎陀國，東西二千餘里，南北二百餘里，據大蔥嶺中。國大都城周二十餘里。西南鄰縛芻河，南接户（尸）棄尼國〔一四八〕。南渡縛芻河，至達摩迷鐵帝國〔一四九〕、鉢創那國〔一五〇〕、淫薄健國、屈浪拏國、呬[火刈反]摩呾羅國〔一五一〕、鉢利曷國、訖栗瑟摩國、遏羅胡國〔一五二〕、阿利尼國、蓸健國。自活國東至（南）南（至）闊悉多國〔一五三〕、安呾羅縛國〔一五四〕，事在迴記。

活國西南至縛伽浪國。

縛伽〔浪〕國〔一五五〕，東西五十餘里，南北二百餘里。國大都城周十餘里。

南至紇露悉泯健國。

紇露悉泯健國，周千餘里。大都城周十四五里〔一五六〕。

西北至忽懔國。

忽懔國，周八百餘里。國大都城周五六里。伽藍十餘所，僧從（徒）五百餘人〔一五七〕。

西至縛喝國。

縛喝國，東西八百餘里，南北四百餘里，北臨縛芻河。國大都城周二十餘里，人皆謂之小王舍城也。其城雖固，居人甚少。土地所產，物類尤多，水陸諸花，難以備舉。伽藍百餘所〔一五八〕，僧從（徒）三千餘人〔一五九〕，並皆習學小乘法教。

伽藍美業不替〔一六〇〕。其佛像則瑩以名珍，堂宇乃飾之奇寶，故諸國君長〔一六一〕，利之以政（攻）劫〔一六二〕。此伽藍素有毗沙門天像，靈鑒可恃，冥加宇（守）衛〔一六三〕。突厥葉護可汗子肆葉護可汗〔一六四〕，傾其部落，率其戎旅，奄襲伽藍，欲圖珍寶。去此不遠，屯軍野次。其夜，夢見毗沙門天〔曰〕〔一六五〕：『汝有河（何）力〔一六六〕，敢壞伽藍？』因以長戟，貫徹心胸〔一六七〕。可汗驚悟，便若（苦）心痛〔一六八〕，遂告群屬，所夢咎徵（徵）〔一六九〕，馳請衆僧，方申懺謝〔一七〇〕，未乃（及）返命〔一七一〕，已從殞没。

伽藍内南佛堂中，有佛澡罐，量可升餘〔一七二〕，雜色炫燿，金石難名。又有佛牙，其長寸餘，廣八九分，色黄白，質光淨。又〔有〕佛掃帚〔一七三〕，迦奢草作也，長餘二尺，圍可七寸，其把以雜寶飾之〔一七四〕。凡此三物，每至六齋，法侶成（咸）會〔一七五〕，陳設供養，至城（誠）所感〔一七六〕，或放光明。

伽藍北有窣堵波，高二百餘尺，金剛泥塗，衆寶厠飾。中有舍利，時燭靈光。

伽藍西南有一精盧，建立已來，多歷年所。遠方福（輻）湊〔一七七〕，高才類聚，證四果者，難以詳舉。故諸羅漢將入涅槃，示現神通〔一七八〕，衆所知識，乃有建立，諸窣堵波，基趾相鄰〔一七九〕，數百餘矣。雖證聖果，終無神變，蓋亦千計，不樹封記。今僧徒〔百〕餘人〔一八〇〕，風（夙）夜匪懈〔一八一〕，凡聖難測。

大城西北五十餘里，有提謂城〔一八二〕，北四十餘里有波利城〔一八三〕。城中有一窣堵波〔一八四〕，高餘三丈。昔者如來初證佛果，起菩提樹，方詣厥（鹿）園〔一八五〕。時二長者，遇彼威光〔一八六〕，隨其行路之資，遂獻麨蜜〔一八七〕，世尊爲説人天之福，最初得聞五戒十善也。既聞法誨，請所供養，如來遂授其髮爪焉。二長者將還本國，請禮敬之儀式。如來以僧伽胝舊曰僧伽梨〔一八八〕，訛也。方疊布下，次鬱多羅僧〔一八九〕，次僧卻崎舊曰僧祇支，訛也。又覆〔鉢〕〔一九〇〕，豎錫杖，如是次第〔一九一〕，爲窣堵波。二人承命，各還其城，擬儀聖旨〔一九二〕，式修崇建，〔斯〕則釋迦法中最初窣堵波也〔一九三〕。

城西七十餘里有窣堵波，高二丈〔一九四〕，昔迦葉波佛時之所建也。

從大城西南入雪山阿，至鋭秣陀國。

鋭秣陀國，東西五六〔十〕里〔一九五〕，南北百餘里。國大都城周十餘里。

西南至胡寔健國。

胡寔健國，東西五十百餘里〔一九六〕，南北千餘里。國大都城周二十餘里。多山川，出善馬。

西北至呾利（剌）建國〔一九七〕。

呾剌健國，東西五百餘里，南北五六十里。國大都城周十餘里。西接波剌斯國界。

從縛喝國南行百餘里，至揭職國。

揭職國，東西五百餘里，南北三百餘里。國大都城周四五十里〔一九八〕。土地磽确，陵阜連屬，少花果，多菽麥。氣序寒烈，風俗剛猛。迦藍十餘所〔一九九〕，僧徒三百餘人，並學小乘教説一切有部。

東南入雪山〔二〇〇〕，山谷高深，峰巖危險，風雪相繼，盛夏合凍，積雪彌（谷）〔二〇一〕，谿逕難涉〔二〇二〕。山神鬼魅〔二〇三〕，暴縱妖素（祟）〔二〇四〕，群盜横行，煞害爲務〔二〇五〕。

行六百餘里，出睹貨邏國境，至梵衍那國。

〔梵〕〔衍〕〔那〕〔國〕〔二〇六〕，東西二千餘里，南北三百餘里，在雪山之中也。人依山谷，逐勢邑居。國大都城，據崖跨谷，長六七里，北皆高巖〔二〇七〕。有宿麥，少花果，宜畜牧，多羊馬。氣序寒烈，風俗剛獷，多衣皮褐，亦其所宜。文字風教，貨弊（幣）之用〔二〇八〕，同睹貨邏國，語言少異，儀貌大同。淳信之心，特甚鄰國。上自三寶，下至百神，莫不輸城（誠）〔二〇九〕，竭心宗敬。商估往來者，天神現徵祥，示祟變，求福德。迦藍數十所〔二一〇〕，僧徒數千人，宗學小乘説出世部。

王城東北山阿，有立佛石像，高百四五十尺，金色晃曜〔二一一〕，寶飾焕爛。東有伽藍，此國先王之所建也。伽藍東有鍮石釋迦佛土（立）像〔二一二〕，高百餘尺，分身别鑄，總合成立。

成（城）東二三里伽藍中〔有〕佛入涅槃卧像〔二一三〕，長千餘尺。其王每設無遮大會〔二一四〕，上自妻子，下至國珍，府庫既傾，復以身施。群官僚佐，就僧酬贖，若此者以爲所務矣。

卧像伽藍東南行二百餘里，度雪山〔二一五〕，東至小川澤，泉水澄鏡〔二一六〕，林樹〔青〕葱〔二一七〕。有僧伽藍，中有佛齒及劫初時獨覺齒，長餘五寸，廣減四寸；復有金輪王齒，長三寸，廣二寸；商諾迦縛娑舊曰商那分脩〔二一八〕，訛也。大阿羅漢所持錢（鐵）鉢〔二一九〕，量可八九升。凡三賢聖遺物，並以黃金緘封。又有商諾迦縛娑九條僧伽胝衣〔二二〇〕，絳赤色〔二二一〕，設諾迦草皮之所績成也。商諾迦縛娑〔二二二〕，阿難弟子也，在先身中，以設諾迦草衣作（於）解安居日〔二二三〕，持施衆僧。承兹福力，於五百身中陰生陰，恆服此衣。以最後〔身〕〔二二四〕，從胎俱出，身既漸長，〔衣〕亦隨廣〔二二五〕。及阿難之度出家也，其衣變爲法服；及受具戒，更變爲九條僧迦胝〔二二六〕。將證寂滅，入邊際定，發智願力，留此袈裟，盡釋迦遺法，法盡之後乃變壞〔二二七〕。今已少損〔二二八〕，信有徵矣。

從此東入雪山〔二二九〕，踰越黑嶺，至迦畢試國。

迦畢試國，周四千餘里，北背雪山，三垂黑嶺〔二三一〕。國大都城周十餘里。〔宜〕穀麥〔二三二〕，多果木，出善馬、鬱金香。異方奇貨，多聚此國。氣序風寒，人性暴獷，言辭鄙褻，婚姻雜亂。文字大同睹貨邏國，習俗語言，風教頗異。服用毛氎〔二三三〕，衣兼皮褐。貨用金錢、銀錢及小銅錢，規矩模樣，異於諸國。王，窣利種也，有智略，性勇烈，威懾鄰境，統十餘國。愛育百姓，敬崇三寶，歲造丈八尺銀佛像，兼設無遮大會，同（周）給貧冠鬘。

高弘敞，廣博嚴淨。天祠數十所，異道千人〔二三五〕，或露形〔二三六〕，或塗灰，連絡髑髏，以爲寠〔二三四〕，惠施鰥寡。伽藍百餘所，僧徒六千餘人，並多習學大乘法教。窣堵波、僧伽藍崇

大城東三四里，北山下有大伽藍，僧徒三百餘人，並學小乘法教。文（聞）之（諸）耆舊曰〔二三七〕：昔健馱邏國迦膩色迦王威被鄰國，化洽遠方，治兵廣地，至葱嶺東。河西蕃維，畏威送質。迦膩色迦王既得質子，特加禮命，寒暑改錧（館）〔二三八〕，久（冬）居印度國〔二三九〕，夏還迦畢試國，春秋止健馱邏國。故質子三時住處，各建迦藍〔二四〇〕。今此迦藍〔二四一〕，即夏居之所建也。故諸屋壁，圖畫質子，容貌服飾，頗同中夏。其後得還本國，心存故居，雖阻山川，不替供養。故今僧衆，每至入安居、解安居〔二四二〕，大興法會，爲諸質子祈福樹善，相繼不絕，以至於今。

迦藍佛院東門南〔二四三〕，大神王像右足下，坎地藏寶，質子之所藏也。故其銘曰：『迦藍壞〔二四四〕，取以修治。』近有邊王，貪婪凶暴，聞此迦藍多藏珍寶〔二四五〕，驅逐僧徒，方事發掘。神王冠中鸚鵡鳥像，乃奮羽驚鳴，地爲震動，王及軍人僻易僵仆，久而得起，謝咎以歸。

迦藍嶺上有數石室〔二四六〕，質子習定之處也。其中多藏雜寶，其側有銘，藥叉守衛。有欲開發取中寶者，此藥叉神變現異形，或〔作〕師子〔二四七〕，或作蟒蛇、〔猛〕獸〔二四八〕、毒蟲，

殊形震怒，以故無人敢得攻發。

石室西二三里大山嶺上，有觀自在菩薩像。有人至誠願見者，菩薩從其像中出妙色身，安慰行者。

大城東南三十餘里，〔至〕喝邏怙羅僧伽藍〔二四九〕，傍有窣堵波，高百餘尺。或至齋日，時燭光明。覆鉢勢上石隙間流黑香油〔二五〇〕，靜夜中時聞音樂之聲。聞諸其（耆）舊曰〔二五一〕：昔此國大臣曷羅怙羅之所建也〔二五二〕。功既成已，於夜夢中，有人告〔曰〕〔二五三〕：『汝所建立窣堵波未有舍利，明旦有獻上有（者）〔二五四〕，宜從王請。』旦入朝進諸（請）曰〔二五五〕：『不量庸昧，敢有願求。』王曰：『夫何所欲？』對曰：『今先獻者〔二五六〕，願乘（垂）恩賜〔二五七〕。』王曰：『然。』喝邏怙羅佇立宮門〔二五八〕，瞻望所至。俄有一人，持舍利瓶，大臣問曰：『欲何獻上？』曰：『佛舍利。』大臣曰：『吾爲爾守，宜先白王。』曷羅怙羅恐王珍貴舍利〔二五九〕，追悔前恩，疾往伽藍，登窣堵波，至城（誠）所感〔二六〇〕，其石覆鉢自開，安置舍利，已而疾出，上（尚）拘衣襟〔二六一〕。王使遂（逐）之〔二六二〕，石已掩矣。故其隙間，流黑香油。

城南四十餘〔里〕〔二六三〕，至霫[胥泣反]蔽多伐剌祠城〔二六四〕。凡地大震，山崖崩墜，周此城界，無所動摇。霫蔽多伐剌祠城南三十餘里，至阿路猱[奴高反]山，崖嶺峭峻〔二六五〕，巖谷杳冥。其峰每歲增高數百尺，與漕矩吒國䅳土（土）句反下同。〔二六六〕，那縊羅山髮（髣）髴相望〔二六七〕，便即崩墜。聞諸土俗曰：初，䅳那天神自遠而至，欲止此山。山神震恐，摇蕩谿谷。天神曰：『不欲相捨，故傾動〔二六八〕，少垂賓主，當盈財寶。吾今往漕矩吒國䅳〔那〕縊羅山〔二六九〕，每歲至我受國王大臣祀獻之時，宜相屬望。』故阿路猱山增高既已，尋即崩墜。

王城西北二百餘里，至大雪山。山頂有池，請雨祈晴，隨求果願。聞之（諸）耆舊曰〔二七〇〕：『昔健馱羅國有阿羅漢〔二七一〕，常受此池龍王供養。每至中食，以神通力，并坐繩牀，凌虚而往。侍〔者〕沙彌蜜（密）於繩牀之下〔二七二〕，攀援潛隱，而阿羅漢時至便往，至龍宮，乃見沙彌，龍王因請留食。龍王以天甘露飯阿羅漢，以人間味而饌沙彌。阿羅漢飯食已訖，便爲龍王説諸法要。沙彌如常爲師滌器，器有餘粒，駭其香味，即起惡願，恨師念（忿）龍〔二七三〕：『願諸福力，於今悉現，斷此龍命，我自爲王。』沙彌發是願時，龍王已覺頭痛矣。羅漢説法誨喻，龍王謝咎責躬。沙彌懷忩（忿）〔二七四〕，未從誨謝。既還伽藍，至誠發願，福〔力〕所致〔二七五〕，是夜命終，爲大龍王。威猛奮發，遂來入池，殺龍王，居龍宮，有其部屬，總其統命。以宿願故，興暴風雨，摧拔樹木，欲壞伽藍。時迦膩色迦王怪而發問，其阿羅漢具以白王。〔王〕即爲龍於雪山下立僧伽藍〔二七六〕、窣堵波〔二七七〕，高百餘尺。龍壞（懷）宿忩（忿）〔二七八〕，遂發風雨。王以弘濟爲心，龍乘瞋毒作暴，僧伽藍、窣堵波六壞七成。迦膩色迦王恥功不成，欲填龍池，毁其居室，即興兵衆，至雪山下。時彼龍王深懷震懼，變作老婆羅門，叩王爲（象）而諫曰〔二七九〕：『大王宿殖善本，多種勝因，得爲人王，無思不服。今日何故與龍交爭？夫龍者，畜也，卑下惡類，然有大威，不可力競〔二八〇〕。乘雲取（馭）風〔二八一〕，蹈虚履水，非人力所能〔二八二〕，豈王心所怒哉？王今舉國興兵，與一龍爭〔二八三〕，勝則王無服遠之威〔二八四〕，敗則王有非敵之恥。爲王〔計〕者〔二八五〕，宜可歸兵。』迦膩色迦王未之從也。龍即還池，聲震〔雷〕動〔二八六〕，暴風拔木，砂石如雨，露霧晦暝〔二八七〕，軍馬驚駭。王乃歸命三寶，請求加護，曰：『宿殖多福，得爲人王，威攝强敵〔二八八〕，統贍部洲，今爲龍畜所屈〔二八九〕，城（誠）乃我之薄福也〔二九〇〕。願諸福力，於今現前。』即於兩肩起大煙焰，龍退風靜，霧卷雲開。王令軍衆，人擔一石，用填龍池。龍王還作婆羅門，重請王曰：『〔我〕是彼池龍王〔二九一〕，懼威歸命。唯王悲愍，赦其前過。王以含育，覆燾生靈，如何於我，獨加惡害？王若殺我，我之與王，俱墮惡道〔二九二〕，王有斷命之罪，我懷怨讎之心。業報皎然，善惡明矣。』〔王〕遂與龍明設要契〔二九三〕，後更有犯，必不相赦。龍曰：『我以惡業，受身爲龍。龍性猛惡，不能自持，瞋心或起，當忘所制。王今〔更〕立伽藍〔二九四〕，不敢摧毁。每遣一人，惟（候）望山嶺〔二九五〕，黑雲若起，急擊健（楗）稚（椎）〔二九六〕，我聞其聲，惡心當息。』其王於是更脩伽藍，建窣堵波，〔候〕望雲氣〔二九七〕，於今不絶。

聞諸土俗曰〔二九八〕：窣堵波中有如來骨肉舍利，可一升餘，神變之事，難以詳述。一時中窣堵波内忽有煙起，少間便出猛焰，時人謂窣堵波已從火爐（燼）〔二九九〕。瞻仰良久，火滅煙消，乃見舍利，如日珠旛〔三〇〇〕，循環表柱，宛轉而〔上〕〔三〇一〕，昇高雲〔際〕〔三〇二〕，縈旋而下。

王城西北大河南崖舊王伽藍〔三〇三〕，内釋迦菩薩弱齡齓齒〔三〇四〕，長餘一寸。其伽藍東南有一伽藍，亦名舊王，有如來頂骨一片，面廣寸餘，其色黄白，髮孔分明。有如來髮〔三〇五〕，髮色青紺，螺旋有（右）縈〔三〇六〕，引長尺餘，卷可半寸。凡此三事，每至六齋，王及大臣散花供養。

頂骨伽藍西南，有舊王奴（妃）伽藍〔三〇七〕，中有金銅窣堵波，高百餘尺。聞之（諸）土俗曰〔三〇八〕：其窣堵波中有佛舍利斗（升）餘〔三〇九〕，每月十五日，其夜便放圓光，燭曜露盤〔三一〇〕，聯暉達曙，其光漸斂，入窣堵波。

城西南有比羅娑洛山唐言象堅〔三一一〕。山神作象形，故曰象堅也。昔如來在世，象堅神奉請世尊及千二百大阿羅漢〔三一二〕。山巔有大盤石〔三一三〕，如來即之受供養〔三一四〕。其〔後〕無憂王即盤石上起窣堵波〔三一五〕，高百餘尺，今人謂之象堅窣堵波也。亦云中有如來舍利，可一升餘。

象堅窣堵波北山巖下，有一龍泉，是如來受神飯已，及阿羅漢於中漱口，嚼楊枝，因即植根〔三一六〕，今爲茂林。後人於此建立伽藍，名鞞鐸佉唐言嚼楊枝也〔三一七〕。

自此東行六百餘里〔三一八〕，山谷接連，峰巖消（峭）峻〔三一九〕，越黑嶺，入北印度境，至濫波國於印度境〔三二〇〕。

大唐西域記一卷第一

說明

此件首缺尾全，起『阿耆尼國』之『勇而寡略』句，訖『大唐西域記一卷第一』，存第一卷之大部。王重民認爲其爲唐末五代抄本（參見《敦煌古籍叙録》，一三二頁）。現知敦煌文獻中保存《大唐西域記》的寫本還有伯三八一四（卷二）、斯九五八（卷三）（本書第四卷已整理）。伯二七〇〇亦抄有卷一所涉及的部分國家國名。余欣據伯二七〇〇與此件的寫本物質形態和字體，認爲兩件原爲同一寫卷之不同斷片（參看《〈大唐西域記〉古寫本述略稿》，《文獻》二〇一〇年四期，三〇至三一頁）。

以上釋文以斯二六五九背爲底本，用中華書局一九八五年《大唐西域記校注》（稱其爲甲本）參校。

校記

〔一〕『勇』，據甲本補。

〔二〕『僧徒二千餘』，據甲本補。

〔三〕『印度』，據甲本補。《敦煌地理文書彙輯校注》此處逕釋作『印度』。除此處之外，《敦煌地理文書彙輯校注》尚有多處不對底本校改，而據甲本逕釋，對此類情況以下不另出校。

〔四〕「諸」，據甲本補。

〔五〕「餘里」，甲本同，《敦煌地理文書彙輯校注》釋作「里餘」，校改作「餘里」。按底本此二字旁有倒乙符號，不煩校改。

〔六〕「踰」，《敦煌地理文書彙輯校注》釋作「逾」，雖義可通而字誤。

〔七〕「居勿反」，據甲本應在「屈」後；「居」，《敦煌地理文書彙輯校注》釋作「屈」，誤。

〔八〕「大」，甲本作「國大」。

〔九〕「麋」，甲本作「糜」，當作「糜」，據文義改，「麋」爲「糜」之借字，《敦煌地理文書彙輯校注》逕釋作「糜」。

〔一〇〕「掏」，甲本作「萄」，均可通。

〔一一〕「文」，據甲本補。

〔一二〕「匾匲」，《敦煌地理文書彙輯校注》釋作「遍遞」，校改作「匾匲」，按底本實作「匾匲」。

〔一三〕「競」，《敦煌地理文書彙輯校注》釋作「竟」，誤。

〔一四〕「刑」，當作「形」，據甲本改，「刑」爲「形」之借字；「容」，甲本無。

〔一五〕「生」，甲本作「出」。

〔一六〕「之」，當作「諸」，據甲本改，「之」爲「諸」之借字；「耆舊」，甲本作「先志」。

〔一七〕「花」，《敦煌地理文書彙輯校注》釋作「華」，誤。

〔一八〕「種」，據甲本補。

〔一九〕「王」，甲本作「王乃」。

〔二〇〕「無嶕」，據甲本補。

〔二一〕『河』，甲本作『阿』。

〔二二〕『而』，底本原抄有兩個，一在行末，一在下行行首，此爲當時之提行添字例，第二『而』字應不讀，故未録，《敦煌地理文書彙輯校注》認爲第二字係衍文；『相』，甲本作『隨』。

〔二三〕『功』，甲本作『工』。

〔二四〕『有』，《敦煌地理文書彙輯校注》漏録。

〔二五〕『矣』，甲本作『廣餘六寸矣』。

〔二六〕『有』，甲本作『各有』；『五』，當作『立』，據甲本改。

〔二七〕『十』，當作『年』，據甲本改。

〔二八〕『皆』，甲本作『皆來』。

〔二九〕『損』，甲本作『捐』。

〔三〇〕『與』，當作『輿』，據甲本改，『與』爲『輿』之借字。

〔三一〕『千』，據甲本補。

〔三二〕『度』，甲本作『渡』，『度』有『渡』義。

〔三三〕『暮』，當作『慕』，據甲本改，『暮』爲『慕』之借字。

〔三四〕『之』，當作『諸』，據甲本改，『之』爲『諸』之借字；『耆舊』，甲本作『先志』。

〔三五〕『此』，甲本作『昔此』；『王』，據甲本補。

〔三六〕『王』，據甲本補。

〔三七〕『付』，據甲本補。

〔三八〕『王』，當作『曰』，據甲本改。

〔三九〕「曰」，當作「王」，據甲本改；「命」，甲本作「令」。
〔四〇〕「奴」，當作「怒」，據甲本改，「奴」爲「怒」之借字。
〔四一〕「金」，當作「今」，據甲本改，「金」爲「今」之借字。
〔四二〕「敬」，甲本作「驚」，均可通。
〔四三〕「過」，當作「遇」，據甲本改。
〔四四〕「刑」，當作「形」，據甲本改，「刑」爲「形」之借字。
〔四五〕「業」，底本此字似「葉」，按寫本中「業」「葉」形近易混，故據甲本及文義逕釋，以下同，不另出校。
〔四六〕「形」，《敦煌地理文書彙輯校注》釋作「刑」，校改作「形」，按底本原寫作「刑」，又改作「形」。
〔四七〕「陳」，甲本作「乃陳」。
〔四八〕「以」，甲本作「以爲」。
〔四九〕「徒」，當作「從」，據甲本改。
〔五〇〕「曰」，據甲本係衍文，當删。
〔五一〕「極」，甲本作「亟」。
〔五二〕「百餘」，當作「六里」，據甲本改。
〔五三〕「姓」，當作「性」，據甲本改，「姓」爲「性」之借字。
〔五四〕「渡」，甲本作「度」，「度」有「渡」義。
〔五五〕「源」，甲本作「原」。
〔五六〕「陵」，甲本作「淩」；「人」，據甲本補。
〔五七〕「唤」，據甲本補。

〔五八〕『廣』，甲本作『長』。

〔五九〕『城』，甲本作『水城』。

〔六〇〕『胡』，據甲本補。

〔六一〕『玉』，當作『土』，據甲本改，《敦煌地理文書彙輯校注》釋作『王』，誤。

〔六二〕『陶』，甲本作『萄』，均可通。

〔六三〕『疏』，甲本作『疎』。

〔六四〕『焉』，《敦煌地理文書彙輯校注》釋作『馬』，校改作『焉』。按底本此字介於『焉』『馬』之間，寫本中『焉』與『馬』形近易混，故據甲本及文義逕釋作『焉』。以下同，不另出校。

〔六五〕『氈』，甲本作『氎』，《敦煌地理文書彙輯校注》釋作『氎』，誤。

〔六六〕『翦』，甲本作『剪』。

〔六七〕『綵』，甲本作『彩』。

〔六八〕『許』，當作『計』，據甲本改。

〔六九〕『麤』，《敦煌地理文書彙輯校注》釋作『鹿』，誤；『敝』，甲本作『弊』，《敦煌地理文書彙輯校注》釋作『蔽』，誤。

〔七〇〕『者』，據甲本補

〔七一〕『西』，據甲本補。

〔七二〕『千泉』，據甲本補。

〔七三〕『三』，據甲本補；『垂』，甲本作『陲』。

〔七四〕『壽』，甲本作『其壽』。

〔七五〕『裳』，甲本作『服』。

〔七六〕『在』，甲本作『存』。

〔七七〕『宜』，甲本作『産風氣所宜』。

〔七八〕『高』，當作『膏』，據甲本改，『高』爲『膏』之借字。

〔七九〕『穡』，《敦煌地理文書彙輯校注》釋作『墻』，誤。

〔八〇〕『花』，甲本作『華』，『華』通『花』。

〔八一〕『陶』，甲本作『萄』，均可通。

〔八二〕『國』，據甲本補。

〔八三〕『赭』，《敦煌地理文書彙輯校注》釋作『至赭』，誤。

〔八四〕『葉葉』，甲本作『葉』，疑第二個『葉』係衍文。

〔八五〕『王』，甲本作『主』。

〔八六〕『行』，甲本無。

〔八七〕『惟』，當作『性』，據甲本改。

〔八八〕『競』，《敦煌地理文書彙輯校注》釋作『竟』，誤。

〔八九〕『依』，據甲本補；『嶮』，甲本作『險』。

〔九〇〕『餘』，甲本無。

〔九一〕『風土』，當作『土宜』，據甲本改；『風』，據甲本補。

〔九二〕『北』，據甲本補。

〔九三〕『城』，甲本作『都城』。

〔九四〕『聚』，據甲本補。
〔九五〕『伎』，甲本作『技』。
〔九六〕『上』，當作『止』，據甲本改。
〔九七〕『是』，甲本作『諸』。
〔九八〕『赭』，底本寫作『赭』，乃受『羯』影響之類化俗字，故據甲本及文義逕釋。
〔九九〕『多出善馬』，甲本此句在本段『花果滋茂』後。
〔一〇〇〕『國』，據甲本補。
〔一〇一〕『北』，據甲本補，《敦煌地理文書彙輯校注》逕釋作『西北』。
〔一〇二〕『此』，甲本作『此國』；『行』，甲本無。
〔一〇三〕『聲』，據甲本補。
〔一〇四〕『百』，甲本作『四五百』。
〔一〇五〕『行』，甲本無。
〔一〇六〕『安』，甲本作『東安』。
〔一〇七〕『同』，據甲本補。
〔一〇八〕『百』，甲本作『四百』。
〔一〇九〕『戊』，甲本作『伐』。
〔一一〇〕『戊』，甲本作『伐』。
〔一一一〕『同』，據甲本補。
〔一一二〕『迦』，甲本作『伽』。

〔一一三〕『迦』，甲本作『伽』。
〔一一四〕『戊』，甲本作『伐』。
〔一一五〕『去』，《敦煌地理文書彙輯校注》漏録；『聲』，據甲本補；『那』，《敦煌地理文書彙輯校注》釋作『挪』，校改作『那』，按此處可逕釋作『那』，不煩校改。
〔一一六〕『嶮』，甲本作『嶇』。
〔一一七〕『百』，甲本作『三百』。
〔一一八〕『銅』，當作『錮』，據甲本改，《敦煌地理文書彙輯校注》校改作『鍋』。
〔一一九〕『扉』，甲本作『扇』。
〔一二〇〕『羅國吐火』，當作『吐火羅國』，據甲本改。
〔一二一〕『也』，據甲本補。
〔一二二〕『四』，當作『西』，據甲本改。
〔一二三〕『酋』，甲本同，底本字形介於『首』『酋』之間，按寫本中『首』『酋』形近易混，故據甲本及文義逕釋作『酋』；『競』，《敦煌地理文書彙輯校注》釋作『竟』，誤。
〔一二四〕『君』，底本此字似『居』，按寫本中『居』『君』形近易混，故據甲本及文義逕釋作『君』。
〔一二五〕『十』，據甲本補。
〔一二六〕『二』，甲本作『三』。
〔一二七〕『氈』，《敦煌地理文書彙輯校注》釋作『氈』，誤。
〔一二八〕『横』，當作『模』，據甲本改；『異』，甲本作『異於』。
〔一二九〕『唐言竺國』，甲本無。

〔一三〇〕「城」，甲本作「都城」。
〔一三一〕「東」，據甲本補。
〔一三二〕「郎」，當作「即」，據甲本改。
〔一三三〕「又曰塔婆」，甲本無。
〔一三四〕「升」，當作「斗」，據甲本改；「彼」，當作「波」，據甲本改。
〔一三五〕「至」，據甲本補。
〔一三六〕「之」，甲本無。
〔一三七〕「從」，當作「徒」，據甲本改；「少」，據甲本補。
〔一三八〕「三」，甲本作「二」。
〔一三九〕「從」，當作「徒」，據甲本改。
〔一四〇〕「瑜」，甲本作「愉」；「俱」，《敦煌地理文書彙輯校注》釋作「具」，誤。
〔一四一〕「瑜」，甲本作「愉」。
〔一四二〕「從」，當作「徒」，據甲本改。
〔一四三〕「西」，《敦煌地理文書彙輯校注》校改作「至」；「二百餘里」，據甲本補。
〔一四四〕「南北三百餘里」，據甲本補。甲本此句後有「國大都城周十餘里。伽藍三所，僧徒百餘人。東至鑊沙國」。
〔一四五〕「周」，《敦煌地理文書彙輯校注》漏録。
〔一四六〕「千」，據甲本補。
〔一四七〕「里」，據甲本補。
〔一四八〕「户」，當作「尸」，據甲本改。

〔一四九〕「迷」，甲本作「悉」。

〔一五〇〕「鉢」，甲本作「鉢鐸」。

〔一五一〕「刈」，甲本作「利」；「火刈反」，《敦煌地理文書彙輯校注》釋作「利反火」，誤。

〔一五二〕「遏羅」，甲本作「曷邏」。

〔一五三〕「至南」，當作「南至」，據甲本改。

〔一五四〕「羅」，《敦煌地理文書彙輯校注》校改作「邏」，不必。

〔一五五〕「浪」，據甲本補。

〔一五六〕「大」，甲本作「國大」。

〔一五七〕「從」，當作「徒」，據甲本改。

〔一五八〕「百」，甲本作「百有」。

〔一五九〕「從」，當作「徒」，據甲本改。

〔一六〇〕「伽藍」，甲本前有「城外西南有納縛唐言新僧伽藍，此國先王之所建也。大雪山北作論諸師，唯此」。

〔一六一〕「君」，甲本同，底本字形似「居」，按寫本中「居」「君」形近易混，故據甲本及文義逕釋作「君」。

〔一六二〕「政」，當作「攻」，據甲本改。

〔一六三〕「宇」，當作「守」，據甲本改。

〔一六四〕「突」，甲本作「近突」。

〔一六五〕「曰」，據甲本補。

〔一六六〕「河」，當作「何」，據甲本改，「河」爲「何」之借字。

〔一六七〕「心胸」，甲本作「胸背」。

〔一六八〕「若」，當作「苦」，據甲本改。
〔一六九〕「徵」，當作「徵」，據甲本改。
〔一七〇〕「申」，甲本作「伸」。
〔一七一〕「乃」，當作「及」，據甲本改。
〔一七二〕「升」，甲本作「斗」。
〔一七三〕「有」，據甲本補。
〔一七四〕「之」，據甲本及殘筆劃補。
〔一七五〕「侣」，甲本作「俗」；「成」，當作「咸」，據甲本改。
〔一七六〕「城」，當作「誠」，據甲本改，「城」爲「誠」之借字。
〔一七七〕「福」，當作「輻」，據甲本改，「福」爲「幅」之借字。
〔一七八〕「現」，《敦煌地理文書彙輯校注》釋作「見」，誤。
〔一七九〕「趾」，甲本作「跡」。
〔一八〇〕「百」，據甲本補。
〔一八一〕「風」，當作「夙」，據甲本改。
〔一八二〕「有」，甲本作「至」。
〔一八三〕「北」，甲本作「城北」。
〔一八四〕「有」，甲本作「各有」。
〔一八五〕「厥」，當作「鹿」，據甲本改；「詣」，《敦煌地理文書彙輯校注》釋作「至」，誤。
〔一八六〕「彼」，甲本作「被」。

〔一八七〕「𢿙」，甲本作「𢿙」。
〔一八八〕「伽」，甲本作「祇」。
〔一八九〕「次」，甲本同，《敦煌地理文書彙輯校注》校補作「次下」。
〔一九〇〕「鉢」，據甲本補。
〔一九一〕「第」，底本原作「弟」形，因二字形近，在手書中易混，故依據甲本及文義判定其所屬，此逕釋作「第」。以下同，不另出校。
〔一九二〕「擬」，底本作「𢕟」，乃涉下文「儀」之類化俗字，故據甲本及文義逕釋。
〔一九三〕「斯」，據甲本補。
〔一九四〕「高」，甲本作「高餘」。
〔一九五〕「十」，據甲本補。
〔一九六〕「十」，據甲本係衍文，當删。
〔一九七〕「利」，當作「剌」，據甲本改；「建」，甲本作「健」。
〔一九八〕「十」，甲本無。
〔一九九〕「迦」，甲本作「伽」。
〔二〇〇〕「雪」，甲本作「大雪」。
〔二〇一〕「谷」，據甲本補。
〔二〇二〕「谿」，甲本作「蹊」，均可通。
〔二〇三〕「魅」，《敦煌地理文書彙輯校注》釋作「惡」，校改作「魅」，按底本實作「魅」。
〔二〇四〕「素」，當作「祟」，據甲本改。

〔二〇五〕「煞」，甲本作「殺」。
〔二〇六〕「梵衍那國」，據甲本補。
〔二〇七〕「皆」，甲本作「背」。
〔二〇八〕「弊」，當作「幣」，據甲本改，「弊」爲「幣」之借字。
〔二〇九〕「城」，當作「誠」，據甲本改，「城」爲「誠」之借字。
〔二一〇〕「迦」，甲本作「伽」。
〔二一一〕「曜」，《敦煌地理文書彙輯校注》釋作「耀」，誤。
〔二一二〕「土」，當作「立」，據甲本改。
〔二一三〕「成」，當作「城」，據甲本改，「成」爲「城」之借字；「有」，據甲本補。
〔二一四〕「每」，甲本作「每此」。
〔二一五〕「雪」，甲本作「大雪」。
〔二一六〕「水」，甲本作「池」。
〔二一七〕「青」，據甲本補。
〔二一八〕「分」，甲本作「和」。
〔二一九〕「錢」，當作「鐵」，據甲本改。
〔二二〇〕「僧」，《敦煌地理文書彙輯校注》漏録。
〔二二一〕「絳」，《敦煌地理文書彙輯校注》釋作「降」，誤。
〔二二二〕「娑」，甲本作「娑者」。
〔二二三〕「作」，當作「於」，據甲本改，《敦煌地理文書彙輯校注》校補作「作於」。

〔二二四〕『身』，據甲本補。
〔二二五〕『衣』，據甲本補。
〔二二六〕『迦』，甲本作『伽』。
〔二二七〕『乃』，甲本作『方乃』。
〔二二八〕『少』，《敦煌地理文書彙輯校注》釋作『小』，誤。
〔二二九〕『東』，甲本作『東行』。
〔二三〇〕『踰』，《敦煌地理文書彙輯校注》釋爲『逾』，義可通而字誤。
〔二三一〕『垂』，甲本作『陲』。
〔二三二〕『宜』，據甲本補。
〔二三三〕『氈』，甲本作『氊』。
〔二三四〕『同』，當作『周』，據甲本改。
〔二三五〕『千』，甲本作『千餘』。
〔二三六〕『形』，《敦煌地理文書彙輯校注》釋作『形形』，按底本原寫作『戒形』，『戒』旁有删字符。
〔二三七〕『文』，當作『聞』，據甲本改，『文』爲『聞』之借字；『之』，當作『諸』，據甲本改，『之』爲『諸』之借字；『耆舊』，甲本作『先志』。
〔二三八〕『錧』，當作『館』，據文義改，甲本作『舘』。
〔二三九〕『久』，當作『冬』，據甲本改；『國』，甲本作『諸國』。
〔二四〇〕『迦』，甲本作『伽』。
〔二四一〕『迦』，甲本作『伽』。

〔二四二〕『解安居』，《敦煌地理文書彙輯校注》漏録。

〔二四三〕『迦』，甲本作『伽』。

〔二四四〕『壞』，甲本作『朽壞』；『迦』，甲本作『伽』。

〔二四五〕『迦』，甲本作『伽』。

〔二四六〕『嶺』，甲本作『北嶺』。

〔二四七〕『作』，據甲本補。

〔二四八〕『猛』，據甲本補。

〔二四九〕『至』，據甲本補；『喝』，甲本作『曷』。

〔二五〇〕『隙』，《敦煌地理文書彙輯校注》釋作『滐』，校改作『隙』；『流』，甲本作『流出』。

〔二五一〕『其』，甲本作『先』，當作『耆』，據文義改，『其』爲『耆』之借字；『舊』，甲本作『志』。

〔二五二〕第一個『羅』，甲本作『邏』。

〔二五三〕『曰』，據甲本補。

〔二五四〕『有』，當作『者』，據甲本改。

〔二五五〕『諸』，當作『請』，據甲本改。

〔二五六〕『今』，甲本作『今日有』。

〔二五七〕『乘』，當作『垂』，據甲本改。

〔二五八〕『喝』，甲本作『曷』。

〔二五九〕第一個『羅』，甲本作『邏』。

〔二六〇〕『城』，當作『誠』，據甲本改，『城』爲『誠』之借字。

〔二六一〕「上」，當作「尚」，據甲本改，「上」爲「尚」之借字。

〔二六二〕「遂」，當作「逐」，據甲本改。

〔二六三〕「里」，據甲本補。

〔二六四〕「泣」，甲本作「立」，均可通。

〔二六五〕「陗」，甲本作「峭」，均可通。

〔二六六〕「土」，當作「士」，據甲本改。

〔二六七〕「縊」，甲本作「呬」，校注者認爲「縊」乃「呬」在梵語轉譯過程中的錯訛；「髮」，當作「髣」，據甲本改。

〔二六八〕「故」，甲本作「故此」。

〔二六九〕「那」，據甲本補；「縊」，甲本作「呬」。

〔二七〇〕「之」，當作「諸」，據甲本改，「之」爲「諸」之借字；「耆舊」，甲本作「先志」。

〔二七一〕第一個「羅」，甲本作「邏」。

〔二七二〕「者」，據甲本補；「蜜」，當作「密」，據甲本改。

〔二七三〕「念」，當作「忿」，據甲本改。

〔二七四〕「忩」，當作「忿」，據甲本改。

〔二七五〕「力」，據甲本補。

〔二七六〕「王」，據甲本補。

〔二七七〕「窣」，甲本作「建窣」。

〔二七八〕「壞」，當作「懷」，據甲本改，「壞」爲「懷」之借字；「忩」，當作「忿」，據甲本改。

〔二七九〕「爲」，當作「象」，據甲本改。

〔二八〇〕「競」，《敦煌地理文書彙輯校注》釋作「竟」，誤。
〔二八一〕「取」，當作「馭」，據甲本改。
〔二八二〕「所」，《敦煌地理文書彙輯校注》釋作「而」，誤；「能」，甲本作「制」。
〔二八三〕「爭」，甲本作「鬥」。
〔二八四〕「服」，甲本作「伏」，均可通。
〔二八五〕「計」，據甲本補。
〔二八六〕「雷」，據甲本補。
〔二八七〕「露」，甲本作「雲」；「暝」，甲本作「冥」。
〔二八八〕「攝」，甲本作「懾」。
〔二八九〕「爲」，《敦煌地理文書彙輯校注》釋作「與」，校改作「爲」，按底本實作「爲」。
〔二九〇〕「城」，當作「誠」，據甲本改，「城」爲「誠」之借字。
〔二九一〕「我」，據甲本補。
〔二九二〕「墮」，《敦煌地理文書彙輯校注》釋作「墜」，誤。
〔二九三〕「王」，據甲本補。
〔二九四〕「更」，據甲本補。
〔二九五〕「惟」，當作「候」，據甲本改。
〔二九六〕「健」，當作「楗」，據甲本改，「健」爲「楗」之借字，《敦煌地理文書彙輯校注》釋作「犍」；「稚」，甲本作「槌」，當作「椎」，據文義改，《敦煌地理文書彙輯校注》逕釋作「椎」。
〔二九七〕「候」，據甲本補；「雲氣」，《敦煌地理文書彙輯校注》釋作「黑雲」，誤。

〔二九八〕「土俗」，甲本作「先志」。
〔二九九〕「爐」，當作「爐」，據甲本改。
〔三〇〇〕「日」，甲本作「白」；「旛」，甲本作「幡」，《敦煌地理文書彙輯校注》校改作「璠」，誤。
〔三〇一〕「上」，據甲本補。
〔三〇二〕「際」，據甲本補。
〔三〇三〕「崖」，甲本作「岸」。
〔三〇四〕「内」，甲本作「内有」。
〔三〇五〕「有」，甲本作「又有」。
〔三〇六〕「有」，當作「右」，據甲本改。
〔三〇七〕「奴」，當作「妃」，據甲本改。
〔三〇八〕「之」，當作「諸」，據甲本改，「之」爲「諸」之借字。
〔三〇九〕「斗」，當作「升」，據甲本改。
〔三一〇〕「曜」，甲本作「燿」，《敦煌地理文書彙輯校注》釋作「耀」，雖義可通而字誤。
〔三一一〕「婆」，甲本作「娑」。
〔三一二〕「請」，甲本同，《敦煌地理文書彙輯校注》釋作「諸」。
〔三一三〕「盤」，甲本作「磐」。
〔三一四〕「受」，甲本作「受神」。
〔三一五〕「後」，據甲本補；「盤」，甲本作「磐」。
〔三一六〕「植」，甲本作「種」。

〔三一七〕「也」，甲本無。

〔三一八〕「自」，《敦煌地理文書彙輯校注》釋作「從」，誤。

〔三一九〕「消」，當作「峭」，據甲本改。

〔三二〇〕「於」，甲本作「北」。

參考文獻

《敦煌古籍叙録》，北京：商務印書館，一九五八年，一三二至一三六頁；《大正大學研究紀要》六一號，一九七五年，六一頁；《大唐西域記》，上海人民出版社，一九七七年，三至三〇頁；《敦煌の歷史》，東京：大東出版社，一九八〇年，二六七頁；《敦煌寶藏》二二册，臺北：新文豐出版公司，一九八二年，七〇至七八頁（圖）；《大唐西域記校注》，北京：中華書局，一九八五年，四八至一五九頁；《敦煌學論集》，蘭州：甘肅人民出版社，一九八五年，四六頁；《敦煌古籍叙録新編》七册，臺北：新文豐出版公司，一九八六年，一三一至一六九頁（圖）；《敦煌地理文書彙輯校注》，蘭州：甘肅教育出版社，一九八九年，二三四至二五三頁（録）；《英藏敦煌文獻》四卷，成都：四川人民出版社，一九九一年，一五八至一七〇頁（圖）；《季羨林教授八十華誕紀念論文集》（下），南昌：江西人民出版社，一九九一年，九五七頁。

斯二六五九背　二　往生禮讚文一卷

釋文

往生禮讚文一卷

比丘善導願往生禮讚文，廿二拜〔依〕十六觀作〔一〕。

一切恭敬，敬禮常住三寶。次胡跪，供養此香〔二〕。是諸衆等人各胡跪，嚴持香華，如法供養。願此香華雲，遍滿十方界。供養一切佛，化佛并真法。菩薩聲聞衆，受此香華雲。以起光明臺，過於無邊界。無邊受作佛事〔三〕，供養已，一切恭敬。次作梵。如來妙色身，世間無與等。無比不思議，是故今敬禮。

敬禮常住三寶。次歎佛、呪願。竊以釋迦尊佛，勸生淨土，十方種覺，皆〔同〕指讚〔四〕。國名極樂，佛號彌陀。身真金色，高六十萬億那由他恒河沙由旬〔五〕；眉間豪相，右旋菀轉〔六〕，如五須彌山，眼如四大海水，清白分明；身諸毛孔，引出光明，其佛圓光如百億三千大千世界。於圓光中，復有八萬億那由他恒沙化佛菩薩〔七〕，以爲侍者。復有八萬四千相，一一相有八萬四千隨形好，一一好有八萬四千光明，一一光明遍照十方世界。唯覓念佛，衆生攝取不捨。佛有如是卌八弘誓願，無量大悲恆沙功德，非歎能盡。然今衆等於時禮懺[八]，念誦功德，資益梵釋四王，天龍八部，一切業道，天曹地府等；皇帝皇后皇太子，慈悲平等，聖化無窮；文武百官，恆居禄位；師僧父母，信施檀越，及法界衆生，普願發菩提心，修菩薩行，慈心相向，佛眼相看，菩提眷屬，作真善知識，同生阿彌陀佛國，俱成佛果。

南無釋迦牟尼佛等一切三寶，我今稽首禮，迴願往生無量壽國。此之一佛現，是今時道俗等大師三寶者[九]，亦是無上福田。若禮一拜，即是念報師恩，已（以）成己行[一〇]，以斯一行，迴願往生。

南無十方三世盡虛空遍法界微塵刹土中一切三寶。我今稽首禮，迴願往生無量壽國。十方虛空無邊，三寶無盡。若禮一拜，即是福田無量，功德無窮。若能至心禮之一拜，一一佛上，一一法上，一一菩薩上，一一聖僧上，皆得身口意業善根，來資益行者，以成己行，以斯一行，迴願往生。

至心歸命禮西方阿彌陀。觀彼彌陀極樂界，廣大寬平衆寶城。四十八願莊嚴起，超諸佛刹最爲精。大國他方大海衆[一一]，窮劫算數不知名。普勸歸西同彼會，恆沙三昧自然成。願共諸衆生，〔往〕〔生〕〔安〕〔樂〕〔國〕[一二]。

至心歸命禮西方阿彌陀佛。地下莊嚴七寶幢，無量無邊無憶（億）數[一三]。八方八面百寶成，見彼無生自然悟。無生寶國永爲常，一一寶流無數光。行者傾心常對目，騰神踴躍入西方。願共諸衆生，往生安樂國。

至心歸命禮西方阿彌陀佛[一四]。地上莊嚴轉無極，金繩界道非工匠[一五]。彌陀願智巧莊嚴，菩薩人天散華上。寶地寶色寶光非（飛）[一六]，一一光成無數臺。臺（中）寶樓千萬億[一七]，臺側百億寶幢圍。願共諸衆生，往生安樂國。

至心歸命禮西方阿彌陀佛。一一臺上虚空中，莊嚴寶樂亦無窮。八種清風尋光出，隨時設樂應機音[一八]。機音正受稍爲難，行住座卧攝心觀。唯除睡時常憶念[一九]，三昧無爲即涅槃。願共諸衆生，往生安樂國。

至心歸命禮西方阿彌陀佛。寶國寶林諸寶樹，寶華寶葉寶根莖。或以千寶分林異，或有百寶共城（成）行[二〇]。行行相當葉相次，色各不同光亦然。等量齊高三十萬，枝條相觸説無因。願共諸衆生，往生安樂國。

至心歸命禮西方阿彌陀佛。七重羅網七重宫，綺互（户）迴光相映發[二一]。化天童子皆充遍[二二]，瓔珞輝光超日月。行行寶葉色千般，華敷等若旋金輪。果變光成衆寶蓋，塵砂佛刹現無邊。願共諸衆生，往生安樂國。

至心歸命禮西方阿彌陀佛。寶池寶岸寶金沙，寶渠寶葉寶蓮華。十二由旬皆正等，寶羅寶網寶蘭（欄）遮[二三]。德水分流尋寶樹，聞波睹樂證恬怕（泊）[二四]。寄語有緣同行者，努力翻迷還本家。願共諸衆生，往生安樂國。

至心歸命禮西方阿彌陀佛。一一金繩界道上，寶樂寶樓千萬憶（億）〔二五〕。諸天童子散香華，他方菩薩如雲集。無量無邊無能計，稽首彌陀恭敬立。風鈴樹香（響）遍虛空〔二六〕，歡（歎）説三尊無有極〔二七〕。願共諸衆生，往生安樂國。

至心歸命禮西方阿彌陀佛。彌陀大願華王座〔二八〕，一切衆寶以爲成。臺上四幢張寶縵，彌陀獨坐顯真形。真形光明遍法界，蒙光觸者心不退。晝夜六時專相（想）念〔二九〕，終時快樂如三昧。願共諸衆生，往生安樂國。

至心歸命禮西方阿彌陀佛。彌陀身心遍法界，影現衆生心相中〔三〇〕。是故勸汝常觀祭（察）〔三一〕，依心起相表真容。真形寶像臨花坐〔三二〕，心開見彼國莊嚴。寶樹三身華遍滿，風鈴樂響與文同。願共諸衆生，往生安樂國。

至心歸命禮西方阿彌陀佛。彌陀身色如金色（山）〔三三〕，相好光明照十方。唯有念佛蒙光攝，當知本願最爲强。十方如來舒舌證，專稱名號至西方。到彼花開聞妙法，十地願行自然彰。願共諸衆生，往生安樂國。

至心歸命禮西方阿彌陀佛。觀音菩薩大慈悲〔三四〕，已得菩提捨不證。一切五道内身中，六時觀察三輪應。應現身光紫金色，相好威儀轉光（無）極〔三五〕。恆舒百億光王手，普接有緣歸大國〔三六〕。願共諸衆生，往生安樂國。

至心歸命禮西方阿彌陀佛。勢志（至）菩薩難思儀（議）〔三七〕，威光普照無邊際。有緣衆生蒙光觸，增長智慧超三界。法界傾摇如轉蓬，化佛雲集滿虚空。普勸有緣常憧（憶）念〔三八〕，永絶胞胎證六通。願共諸衆生，往生安樂國。

至心歸命禮西方阿彌陀佛。正坐跏趺入三昧〔三九〕，相心乘念至西方。睹見彌陀極樂界，地上虚空七寶莊。彌陀身量極無邊，重勸衆生觀小身。丈六八尺隨機現，圓光化侍等前真。願共諸衆生，往生安樂國。

至心歸命禮西方阿彌陀佛。上輩上行上根人，求生淨土斷貪嗔。就行差别分三品，五門相續助三因。一日七日專精進，畢命乘臺出六塵。慶哉難逢今得遇，永證無爲法性身。願共諸衆生，往生安樂國。

至心歸命禮西方阿彌陀佛。中輩中行中根人，一日齋戒處金蓮。孝養父母教迴向，爲説西方快樂因。佛與聲聞衆來取，真（直）到彌陀華坐邊〔四〇〕。百寶花籠逕七日〔四一〕，三品蓮開證小真。願共諸衆生，往生安樂國。

至心歸命禮西方阿彌陀佛。下輩下行下根人，五（十）惡五逆等貪嗔〔四二〕。四重偷僧傍（謗）正法〔四三〕，未曾慚愧悔前愆。終時苦相皆雲集，地獄猛火四（罪）人前〔四四〕。忽願（遇）往生善知識〔四五〕，急勸專稱彼佛名。化佛菩薩尋聲到，一念傾心入寶蓮。三華障重開多劫，於時始發菩提因。願共諸衆生，往生安樂國。

至心歸命禮西方阿彌陀佛。樂何帝，樂事難思儀（議）[四六]。無邊菩薩爲同學，性海如來盡是師。渴聞波若絶思漿[四七]，無（念）服無生即斷飢[四八]。一切莊嚴皆説法，無心領納自然知。七覺花池隨意入[四九]，八背凝神會一支。彌陀心水休（沐）身頂[五〇]，觀音大勢與衣彼（披）[五一]。欻爾騰空遊法界，須臾授記號無爲。如此逍遥無極處，吾今不去待何時。願共諸衆生，往生安樂國。

至心歸命禮西方阿彌陀佛。哀愍覆護我，令法種增長。此世及後生，願佛常攝受。願共諸衆生，往生安樂國。

至心歸命禮西方極樂世界，觀世音菩薩摩訶薩。願共諸衆生，往生安樂國。

至心歸命禮西方極樂世界，大勢至菩薩摩訶薩。願共諸衆生，往生安樂國。

此二菩薩，一切衆生臨命終時，共持華臺，受（授）與無數行者[五二]。阿彌陀佛放無量光，〔照〕行者身[五三]，復與無數化佛菩薩聲聞大衆等，一時受（授）手[五四]，如彈指須（頃）即得往生[五五]。爲報恩故，至心各禮一拜。

至心歸命禮西方極樂世界。諸菩薩摩訶薩，清淨大海衆，願共諸衆生，往生安樂國。

此等菩薩，亦隨佛來，迎接行者，爲報恩故至心禮之一拜。普爲師僧父母善知識法界衆，斷除三障，同得往生阿彌陀佛國。歸命懺悔，至心懺悔南無歸懺十方佛，願滅一切諸罪根。今將久近所修善，迴作自他安樂因，恆願一切臨終〔時〕[五六]，勝緣〔勝〕境悉現前[五七]，懺悔願〔睹〕彌陀大悲主〔五八〕，觀音勢至十方尊〔五九〕，仰唯神光蒙授手，乘佛願力生彼國。懺悔迴向發願已，至心歸命阿彌陀佛。

作梵竟，説偈發願。禮懺諸功德，願臨命終時，見無量壽佛無邊功德身，我及餘信者既見彼佛已，願得離垢眼，往生安樂國，城（成）無上菩提〔六〇〕。禮懺已。一切恭敬。歸〔佛〕得菩提〔六一〕，道心恆不退；歸法薩婆若，得大總持門；歸僧息淨（諍）論〔六二〕，同入和合海。迴願往生無量壽國。

願諸衆生三業清淨〔六三〕，奉持佛教，和南一切賢聖，迴願往生無量壽國。

諸衆等聽説無常偈。人間悤悤營衆務，不覺年命日夜去。如燈風中滅難期，忙忙六道無定趣。未得解脱出苦海，云何安然不驚懼？各聞强健有力時，自營（策）自勵求常住〔六四〕。説此偈已，更當心口發願。願弟子等臨命終時，心不顛倒，心不錯亂，心不失念，身心無諸苦痛，身心快樂，如入禪定。聖衆現前，乘佛本願，上品往生阿彌陀佛國。到彼國已，得六神通，入十方界。救攝苦衆生，虚空法界盡，我願亦如是。發已，至心歸命阿彌陀佛。禮竟。

往生禮讚文一卷

説明

此件首尾完整，首尾題『往生禮讚文一卷』，内容爲善導《往生禮讚》行儀的『日中禮讚』部分，此行儀省略了許多儀軌次第，直接進入唱讚禮拜的程序（參見楊明芬《唐代西方淨土禮懺法研究》，七一至七二頁）。除此件外，現知敦煌文獻中保存『日中禮讚』的尚有伯二七二二、BD 八二二八＋斯二五五三（本書第十三卷已收）和斯二五七九（本書第十三卷已收）。其中伯二七二二與此件屬於同一系統；BD 八二二八＋斯二五五三和斯二五七九屬另一系統，内容包括『晨朝禮讚』和『日中禮讚』（參見盛會蓮《禮阿彌陀佛文校勘記》，《敦煌研究》二〇〇五年二期，一〇五頁）。此件中『世』字加筆，係避唐太宗諱。

以上釋文以斯二六五九背爲底本，用伯二七二二（稱其爲甲本）參校。

校記

〔一〕『依』，據甲本補。
〔二〕『此香』，甲本無。
〔三〕『受』，甲本作『受用』。
〔四〕『同』，據甲本補。
〔五〕『高』，甲本作『身高』。
〔六〕『菀』，甲本同，『菀』通『宛』。
〔七〕『八』，甲本作『百』；『恆』，甲本作『恆河』。

〔八〕「於時」，甲本作「依曉」。
〔九〕「大」，甲本作「本」。
〔一〇〕「已」，當作「以」，據甲本改，「已」爲「以」之借字。
〔一一〕第一個「大」，甲本作「本」。
〔一二〕「往生安樂國」，據甲本補。
〔一三〕「憶」，當作「億」，據甲本改，「憶」爲「億」之借字。
〔一四〕「命」，甲本作「念」。
〔一五〕「金」，甲本作「今」。
〔一六〕「非」，當作「飛」，據甲本改，「非」爲「飛」之借字。
〔一七〕「中」，據甲本補。
〔一八〕「設」，甲本作「鼓」。
〔一九〕「憶」，甲本作「億」，「億」爲「憶」之借字。
〔二〇〕「城」，當作「成」，據甲本改，「城」爲「成」之借字。
〔二一〕「互」，甲本同，當作「户」，據文義改，「互」爲「户」之借字。
〔二二〕「化」，甲本作「花」。
〔二三〕「蘭」，甲本同，當作「欄」，據文義改，「蘭」爲「欄」之借字。
〔二四〕「怕」，甲本同，當作「泊」，據文義改。
〔二五〕「憶」，當作「億」，據甲本改，「憶」爲「億」之借字。
〔二六〕「香」，當作「響」，據甲本改，「香」爲「響」之借字。

〔二七〕『歡』，當作『歎』，據甲本改。
〔二八〕『大』，甲本作『本』。
〔二九〕『相』，當作『想』，據甲本改，『相』爲『想』之借字。
〔三〇〕『相』，甲本作『想』，『相』爲『想』之借字。
〔三一〕『祭』，當作『察』，據甲本改。
〔三二〕『坐』，甲本作『座』，均可通。
〔三三〕『色』，當作『山』，據甲本改。
〔三四〕『觀音菩』，底本中『觀音菩』一在行末，一在下行行首，此爲當時之提行添字例，第一個『觀音菩』字應不録。
〔三五〕『光』，甲本同，當作『無』，據《大正新脩大藏經》《往生禮讚偈》改。
〔三六〕『大』，甲本作『本』。
〔三七〕『志』，甲本同，當作『至』，據《大正新脩大藏經》《往生禮讚偈》改，『志』爲『至』之借字；『儀』，當作『議』，據甲本改，『儀』爲『議』之借字。
〔三八〕『憧』，甲本作『億』，當作『憶』，據文義改。
〔三九〕『昧』，甲本作『味』。
〔四〇〕『真』，甲本同，當作『直』，據文義改；『坐』，甲本作『座』，均可通。
〔四一〕『花』，甲本作『華』，均可通。
〔四二〕第一個『五』，當作『十』，據甲本改。
〔四三〕『傍』，當作『謗』，據甲本改，『傍』爲『謗』之借字。

〔四四〕『四』，當作『罪』，據甲本改。
〔四五〕『願』，當作『遇』，據甲本改。
〔四六〕『儀』，當作『議』，據甲本改，『儀』爲『議』之借字。
〔四七〕『漿』，甲本作『獎』。
〔四八〕第一個『無』，當作『念』，據甲本改。
〔四九〕『花』，甲本作『華』，均可通。
〔五〇〕『休』，當作『沐』，據甲本改。
〔五一〕『彼』，當作『披』，據甲本改。
〔五二〕『受』，當作『授』，據甲本改，『受』爲『授』之借字；『無數』，甲本無。
〔五三〕『照』，據甲本補。
〔五四〕『受』，當作『授』，據甲本改，『受』爲『授』之借字。
〔五五〕『須』，當作『頃』，據甲本改。
〔五六〕『時』，據甲本補。
〔五七〕第二個『勝』，據文義補。
〔五八〕『睹』，據文義補。
〔五九〕『至』，甲本作『志』，『志』爲『至』之借字。
〔六〇〕『城』，當作『成』，據甲本改，『城』爲『成』之借字。
〔六一〕『佛』，據甲本補。
〔六二〕『淨』，甲本同，當作『諍』，據文義改。

〔六三〕『業』，底本似『葉』，按寫本中『業』『葉』形近易混，此處據文義逕釋作『業』。

〔六四〕『營』，當作『策』，據甲本改。

參考文獻

《敦煌寶藏》二二册，臺北：新文豐出版公司，一九八二年，七八至八一頁（圖）；《敦煌寶藏》一二三册，臺北：新文豐出版公司，一九八五年，四八六至四八八頁（圖）；《英藏敦煌文獻》四，成都：四川人民出版社，一九九一年，一七〇至一七四頁（圖）；《法藏敦煌西域文獻》一七册，上海古籍出版社，二〇〇一年，三六五至三六七頁（圖）；《敦煌研究》二〇〇五年二期，一〇五頁；《唐代西方淨土禮懺法研究》，北京：民族出版社，二〇〇七年，七一至七二頁。

斯二六五九背　三　十二光禮懺文

釋文

十二光禮懺文

請佛作梵軌儀，一切如常。

威容廣大，壽命無涯。不捨因中，四十八願。莊嚴淨國，引道衆生，常現色身，善入心相〔一〕，化地獄火，爲清涼風。十念歸依，定皆攝授。願共諸衆生，往生安樂國。

我佛如來無見頂，應持菩薩莫能量。虛空有盡相無盡，故得名爲無量光。白毫菀轉如秋月〔二〕，金色分輝滿十方。有念佛人無不攝，無邊即是法身光。下救闡提無問（間）苦〔三〕，從心出現降清涼。大悲不共超諸聖，故得名爲無對光。流出面間多授記〔四〕，哀憐苦海共滄忙（茫）〔五〕。鐵圍幽暗皆蒙照〔六〕，故得名爲無礙光。項背指舒皆自在，人間天上最熒惶（煌）〔七〕。如燒海上金山色，故得名爲光焰王。果海混融同法性，因源無累不消亡。能令濁劫除三障，故得名爲清淨光。大願海中流不極，微塵國裏照無殃。臨終見即生忻悦，故得名爲歡喜光。妙湛總持真般若，圓明發自大空鄉〔八〕。迷津一見咸開悟，故得名爲智惠光。萬有共依真法界，衆生盡是所含藏。隨心念念長相照，故得名爲不斷光。百億大千皆恍朗，十重三類即真常。名言斷處難分别，故號無稱邊照光。八萬四千微妙法，〔周〕〔流〕〔法〕〔界〕〔不〕〔相〕〔妨〕〔九〕。首楞嚴界超情路，真是難思寂滅光。身逝百齡何所託，蓮花九品即梯航。纔稱十念猶垂接，真是恩超日月光。

南無極樂世界四十八願大慈大悲阿彌陀佛〔一〇〕。法身心無盡，悲花道不窮。願隨三類彰（障）〔一一〕，長入四生中。

南無極樂世界大慈大悲觀世音菩薩摩訶薩〔一二〕。不起三摩地，長垂六道身。願承悲智力，同作往生人。

南無極樂世界大慈大悲大勢至菩薩摩訶薩。十方皆自在，動地表威神。願假瓶光照，長瞻妙色身。

南無極樂世界諸尊菩薩摩訶薩〔一三〕。悲雲開寶月，智海遶山王。惟願隨花裓〔一四〕，須臾遍十方。

説明

此件首尾完整，首題『十二光禮懺文』。『十二光禮』是關於以阿彌陀信仰十二個别名爲内容的行儀，也是西方淨土禮懺法的一種。除此件外，現知敦煌文獻尚有六件『十二光禮』，分爲兩個系統，此件和伯二七二二屬於同一系統，BD〇〇二七〇（宇七〇）、BD〇〇六二三（日二三）、BD〇四四九六（昆九六）、伯二九一一、伯四五九七屬於另一系統（參見汪娟《敦煌禮懺文研究》，七五頁）。

以上釋文以斯二六五九背爲底本，用伯二七二二（稱其爲甲本）參校。

校記

〔一〕『相』，甲本作『想』，『想』爲『相』之借字。

〔二〕『菀』，甲本同，『菀』通『宛』。

〔三〕『問』，當作『間』，據甲本改。

〔四〕『間』，甲本作『門』。

〔五〕『忙』，甲本同，當作『茫』，據文義改，『忙』爲『茫』之借字。

〔六〕『蒙』，甲本作『菀』，誤。

〔七〕『惶』，甲本同，當作『煌』，據文義改，『惶』爲『煌』之借字。

〔八〕『大』，甲本作『本』。

〔九〕『周流法界不相妨』，據甲本補。

〔一〇〕『慈』，甲本作『悲』；『悲』，甲本作『慈』。

〔一一〕『彰』，甲本同，當作『障』，據文義改。

〔一二〕『慈』，甲本作『悲』；『悲』，甲本作『慈』。

〔一三〕『界』，甲本脱。

〔一四〕『惟』，甲本作『唯』；『祴』，甲本作『慽』。

參考文獻

《敦煌寶藏》二二册，臺北：新文豐出版公司，一九八二年，八一至八二頁（圖）；《敦煌寶藏》一二三册，臺北：新文豐出版公司，一九八五年，四八八頁（圖）；《英藏敦煌文獻》四卷，成都：四川人民出版社，一九九一年，一七四至一七五頁（圖）；《慶祝潘石禪先生九秩華誕敦煌學特刊》，臺北：文津出版社，一九九六年，四八一至五〇九頁；《敦煌禮懺文研究》，臺北：法鼓文化公司，一九九八年，七六至七八頁；《法藏敦煌西域文獻》一七册，上海古籍出版社，二〇〇一年，三六七頁（圖）。

斯二六五九背　四　題記

釋文

往西天傳一本。

（中空）

往西天求法沙門智嚴，西傳記寫下一卷。

説明

此件寫於上件『十二光禮懺文』之後，第一行『往西天傳一本』寫於『十二光禮懺文』末行底端，與第二行之間中空若干行。此件被認爲是第一件『大唐西域記』的尾題（參見陳祚龍《敦煌學要篇》，一二〇頁）。此中提到『智嚴』又見於斯五九八一『同光二年（公元九二四年）智嚴往西天巡禮聖跡後記』，如果兩處爲同一人，則此卷中的四件文書都約抄寫於五代同光年間（公元九二三至九二六年）。土肥義和認爲此件中的『西天』爲天竺（參見《歸義軍節度使の敦煌支配》，《敦煌の歷史》，二六七頁）。榮新江認爲『往西天傳一本』和『西傳記』所指均爲第一件之『大唐西域記』，它與其後之『往生禮讚文』『十二光禮懺文』爲智嚴西行所攜帶的實用文書（參見《敦煌文獻所見晚唐五代宋初的中印文化交往》，《季羡林教授八十華誕紀念論文集》（下），九五七頁）。

參考文獻

《敦煌寶藏》二二册，臺北：新文豐出版公司，一九八二年，八二頁（圖）；《敦煌の歷史》，大東出版社，一九八〇年，二六七頁；《敦煌學要籥》，臺北：新文豐出版公司，一九八二年，一二〇頁（録）；《敦煌遺書總目索引》，北京：中華書局，一九八三年，一六三頁（録）；《中國古代寫本識語集録》，東京大學東洋文化研究所，一九九〇年，四四六頁（録）；《英藏敦煌文獻》四卷，成都：四川人民出版社，一九九一年，一七六頁（圖）；《季羡林教授八十華誕紀念論文集》（下），南昌：江西人民出版社，一九九一年，九五七頁；《敦煌遺書總目索引新編》，北京：中華書局，二〇〇〇年，八一頁（録）。

斯二六六〇　一　正始元年（公元五〇四年）勝鬘義記一卷題記

釋文

慧掌蘊

正始元年二月十四日寫訖　用紙十一張

寶獻共玄濟上人校了

説明

此件《英藏敦煌文獻》未收，現予增收。此『正始』爲北魏宣武帝年號，正始元年爲公元五〇四年。

參考文獻

Descriptive Catalogue of the Chinese Manuscripts from Tunhuang in the British Museum, The Trustees of the British Museum, London 1957, p. 172（録）；《敦煌寶藏》二二册，臺北：新文豐出版公司，一九八二年，九〇頁（圖）；《敦煌遺書總目索引》，北京：中華書局，一九八三年，一六三頁（録）；《中國古代寫本識語集録》，東京大學東洋文化研究所，一九九〇年，九九頁（録）；《敦煌遺書總目索引新編》，北京：中華書局，二〇〇〇年，八一頁（録）。

斯二六六〇　二　雜寫

釋文

勝鬘義記一卷

勝鬘師子吼一乘大方便方廣經

勝鬘義記一卷　義　義　義　義

勝鬘義記一卷　我　我　義　義　義　義

　　　　我我我　我

勝　我　勝　勝鬘　勝鬘　我我我　起起

義　我　勝鬘師子吼經一卷　成　成　達達達　起起

夫　夫　夫　夫

義　我　夫　達　刹　經　通

祇　祇　成　成　國國　法法　法

説明

以上文字書寫於『勝鬘義記一卷題記』之後。《英藏敦煌文獻》未收，現予增收。

參考文獻

《敦煌寶藏》二二册，臺北：新文豐出版公司，一九八二年，九〇頁（圖）。

斯二六六四　保定元年（公元五六一年）律戒本疏題記

釋文

保定元年歲次辛巳三月丁未朔八日玄覺抄記。

説明

此件《英藏敦煌文獻》未收，現予增收。此保定爲北周武帝年號，保定元年即公元五六一年。

參考文獻

Descriptive Catalogue of the Chinese Manuscripts from Tunhuang in the British Museum, The Trustees of the British Museum, London 1957, p. 177（録）；《敦煌寶藏》二二册，臺北：新文豐出版公司，一九八二年，一二三頁（圖）；《敦煌遺書總目索引》，北京：中華書局，一九八三年，一六三頁（録）；《中國古代寫本識語集録》，東京大學東洋文化研究所，一九九〇年，一三〇頁（録）。《敦煌遺書總目索引新編》，北京：中華書局，二〇〇〇年，八一頁（録）。

斯二六六九　一　沙州大乘聖光等寺尼籍

釋文

（前缺）

菩提智

靈意　沙州□[一]

福意　沙州敦煌縣

菩提覺　沙州敦煌縣　慈惠鄉　姓□[二]

慶意　沙州敦煌縣　平康鄉　姓張　俗名嫂嫂　年廿五

勝意　沙州敦煌縣　龍勒鄉　姓王　俗名他蒙　年十四

如意　沙州敦煌縣　玉關鄉　姓張　俗名媧娃　年十五

勝真　沙州敦煌縣　慈惠鄉　姓曹　俗名寵真　年十六

嚴藏　沙州敦煌縣　玉關鄉　姓張　俗名端端　年十八

嚴戒 沙州敦煌縣 慈惠鄉 姓李 俗名嬌嬌 年十六

照林 沙州敦煌縣 敦煌鄉 姓陰 俗名桂蘭 年十五

聖證 沙州敦煌縣 洪池鄉 姓宋 俗名能能 年十六

遍施 沙州敦煌縣 效穀鄉 姓張 俗名醜醜 年十七

慈力 沙州敦煌縣 神沙鄉 姓李 俗名綿子 年十八

勝妙 沙州敦煌縣 平康鄉 姓張 俗名媧娃 年十五

妙德 沙州敦煌縣 赤心鄉 姓張 俗名善娘 年卅五

定明 沙州敦煌縣 敦煌鄉 姓王 俗名綿綿 年廿二

智忍花 沙州敦煌縣 神沙鄉 姓翟 俗名娃子 年卌四

最勝護 沙州敦煌縣 平康鄉 姓張 俗名太珪 年廿五

淨忍 沙州敦煌縣 莫高鄉 姓曹 俗名媧娃 年廿六

照心 沙州敦煌縣 慈惠鄉 姓馬 俗名物物 年卅二

堅固花 沙州敦煌縣 莫高鄉 姓馬 俗名優柔 年卅二

聖嚴 沙州敦煌縣 慈惠鄉 姓張 俗名女女 年卌五

嚴意 沙州敦煌縣 莫高鄉 姓康 俗名司曼 年廿

蓮花戒 沙州敦煌縣 慈惠鄉 姓鄧 俗名端端 年廿五

大乘寺尼應管總貳伯玖人〔三〕。

堅法　沙州敦煌縣　洪池鄉　姓張　俗名太娘　年七十二
明賢　沙州敦煌縣　神沙鄉　姓孔　俗名從從〔四〕　年七十一
法因　沙州敦煌縣　慈惠鄉　姓張　俗名閻子　年七十
明意　沙州敦煌縣　赤心鄉　姓張　俗名要要　年七十五
真藏　沙州敦煌縣　平康鄉　姓楊　俗名八娘　年五十八
覺意　沙州敦煌縣　神沙鄉　姓吴　俗名閻子　年六十五
戒定　沙州敦煌縣　洪潤鄉　姓氾　俗名嚴娘　年五十七
神秀　沙州敦煌縣　效穀鄉　姓姚　俗名公子　年五十七
了空　沙州敦煌縣　神沙鄉　姓張　俗名媚媚　年五十七
般若心　沙州敦煌縣　玉關鄉　姓姚　俗名擔娘　年五十九
法定　沙州敦煌縣　玉關鄉　姓衛　俗名定子　年六十一
勝堅　沙州敦煌縣　神沙鄉　姓張　俗名要要　年六十一
勝性　沙州敦煌縣　神沙鄉　姓馬　俗名品品　年六十一
乘會　沙州敦煌縣　敦煌鄉　姓李　俗名判判　年五十七
善悟　沙州敦煌縣　平康鄉　姓張　俗名嬌娘　年六十一

明心　沙州敦煌縣　赤心鄉　姓張　俗名嬌娘　年五十六
乘妙　沙州敦煌縣　神沙鄉　姓唐　俗名勝娘　年五十五
福賢　沙州敦煌縣　神沙鄉　姓吴　俗名能子　年五十三
修妙　沙州敦煌縣　神沙鄉　姓閻　俗名再再　年五十三
善護　沙州敦煌縣　敦煌鄉　姓張　俗名順子　年五十二
德定　沙州敦煌縣　洪池鄉　姓索　俗名醜子　年五十三
善想　沙州敦煌縣　洪閏（潤）鄉〔五〕　姓張　俗名憂談　年五十二
善證　沙州敦煌縣　敦煌鄉　姓張　俗名擔娘　年五十一
嚴覺　沙州敦煌縣　神沙鄉　姓吴　俗名寵子　年六十一
淨忍花　沙州敦煌縣　敦煌鄉　姓陰　俗名偏娘　年六十一
殊勝花　沙州敦煌縣　龍勒鄉　姓索　俗名媚子　年五十一
乘性　沙州敦煌縣　敦煌鄉　姓索　俗名曼殊　年卌五
乘淨　沙州敦煌縣　莫高鄉　姓馬　俗名段娘　年卌八
德淨花　沙州敦煌縣　龍勒鄉　姓曹　俗名判判　年卌五
心智　沙州敦煌縣　平康鄉　姓史　俗名毛毛〔六〕　年六十六
靈忍　沙州敦煌縣　平康鄉　姓張　俗名闍子〔七〕　年卌五

勝惠花　沙州敦煌縣　赤心鄉　姓王　俗名嬌嬌　年卌五

空寂花　沙州敦煌縣　敦煌鄉　姓陰　俗名女女　年卌五

勝惠　沙州敦煌縣　效穀鄉　姓安　俗名女子　年四十三

善意花　沙州敦煌縣　赤心鄉　姓曹　俗名含含〔八〕　年三十五

喜樂花　沙州敦煌縣　莫高鄉　姓吏〔九〕　俗名喜子　年四十五

善照〔一〇〕　沙州敦煌縣　神沙鄉　姓唐　俗名太真　年廿五

明惠　沙州敦煌縣　赤心鄉　姓齊　俗名品子　年五十三

智燈花　沙州敦煌縣　洪潤鄉　姓氾　俗名媚子　年五十五

智相　沙州敦煌縣　平康鄉　姓索　俗名漱漱　年四十三

覺賢　沙州敦煌縣　神沙鄉　姓吴　俗名公主　年四十八

寶勝花　沙州敦煌縣　洪潤鄉　姓索　俗名勝娘　年四十三

海妙　沙州敦煌縣　敦煌鄉　姓索　俗名綿綿　年卅五

聖智　沙州敦煌縣　慈惠鄉　姓李　俗名意氣　年四十三

靈智　沙州敦煌縣　玉關鄉　姓氾　俗名嬌嬌　年四十二

勝海　沙州敦煌縣　神沙鄉　姓王　俗名鐃鹽　年四十五

平等性　沙州敦煌縣　玉關鄉　姓張　俗名觀音　年五十四

覺緣　沙州敦煌縣　神沙鄉　姓吳　俗名品子　年四十二

蓮花心　沙州敦煌縣　玉關鄉　姓王　俗名妹妹　年四十三

覺如　沙州敦煌縣　洪池鄉　姓陰　俗名含子　年三十五

海照　沙州敦煌縣　神沙鄉　姓唐　俗名綿綿　年四十五

乘定　沙州敦煌縣　敦煌鄉　姓馮　俗名雲子　年四十四

最寶　沙州敦煌縣　神沙鄉　姓王　俗名偏子　年三十一

乘宗　沙州敦煌縣　龍勒鄉　姓石　俗名買買　年三十五

德忍　沙州敦煌縣　洪池鄉　姓宋　俗名鑾鑾　年四十二

禪真　沙州敦煌縣　玉關鄉　姓董　俗名用用　年三十八

勝會　沙州敦煌縣　慈惠鄉　姓閻　俗名宜宜　年三十八

最威　沙州敦煌縣　平康鄉　姓閻　俗名意娘　年三十八

啓心　沙州敦煌縣　洪池鄉　姓李　俗名心心　年四十一

善念　沙州敦煌縣　龍勒鄉　姓馬　俗名女女　年五十五

最勝惠　沙州敦煌縣　平康鄉　姓閻　俗名招君　年四十三

用意　沙州敦煌縣　敦煌鄉　姓朱　俗名勝嬌　年三十二

嚴持　沙州敦煌縣　洪潤鄉　姓竇　俗名含含　年四十三

慈願　沙州敦煌縣　洪潤鄉　姓竇　俗名心心　年四十二
性靜行　沙州敦煌縣　赤心鄉　姓董　俗名太真　年三十七
善賢　沙州敦煌縣　龍勒鄉　姓曹　俗名逍遥　年三十八
守真　沙州敦煌縣　赤心鄉　姓王　俗名媧娃　年三十五
性靜義　沙州敦煌縣　敦煌鄉　姓孟　俗名端端　年三十二
明真　沙州敦煌縣　洪池鄉　姓梁　俗名鉢蒙　年三十二
自在燈　沙州敦煌縣　敦煌鄉　姓馮　俗名媧娃　年三十二
賢定　沙州敦煌縣　玉關鄉　姓董　俗名最最　年三十八
最勝戒　沙州敦煌縣　洪潤鄉　姓唐　俗名威娘　年三十五
性靜德　沙州敦煌縣　慈惠鄉　姓石　俗名住住　年三十二
妙真　沙州敦煌縣　敦煌鄉　姓宋　俗名威威　年三十五
能定　沙州敦煌縣　洪池鄉　姓呈　俗名團子　年三十五
賢意　沙州敦煌縣　赤心鄉　姓吕　俗名寵寵　年三十五
常意　沙州敦煌縣　平康鄉　姓目　俗名功德娘　年三十五
相凝　沙州敦煌縣　敦煌鄉　姓張　俗名逍遥　年三十一
最勝淨　沙州敦煌縣　莫高鄉　姓薛　俗名鉢鉢　年三十二

明了空　沙州敦煌縣　敦煌鄉　姓王　俗名太真　年三十一
性圓　沙州敦煌縣　神沙鄉　姓鄧　俗名銀銀　年三十一
菩提藏　沙州敦煌縣　洪池鄉　姓張　俗名更嬌　年三十一
戒宗　沙州敦煌縣　敦煌鄉　姓吴　俗名嚴嚴　年三十一
敬賢　沙州敦煌縣　神沙鄉　姓吴　俗名威威　年三十
性靜緣　沙州敦煌縣　慈惠鄉　姓唐　俗名觀音　年三十
能嚴　沙州敦煌縣　玉關鄉　姓劉　俗名吴吴〔一一〕　年三十
明宗　沙州敦煌縣　敦煌鄉　姓翟　俗名福福　年三十一
法定　沙州敦煌縣　玉關鄉　姓郭　俗名含嬌　年二十五
啓如　沙州敦煌縣　效穀鄉　姓令狐　俗名鹽鹽　年三十
善嚴　沙州敦煌縣　洪池鄉　姓陳　俗名偏偏　年三十七
思寂　沙州敦煌縣　神沙鄉　姓吴　俗名龍女　年二十五
海性　沙州敦煌縣　赤心鄉　姓張　俗名顔子　年三十一
妙戒　沙州敦煌縣　敦煌鄉　姓陰　俗名詔娘　年三十
覺體　沙州敦煌縣　神沙鄉　姓鄯〔一二〕　俗名鉗鉗〔一三〕　年二十八
勝相　沙州敦煌縣　玉關鄉　姓張　俗名鹽鹽　年三十一

勝惠　沙州敦煌縣　平康鄉　姓杜　俗名媚媚　年三十一
勝惠　沙州敦煌縣　神沙鄉　姓吴　俗名嬌嬌　年二十八
覺用　沙州敦煌縣　神沙鄉　姓吴　俗名嬌嬌　年二十八
覺澄　沙州敦煌縣　洪池鄉　姓宋　俗名意氣　年二十七
性福　沙州敦煌縣　玉關鄉　姓索　俗名勝嬌　年二十七
戒心　沙州敦煌縣　敦煌鄉　姓陰　俗名娜娜　年二十五
福圓　沙州敦煌縣　洪池鄉　姓齊　俗名足娘　年三十
圓意　沙州敦煌縣　洪關鄉〔一四〕　姓索　俗名綿綿　年二十五
最勝妙　沙州敦煌縣　赤心鄉　姓鄧　俗名蒙蒙　年二十五
堅悟　沙州敦煌縣　洪潤鄉　姓竇　俗名閶閶　年二十五
最勝意　沙州敦煌縣　洪閏（潤）鄉〔一五〕　姓張　俗名小娘　年三十一
最勝德　沙州敦煌縣　神沙鄉　姓王　俗名含嬌　年二十五
妙淨花　沙州敦煌縣　平康鄉　姓張　俗名妙解　年三十一
最顯　沙州敦煌縣　平康鄉　姓楊　俗名娘子　年二十七
普藏　沙州敦煌縣　敦煌鄉　姓李　俗名威威　年二十五
覺藏　沙州敦煌縣　赤心鄉　姓王　俗名漱涑　年三十八

自在　瓜州進（晉）昌縣[一六]　青水鄉　姓馬　俗名醜婢　年五十
定惠智　沙州敦煌縣　神沙鄉　姓翟　俗名蓮花　年二十五
定意　沙州敦煌縣　平康鄉　姓陰　俗名勝勝　年二十三
修善　沙州敦煌縣　敦煌鄉　姓里　俗名留留　年二十五
勝妙　沙州敦煌縣　敦煌鄉　姓米[一七]　俗名端端　年二十一
淨念　沙州敦煌縣　敦煌鄉　姓馮[一八]　俗名閏閏　年二十五
香嚴　瓜州進（晉）昌縣[一九]　青水鄉　姓張　俗名醜醜　年四十一
修定　沙州敦煌縣　洪潤鄉　姓令狐　俗名昤曨　年二十一
明了藏　沙州敦煌縣　平康鄉　姓張　俗名小滿　年二十二
最勝智　沙州敦煌縣　神沙鄉　姓閻　俗名嚴娘　年三十五
賢定　沙州敦煌縣　玉關鄉　姓董　俗名最最　年四十二
德行　沙州敦煌縣　龍勒鄉　姓李　俗名多嬌　年二十五
啓相　沙州敦煌縣　玉關鄉　姓郭　俗名勝勝　年三十一
德海　沙州敦煌縣　神沙鄉　姓王　俗名嬌鸞　年三十五
性靜香　沙州敦煌縣　莫高鄉　姓汜　俗名悉曼　年二十五
堅嚴　沙州敦煌縣　平康鄉　姓武　俗名醜醜　年二十四

最勝善　沙州敦煌縣　洪池鄉　姓安　俗名判判　年二十四

性靜花　沙州敦煌縣　平康鄉　姓張　俗名寵真　年二十八

勝心　沙州敦煌縣　平康鄉　姓張　俗名從從　年二十五

真定　沙州敦煌縣　敦煌鄉　姓趙　俗名嬌嬌　年三十

妙定　沙州敦煌縣　莫高鄉　姓張　俗名金圓　年二十五

戒真　沙州敦煌縣　龍勒鄉　姓張　俗名威儒　年二十二

思覺　沙州敦煌縣　龍勒鄉　姓閻　俗名足娘　年二十二

善持　沙州敦煌縣　平康鄉　姓索　俗名婀娜　年二十五

定心　沙州敦煌縣　平康鄉　姓張　俗名詔詔　年二十二

蓮花德　沙州敦煌縣　莫高鄉　姓賀　俗名悉曼　年二十二

善藏　沙州敦煌縣　神沙鄉　姓劉　俗名端嚴　年二十二

靈妙　沙州敦煌縣　莫高鄉　姓張　俗名[二〇]　年二十一

菩提堅　沙州敦煌縣　玉關鄉　姓唐　俗名在在　年二十七

智嚴　沙州敦煌縣　赤心鄉　姓吕　俗名意意　年二十五

功德惠　沙州敦煌縣　平康鄉　姓張　俗名判判　年三十

智凝　沙州敦煌縣　效穀鄉　姓閻　俗名嬌嬌　年二十五

妙心　沙州敦煌縣　平康鄉　姓張　俗名醜醜　年三十四
妙覺　沙州敦煌縣　慈惠鄉　姓吴　俗名嬌嬌　年三十二
定堅　沙州敦煌縣　平康鄉　姓氾　俗名閏閏　年二十二
菩提惠　沙州敦煌縣　平康鄉　姓張　俗名勝嬌　年二十二
念空　沙州敦煌縣　赤心鄉　姓齊　俗名多子　年三十一
福滿　沙州敦煌縣　敦煌鄉　姓張　俗名鉢鉢　年二十二
啓真　沙州敦煌縣　洪池鄉　姓齊　俗名蒙蒙　年二十三
福勝　沙州敦煌縣　敦煌鄉　姓王　俗名嚴娘　年二十一
嚴行　沙州敦煌縣　莫高鄉　姓氾　俗名嬌嬌　年二十六
真賢　沙州敦煌縣　敦煌鄉　姓陰　俗名閏子　年二十五
威淨　沙州敦煌縣　洪池鄉　姓齊　俗名曼曼　年二十一
勝藏　沙州敦煌縣　玉關鄉　姓劉　俗名娘子　年二十三
最勝戒　沙州敦煌縣　洪潤鄉　姓唐　俗名威娘　年二十
福勝　沙州敦煌縣　洪潤鄉　姓氾　俗名勝嬌　年二十五
定惠　沙州敦煌縣　平康鄉　姓楊　俗名女女　年十七
嚴律　沙州敦煌縣　洪潤鄉　姓李　俗名喜娘　年十八

蓮花妙　沙州敦煌縣　洪潤鄉　姓張　俗名曼曼　年二十一

普定　沙州敦煌縣　敦煌鄉　姓張　俗名龍女　年十七

戒聖　沙州敦煌縣　洪潤鄉　姓張　俗名團團　年二十

勝惠　沙州敦煌縣　效穀鄉　姓趙　俗名威德　年二十一

性嚴　沙州敦煌縣　效穀鄉　姓趙　俗名昇昇　年十九

堅藏　沙州敦煌縣　效穀鄉　姓趙　俗名眼眼　年二十一

最勝燈　沙州敦煌縣　敦煌鄉　姓吴　俗名歸歸　年十八

法滿　沙州敦煌縣　洪池鄉　姓宋　俗名昂兒〔二一〕　年十八

智寶　沙州敦煌縣　神沙鄉　姓吴　俗名福福　年十八

蓮花意　沙州敦煌縣　洪池鄉　姓陰　俗名鉢鉢　年十五

清淨林　沙州敦煌縣　敦煌鄉　姓翟　俗名足娘　年二十五

如明　沙州敦煌縣　平康鄉　姓索　俗名綿綿　年二十一

真念　沙州敦煌縣　洪閏（潤）鄉〔二二〕　姓唐　俗名勝威〔二三〕　年十七

嚴妙　沙州敦煌縣　莫高鄉　姓氾　俗名鉢鉢　年十八

精進藏　沙州敦煌縣　洪池鄉　姓張　俗名意氣　年十七

光嚴　沙州敦煌縣　敦煌鄉　姓田　俗名威娘　年十七

堅智　沙州敦煌縣　平康鄉　姓張　俗名曨曨　年十五

照嚴　沙州敦煌縣　赤心鄉　姓王　俗名福滿　年十七

無畏心　沙州敦煌縣　玉關鄉　姓董　俗名闇闇　年二十一

最嚴　沙州敦煌縣　神沙鄉　姓吳　俗名圭娘　年二十

覺海　沙州敦煌縣　赤心鄉　姓王　俗名悉曼　年二十

蓮花願　沙州敦煌縣　平康鄉　姓王　俗名滿滿　年二十一

定真　沙州敦煌縣　慈惠鄉　姓王　俗名君娘　年十八

相妙　沙州敦煌縣　平康鄉　姓陰　俗名招信　年十二

定堅　沙州敦煌縣　洪池鄉　姓索　俗名優柔　年十八

智花　沙州敦煌縣　神沙鄉　姓吳　俗名足足　年二十一

德念　沙州敦煌縣　赤心鄉　姓李　俗名昑曨　年十八

善嚴　沙州敦煌縣　神沙鄉　姓辛　俗名醜醜　年十八

見性　沙州敦煌縣　平康鄉　姓價(賈)〔二四〕　俗名端端　年二十二

功德滿　沙州敦煌縣　敦煌鄉　姓李　俗名醜醜　年二十

遍淨　沙州敦煌縣　赤心鄉　姓張　俗名蒙蒙　年十五

蓮花心　沙州敦煌縣　慈惠鄉　姓何　俗名鄯鄯　年十一

見淨　沙州敦煌縣　洪池鄉　姓張　俗名詔詔　年二十

順忍　沙州敦煌縣　平康鄉　姓張　俗名醜女　年十八

堅性　沙州敦煌縣　敦煌鄉　姓陰　俗名心娘　年十七

慈惠　沙州敦煌縣　敦煌鄉　姓李　俗名詔詔　年二十

處空　沙州敦煌縣　平康鄉　姓張　俗名德娘　年三十

真勝　沙州敦煌縣　龍勒鄉　姓氾　俗名嬌嬌　年二十五

最勝行　沙州敦煌縣　洪池鄉　姓唐　俗名判娘　年二十五

戒乘　沙州敦煌縣　神沙鄉　姓胡　俗名耎娘〔二五〕　年四十九

勝果　沙州敦煌縣　玉關鄉　姓梁　俗名含含　年二十五

性靜因　沙州敦煌縣　平康鄉　姓張　俗名勝因　年三十一

嚴德　沙州敦煌縣　平康鄉　姓索　俗名伯媚　年二十六

妙音　沙州敦煌縣　洪池鄉　姓索　俗名鉢蒙　年二十五

堅固藏　沙州敦煌縣　神沙鄉　姓沙　俗名太平娘　年四十九

勝覺　沙州敦煌縣　神沙鄉　姓翟　俗名足娘　年二十五

菩提願　沙州敦煌縣　敦煌鄉　姓陰　俗名蒙蒙　年十八

賢覺　沙州敦煌縣　洪池鄉　姓鄭　俗名銀子　年三十九

真性　沙州敦煌縣　洪池鄉　姓索　俗名福福　年四十九
惠意　沙州敦煌縣　洪池鄉　姓氾　俗名威威　年二十五
聖光寺應管尼總柒拾玖人。
正忍　沙州敦煌縣　慈惠鄉　姓王　俗名勝如　年五十一
遍施花　沙州敦煌縣　慈惠鄉　姓索　俗名關關　年五十一
勝持　沙州敦煌縣　平康鄉　姓史　俗名心心　年六十一
思義　沙州敦煌縣　莫高鄉　姓康　俗名嚴嚴　年六十一
法戒　沙州敦煌縣　慈惠鄉　姓張　俗名美子　年五十五
照空　沙州敦煌縣　玉關鄉　姓張　俗名六六　年五十二
戒慈　沙州敦煌縣　莫高鄉　姓張　俗名那那　年五十一
嚴真　沙州敦煌縣　莫高鄉　姓羅　俗名六六　年二十六〔二六〕
勝德　沙州敦煌縣　慈惠鄉　姓米　俗名媚子　年五十五
嚴戒　沙州敦煌縣　慈惠鄉　姓王　俗名太太　年四十八
蓮花意　沙州敦煌縣　洪池鄉　姓康　俗名團子　年四十
法正　沙州敦煌縣　慈惠〔鄉〕〔二七〕　姓吴　俗名嬌子　年四十
菩提花　沙州敦煌縣　莫高鄉　姓張　俗名鑾子　年六十二

圓藏　沙州敦煌縣　莫高鄉　姓曹　俗名意氣　年四十

嚴持花　沙州敦煌縣　敦煌鄉　姓馮　俗名桂娘　年五十

體堅　沙州敦煌縣　莫高鄉　姓索　俗名太太　年五十五

密義　沙州敦煌縣　玉關鄉　姓尹　俗名毛毛〔二八〕　年五十一

淨光　沙州敦煌縣　玉關鄉　姓尹　俗名喜喜　年四十一

自在性　沙州敦煌縣　赤心鄉　俗姓宋　俗名要子　年三十五

性淨遍　沙州敦煌縣　敦煌鄉　姓馮　俗名嚴子　年三十五

淨智　沙州敦煌縣　效穀鄉　姓康　俗名塩子〔二九〕　年三十六

能悟　沙州敦煌縣　慈惠鄉　姓宋　俗名耎子〔三〇〕　年三十五

最嚴　沙州敦煌縣　慈惠鄉　姓董　俗名勝君　年三十六

最賢　沙州敦煌縣　慈惠鄉　姓趙　俗名曼陀　年十三

最勝善　沙州敦煌縣　神沙鄉　姓索　俗名頻頻　年三十一

修應　沙州敦煌縣　效穀鄉　姓梁　俗名心心　年三十八

清淨藏　沙州敦煌縣　效穀鄉　姓康　俗名含娘　年二十七

聖賢　沙州敦煌縣　效穀鄉　姓康　俗名嬌嬌　年二十

遍淨　沙州敦煌縣　赤心鄉　姓郭　俗名闍闍　年三十

德藏	沙州敦煌縣	赤心鄉	姓郭	俗名含含	年二十六
菩提惠	沙州敦煌縣	赤心鄉	姓郭	俗名眼眼	年十八
真寂	沙州敦煌縣	慈惠鄉	姓蘇	俗名再再	年十三
□	沙州敦煌縣	玉關鄉	姓樊	俗名勝子	年五十二
□	沙州敦煌縣	平康鄉	姓張	俗名英娘	年五十

（後缺）

説明

此件首尾均缺，有界欄，應爲正式文書，所存部分爲寺院尼籍，起『菩提智』，訖『俗名英娘　年五十』，存沙州大乘寺、聖光寺等寺院尼籍，詳細記録了各寺比丘尼的戒名、籍貫、姓氏、俗名與年齡，或許是沙州諸寺尼籍或僧尼籍的一部分。池田温認爲此件抄寫於九世紀後半葉張議潮執掌歸義軍時期（參看《中國古代籍帳研究：概觀・録文》，五七三頁）。此件空白處有後人隨手所書之文字，因與此件無關，另出釋文。

此卷背抄有『失名氣象占書』等。

校記

〔一〕「沙州」，據殘筆劃及文例補。
〔二〕「姓」，據殘筆劃及文例補。
〔三〕「伯」，《敦煌社會經濟文獻真蹟釋録》釋作「百」。
〔四〕「縱」，《敦煌社會經濟文獻真蹟釋録》釋作「縦」。
〔五〕「閏」，當作「潤」，據文義改，《敦煌社會經濟文獻真蹟釋録》逕釋作「潤」，「閏」爲「潤」之借字。
〔六〕「毛毛」，《敦煌社會經濟文獻真蹟釋録》釋作「屯屯」。
〔七〕「闇」，《敦煌社會經濟文獻真蹟釋録》釋作「門」，誤。
〔八〕「含含」，《敦煌社會經濟文獻真蹟釋録》釋作「金金」，誤。
〔九〕「吏」，《敦煌社會經濟文獻真蹟釋録》釋作「史」，誤。
〔一〇〕「善」，《敦煌社會經濟文獻真蹟釋録》釋作「普」，誤。
〔一一〕「吴」，《敦煌社會經濟文獻真蹟釋録》釋作「英」，誤。
〔一二〕「鄯」，《敦煌社會經濟文獻真蹟釋録》釋作「郭」，誤。
〔一三〕「鉗鉗」，《敦煌社會經濟文獻真蹟釋録》釋作「鉗鉗」，誤。
〔一四〕「關」，《敦煌社會經濟文獻真蹟釋録》釋作「閏」，誤。按敦煌無「洪關鄉」，底本「洪關」實應爲「洪池鄉」「玉關鄉」「洪潤鄉」三鄉之一。
〔一五〕「閏」，當作「潤」，據文義改，《敦煌社會經濟文獻真蹟釋録》逕釋作「潤」，「閏」爲「潤」之借字。
〔一六〕「進」，當作「晉」，據文義改，「進」爲「晉」之借字。
〔一七〕「米」，《敦煌社會經濟文獻真蹟釋録》釋作「朱」。

〔一八〕「馮」，《敦煌社會經濟文獻真蹟釋録》釋作「馬」，誤。

〔一九〕「進」，當作「晉」，據文義改，「進」爲「晉」之借字。

〔二〇〕「俗名」，此後原闕。

〔二一〕「兒」，《敦煌社會經濟文獻真蹟釋録》釋作「呢」。

〔二二〕「閏」，當作「潤」，據文義改，《敦煌社會經濟文獻真蹟釋録》逕釋作「潤」，「閏」爲「潤」之借字。

〔二三〕「勝」，《敦煌社會經濟文獻真蹟釋録》釋作「花勝」，按底本實無「花」字。

〔二四〕「價」，當作「賈」，據文義改，「價」爲「賈」之借字。

〔二五〕「耎」，《敦煌社會經濟文獻真蹟釋録》釋作「灭」。

〔二六〕「六」，《敦煌社會經濟文獻真蹟釋録》釋作「二」，誤。

〔二七〕「鄉」，《敦煌社會經濟文獻真蹟釋録》據文義校補。

〔二八〕「毛毛」，《敦煌社會經濟文獻真蹟釋録》釋作「屯屯」。

〔二九〕「堛」，《敦煌社會經濟文獻真蹟釋録》釋作「福」。

〔三〇〕「耎」，《敦煌社會經濟文獻真蹟釋録》釋作「灭」。

參考文獻

《中國古代籍帳研究：概觀·録文》，東京大學東洋文化研究所，一九七九年，五七九頁（録）；《敦煌寶藏》一二一册，臺北：新文豐出版公司，一九八二年，一四五至一四九頁（圖）；《敦煌社會經濟文獻真蹟釋録》四輯，北京：全國圖書館文獻縮微複製中心，一九九〇年，二一五至二一八頁（録）；《英藏敦煌文獻》四卷，成都：四川人民出版社，一九九一年，一七六至一七九頁（圖）。

斯二六六九　二　雜寫

釋文

懇恭五體投地，同心啓請謁表。
夫欲歸依三寶，祇（祈）賽四王者[一]，若不一心。
佛南無阿彌陀佛，我今佛
南無佛
南無佛
南無佛
我
我
我
我
我

我

我我

我

我

南

我

我

我

我

我

我

我

我

導

道

導

僧政也
勝妙淨念
我我
我
此是是，此是馬僧政本，尚書寫取記之耳。
南無佛
南無佛
一
南無佛
南無南無佛
南無南無
我我
佛佛佛佛佛
我
南無東方阿閦佛
佛説佛名經卷第一〔二〕

我佛

南無光佛

子子子弟藏藏

説明

以上文字書寫於『沙州大乘聖光等寺尼籍』天頭、地脚和行間，有的横書，有的倒書，墨色濃淡不一，字體大小不一。

校記

〔一〕『衹』，當作『祈』，據文義改。

〔二〕『第』，底本原作『弟』形，因二字形近，在手書中易混，故可依據文義判定其所屬，此逕釋作『第』。

參考文獻

《敦煌寶藏》二二册，臺北：新文豐出版公司，一九八二年，一四五至一四九頁（圖）；《英藏敦煌文獻》四卷，成都：四川人民出版社，一九九一年，一七六至一七九頁（圖）。

斯二六六九背　一　失名氣象占書

釋文

（前缺）

發者，皆天子之氣，皆多上達於天。

□□氣象占第二[一]

猛將之氣如龍，兩軍相當，若氣發其上，則其將猛鋭[二]，氣如序（虎）[三]，在殺氣中，猛將欲行動，先發此氣。若無行動，亦有暴兵起，吉凶以日辰決之謂以成四占課。猛將之氣如火煙之狀。猛將之氣如粉沸。猛將之氣火光之狀夜照人。猛將之氣赤白色繞之。猛將之氣如〔山〕林竹木[四]。猛將之氣紫黑如門樓，或上黑下赤，狀似黑旗。猛將之氣如張弩。猛將之氣如埃塵，頭鋭而卑，本大而高。兩軍相當，敵軍如囷倉正白，見日益明者，猛將之氣不可擊。敵上氣黃白而潤澤者，將有威德，不可擊。敵氣青白如膏，將勇大戰。〔前〕白如後卑青而高[五]，將弱士勇。前大後小，將怯不明。敵上氣黑、中赤〔氣〕在前者[六]，將精悍，不可當。敵上氣青而踈（疎）散者〔七〕，將怯弱。軍上氣發，漸漸如雲，變作山刑（形）者〔八〕，將有深謀不可擊；若在吾軍，速戰大勝。敵上氣如交蛇向人，此是猛將之氣，不可當；若在吾軍，戰必大勝。氣上與連（天）天（連）〔九〕，軍中〔有〕名將〔一〇〕，一云有賢將。

軍勝氣象占第三〔一一〕

凡氣上與連（天）天（連）〔一二〕，此軍士衆强盛，不可擊；若在吾軍，可戰必勝。軍上氣如火光，將軍勇，士卒猛，好散戰，不可擊；在我軍，速戰大勝。軍上氣如山堤，山上林木，將士驍勇，不可與戰；若在吾軍，戰必大勝。軍上氣如埃塵粉沸，其色黃白，〔如〕旌旗無風而颺〔一三〕，揮揮指敵（以下原缺文）

說明

此件抄寫於『沙州大乘聖光等寺尼籍』卷背，首缺尾全，原未抄完，起『發者，皆天子之氣』，訖『揮揮指敵』，存『□□氣象占第二』『軍勝氣象占第三』等篇題。學界或認爲此件屬《乙巳占》之一種（參看黃正建《敦煌占卜文書與唐五代占卜研究》（增訂版），四二頁），或認爲其與《乙巳占》雖有共同的知識來源，但篇序不同（參看鄧文寬、劉樂賢《敦煌天文氣象占寫本概述》，《敦煌吐魯番研究》九卷，四一五頁）。卷中部分內容亦見於《靈臺秘苑》《隋書·天文志》《太白陰經》等氣象占著作中，此暫將其定名爲『失名氣象占書』。

此件後抄有『四弘誓願』『天竺國菩提達摩禪師觀門』『澄心論』『蕲州忍和尚道凡趣聖悟解脱宗脩心要論一卷』等。

校記

〔一〕『□□』，《敦煌占卜文書與唐五代占卜研究》（增訂版）校補作『將軍』；『氣』，《敦煌占卜文書與唐五代占卜研究》（增訂版）據文義校補。

〔二〕『將』，據殘筆劃及《乙巳占》補。

〔三〕『序』，當作『虎』，據《乙巳占》改。

〔四〕『山』，據《乙巳占》及文義補。

〔五〕『前』，據《乙巳占》及文義補；『如』，據《乙巳占》及文義係衍文，當删；『卑』，據《乙巳占》及文義係衍文，當删。

〔六〕『氣』，據《乙巳占》及文義補。

〔七〕『踈』，當作『疎』，『踈』爲『疎』之訛，『疎』同『疏』。

〔八〕『刑』，當作『形』，據《乙巳占》及文義改，『刑』爲『形』之借字。

〔九〕『連天』，當作『天連』，據《乙巳占》《靈臺秘苑》及文義改。

〔一〇〕『有』，據《乙巳占》《靈臺秘苑》及文義補。

〔一一〕『第』，底本原作『弟』形，因二字形近，在手書中易混，故可依據文義判定其所屬，此逕釋作『第』。

〔一二〕『連天』，當作『天連』，據《乙巳占》及文義改。

〔一三〕『如』，據《乙巳占》及文義補。

參考文獻

《靈臺秘苑》，文淵閣《四庫全書·子部·七術數類二》；《乙巳占》，光緒二年十萬卷樓本；《敦煌寶藏》二二册，臺北：新文豐出版公司，一九八二年，一五〇頁（圖）；《英藏敦煌文獻》四卷，成都：四川人民出版社，一九九一年，一八〇頁（圖）；《敦煌占卜文書與唐五代占卜研究》（增訂版），北京：中國社會科學出版社，二〇一四年，四二頁；《敦煌吐魯番研究》九卷，北京：中華書局，二〇〇六年，四一五頁。

斯二六六九背　二　四弘誓願

釋文

四弘誓願[一]

衆生無邊盛（誓）願度[二]，煩惱無邊盛（誓）願斷，

法門無邊盛（誓）願學，無上菩提盛（誓）願成。

盛（誓）願專心出三界，盛（誓）願隨佛莫攀緣，

盛（誓）願專心求解脱，盛（誓）願持藏不流殘[三]。

願口長談波羅密，願鼻長嗅旃檀（檀）香[四]。

我等爲衆生，皆共成佛道。

説明

此件首尾完整，首題「四弘誓願」。田中良昭認爲「盛（誓）願」係「誓願」之誤寫（參看《敦煌禪宗文獻の研究》，三八三頁）。

校記

〔一〕此標題前另抄有『衆生無邊盛（誓）願度』，與『四弘誓願』之首句相重，未録。

〔二〕『盛』，當作『誓』，據斯五四七五《六祖惠能大師於韶州大梵寺施法壇經一卷》改。以下同，不另出校。

〔三〕『不』，《敦煌禪宗文獻の研究》釋作『莫』，誤。

〔四〕『憻』，當作『檀』，據文義改，《禪思想史研究第二》釋作『擅』，誤。

參考文獻

《禪思想史研究第二》，《鈴木大拙全集》二卷，東京：岩波書店，一九六八年，二一一頁（録）；《敦煌寶藏》二二册，臺北：新文豐出版公司，一九八二年，一五〇頁（圖）；《敦煌禪宗文獻の研究》，東京：大東出版社，一九八三年，三八三頁（録）；《英藏敦煌文獻》四卷，成都：四川人民出版社，一九九一年，一八〇頁（圖）；《英藏敦煌文獻》七卷，成都：四川人民出版社，一九九二年，一四九至一七二頁（圖）。

斯二六六九背　三　天竺國菩提達摩禪師觀門

釋文

天竹（竺）國菩提達摩禪師觀門〔一〕

問曰：何名禪定？

答曰：禪謂亂心不起，無念無動爲禪定。端心止念，無生無滅，無去無來，湛然不動，名之爲禪定。

何名爲禪觀？

答〔二〕：心神澄淨，名之爲禪；照理分明，名之爲觀。禪觀自達，無有錯謬，故名禪觀。心神澄淨，不生不滅，不去不來，湛然不動，名之爲禪。

問曰：何名禪定？

答曰：禪定者，梵音，此名功德叢林。三界諸佛皆從禪生，故云功德叢林。

又問：何名法（禪）禪（法）〔三〕？

答曰：禪法從通有次第，初學時從始終有七種觀門：第一住心門，第二空心門，第三無相門，第四心解脱門，第五禪定門，第六真如門，第七智慧門。

住心門者，謂心散動，攀緣不住，專攝念住，更無起動，故名住心門。空心門者，謂看心轉〔追〕〔四〕，覺心空寂，無去無來，無有住處，無所依心，故名空心門。心無相門者，謂心澄淨，無有相貌，非青非黄，非赤非白，非長非短，非大非小，非方非圓，湛然不動，故名無相門。心解脱門者，知心無繫無縛，一切煩惱，不來上心，故名心解脱門。禪定門者，西域梵音，唐言淨（靜）慮〔五〕，覺心寂淨（靜）〔六〕，行時住時，坐時卧時，皆悉寂淨（靜）〔七〕，無有散亂，故名禪定。真如門者，覺心無心，等同虚空，遍周法界，平等不二，無千無變，故名真如門。智慧門者，識了一切，名之爲智，契達空源，名之爲慧，故言智慧門，亦名究竟道，亦名大乘無相禪觀門。則是脩禪學道，故禪有七種觀門。

大聲念佛，得十種功德：一者不聞惡聲；二者念口（佛）不散〔八〕；三者排去睡眠；四者勇猛精進；五者諸天歡喜；六者魔軍怖畏；七者聲振十方；八者三塗息苦；九者三昧現前；十者往生淨土。

説明

此件首尾完整，《英藏敦煌文獻》未收，因其具有佛教行事文性質，現予增收。現知敦煌文獻中保存的相同寫本尚有斯二五八三背、斯六九五八和伯二五八〇。本書第十二卷收録斯二五八三背『南天竺國菩提達摩禪師觀門』即以此件作爲甲本參校。爲避免重複，此件僅據《英藏敦煌社會歷史文獻釋録》斯二五八三背『南天竺國菩提達摩禪師觀門』校改錯誤和校補缺文，其他各本異文不再一一出校，各本之異文均見本書第十二卷斯二五八三背之校記。

校記

〔一〕『竹』，當作『竺』，據文義改，『竹』爲『竺』之借字。

〔二〕『答』，斯二五八三背《南天竺國菩提達摩禪師觀門》作『答曰』。

〔三〕『法禪』，當作『禪法』，據斯二五八三背《南天竺國菩提達摩禪師觀門》改。

〔四〕『追』，據斯二五八三背《南天竺國菩提達摩禪師觀門》補。

〔五〕『淨』，當作『靜』，據文義改，『淨』爲『靜』之借字。

〔六〕『淨』，當作『靜』，據文義改，『淨』爲『靜』之借字。

〔七〕『淨』，當作『靜』，據文義改，『淨』爲『靜』之借字。

〔八〕『口』，當作『佛』，據斯二五八三背《南天竺國菩提達摩禪師觀門》改。

參考文獻

《敦煌寶藏》二二册，臺北：新文豐出版公司，一九八二年，一五〇頁（圖）；《敦煌禪宗文獻の研究》，東京：大東出版社，一九八三年，二〇五、二二一、五〇八頁；《英藏敦煌社會歷史文獻釋録》十二卷，北京：社會科學文獻出版社，二〇一五年，四三九至四四五頁。

斯二六七二　揚州顗禪師與女子問答

釋文

有一禪師尋山入寂，遇至石穴，見一婦人，可年十二三，顔容甚媚麗。牀卧曷（榻）席〔一〕，宛若凡居，經書在牀，筆硯俱有。因而怪之，以詩問曰：『牀頭安紙筆，欲擬樂追尋。壁上懸明鏡，那能不照心？』女子答曰：『紙筆題般若，將爲答人書。時觀鏡裏像，萬色悉歸虚。』禪師又答曰：『般若無文字，何須紙筆題？離縛還被縛，除迷卻被迷。』女子答曰：『文字本解脱，無非是般若。心外見迷人，知君是迷者。』禪師無詞，退而歸路。女子從後贈曰：『行路難，路難心中本無物，只爲無物得心安，無見心中常〔見〕佛〔二〕。』

欲修道人，不由師教内心自悟者，迷色覺朗，邪覆心開。迷心逐境走，無照心不迴。總緣見相病，細色競投來。明珠被雲影，光色闇如灰。忽逢法水動，磨洗劃然開。

欲修〔道〕人〔三〕，從師問道悟解者，覺照由（猶）如露〔四〕。終是幻相惑，論談破執病。借空影真如，説經言下性。

説明

此件首尾完整，抄於王錫《頓悟大乘正理決》之後。其内容可分爲兩個部分，第一部分起『有一禪師尋山入寂』，訖『無見心中常〔見〕佛』，乃『揚州顗禪師與女子問答詩』。現知敦煌文獻中保存同類内容的尚有斯六四六、斯三四四一、BD六二五一（海五一）、伯二九〇一背等四件寫本。但上述四件與此件内容並不能完全重合，應屬於不同的抄本系統，所以不能作爲校本參校。第二部分，起『欲修道人』至卷尾，似爲抄寫者評論前詩的文字。

校記

〔一〕『㚖』，當作『榻』，《敦煌詩集殘卷輯考》據文義校改，『㚖』爲『榻』之借字。

〔二〕『見』，據伯二九〇一背『佛經問答』補。

〔三〕『道』，據文義補。

〔四〕『由』，當作『猶』，據文義改，『由』爲『猶』之借字。

參考文獻

《敦煌寶藏》二二册，臺北：新文豐出版公司，一九八二年，一八二頁（圖）；《英藏敦煌文獻》四卷，成都：四川人民出版社，一九九一年，一八〇頁（圖）；《敦煌詩集殘卷輯考》，北京：中華書局，二〇〇〇年，八六九至八七一頁（録）；《法藏敦煌西域文獻》一九册，上海古籍出版社，二〇〇一年，三七二至三七三頁（圖）；《王重民向達所攝敦煌西域文獻照片合集》，北京圖書館出版社，二〇〇八年，一〇一四四至一〇一四五頁（圖）。

斯二六七四　大乘廿二問本題記

釋文

丁卯年三月九日寫畢。

比丘法燈書。

説明

此件《英藏敦煌文獻》未收，現予增收。

參考文獻

Descriptive Catalogue of the Chinese Manuscripts from Tunhuang in the British Museum, The Trustees of the British Museum, London 1957, p. 189（録）；《鳴沙餘韻·解説》一部，京都：臨川書店，一九八〇年，二五六頁（録）；《敦煌寶藏》二二册，臺北：新文豐出版公司，一九八二年，一九四頁（圖）；《敦煌學要籥》，臺北：新文豐出版公司，一九八二年，七八頁（録）；《敦煌遺書總目索引》，北京：中華書局，一九八三年，一六三頁（録）；《中國古代寫本識語集録》，東京大學東洋文化研究所，一九九〇年，三一四頁（録）；《敦煌遺書總目索引新編》，北京：中華書局，二〇〇〇年，八二頁（録）。

斯二六七五　大乘起信論疏卷上題記

釋文

僧法藏書記〔一〕。

説明

此件《英藏敦煌文獻》未收，現予增收。

校記

〔一〕『藏』，《敦煌遺書總目索引》疑當作『若』，《敦煌遺書總目索引新編》未能釋讀；『書』，《敦煌遺書總目索引》釋作『寫』，誤。

參考文獻

Descriptive Catalogue of the Chinese Manuscripts from Tunhuang in the British Museum, The Trustees of the British Museum, London 1957, p. 178（録）；《敦煌寶藏》二二册，臺北：新文豐出版公司，一九八二年，二一一頁（圖）；《敦煌遺書總目索引》，北京：中華書局，一九八三年，一六三頁（録）；《中國古代寫本識語集録》，東京大學東洋文化研究所，一九九〇年，三二六頁（録）；《敦煌遺書總目索引新編》，北京：中華書局，二〇〇〇年，八二頁（録）。

斯六一〇三＋斯二六七九　一　雜抄（莫嬾墮等）

釋文

（前缺）

惟當見［　　］虛空中地獄□［　　］來終自待，但看昔日（？）［　　］出世如優曇。

衆生見［　　］宅裏昏迷[一]，忽忽不曾［　　］身求八字，何廢空中□［　　］流浪虛生死。

鷄明丑（？）［　　］覓虛財不得（？），尋聲訪［　　］論正念，思惟榮意口［　　］空浪走。

莫嬾墮［　　］

莫嬾墮，勤自課，時[二]［　　］

說明

此卷由斯六一〇三和斯二六七九綴合而成，入矢義高首次揭示二者可綴合［參看《敦煌定格聯章曲子補録》，《東方學報》（三五），一九六四年，五二八至五二九頁」。其中斯六一〇三首尾均缺，尾部上角可與斯二六七九綴合，其内容包括『雜抄（莫嬾墮等）』和『菏澤寺和尚神會五更轉』的前三首。斯二六七九首缺尾全，包括『菏澤寺和尚神會五更轉』的後兩首，以及『南宗定邪正五更轉』『佛性成就十二時』和『釋利涉奏請僧徒及寺舍依定』。

此件首部和下半截均缺，失題，《英藏敦煌文獻》定名爲『卧輪禪師看心法』。其内容雖亦屬與佛教修行有關的文字，但與斯一四九四『卧輪禪師看心法』完全不同，後兩行之『莫嬾墮』有原題，暫定名爲『雜抄（莫嬾墮等）』。

校記

〔一〕底本『宅』字右上方似有一『王』字。

〔二〕『時』，據殘筆劃及斯一四九四『雜抄（卧輪禪師看心法等）』補。

參考文獻

《東方學報》（三五），一九六四年，五二三至五四二頁；《敦煌寶藏》四五册，臺北：新文豐出版公司，一九八二年，三一頁（圖）；《英藏敦煌文獻》三卷，成都：四川人民出版社，一九九〇年，八〇頁（圖）；《英藏敦煌文獻》一〇卷，成都：四川人民出版社，一九九四年，八〇頁（圖）；《英藏敦煌社會歷史文獻釋録》七卷，北京：社會科學文獻出版社，二〇一〇年，一五〇頁（録）。

斯六一〇三+斯二六七九　二　荷澤寺和尚神會五更轉

釋文

荷澤寺和尚神會五更轉

一更初[一]，涅槃城裏見真如。妄相（想）是空非有實[二]，不言未有不言無[三]。非垢淨，離空虛。莫作意，入無餘。了性即知當解脱，何勞端坐作功夫[四]。

二更催，知心無念是如來。妄相（想）是空非有實[五]，□山上不勞梯[六]。頓見竟（境）[七]，佛門開。寂滅樂，是菩提。□燈恆普照，了見馨香無去來。

三更深，無生□坐禪林[八]。内外中間無處所，魔軍自滅不來侵。莫作意，勿凝心。任自在，離思尋。般若本來無處所，作意何時悟法音。

四更蘭（闌）[九]，□共傳無作法[一〇]，愚人造化數千（？）般[一一]。易不易[一二]，難不難[一三]。□没在[一四]，本來禪。若悟刹那應即見，迷時累劫闇中觀[一五]。

五更分，淨體猶來無我人〔一六〕。黑白見知而不染〔一七〕，遮莫青黄寂不論。了了見，的知真。隨無相，離緣因。一切時中常解脱，共浴和光不染塵〔一八〕。

説明

此件首缺尾全，中間兩件綴合處缺失大半行文字，首題『菏澤寺和尚神會五更轉』，其中『寺』『神會』均爲朱筆所書。

校記

〔一〕『更』，據殘筆劃及文義補，《敦煌歌辭總編》逕釋作『更』。

〔二〕『相』，當作『想』，《敦煌歌辭總編》據文義校改，『相』爲『想』之借字。

〔三〕『未』，《敦煌歌辭總編》校改作『爲』；『無』，《敦煌定格聯章曲子補録》據文義校補。

〔四〕『端』，據殘筆劃及文義補，《敦煌歌辭總編》逕釋作『端』。

〔五〕『相』，當作『想』，《敦煌定格聯章曲子補録》據文義校改，『相』爲『想』之借字；『有』，《敦煌歌辭總編》補作『實有』；『實』，《敦煌定格聯章曲子補録》據文義校補。

〔六〕『山』，《敦煌歌辭總編》疑此字上所缺是『無生』二字；『梯』，《敦煌歌辭總編》認爲粤音『梯』『提』均讀如『胎』。

〔七〕『竟』，當作『境』，《敦煌歌辭總編》據文義校改，『竟』爲『境』之借字。

〔八〕『生』，《敦煌歌辭總編》認爲宜補作『生何必』，《〈敦煌歌辭總編〉匡補》補作『生法忍』；『坐』，據殘筆劃及文義補，《敦煌歌辭總編》逕釋作「坐」。

〔九〕「蘭」，當作「闌」，《敦煌定格聯章曲子補録》據文義校改，「蘭」爲「闌」之借字。斯六一〇三止於此句。

〔一〇〕斯二六七九始於此句。

〔一一〕「千」，《敦煌定格聯章曲子補録》《敦煌歌辭總編》均釋作「數」，從底本筆劃來看，應非「數」。

〔一二〕「不」，據殘筆劃補。「易不易」，《敦煌定格聯章曲子補録》《敦煌歌辭總編》釋作「尋不見」，誤。

〔一三〕「難不難」，據殘筆劃及文義補。

〔一四〕「没在」，《敦煌歌辭總編》釋作「祋似」。

〔一五〕「闇」，《敦煌歌辭總編》校改作「暗」，按「闇」有「暗」義，不煩校改。

〔一六〕「猶」，《敦煌定格聯章曲子補録》《敦煌歌辭總編》校改作「由」，按「猶」可通，不煩校改。

〔一七〕「不」，《敦煌歌辭總編》誤以爲底本此字脱。

〔一八〕「浴」，《敦煌定格聯章曲子補録》《敦煌歌辭總編》釋作「俗」。

參考文獻

《東方學報》（三五）、一九六四年，五二八至五二九頁（録）；《敦煌寶藏》二二册，臺北：新文豐出版公司，一九八二年，二二四頁（圖）；《敦煌寶藏》四五册，臺北：新文豐出版公司，一九八二年，三二頁（圖）；《敦煌歌辭總編》，上海古籍出版社，一九八七年，一四二四至一四二八頁（録）；《英藏敦煌文獻》四卷，成都：四川人民出版社，一九九一年，一八一頁（圖）；《英藏敦煌文獻》一〇卷，成都：四川人民出版社，一九九四年，八〇頁（圖）；《〈敦煌歌辭總編〉匡補》，臺北：新文豐出版公司，一九九五年，二五一至二五二頁（録）。

釋文

一更初，妄想真如不異居〔一〕。迷即真如是妄想〔二〕，悟即妄想是真如〔三〕。念不起〔四〕，更無餘〔五〕。見本性，等空虛。有作有求非解脱〔六〕，無作無求是功夫〔七〕。

二更催〔八〕，大圓寶鏡鎮安臺〔九〕。衆生不了攀緣病〔一〇〕，由斯鄣蔽心不開〔一一〕。〔本〕〔自〕〔淨〕〔一二〕，〔没〕〔塵〕〔埃〕〔一三〕。無繫著〔一四〕，絶輪迴〔一五〕。諸行無常是生滅〔一六〕，但觀實相見如來。

三更侵〔一七〕，如來智惠本幽深〔一八〕。唯佛與佛乃能見〔一九〕，聲聞緣覺不知音〔二〇〕。處山谷〔二一〕，坐（？）禪林〔二二〕。入空定，便凝心。一生（坐）還同八萬劫〔二三〕，只爲躭麻不重金〔二四〕。

四更蘭（闌）〔二五〕，法身體本（性）不勞看〔二六〕。看即作心還作意〔二七〕，作意還同妄想團〔二八〕。放四體，莫攢抏〔二九〕。任本性〔三〇〕，自公官〔三一〕。善惡不思則無念〔三二〕，無念無思是涅槃〔三三〕。

五更分，菩提無住復無根〔三四〕。過去捨身求不得〔三五〕，吾師普示不望（忘）恩〔三六〕。施法藥〔三七〕，大張門〔三八〕。去鄣閉〔三九〕，豁浮雲〔四〇〕。頓與衆生開佛眼〔四一〕，皆令見性免沈淪〔四二〕。

説明

此件首部完整，尾部略殘，文中有朱筆校改。現知敦煌文獻中保存相同内容的尚有九件：斯四六三四背，首尾完整，首題『大乘五更轉』；斯四六五四，首尾完整，首題『南宗定邪五更轉』；斯六〇八三，首全尾缺，上半部殘損嚴重，首題『五更轉一首』；斯六九二三背包括兩件，均首尾完整，但無首題；伯二〇四五，首尾完整，首題『南宗定邪正五更轉』；伯二二七〇，首尾完整，首題『五更轉頌』；BD 三四〇六背（露〇〇六），首尾完整，無題，係由左至右抄寫；BD 六三一八（鹹〇一八），首尾完整，首題『南宗訂（定）邪正五更轉』。任半塘認爲『南宗定邪正五更轉』乃神會和尚所作（參看《敦煌歌辭總編》，一四四四頁）。

以上釋文以斯二六七九爲底本，用斯四六三四背（稱其爲甲本）、斯四六五四（稱其爲乙本）、斯六〇八三（稱其爲丙本）、斯六九二三背一（稱其爲丁本）、斯六九二三背二（稱其爲戊本）、伯二〇四五（稱其爲己本）、伯二二七〇（稱其爲庚本）、BD 三四〇六背（稱其爲辛本）、BD 六三一八（稱其爲壬本）參校。

校記

〔一〕『妄』，甲、丁、戊、己、庚、壬本同，辛本作『忘』，『忘』爲『妄』之借字；『想』，甲、丁、戊、庚、辛、壬本同，己本作『相』，『相』爲『想』之借字；『如』，甲、戊、己、庚、辛、壬本同，丁本作『見』。丙本始於此句之『異居』。

〔二〕『迷』，丙、丁、戊、己、庚、辛、壬本同，甲本作『悉』，誤；『即』，甲本同，丙、丁、戊、己、庚、辛、壬本作『則』；『妄』，甲、丙、丁、戊、己、庚、壬本同，辛本作『忘』，『忘』爲『妄』之借字；『想』，甲、丁、戊、己、庚、辛、壬本同，丙本作『相』，『相』爲『想』之借字。

〔三〕『即』，甲、己、庚本同，丙、丁、戊、辛、壬本作『則』；『妄』，甲、丙、丁、己、庚、壬本同，戊本脱，辛本作『忘』，『忘』爲『妄』之借字；『想』，甲、丁、己、庚、辛、壬本同，戊本脱，丙本作『相』，『相』爲『想』之借字。

〔四〕『起』，丁、戊、己、庚、辛、壬本同，甲本作『豈』，『豈』爲『起』之借字。

〔五〕『餘』，甲、己、庚、壬本同，丁、戊、辛本作『説（？）』。

〔六〕『非』，甲、丙、己、庚、壬本同，丁、戊、辛本作『虚』。

〔七〕『功』，己、庚、壬本同，丁、戊、辛本作『空』，甲本作『公』，『公』爲『功』之借字；『夫』，甲、己、庚、壬本同，丁、戊、辛本作『虚』。

〔八〕『催』，丙、己、庚、壬本同，甲、辛本作『摧』，丁、戊本作『嶊』，『嶊』『摧』均爲『催』之借字。

〔九〕『圓』，甲、丙、戊、己、庚、辛、壬本同，丁本作『緣』，『緣』爲『圓』之借字；『鏡』，甲、戊、己、庚、辛、壬本同，丙本作「境」，丁本作「竸」，「境」「竸」爲「鏡」之借字。

〔一〇〕「了」，甲、丙、己、庚、壬本同，丁、戊、辛本作「要」；「緣」，丁、戊、己、庚、辛本同，甲、壬本脱；「病」，甲、己、庚本同，壬本脱，丁本作「竸」，戊、辛本作「境」。

〔一一〕「由斯」，丁、戊、己、庚、辛、壬本同，甲本作「無思」，誤；「鄣」，甲、辛本同，丁、戊、己、庚、壬本作「障」；「蔽」，甲、丁、戊、己、庚、辛本作「閉」，壬本作「闇」，「閉」爲「蔽」之借字；「心不」，甲、丙、丁、戊、辛、壬本同，己、庚本作「不心」。

〔一二〕「本自淨」，甲本作「本自靜」，據丙、丁、戊、己、庚、辛、壬本補。

〔一三〕「没塵埃」，據甲、丙、丁、戊、己、庚、辛、壬本補。

〔一四〕「繫」，甲、丙、丁、戊、己、庚、辛、壬本作「染」。

〔一五〕「輪」，甲、丙、丁、戊、己、辛、壬本同，庚本作「倫」，「倫」爲「輪」之借字。

〔一六〕「諸」，甲、丙、丁、己、庚、辛、壬本同，戊本作「智」，誤；「滅」，甲、丙、丁、戊、己、辛、壬本同，庚本作「威」，均可通。

〔一七〕「侵」，己、庚、壬本同，甲、丁、戊、辛本作「深」，丙本作「寢」，「寢」爲「侵」之借字。

〔一八〕「惠」，甲、丙、戊、己、庚、辛、壬本同，丁本作「慧」，均可通；「幽深」，己、庚、壬本同，甲、丁、戊、辛本作「由心」。

〔一九〕「唯佛與佛」，己、庚本同，甲、戊本作「以佛爲佛」，丁本作「以佛以法」，辛本作「以佛以佛」，壬本作「爲佛與佛」。

〔二〇〕「聲」，據殘筆劃及甲、丙、丁、戊、己、庚、辛、壬本補；「覺」，甲、丁、戊、己、庚、辛、壬本同，丙本作「角」，「角」爲「覺」之借字；「不」，甲、丙、己、庚、辛、壬本同，丁、戊本作「則」；「知」，甲、丙、戊、己、庚、辛、壬本同，丁本作『諸』，『諸』爲『之』之借字；『音』，甲、丙、己、庚、壬本同，丁、戊本作『因』，『因』爲『音』之借字，辛本作『闇』，誤。

〔二一〕『處』，丙、己、庚、壬本同，甲本作『入』，丁、戊、辛本作『住』；『山』，甲、丙、丁、戊、己、辛、壬本同，庚本作『大』，誤；『谷』，甲、己、庚、壬本同，丁、戊、辛本作『窟』，丙本作『容』，誤。

〔二二〕『坐』，甲、丁、戊、辛本同，丙本作『拄』，己、庚、壬本作『住』；『禪』，甲、丙、丁、己、庚、辛、壬本同，戊本作『單』，誤。

〔二三〕『一』，丁、戊、己、庚、辛、壬本同，甲本脱；『生』，己、庚、壬本同，甲本脱，當作『坐』，據丁、戊、辛本改；『劫』，甲、丙、戊、己、庚、辛、壬本同，丁本作『卻』，誤。

〔二四〕『躭』，丁、戊、辛本同，甲、丙、己、庚、壬本作『擔』；『重金』，丙、丁、戊、己、庚、辛、壬本同，甲本作『贈禁』。

〔二五〕『蘭』，甲、丙、丁、戊、己、庚、壬本同，當作『闌』，據辛本改，『蘭』爲『闌』之借字。

〔二六〕『體』，甲、戊、己、庚、辛本同，丁本作『躭』，誤；『本』，當作『性』，據甲、丁、戊、己、庚、辛、壬本改；『看』，甲、戊、己、庚、辛、壬本同，丁本作『本』，誤。

〔二七〕『即』，甲本同，丙、己、庚、壬本作『則』，乙、丁、戊、辛本作『作』；第一個『作』，甲本作『柱』，乙、丙、丁、戊、己、庚、辛、壬本作『住』；『心』，甲、乙、丙、己、庚、壬本同，丁、戊、辛本作『山』；『還』，甲、乙、丁、戊、己、庚、辛、壬本作『便』；第二個『作』，甲、乙、丁、己、庚、辛、壬本同，戊本脱。乙本始於此句。

〔二八〕『作』，甲、乙、丁、戊、己、庚、辛、壬本同，丙本作『住』；『同』，甲、丙、丁、戊、己、庚、辛、壬本同，乙本作『從』；『妄』，甲、丙、丁、戊、己、庚、壬本同，乙本作『望』，辛本作『忘』，『望』『忘』均爲『妄』

之借字；『想』，乙、丁、戊、己、庚、辛、壬本同，甲本脱，丙本作『相』，『相』爲『想』之借字；『團』，甲、乙、丙、丁、戊、己、庚、壬本同，辛本作『摶』，『摶』爲『團』之借字。丁、戊本此句後另有『妄想團』，辛本此句後另有『忘想摶』，『妄想團』『忘想摶』均係衍文，當刪。丙本止於此句。

〔二九〕『攢』，甲、己、庚、辛、壬本同，乙本作『鑽』，丁、戊本作『巑』；『抏』，甲本同，乙本作『頑』，丁、戊本作『岏』，己、庚、辛、壬本作『玩』。

〔三〇〕『任』，己、庚、壬本同，甲本作『認』，丁、戊、辛本作『忍』，『認』『忍』均爲『任』之借字。此句乙本脱。

〔三一〕『公官』，己、庚本同，甲、丁、戊、辛本作『觀看』，壬本作『公襌』。此句乙本脱。

〔三二〕『善』，甲、乙、丁、戊、己、庚、辛本同，壬本脱；『不』，甲、乙、己、庚、壬本同，丁、戊、辛本作『無』；『則』，甲本作『由』，己、庚、壬本作『即』，乙、辛本作『亦』，丁、戊本作『赤』，誤；『無』，乙、丁、戊、己、庚、辛、壬本同，甲本作『不』。

〔三三〕『無念無思』，丁、戊、己、庚、辛、壬本同，甲、乙本作『無思無念』；『涅』，甲、丁、戊、己、庚、辛、壬本同，乙本作『温』，誤；『槃』，丁、戊、己本同，甲、乙、庚、辛本作『盤』，壬本作『般』，誤。

〔三四〕第一個『無』，甲、乙、己、庚、壬本同，丁、戊、辛本作『普』，誤；『住』，己、庚、壬本同，甲本作『柱』，乙本作『主』，丁、戊本作『樹』，辛本作『遂』，『柱』爲『住』之借字，『主』『遂』二字誤；『復』，乙、丁、戊、己、庚、辛、壬本同，甲本作『本』，乙本作『惑』。

〔三五〕『去』，甲、丁、戊、己、庚、辛、壬本同，乙本作『起』，『起』爲『去』之借字；『捨』，甲、丁、戊、己、庚、辛、壬本同，乙本作『舍』；『身』，甲、丁、戊、己、庚、辛、壬本同，乙本脱；『得』，乙、丁、戊、己、庚、辛、壬本同，甲本脱。

〔三六〕『普』，丁、戊、己、庚、辛、壬本同，甲本脱；『示』，己、庚、壬本同，甲本作『逐』，丁、辛本作『遂』，戊本作『椽』，均誤；『望』，己、庚本同，甲、丁、戊、壬本作『妄』，當作『忘』，據辛本改，『妄』『望』均爲『忘』之借字。

〔三七〕『施』，甲、乙、丁、戊、己、庚、壬本同，辛本作『許』，誤；『藥』，甲、己、庚、壬本同，乙、丁、戊、辛本作『欲』，誤。

〔三八〕『張』，甲、乙、己、庚、壬本同，丁、戊、辛本作『章』，『章』爲『張』之借字。

〔三九〕『去』，甲、丁、戊、己、庚、辛、壬本同，乙本作『跪』，誤；『鄣』，辛本同，乙、戊、己、庚、壬本作『障』，甲本作『倞障』，丁本作『章』，『章』爲『鄣』之借字；『閉』，乙本作『莫』，己、庚、壬本作『膜』，據殘筆劃及丁、戊、辛本補。

〔四〇〕『豁』，甲本作『撥』，乙、丁、戊、辛本作『奯』，據殘筆劃及己、庚、壬本補；『浮』，甲本作『伕』，辛本作『黄』，據殘筆劃及乙、丁、戊、己、庚、壬本補。

〔四一〕『頓』，丁、戊、己、壬本同，甲本作『本』，庚本作『須』，辛本作『純』，誤；『與』，甲、丁、戊、己、庚、壬本同，辛本作『有』。

〔四二〕『令』，據甲、乙、丁、戊、己、庚、辛、壬本補；『見』，丁、戊、辛本作『過』，據甲、乙、己、庚、壬本補；『性』，甲、己、庚、壬本同，乙本作『聖』，『聖』爲『性』之借字，丁、戊、辛本作『去』，誤；『淪』，甲、乙、戊、己、壬本作『輪』，丁本作『倫』，據殘筆劃及庚、辛本補，『輪』『倫』均爲『淪』之借字。辛本此句後另有『真乘是漢語，施恩進由心。欲立非非相，將佛卻照心。智者求未得，於撿再求（？）尋。運保躭麻者，如我不重金』。

參考文獻

《敦煌寶藏》二二册，臺北：新文豐出版公司，一九八二年，二一四頁（圖）；《敦煌寶藏》三七册，臺北：新文豐出版公司，一九八二年，一五七、二五三頁（圖）；《敦煌寶藏》四五册，臺北：新文豐出版公司，一九八二年，一九頁（圖）；《敦煌寶藏》五三册，臺北：新文豐出版公司，一九八三年，五六〇至五六一頁（圖）；《敦煌寶藏》一〇四册，臺北：新文豐出版公司，一九八四年，六五九頁（圖）；《敦煌寶藏》一〇八册，臺北：新文豐出版公司，一九八四年，六五五頁（圖）；《敦煌寶藏》一一三册，臺北：新文豐出版公司，一九八五年，一〇六頁（圖）；《敦煌寶藏》一一八册，臺北：新文豐出版公司，一九八五年，三一九頁（圖）；《世界宗教研究》一九八六年三期，五九至六六頁；《敦煌歌辭總編》，上海古籍出版社，一九八七年，一四四三至一四五五頁（録）；《英藏敦煌文獻》四卷，成都：四川人民出版社，一九九一年，一八一頁（圖）；《英藏敦煌文獻》六卷，成都：四川人民出版社，一九九二年，一八〇至一八一、二一〇至二一一頁（圖）；《英藏敦煌文獻》一〇卷，成都：四川人民出版社，一九九四年，七四頁（圖）；《英藏敦煌文獻》一一卷，成都：四川人民出版社，二二八至二三〇頁（圖）；《法藏敦煌西域文獻》三册，上海古籍出版社，一九九五年，一五〇頁（圖）；《〈敦煌歌辭總編〉匡補》，臺北：新文豐出版公司，一九九五年，二五五至二五六頁（録）；《法藏敦煌西域文獻》一〇册，上海古籍出版社，一九九九年，三〇一頁（圖）；《國家圖書館藏敦煌遺書》四七册，北京圖書館出版社，二〇〇七年，五〇頁（圖）；《國家圖書館藏敦煌遺書》八四册，二〇〇八年，一六五頁（圖）。

斯六一〇三＋斯二六七九　四　佛性成就十二時

釋文

平[旦]演（寅）〔一〕，了了輪迴受苦辛。含□〔二〕，意識參雜有數人。

日出[卯]〔三〕，□〔四〕。門外三車不用論，一念□〔五〕

食時辰，無明花發幾時新。聲□，隨運貪生恣苦因。

□〔六〕，□故知擊浪風勢驚，□

正南午〔七〕，般若之船能救□〔八〕。得達彼岸捨舟船〔九〕，□

日跌（昳）未〔一〇〕，將知二境如□。毀譽不動如須彌，□□□。

晡時申，終取如來□□境〔一一〕，火威停爐息□□〔一二〕

日入酉，世帝（諦）榮華應不久〔一三〕。但拯無明不染心，則與諸佛爲心首。

黃昏戌，自有心中如惠日〔一四〕。但知識得涅槃城，則是般若波羅蜜。

人定亥，衆生久被無明蓋〔一五〕。一往沈輪苦海中〔一六〕，此度出離生死海。
夜半子，發願無明心不起。若知煩惱是菩提〔一七〕，則是火宅離生死。
鷄明（鳴）丑〔一八〕，故知佛性人人有。若知萬像悉皆空〔一九〕，則知佛性得成就。

説明

此件抄於『南宗定邪正五更轉』之後。前七首下半截殘缺，均僅存半行。後爲『釋利涉奏請僧徒及寺舍依定抄』，其後再接抄『酉時』以下五首。前後兩處『佛性成就十二時』的筆跡相似，應爲同一人所抄，且與『釋利涉奏請僧徒及寺舍依定抄』的筆跡不同。推測『釋利涉奏請僧徒及寺舍依定抄』抄寫在前，時人是利用『南宗定邪正五更轉』和『釋利涉奏請僧徒及寺舍依定抄』之間空白抄寫『佛性成就十二時』的，所以才把一篇完整的文字分爲兩個部分抄寫。爲保持其完整性，現將『釋利涉奏請僧徒及寺舍依定抄』後抄寫的『酉時』以下五首移至此件中。

校記

〔一〕『旦』，《敦煌定格聯章曲子補録》據文義校補，《敦煌歌辭總編》逕釋作『旦』；『演』，當作『寅』，《敦煌歌辭總編》據文義校改。

〔二〕『含』，《敦煌定格聯章曲子補録》釋作『貪』，《敦煌歌辭總編》釋作『含全』，《〈敦煌歌辭總編〉匡補》認爲當作『貪』。

〔三〕「卯」，《敦煌定格聯章曲子補録》據文義校補，《敦煌歌辭總編》逕釋作「卯」。
〔四〕《敦煌歌辭總編》認爲此句首字似「令」。
〔五〕「一念」，《敦煌歌辭總編》未能釋讀。
〔六〕此處之缺文，《敦煌歌辭總編》釋作「隅中巳」，按底本實無此三字。
〔七〕「正」，底本原寫作「正」，後删除，並在其右另書一「正」字。
〔八〕「□」，《敦煌歌辭總編》釋作「苦」。
〔九〕「舟」，《敦煌歌辭總編》未能釋讀。
〔一〇〕「跌」，當作「昳」，《敦煌定格聯章曲子補録》據文義校改，「跌」爲「昳」之借字。
〔一一〕「境」，《敦煌歌辭總編》漏録。
〔一二〕「威」，《敦煌定格聯章曲子補録》《敦煌歌辭總編》釋作「威」；「息」，《敦煌歌辭總編》未能釋讀。
〔一三〕「帝」，當作「諦」，《敦煌定格聯章曲子補録》據文義校改，「帝」爲「諦」之借字。
〔一四〕「惠」，《敦煌歌辭總編》校改作「慧」，按「惠」通「慧」，不煩校改。
〔一五〕「明」，《敦煌歌辭總編》釋作「名」，校改作「明」，按底本實爲「明」字。
〔一六〕「輪」，《敦煌定格聯章曲子補録》《敦煌歌辭總編》校改作「淪」，按「輪」可通，不必校改。
〔一七〕「若知」，《敦煌歌辭總編》校改作「欲除」。
〔一八〕「明」，當作「鳴」，《敦煌定格聯章曲子補録》據文義校改，「明」爲「鳴」之借字。
〔一九〕「像」，《敦煌歌辭總編》校改作「象」，按「像」可通，不必校改。

參考文獻

《東方學報》（三五），一九六四年，五三一頁（録）；《敦煌寶藏》一二二册，臺北：新文豐出版公司，一九八二年，二一四至二一六頁（圖）；《敦煌歌辭總編》，上海古籍出版社，一九八七年，一三六一至一三六五頁（録）；《英藏敦煌文獻》四卷，成都：四川人民出版社，一九九一年，一八一至一八二頁（圖）；《〈敦煌歌辭總編〉匡補》，臺北：新文豐出版公司，一九九五年，二三八至二四〇頁（録）。

斯六一〇三+斯二六七九　五　釋利涉奏請僧徒及寺舍依定抄

釋文

奏請僧徒及寺舍依定　釋利涉

利涉言，痛者不能緩其聲〔一〕，事急者不能安其言〔二〕。急則告其　君，自古之常道；痛則告其母，法爾之恆規。諸　佛慈悲，病子先救；菩薩運載，苦者偏憂。過去國王，曾爲諸　佛；過去諸　佛，曾爲國王。何以知之？何以知之〔三〕？　陛下處五高之位，親自書寫大乘，建萬劫穆穆之風，每致安人重法。荷護三寶，與　佛無殊；調和八方，菩薩無別。引今示昔，輒獻愚辭。論罪，罪則有餘〔四〕；計生，實無生路。死罪！死罪！

今天下衆僧安居已訖。有　勑寮採（采）奉行〔五〕，立限驅馳，悽惶失路〔六〕。欲投諸寺，據法不容；欲投俗家，咸言不許。爲客既久，去家復遥。鳥鳴也哀，何足言苦。若也生苦，痛不可言；若也死苦，是人甘分。願　陛下救之矣！爲論　佛法〔七〕，總在安居，必欲令歸，至秋非晚。又見　陛下有　勑，有僞者咸許自新。外郡官寮，因斯推刻，志求考課，自薦己功，洗木求痕，至存枉解〔八〕。未有諸　佛弟子，滅　陛下福田。忝是人臣，不應若此〔九〕。陛下是北辰之聖主，慈不憐焉。乞僧尼安樂之地，願　陛下壽寶祚之遐延。利樂有情，佛之常道。計僧不合進表，臣子之道恐虧。有益不申，忠誠何在？孔子云：寬則得衆，愍則有功。孔子是東國賢人，尚能若此。利涉幸得生　聖朝，事　聖主。雖同草木，輒獻愚辭。死罪！死罪！

説明

此件首尾完整，有首題。利涉見於《宋高僧傳》卷一七《唐京兆大安國寺利涉傳》，敦煌文獻中保存有關利涉法師資料的還有斯三二八七、BD 六二五一（海五一）之『李（利）法師勸善文』。牧田諦亮對利涉法師做過詳細研究（參看《唐長安大安國寺利涉について》，載《東方學報》（三一），一九六一年，三二一至三三〇頁），李小榮認爲此篇可看作從長安傳來的《大唐安國寺法師利涉傳記》中的一部分（參看《〈宋高僧傳·利涉傳〉補正——以敦煌文獻爲中心》，載《敦煌佛教與禪宗學術討論會文集》，一六九至一八三頁）。

校記

〔一〕『聲』，《敦煌遺書總目索引新編》漏録，並將下文『事』斷入此句。

〔二〕『言』，《敦煌遺書總目索引新編》釋作『定』，誤。

〔三〕『何以知之』，《敦煌社會經濟文獻真蹟釋録》《敦煌遺書總目索引新編》均漏録。

〔四〕『罪』，《敦煌遺書總目索引新編》漏録。

〔五〕『㨨』，當作『采』，據文義改，《敦煌社會經濟文獻真蹟釋録》校改作『采』，《敦煌遺書總目索引新編》逕釋作『𥝢』。

〔六〕『悽』，《敦煌遺書總目索引新編》釋作『凄』，誤。

〔七〕『法』，《敦煌遺書總目索引新編》釋作『經』，誤。

〔八〕『枉』，《敦煌遺書總目索引新編》釋作『妄』，誤。

〔九〕『若』，《敦煌遺書總目索引新編》釋作『爲』。

參考文獻

《東方學報》（三一），一九六一年，三二一至三三〇頁；《中國佛教史研究》（一），東京：大東出版社，一九八一年，二八四至二八七頁；《敦煌寶藏》二三册，臺北：新文豐出版公司，一九八二年，二一五至二一六頁（圖）；《敦煌遺書總目索引》，北京：中華書局，一九八三年，一六三頁（録）；《敦煌社會經濟文獻真蹟釋録》四輯，北京：全國圖書館文獻縮微複制中心，一九九〇年，三二二至三二三頁（録）；《英藏敦煌文獻》四卷，成都：四川人民出版社，一九九一年，一八一頁（圖）；《敦煌遺書總目索引新編》，北京：中華書局，二〇〇〇年，八二頁（録）；《〈宋高僧傳·利涉傳〉補正——以敦煌文獻爲中心》，載《敦煌佛教與禪宗學術討論會文集》，西安：三秦出版社，二〇〇七年，一六九至一八三頁。

斯二六八二背　太子成道經

釋文

我大師釋迦如來求菩提緣，於過去無量世時，百千萬劫，多生波羅奈國。爲發四弘誓願，直求無上菩提，不惜身命，常以己身及一切萬物給施衆生。慈力王時，見五夜叉爲啖〔人〕血肉[一]，飢火所逼，其王哀愍，與（以）身布施[二]，餧五夜叉。歌利王時，割截身體，節節支解。尸毗王時，割股救其鳩鴿。月光王時，一一樹下，施頭千遍，求其智惠。寶燈王時，剜身千龕，供養十方諸佛，身〔上〕然燈千盞[三]。薩捶（埵）王子時[四]，捨身千遍，〔悉〕〔濟〕〔其〕〔餓〕〔虎〕[五]。悉達挈太子之時，廣開大藏，布施一切飢餓貧乏之人，令得飽滿。兼所有國城、妻子、象馬七珍等，施與一切衆生。或時爲王，或時爲太子，於波羅奈國，五天之境，捨身捨命，〔給〕〔施〕〔衆〕〔生〕[六]，不作爲難。非但一生如是，百千萬劫精練身心，發其大願，種種苦行，死不滅持，令其心願滿足。故於無數劫中，積修萬行，只爲功充果滿，上生兜率陀天宫之中。其欲界如是，其六天者：一、四天王天；二、刀（忉）利天[七]；三、須夜魔天；四、兜率陀天；五、樂變化天；六、他化自在天。

如來世尊，補在第四天中云云。

是時淨飯大王爲宮中無太子，優（憂）悶不樂尋〔常〕〔八〕。或於一日作一夢，夢見雙六頻輪，即問大臣：『是何意旨？』大臣答曰：『陛下夢見雙陸頻輪者，爲宮中無太子，所以〔頻〕〔輪〕〔九〕。』大王問大臣：『如何求得太子？』大臣奏大王曰：『城南有一天祀神，善能求恩乞福，往求太子，必合容許。』是時大王排批鑾駕，親〔自〕便〔往〕天祀神邊〔一〇〕。甚生隊仗：日（白）月纔沈形〔一一〕，紅日初生。擬（儀）杖橫行〔一二〕，天下晏靜。爛滿錦衣花璨璨，無邊神女貌螢（瑩）螢（瑩）〔一三〕。是時大王便到天祀神邊，索酒親自發願。

吟云云：

撥棹乘船過大江，神前傾酒三五巵。

傾酥（杯）不爲諸餘事〔一四〕，男女相兼乞一雙。

夫女（人）道〔一五〕：『大王何必多貪？求男是男，求女是女。男女一雙，爭交（教）容許〔一六〕。』夫人索酒，親自發願澆末（來）〔一七〕。甚道：『若是得男，神頭上傘蓋左轉；若是得女，〔神〕〔道〕頭上傘蓋右轉〔一八〕。』便乃澆酒云云：

撥棹乘船過大池，盡情歌舞樂神祇。

歌舞不緣別餘事，伏願大王乞一個兒。

大王共夫人發願已了，迴鑾駕卻入宮中。或於一日，便上綵雲樓頭，謀（迷）悶之次[一九]，便乃睡著，作一叉（個）夢[二〇]。忽然驚覺，遍體汗流。遂奏 大王，具説其事：『賤妾綵樓之上作一聖夢，夢見從天降下日輪，之内乃有一孩兒，十相具足，甚是端嚴。兼乘六牙白象，從妾頂門而入，在右脅下安之。其夢如何，不敢不奏。』 大王遂乃問其旨臣，答曰：『助大王喜，合生貴子。』 大王聞説，歡喜非常。

不經旬日之間，便則夫人有胤（孕）[二一]，雖然懷任，卻乃優（憂）愁[二二]。遂奏大王：『如何計教，得免其憂？』 大王答夫人曰：『後園之内，有一靈樹，號曰無憂。夫人遂遶，令往觀看，得免其憂。』 遂遣排批後園觀看，甚生隊仗：是日敷千重之錦繡，張萬道之花筵。夫人據行，頻（嬪）妃從後[二三]。

吟：

聖主摩耶往後園，婇女頻（嬪）妃奏樂喧（喧）[二四]。
魚透碧波堪上（賞）玩[二五]，無憂花色最宜觀。
無憂花樹葉敷榮，夫人緩步彼中行。
舉手或攀枝餘（與）葉[二六]，釋迦聖主袖中生。
釋迦慈父降生來，還從右脅出身胎。
九龍灑水早是衩，千輪足下瑞蓮開。

是時夫人誕生太子已了，無人扶接，〔其〕〔此〕〔太〕〔子〕[二七]，東西南北，各行七步了，蓮花捧足。一手旨（指）天〔二八〕，一手旨（指）地〔二九〕，口云：『天上天下，唯我獨尊！』大王聞知，非常驚愕：『我是金輪王，往（王）四天下〔三〇〕，銀輪王往（王）三天下〔三一〕，銅輪王往（王）二天下〔三二〕，鐵輪王往（王）一天下〔三三〕，粟散天子往（王）一國〔三四〕。此子口云「天上天下，唯我獨尊」者，何已？斯事須取相師，則知委由。』遂遣牓示，名（召）爲相師〔三五〕。忽有一仙向前揭牓，口云：『我善能解相。』大王聞説，即召相師。〔阿〕陀（斯）斯（陀）仙人蒙詔〔三六〕，即至殿前。大王告其仙人：『朕生一子，以〔與〕世間〔人〕有殊〔三七〕，不委是凡是聖？伏願仙者與朕相之。』大王遣宫人抱太子，度與仙人。仙人抱得太子，悲泣流淚。大王見仙人雨淚，即便問之仙者：『朕生貴子，歡喜非常。仙者因何悲泣流淚？』『大王莫怪，此孩子證無上菩提之時，我不逢遇，所以悲泣。』仙人相太子了，便奏大王。

仙人詠云云云：

阿斯陀仙啓大王，太子瑞應極貞祥。

不是尋常等閑事，必作菩提大法王。

是時相太子訖，〔其〕〔太〕〔子〕〔漸〕漸長大〔三八〕，習學人間伎藝，總乃得成。或於一日，太子愁憂，專心學善，不戀人間。大王聞知，亦生憂悶。大王（臣）云〔三九〕：『主憂則臣辱，主辱則臣死，臣啓大王，臣有計。』『卿有何計教？』『但遣取一伴戀之人。』『何者爲半（伴）戀之人〔四〇〕？』『取一新婦，便是半（伴）戀之人〔四一〕。』大王遂則排批，與取新婦。太子聞説，遂奏大王：『若與兒取其新婦，令巧匠造一夫人指環，〔兒〕手上帶之〔四二〕。父母及兒三人知，餘人不知。若與兒有緣，知兒手上金指環者，則爲夫婦。』大王聞太子奏對，遂遣國門高縛綵樓。召其合國人民，有室女者，盡於綵樓下齊集，當令太子，自揀婚對。太子於綵樓上便思（私）發願〔四三〕：『若是前生眷屬，知我手上指環之者，即爲夫婦。』是時有釋種婆羅門名摩訶那摩，女名耶輸陀羅，望綵樓便發願言。

吟云云：

前生與殿下結良緣，賤妾如今豈敢專？
是日耶輸再三請，太子當時脱指環。

餘殘諸女，盡皆分散，各自還家，只殘耶輸陀羅一身。太子遂問：『夫人三從有則，在家從父，出嫁從夫，又至夫亡，任從長子。但某乙有交言語，説與夫人，從你不從？』耶輸答曰：『爭敢不從！』『若是夫人行道，太子座禪；太子行道，夫人座禪。』

後於一時，與父王俱遊〔至〕王田所〔四四〕。王（正）見耕種收刈〔四五〕，極甚勞力。復見壤蟲，烏鵲啄啖，深生慈愍，在於閻浮〔提〕樹下〔四六〕，寂然而坐，思念欲界苦惱。大王遂問太子：『有何不樂？』殿下奏大王曰：『宮中謀（迷）悶〔四七〕，所以不樂。擬往觀看，不敢不奏。』大王遂遣車匿被朱騣白馬，遣太子觀看。到於東門，忽見一人，忙忙急走。殿下見知（之）〔四八〕，非常驚愕。便遣車匿問知（之）〔四九〕：『有何速事？』『我緣家中有一生婦，欲生其子，痛苦非常，所以奔走。』殿下問言：『即一人有忙之事？餘人總有？』『不餘世人，殿下亦然。』太子聞説，愁憂不樂，便卻還宮。父王〔聞〕道太子還宮〔五〇〕，遂遣美人觀其太子顔狀，必合歡喜。宮人奏大王曰：『太子還宮，更加愁悶。』父王聞説，亦與〔愁〕憂〔五一〕。更添音樂，百般悦樂太子。太子聞樂，轉更愁憂。處分車匿，來晨被與（於）朱宗（騌）白馬〔五二〕，亦往觀看。遂出南門。忽爾行次，見一老人，髮白面皺，形容憔焠〔五三〕。遂遣車匿，問其老人：『曲脊拄杖，君是何人？』老人答曰：『我是老人。』太子問曰：『何名老人？』老人答曰：

眼闇都緣不弁（辨）色〔五四〕，耳聾高語不聞聲。

欲行三里二里時，雖（須）是四迴五迴歇〔五五〕。

太子遂聞（問）〔五六〕：『即是老〔人〕一個〔老〕〔五七〕，爲復盡皆如此？』『陛下大曬遵（尊）〔高〕〔五八〕，〔老〕〔相〕〔亦〕〔復〕〔如〕〔是〕〔五九〕。』〔父〕〔王〕〔聞〕〔道〕太子還宮〔六〇〕，遂遣宮人存問太子。太子蒙問，展轉愁憂。大王聞知，亦皆不樂。遂加音樂，歡樂太子，太子愁憂不止。遂遣車匿被依（於）朱宗（騌）白馬〔六一〕，遂向西門於前遊管（觀）〔六二〕。觀看之次，忽見一人，劣瘦至甚，藥椀在於頭邊。遂遣車匿問知（之）〔六三〕：『公是何人？』『我是病兒。』『何名病兒？』『地水火風，四大〔成〕〔身〕〔六四〕。一大不調，則百脈病起。此名病兒。』『則公一個病，但是諸人亦復如然？』『殿下尊高，並亦如是！』太子聞知，亦加不悦，便乃還宫。大王聞來，遂唤太子：『吾從養汝，只是懷愁。昨日管（觀）遊〔六五〕，見於何物？』太子奏大王曰：『西門管（觀）看〔六六〕，不見别餘，見一病兒，倍加劣瘦。遂遣車匿問知（之）〔六七〕：「則君一人如此，諸人亦然？」「殿下付位即尊高，病相亦皆如是。」遂乃愁憂，大王何必怪知（之）〔六八〕？』遂遣宫人引依（於）太子〔六九〕。太子愁憂不散，於（依）前來日遊行散悶〔七〇〕，巡於北門。觀看之次，忽見〔一〕〔人〕卧於荒郊〔七一〕，膖脹爛壞。在於荒郊，四畔有人，高聲哭叫。殿下遂問（唤）車匿〔問〕知（之）〔七二〕：『此是何人？』喪主答曰：『此是死人。』『何名死人？即此人一個死？諸人亦然？』殿下！

國王之位大尊高，煞鬼臨額（頭）無處逃〔七三〕。

死相之人皆若此，還漂苦海浪滔滔。

太子見死相之人，更乃愁憂，便卻還宫。大王聞道太子還，遂交（教）親唤殿下〔七四〕。〔太〕〔子〕蒙詔〔七五〕，遂見父王，〔大〕〔王〕問其太子〔七六〕：

若説人間恩愛，不過父子之情。

若説此世因緣，莫若親生男女。

假使百蟲七鳥，驅驅猶爲子身。

墮落五道三途，皆是爲男爲女。
金銀七（珍）寶無數〔七七〕，要者任意不難。
若能取我眼精，心裏也能潘（拌）得〔七八〕。
取我懷中憐愛子，千生萬劫招難潘（拌）〔七九〕。
然（雖）須（然）有爾多恩憂（愛）〔八〇〕，自身作罪自身當。
父王作罪父王當，太子他家不受殃。
阿孃作罪阿孃受，女者無因替阿孃。
自身作罪自身知，非莫怨他家與妻兒〔八一〕。
自作業時應自受，他人不肯與你入阿鼻。
父與母〔子〕妻益（及）妻（兒）〔八二〕，欲擬相留且暫時。
爭那此時緣業斷，死王嗔怒怕來遲。
煞鬼不怕兄弟多，任君眷屬總僂儸。
黑繩繫項索將去，地獄還交（教）度柰河〔八三〕。
遮莫僂儸上天陵，南州北郡置莊田。
未待此時（身）裁與謝〔八四〕，商量男女義（擬）分錢〔八五〕。
天（大）兒右（有）道要東畔〔八六〕，小者直擬取西邊。

惡業是門〔徒〕自造著〔八七〕，別人不肯與你入皇（黄）泉〔八八〕。見説如是罪事，更乃愁憂。遂遣車匿被於朱宗（騌）〔八九〕，往出城〔去〕〔九〇〕。觀看之次，在於路上，或見一人，削髮染衣，威儀庠序，直似象王。太子忽見，遂遣車匿向前問之：『君是何人？』『我是師僧。』『何名師僧？』『之（諸）漏已盡〔九一〕，無復煩惱。衣生架上，飯在盂中，此是師僧。』太子聞説，歡喜非常，速便下馬，頂禮三寶，便問三寶：『汝师是誰之弟子？』『我師是三界天師、死（四）生慈父〔九二〕，釋迦牟尼佛是我之師。』太子聞説，便問三寶：『如何修行，得證此身？』『捍勞忍苦，六時行道，饒益衆生，乃獲此身。』太子聞説，便歡喜〔頂〕〔禮〕〔九三〕，卻歸宮中。父王聞太子歸宮，遣宮人觀占（瞻）太子喜已（與）不喜〔九四〕？宮人卻奏大王：『太子今日，非常喜悦。』太子還宮，共妻耶輸倍加精進。六時行道，無時有闕。二月八日，夜半子時，四天王門喚伊（於）太子〔九五〕：『出家時至！』太子聞喚，便遣車匿被衣（於）朱宗（騌）〔九六〕，便擬往於雪山。向後有事未了，我一身覓其解脱，向後宮人菜（綵）女〔九七〕，苦切難（嚎）桃（咷）〔九八〕。遂喚夫人向前，又（有）其付囑〔九九〕：『別無留別，一辧（瓣）美香〔一〇〇〕，若有災難之時，但燒此香，望雪山會上，啓告伊（於）我〔一〇一〕。』是時太子，四門王捧馬足，便卻逾城。位（以）手卻著玉鞭〔一〇二〕，指其耶輸腹有引（孕）〔一〇三〕：『佛未出家時，所生八王子，見大聖出家，亦須〔隨〕修梵行〔一〇四〕。』臨去之時，宮人睡〔著〕〔一〇五〕，綵女昏迷。太子擬去，思忖再三，恐爲宫人受其苦楚，遂乃城上留其馬蹤。太子共四天王便往雪山修道修行。已經十月，耶輪降下一男。父王聞之，拍案大怒：『我兒雪山修道，不經一年已來，新婦因何生其孩子？』遂遣武〔士〕〔一〇六〕，殿前穿一方丈大坑，滿坑著火，令推新婦并與孩子入於大坑。大王發願：『實是朕子孫，靈（令）火坑變作清涼池〔一〇七〕。』大王發願已訖，便令武士推去新婦兼及孩子。臨推入火坑之時，新婦索香爐發願，甚道：

可笑危中也〔大〕危〔一〇八〕，靈山會上亦合知。

賤妾一身猶乍可，〔莫〕〔教〕〔孤〕〔負〕〔一〕〔孩〕〔兒〕〔一〇九〕。

發願已訖，武士推新婦及孩子，便令入火坑。入已，其坑世尊以慈光照，變作清涼池。池内有兩朵蓮花，母子各座一朵。武士遂奏大王：『其新婦推入火坑，並燒不煞。』父王聞之，便知是我孩（孫）子〔一一〇〕。唤新婦近前，即知新婦無虚。新婦便辭父王，之（亦）擬雪山修道〔一一一〕。新婦既去者，父王之（亦）不敢留連〔一一二〕。大王遂處分新婦，甚道：

吟

夫人已解别陽臺，此事如連（蓮）火裏開〔一一三〕。

曉鏡罷看桃李面，鉗（紺）雲休插鳳凰釵〔一一四〕。

無明海行（水）從兹竭〔一一五〕，煩惱叢林任意摧。

努力向鷲峰修道（聖）聖（道）〔一一六〕，新婦莫慺（慵）饞不掣卻迴來〔一一七〕。

處分新婦已訖，新婦便辭大王至雪山之次修道。一呼『善來』，變成男子，隨佛出家，證〔得〕阿羅漢〔一一八〕。其子號曰羅睺羅密行。

爲我能知〔之〕〔一一九〕，現爲我長子。

我今成佛道，受法爲法子。

日食一麻或一麥，長齋座禪觀行，成等（登）正覺〔一二〇〕。尼連河沐浴，六年苦行，氣力劣若（弱）〔一二一〕，樹神把手引之，出於彼岸。取吉祥草座爲道場，先開有教，利益群情，是何人也？最初説法爲五俱輪，此（次）續空宗〔一二二〕，便令悟解。欲説大乘，先明教主。

欲知教法之由漸，先明我佛如來。

始從兜率降人間，托蔭王宫爲太子。

捨卻世間一切事，雪山修道證菩提。

（後缺）

説明

此件首全尾缺，無題，抄於《大佛略懺二卷》之背。王慶菽指出此件之故事係根據《佛本行集經》演繹而成（參見王重民主編《敦煌變文集》，三〇〇至三〇一頁）。現知敦煌文獻中保存的與此件内容和結構基本相同的寫本尚有七件，本書一一卷收録的斯二三五二《太子成道經》即有詳細介紹（參見本書一一卷，四六〇至五一六頁）。

以上釋文以斯二六八二背爲底本，因本書一一卷所收之斯二三五二《太子成道經》曾用此件作爲乙本參校，各件之異同均已見於該件之校記，故此件僅用本書一一卷之斯二三五二《太子成道經》（稱其爲甲本）校改錯誤和校補缺文，其他各本異文不再一一出校。

校記

〔一〕『人』，據甲本補。

〔二〕『與』，當作『以』，據甲本改，『與』爲『以』之借字。

〔三〕『上』，據甲本補。

〔四〕『捶』，當作『埵』，據伯二九九九、伯二九二四背、伯二二九九等《太子成道經》改。

〔五〕此句據甲本補。

〔六〕此句據甲本補。

〔七〕『刀』，當作『忉』，據文義改。

〔八〕『優』，當作『憂』，據伯二九二四背、伯二二九九等《太子成道經》改，『優』爲『憂』之借字；『常』，據甲本補。

〔九〕『頻輸』，據伯二二九九《太子成道經》補。

〔一〇〕『自』，據甲本補；『往』，據甲本補。

〔一一〕『日』，當作『白』，據甲本改。

〔一二〕「擬」，當作「儀」，《敦煌變文校注》據《悉達太子修道因緣》校改，「擬」爲「儀」之借字。
〔一三〕「螢螢」，當作「瑩瑩」，梁粱據文義校改，「螢」爲「瑩」之借字。
〔一四〕「酥」，當作「杯」，《敦煌變文校注》據文義校改。
〔一五〕「女」，當作「人」，據甲本改。
〔一六〕「交」，當作「教」，據文義改，「交」爲「教」之借字。
〔一七〕「末」，當作「來」，據甲本改。
〔一八〕「神道」，據甲本補。
〔一九〕「謀」，當作「迷」，郭在貽據文義校改，「謀」爲「迷」之借字。
〔二〇〕「叉」，當作「個」，據文義改。
〔二一〕「胤」，當作「孕」，據伯二二九九《太子成道經》改，「胤」爲「孕」之借字。
〔二二〕「優」，當作「憂」，據甲本改，「優」爲「憂」之借字。
〔二三〕「頻」，當作「嬪」，《敦煌變文校注》據文義校改，「頻」爲「嬪」之借字。
〔二四〕「頻」，當作「嬪」，據伯二二九九《太子成道經》改，「頻」爲「嬪」之借字；「暄」，當作「喧」，據甲本改，「暄」爲「喧」之借字。
〔二五〕「上」，當作「賞」，據甲本改，「上」爲「賞」之借字。
〔二六〕「餘」，當作「與」，據文義改，「餘」爲「與」之借字。
〔二七〕此句據甲本補。
〔二八〕「旨」，當作「指」，據甲本改，「旨」爲「指」之借字。
〔二九〕「旨」，當作「指」，據甲本改，「旨」爲「指」之借字。

〔三〇〕「往」，當作「王」，據甲本改，「往」爲「王」之借字。
〔三一〕「往」，當作「王」，據甲本改，「往」爲「王」之借字。
〔三二〕「往」，當作「王」，據甲本改，「往」爲「王」之借字。
〔三三〕「往」，當作「王」，據甲本改，「往」爲「王」之借字。
〔三四〕「往」，當作「王」，據甲本改，「往」爲「王」之借字。
〔三五〕「名」，當作「召」，據甲本改。
〔三六〕「阿」，據甲本補；「陀斯」，當作「斯陀」，據甲本改。
〔三七〕「以」，當作「與」，《敦煌變文集》據文義校改，「以」爲「與」之借字；「人」，據甲本補。
〔三八〕「其太子漸」，據甲本補。
〔三九〕「王」，當作「臣」，據甲本改。
〔四〇〕「半」，當作「伴」，據伯二九九九《太子成道經》改，「半」爲「伴」之借字。
〔四一〕「半」，當作「伴」，據甲本改，「半」爲「伴」之借字。
〔四二〕「兒」，據斯五四八背、伯二九二四背等《太子成道經》補。
〔四三〕「思」，當作「私」，據甲本改，「思」爲「私」之借字。
〔四四〕「至」，據甲本補。
〔四五〕「王」，當作「正」，《敦煌變文集》據文義校改。
〔四六〕「提」，據甲本補。
〔四七〕「謀」，當作「迷」，《敦煌變文校注》據文義校改，「謀」爲「迷」之借字。
〔四八〕「知」，當作「之」，據甲本改，「知」爲「之」之借字。

〔四九〕「知」，當作「之」，據甲本改，「知」爲「之」之借字。
〔五〇〕「聞」，據甲本補。
〔五一〕「愁」，據甲本補。
〔五二〕「與」，當作「於」，《敦煌變文校注》據文義校改，「與」爲「於」之借字；「宗」，當作「騌」，據甲本改，「宗」爲「騌」之借字。
〔五三〕「焠」，底本原字形似「炶」，但右下部之「口」形狀在「口」「九」之間，頗疑爲「卆」上下構件顛倒，即爲「焠」之俗寫。
〔五四〕「弁」，當作「辨」，《敦煌變文校注》據文義校改，「弁」爲「辨」之借字。
〔五五〕「雖」，當作「須」，《敦煌變文校注》據文義校改，「雖」爲「須」之借字。
〔五六〕「聞」，當作「問」，據甲本改。
〔五七〕「人」，據甲本補；「老」，據甲本補。
〔五八〕「遵」，當作「尊」，據甲本改，「遵」爲「尊」之借字；「高」，據甲本補。
〔五九〕此句據甲本補。
〔六〇〕「父王聞道」，據甲本補。
〔六一〕「依」，當作「於」，據甲本改，「依」爲「於」之借字；「宗」，當作「騌」，據甲本改，「宗」爲「騌」之借字。
〔六二〕「管」，當作「觀」，據甲本改，「管」爲「觀」之借字。
〔六三〕「知」，當作「之」，據甲本改，「知」爲「之」之借字。
〔六四〕「成身」，據伯二二九九《太子成道經》補。
〔六五〕「管」，當作「觀」，據甲本改，「管」爲「觀」之借字。

〔六六〕『管』，當作『觀』，據甲本改，『管』爲『觀』之借字。

〔六七〕『知』，當作『之』，據甲本改，『知』爲『之』之借字。

〔六八〕『知』，當作『之』，據甲本改，『知』爲『之』之借字。

〔六九〕『依』，當作『於』，據甲本改，『依』爲『於』之借字。

〔七〇〕『於』，當作『依』，《敦煌變文集校注》據文義校改。

〔七一〕『一人』，據甲本補。

〔七二〕『問』，當作『唤』，據甲本改；『問』，據甲本補；『知』，當作『之』，據甲本改，『知』爲『之』之借字。

〔七三〕『額』，當作『頭』，據甲本改。

〔七四〕『交』，當作『教』，據文義改，『交』爲『教』之借字。

〔七五〕『太子』，據文義補。

〔七六〕『大王』，據斯五四八背、北敦〇六七八〇等《太子成道經》補。

〔七七〕『七』，當作『珍』，據斯五四八背、伯二九九九、北敦〇六七八〇等《太子成道經》改。

〔七八〕『潘』，當作『拌』，《敦煌文獻俗語詞研究的材料和方法》據文義校改，『潘』爲『拌』之借字。

〔七九〕『潘』，當作『拌』，《敦煌文獻俗語詞研究的材料和方法》據文義校改，『潘』爲『拌』之借字。

〔八〇〕『然』，當作『雖』，《敦煌變文校注》據文義校改；『須』，當作『然』，據甲本改；『憂』，當作『愛』，據甲本改。

〔八一〕『非』，據甲本係衍文，當删。

〔八二〕『子』，據甲本補；『益』，當作『及』，據甲本改；第二個『妻』，當作『兒』，據甲本改。

〔八三〕『交』，當作『教』，《敦煌變文校注》據文義校改，『交』爲『教』之借字。

〔八四〕「時」，當作「身」，據斯五四八背、北敦〇六七八〇等《太子成道經》改。
〔八五〕「義」，當作「擬」，據甲本改。
〔八六〕「天」，當作「大」，據甲本改；「右」，當作「有」，《敦煌變文校注》據文義校改，「右」爲「有」之借字。
〔八七〕「徒」，據甲本補。
〔八八〕「皇」，當作「黄」，據甲本改，「皇」爲「黄」之借字。
〔八九〕「宗」，當作「騌」，據甲本改，「宗」爲「騌」之借字。
〔九〇〕「去」，據甲本補。
〔九一〕「之」，當作「諸」，據甲本改，「之」爲「諸」之借字。
〔九二〕「死」，當作「四」，據甲本改，「死」爲「四」之借字。
〔九三〕「頂禮」，據甲本補。
〔九四〕「占」，當作「瞻」，據文義改，「占」爲「瞻」之借字；「已」，當作「與」，《敦煌變文校注》據文義校改。
〔九五〕「伊」，當作「於」，據甲本改，「伊」爲「於」之借字。
〔九六〕「衣」，當作「於」，據甲本改，「伊」爲「於」之借字；「宗」，當作「騌」，據甲本改，「宗」爲「騌」之借字。
〔九七〕「菜」，當作「綵」，據斯五四八背《太子成道經》改，「菜」爲「綵」之借字。
〔九八〕「難」，當作「嚎」，據甲本改；「桃」，當作「咷」，據甲本改，「桃」爲「咷」之借字。
〔九九〕「又」，當作「有」，據甲本改，「又」爲「有」之借字。
〔一〇〇〕「辦」，當作「瓣」，《敦煌變文集》據文義校改，「辦」爲「瓣」之借字。
〔一〇一〕「伊」，當作「於」，據甲本改，「伊」爲「於」之借字。
〔一〇二〕「位」，當作「以」，據甲本改。

〔一〇三〕「引」，當作「孕」，《敦煌變文集》據文義校改。
〔一〇四〕「隨」，據甲本補。
〔一〇五〕「著」，據甲本補。
〔一〇六〕「士」，據甲本補。
〔一〇七〕「靈」，當作「令」，據甲本改，「靈」爲「令」之借字。
〔一〇八〕「大」，據甲本補。
〔一〇九〕此句據甲本補。
〔一一〇〕「孩」，當作「孫」，據斯五四八背、北敦〇六七八〇等《太子成道經》改。
〔一一一〕「之」，當作「亦」，據甲本改。
〔一一二〕「之」，當作「亦」，據甲本改。
〔一一三〕「連」，當作「蓮」，據甲本改，「連」爲「蓮」之借字。
〔一一四〕「紺」，當作「紺」，《敦煌變文校注》據文義校改。
〔一一五〕「行」，當作「水」，據甲本改。
〔一一六〕「道聖」，當作「聖道」，據甲本改。
〔一一七〕「慵」，當作「慵」，據甲本改。
〔一一八〕「得」，據甲本補。
〔一一九〕「之」，據文義補。
〔一二〇〕「等」，當作「登」，據文義改，「等」爲「登」之借字。
〔一二一〕「若」，當作「弱」，據文義改，「若」爲「弱」之借字。

〔一二二〕「此」，當作「次」，據文義改，「此」爲「次」之借字。

參考文獻

《敦煌變文集》（上），北京：人民文學出版社，一九五七年，二八五至三一六頁（録）；《敦煌寶藏》二二册，臺北：新文豐出版公司，一九八二年，二二三至二二七頁（圖）；《英藏敦煌文獻》二卷，成都：四川人民出版社，一九九〇年，四九至五四頁（圖）；《英藏敦煌文獻》四卷，成都：四川人民出版社，一九九一年，一八二至一八五頁（圖）；《敦煌變文集新書》，臺北：文津出版社，一九九四年，四九七至五三四頁（録）；《敦煌變文校注》，北京：中華書局，一九九七年，四三四至四六七頁（録）；《法藏敦煌西域文獻》一一册，上海古籍出版社，二〇〇〇年，一二九至一三一頁（圖）；《法藏敦煌西域文獻》二〇册，上海古籍出版社，二〇〇二年，一一一至一一二頁（圖）；《法藏敦煌西域文獻》二一册，上海古籍出版社，二〇〇二年，一至四頁（圖）；《國家圖書館藏敦煌遺書》九三册，北京圖書館出版社，二〇〇八年，一九九至二〇七頁（圖）；《敦煌文獻俗語詞研究的材料和方法》，《中國典籍與文化》二〇一二年一期，五六頁；《英藏敦煌社會歷史文獻釋録》一一卷，北京：社會科學文獻出版社，二〇一四年，四六〇至五一六頁。

斯二六八三　切韻

釋文

（前缺）

亥胡改〔反〕〔一〕。一。唏出唾聲。匹愷反。一。採倉宰反〔二〕。四。多改反。又多肯反。一。□齊。稈（穲）禾傷雨〔三〕。莫亥反。又莫代反。一。在□浪報反。挨擊。倍倍多。薄亥反。二。

蓓黃蓓〔四〕，草。

軫之忍反。八。縝結。胗癮胗〔五〕，皮外小起。畛田間道。賑□蟲動。尺尹反。二。䐇肌（肥）〔六〕。准古作準。之君（尹）反〔七〕。三。埻射的。純□馬毛逆。筍思尹〔反〕〔八〕。三。隼。簨簨簴。愍悲。眉殞反。四。憫憫默〔九〕。閔傷〔一〇〕。敏反〔一一〕。又扶履反。二。臏膝骨。殞沒。于閔反。二。隕墜。窘急。渠殞反。四。珚玉名。

菌地菌。箘竹名〔一二〕。紖牛紖〔一三〕。直引反。二。䏖腫處。辴大笑。勑忍反。又勑私反。一。引余軫反。二。蚓蚯蚓。忍而軫反。三。荵隱荵，草名。涊水名，在上黨鄰（郡）〔一四〕。矧況。式忍反。二。哂笑。緊居忍反。二。胗脣瘡。又之忍反。盡慈引反。一。泯水貌。武盡反。又彌鄰反。五。⿰民皮細理。或作晚（脕）〔一五〕。僶僶俛。笢竹膚。黽黽池縣，在弘農。又亡善反。腎時忍反。三。蜃蛤。脤祭餘肉。釿齊。宜引反。一。盾干盾。食尹反。一。

吻口吻。武粉反。三。刎刎頸。抆拭。粉方吻反。二。黺怒〔一六〕。敷粉反。又敷問反。一。惲厚重。於粉反。三。蘊藏。□

隱於謹反。五。磤雷聲。轞車聲。癮癮胗，皮外小起〔一七〕。□菫菜名。槿木槿。巹瓢，酒器，婚禮用。近□祈謹反。一。

阮虞遠反〔一八〕。一。遠雲晚反。一。□

（中缺）

鼴鼠。鰋魚名。湕水名，在南郡〔一九〕。居偃反。□屵屵礦，大脣貌。礦字，處灼反。〔一〕〔二〇〕。幰虚偃反。三。攇手約物引〔二一〕。反覆。府遠反。四。返還。坂　播

木名□〔二二〕。菀此（紫）菀〔二三〕，藥。苑園苑。踠體屈。蜿蜿蟺〔二四〕，蚯蚓〔二五〕。□蘆筍（筍）〔二六〕。晅日氣。況晚反。又古鄧反。三。暖大目。咺兒啼不止〔二七〕，朝鮮云〔二八〕。

混流。一曰混沌，陰陽未分。胡本反。八。渾渾元。户昆反。又鯶魚名〔二九〕。緷大束〔三〇〕。焜火光〔三一〕。同□。忖倉本反。二。刌細切。本布忖反。三。畚草器。苯苯蕁。損蘇本反。四。痒痒痺，

惡寒。痺字，所莘（革）反〔三二〕。䐜䐜屬。䐣切孰肉更煑。剸剸減。茲損反。三。噂噂沓。蕁草聚生〔三三〕。穩治穀聚。烏本反。一。囤小廩。徒損反。四。盾　沌混沌。伅倱伅。鱒魚名。徂本反。一。鯀禹父。古本

反。曰（四）〔三四〕。橐大束。衮衮衣。緄帶。睴睴怨（惌）〔三五〕。行無廉隅。他本反。二。黗黑狀。閫門限。苦本反〔三六〕。四。壼宮中道〔三七〕。稇成就。悃至誠。獖守犬。盆本反。二。笨竹裹。

佷佷戾。痕墾反。一。墾耕。康佷反。三。懇懇惻，誠至〔三八〕。□

旱何滿反。二。𡹉山名，在南鄭。緩胡管反。二。□窾空。餪女嫁食。乃管反。二。暖或作㬉。蘽□或作惌（盌）〔三九〕。烏管反。一。粄屑米餅。博管反。二。瓪牝瓦。又布綰反〔四〇〕。

□琯玉。斷徒〔管〕〔反〕〔四一〕。〔又〕〔都〕〔亂〕〔反〕〔四二〕。〔一〕〔四三〕。疃鹿跡。他管反。一。伴薄旱反〔四四〕。一〔四五〕。

（中缺兩行）

袒 袒裼〔四六〕。又丈莧反。誕 大。潬 水中沙出。䩥 馬帶。坦 坦平。他但反。一。亶 多旱反。一。嬾 落旱反。一。滿 莫旱反。一。笴 箭。各旱反。四。皯 面黑。稈 禾莖。衦 摩展衣。散 蘇旱反。二。饊 餅。瓚

昨 旱 反〔四七〕。[ ] 呼捍反。二。𦹜 菜。侃 空旱反。又空旦反。一。

潸 數板反〔四八〕。一。綰 繫。烏板反。一。板 布綰反。一。醡 醡䤕。面皺。側板反。一。赧 面赤。奴板反。二。䤕 醡䤕。僴 武貌。一曰寬大。下赧反〔四九〕。又姑限反。一。睆 大目。户板反。二。鯇 魚名。阪 扶板反。又方晚反。

一。矕 視貌。武板反。一。齴 齴齗，齒不正。士板反。一。齗 五板反。一。㹽 齧。初板反。一。莧 莧爾〔五〇〕，笑貌。胡板反。一。

産 所簡反。四。嵼 蹇嵼。汕 魚浮。滻 水名，在京兆。限 胡簡反。四。硍 石聲。睯 䁕睯。𤛓 牛佷，不從牽。䁕 䁕睯，無畏視貌。武限反。一。簡 札。古限反。四。柬 分別。一曰縣名，縣在新寧〔五一〕。暕 揀 擇。剗 剗削。

初限反。三。鏟 平木鐵。又初雁反。丳 炙肉鐵。棧 棧閣。士限反。又士免、士晏二反。四。嶘 山貌。轏 車名，士所乘。孱 孱陵縣，在武陵郡。又鍚（鋤）連反〔五二〕。眼 五限反。一。醆 側限反。又側䪥反。一。

銑 金銑。蘇顯反。五。跣 跣足。毨 鳥獸秋毛。姺 古國。洗 [ ] 釜〔小〕〔貌〕〔五三〕。琠 玉琠。靦 面慚。典 多顯反。二。蕇 [葶藶] 蝘蜓〔五四〕。繭 古典反。五。皾 皮起。秉

小東。峴 [ ]〔五五〕

（後缺）

說明

此件首尾均缺，下半截亦殘缺過半，已斷裂爲三片，但三片筆跡、行款、格式相同，其内容均爲陸法言《切韻》，原應爲同一寫卷。與其他敦煌寫本陸法言《切韻》比勘，可知三片之間各缺失一到兩行文字。《敦煌經部文獻合集》稱三殘紙可相銜接，不確。伯四九一七與此件亦屬同一寫卷，但不能直接綴

合。

此件存上聲『海』『軫』『吻』『隱』『阮』『混』『佷』『旱』『潸』『産』『銑』諸韻殘字共四十五行。其抄寫格式是大韻起始處提行，大韻代表字高出版心一格，上加朱圈，無標序字；小韻首字上加朱點；字頭爲大字，且多用通行俗體；字頭後爲釋義和反切，採用小字雙行夾注格式。其抄寫年代，一般認爲是初唐寫本（參看《敦煌經部文獻合集》五册，二一三〇至二一三一頁），但卷中『民』字或帶有『民』旁的字避諱並不嚴格，有避者亦有不避者。現知敦煌寫本《切韻》與此件内容均有差異，不屬同一版本系列。

此件最早由王國維釋録，以後又有多家釋文勘正，而以《敦煌經部文獻合集》之釋文最爲精細。

以上釋文以斯二六八三爲底本，用斯二〇七一《切韻箋注》、伯二〇一一號王仁昫《刊謬補缺切韻》（稱其爲《王一》）、北京故宫博物院藏王仁昫《刊謬補缺切韻》（稱其爲《王二》）、北京故宫博物院藏裴務濟正字本《刊謬補缺切韻》（稱其爲《裴韻》）、《廣韻》等參校。

校記

〔一〕『反』，據《王一》《裴韻》補。

〔二〕『宰』，據《王二》補。

〔三〕『秠』，當作『穲』，據《王一》《裴韻》《廣韻》改。

〔四〕『蓓』，據《王一》《裴韻》補。

〔五〕『瘜』，《敦煌經部文獻合集》釋作『癮』，雖義可通而字誤。

〔六〕『肌』，當作『肥』，據《王二》《裴韻》《廣韻》改。
〔七〕『君』，當作『尹』，據《王二》《裴韻》《廣韻》改。
〔八〕『反』，據《王一》《裴韻》補。
〔九〕『憫』，據《王一》《裴韻》補。
〔一〇〕『閔』，據殘筆劃及《王一》《裴韻》補；『傷』，據《王一》《裴韻》補。
〔一一〕『敏』，據殘筆劃及《王一》《裴韻》補。
〔一二〕『竹』，據殘筆劃及斯二〇七一《切韻箋注》補。
〔一三〕『紖』，據殘筆劃及《王一》補。
〔一四〕『鄰』，當作『郡』，據文義改，《敦煌經部文獻合集》逕釋作『郡』，按『鄰』字原書於『黨』字上端，而『黨』字下有一倒三角形墨點，用以標示『鄰』當抄於『黨』字之下。
〔一五〕『晩』，當作『脕』，據《王一》《裴韻》改，『晩』爲『脕』之借字。
〔一六〕『黺』，據殘筆劃及《王一》《裴韻》《廣韻》補。
〔一七〕『皮』，據《王一》《廣韻》補；『起』，據《王一》《廣韻》補。
〔一八〕底本『阮』字起始處並未提行，但其上有朱筆符號『△』，蓋表示韻目當提行，此處遵其他韻目例高出版心一格録之。
〔一九〕『郡』，據殘筆劃及斯二〇七一《切韻箋注》補。
〔二〇〕『一』，據斯二〇七一《切韻箋注》補。
〔二一〕『約物』，據斯二〇七一《切韻箋注》補。
〔二二〕『木名』，據斯二〇七一《切韻箋注》補。

〔二三〕『此』，當作『紫』，據《王一》《廣韻》改。
〔二四〕『蟮』，據《王一》補。
〔二五〕『蚓』，據《王一》補。
〔二六〕『筍』，當作『筍』，據《王一》改。
〔二七〕『兒啼不止』，據《王一》補。
〔二八〕『朝鮮云』，據斯二〇七一《切韻箋注》補。
〔二九〕『魚』，據殘筆劃及《王一》補。
〔三〇〕『緷』，據殘筆劃及《王一》補；『大』，據《王一》補。
〔三一〕『焜』，據殘筆劃及《王一》補；『火』，據《王一》補；『光』，據殘筆劃及《王一》補。《敦煌經部文獻合集》在『焜』字後補『倱』『掍』條。
〔三二〕『莘』，當作『革』，據《王一》改。
〔三三〕『草』，《敦煌經部文獻合集》認爲此字前脱抄『苯蕁』。
〔三四〕『曰』，當作『四』，據斯二〇七一《切韻箋注》改。
〔三五〕『怨』，當作『悤』，據《廣韻》改。
〔三六〕『苦』，據《王一》《廣韻》補。
〔三七〕底本『壺』字右側書有小字『壼』，《敦煌經部文獻合集》疑此字乃注『壺』之異文於側也。
〔三八〕『至』，據殘筆劃及斯二〇七一《切韻箋注》補。
〔三九〕『纂』，據殘筆劃及斯二〇七一《切韻箋注》補；『怨』，當作『盌』，據《王一》改。
〔四〇〕『又』，據《王一》補；『反』，據《王一》補。

〔四一〕「管反」，據斯二〇七一《切韻箋注》補。

〔四二〕「又都亂反」，據斯二〇七一《切韻箋注》補。

〔四三〕「一」，據斯二〇七一《切韻箋注》補。

〔四四〕「薄旱反」，據斯二〇七一《切韻箋注》補。

〔四五〕「一」，據斯二〇七一《切韻箋注》補。

〔四六〕「袒」，據斯二〇七一《切韻箋注》補。

〔四七〕「旱」，據《王一》補。

〔四八〕「潸」，據殘筆劃及《王二》補。

〔四九〕底本有兩個「下」，一在行末，一在次行行首，此爲當時之換行添字抄寫體例，第二個「下」字應不録。

〔五〇〕「莧」，《集韻》：户版切，音浣。與莞同，莞爾，笑貌。

〔五一〕「縣」，據《王一》係衍文，當删。

〔五二〕「錫」，當作「鋤」，據《王一》改。

〔五三〕「洗」，據斯二〇七一《切韻箋注》補；「小貌」，據斯二〇七一《切韻箋注》補。

〔五四〕「葶藶」，據斯二〇七一《切韻箋注》補。

〔五五〕「峴」，據斯二〇七一《切韻箋注》補。

參考文獻

《敦煌寶藏》一五册，臺北：新文豐出版公司，一九八一年，六八二至六八三頁（圖）；《敦煌寶藏》一二二册，臺北：新文豐出版公司，一九八二年，二二七頁（圖）；《唐寫本唐韻殘卷校記　附唐韻佚文》，上海古籍出版社，一九八八三年，一至九八頁（録）；《唐五代韻書集存》，北京：中華書局，一九八三年，八一九至八二三頁；《敦煌學論文集》，上海古籍出版社，一九八七年，三二七至三二九頁；《敦煌吐魯番學研究論文集》，上海：漢語大詞典出版社，一九九〇年，一至一一頁；《英藏敦煌文獻》三卷，成都：四川人民出版社，一九九〇年，二五一至二五二頁（圖）；《英藏敦煌文獻》四卷，成都：四川人民出版社，一九九一年，一八六至一八七頁（圖）；《法藏敦煌西域文獻》一册，上海古籍出版社，一九九五年，一〇三至一〇四頁（圖）；《姜亮夫全集》（九），昆明：雲南人民出版社，二〇〇二年，二九六至二九九頁；《法藏敦煌西域文獻》三三册，上海古籍出版社，二〇〇五年，二七一頁（圖）；《敦煌經部文獻合集》五册，北京：中華書局，二〇〇八年，二二三〇至二二五〇頁（録）；《王重民向達所攝敦煌西域文獻照片合集》，北京圖書館出版社，二〇〇八年，一〇一四九至一〇一五一頁（圖）；《英藏敦煌社會歷史文獻釋録》一〇卷，北京：社會科學文獻出版社，二〇一三年，三九至四二、一四四至一四六頁（録）。

斯二六八五　一　背題

釋文

乾元寺啓請文一本。

説明

此件抄於卷首，因其後抄有『施餓鬼食并水真言印法』『釋迦牟尼佛心呪』等内容，故以往學界多將其看作以上内容之標題。但此件與其後的文字筆跡不同，而且『施餓鬼食并水真言印法』前後都有原題，其内容也並非『啓請文』。據此可知，『乾元寺啓請文一本』應是另一面『啓請文』之背題，可能是收藏者在整理時把此卷文書之正背標錯了。爲避免混亂，此仍將寫有『啓請文』的一面標爲正面。

參考文獻

《敦煌寶藏》二二册，臺北：新文豐出版公司，一九八二年，二六五至二六六頁（圖）；《英藏敦煌文獻》四卷，成都：四川人民出版社，一九九一年，一八七至一八八頁（圖）。

斯二六八五　二　施餓鬼食并水真言印法

釋文

施餓鬼食并水真言印法　大廣智三藏口譯〔一〕

先出衆生食，事須如法周匝〔二〕，種種皆著，并須淨好〔三〕。或一分飲食〔四〕，或少分〔五〕，致（置）一器中〔六〕。銅器最好，無〔七〕，白瓷亦得。和清水，面東作法〔八〕。欲施餓鬼飲食，先須發廣大願〔九〕，普請鬼神，志心誦此偈一遍〔一〇〕，然後作法，獲福無量。

我某乙〔一一〕，發心奉持，一器淨食〔一二〕，普施十方〔一三〕，窮盡虛空，
周遍法界〔一四〕，微塵刹海，所有國土，一切餓鬼，久遠先亡〔一五〕，
山川地主，乃至曠野，諸鬼神等，請來集此〔一六〕。我今悲愍，
普施汝食〔一七〕，願汝各各，受我此食，轉將供養，盡虛空界〔一八〕，
一切有情。汝與有情，普皆飽滿〔一九〕。亦願汝等，承此呪食，
離苦解脱，生天受樂〔二〇〕。十方淨土〔二一〕，隨意往生。發菩提心，
行菩薩道，當求（來）作佛〔二二〕，永莫退轉，先得道者，誓相度脱。

又願汝等，常擁護我，滿我所願。願此施食，所生功德，普將迴施，法界有情，與諸有情，咸皆平等，同將此福，迴施法界。無上菩提，一切智智，願速成就，勿招餘果。願我此法，速得成就。

合掌當心誦此偈一遍，即作召請印。以右手大指與中指頭相捻〔二三〕，餘三指相去，各微屈，此名『普集印』。作此印，誦真言曰：

曩牟引部布唎迦唎多唎怛他引蘖多野，唵引部布諦唎迦多唎怛他引蘖多野引。

作此印，誦呪七遍已，即廣運悲心，願令法界，微塵剎中，一切餓鬼，悉皆雲集。身火悉滅〔二四〕，咽喉悉開，無畏得食，悉皆飽滿。即以左手持食器，以右手作前召請印，施面燃餓鬼食〔二五〕。唯改一誦真言一彈指，中指相捻，彈頭指作聲即是，餘三指開〔二六〕，微曲，此印名『破地獄門普召餓鬼印』。

爾時，如來即説無量威德自在光明勝妙力變甘露食真言。真言曰：

曩牟引薩嚩怛他引蘖多阿嚩路引枳帝唵婆囉婆囉三婆囉三婆囉吽引〔二七〕。

作此印，誦呪七遍。一切地獄門自然開，一切神仙餓鬼，悉來集會。各各皆得摩伽陀國所用之斛，七七斛食〔二八〕。食此食已，即生天上，或生淨土。能令行者〔二九〕，業障消除，增益壽命，見世獲福，無量無邊，況當來世。

次誦開咽喉變甘露法味真言，作施無畏印。以右手竪臂，展五指，即是真言。真言曰〔三〇〕：

曩牟引蘇嚕播也怛他引蘖哆也怛𩕳他引唵引蘇嚕蘇嚕噃囉二合蘇嚕噃囉二合蘇嚕娑嚩引二合〔三一〕，賀〔三二〕。

作前施無畏印，誦此甘露真言七遍已，飲食及水，變成無量甘露〔三三〕，能開一切餓鬼咽喉，能令飽滿，廣得增多〔三四〕，平等得食。

次作毗盧遮那一字水輪觀，先想此[梵字]字，在手心中〔三五〕，轉如乳色，變爲功德乳海，流出一切甘露醍醐。即引手臨食器，誦此鑁字七遍，即開指，下臨食器中觀想，從字流出無量甘露醍醐。一切鬼等，皆得飽滿，無有乏少。此名『普施餓鬼飲食』，即真言。真言曰：

曩莫三滿哆没馱喃引鑁〔三六〕。

觀想此梵字，誦七遍已，瀉淨地、無人行處，或水池邊，或樹下，唯不得向桃〔三七〕、柳、石榴等樹下瀉之〔三八〕，更爲志心念五如來名號，功德無量。

南無多寶如來能令鬼神無量劫來所積罪業皆得清淨。南無離怖畏如來能令諸鬼神離諸怖畏〔三九〕，得安穩樂。南無廣博身如來能令諸鬼神捨針咽質〔四〇〕，得廣博身。南無甘露王如來能令諸鬼神捨膿血食〔四一〕，得甘露味。南無妙色身如來能令諸鬼神捨醜陋形〔四二〕，獲妙色相。

行者若能如法稱五如來名，以佛威力加被，故令一切餓鬼，無量罪滅，無量福生。一切鬼神，悉得離苦解脱。若施食已，次念發遣解脱真言曰：

唵引嚩囉二合穆乞叉二合目〔四三〕。

此是解脱金剛明（呪）〔四四〕，誦之度厄也。若誦此呪時，先作印：以右手拳，以大母指捻頭指，彈作指聲，是名『發遣契』。每瀉了，誦七遍，彈指令一切鬼神食已得去也。若不發遣，不得去。若不具足如是法者，施餓鬼不周遍，或有得者，或不得者，虚用功力，深可愍哉！若加持飲食，以器盛，瀉淨水中，能令一切婆羅門仙，皆得此食，供養諸仙異物。若水、香、花、飲食等，皆得呪廿一遍。供養佛，即同廣大供養十方諸佛，無有異也。

施餓鬼食并水真言印法一卷

説明

此件首尾完整，存首尾題和譯者名，因其與密教行事有關，故予收録。現知敦煌文獻中保存與此件内容相同的尚有兩件寫本，其中斯六八九七背首尾完整，存首尾題；BD一九〇六（收〇〇六）首全尾缺，存首題，但未抄寫完整，從内容上看，乃比丘繼全施食所用實用儀軌的摘抄。

以上釋文以斯二六八五爲底本，用斯六八九七背（稱其爲甲本）、BD一九〇六（稱其爲乙本）參校。

校記

〔一〕此句甲、乙本無。

〔二〕『匝』，甲本同，乙本作『遍』。
〔三〕『好』，甲本同，乙本脱。
〔四〕『或』，甲本同，乙本作『成』。
〔五〕『或』，甲本同，乙本作『成』；『分』，甲本作『婁分』。
〔六〕『致』，當作『置』，據文義改。
〔七〕『無』，甲本同，乙本作『如無』。
〔八〕『東』，甲本同，乙本作『向東』。
〔九〕『大』，乙本同，甲本無。
〔一〇〕『誦』，甲本同，乙本作『念誦』。
〔一一〕此句甲本同，乙本作『弟子繼全』。
〔一二〕『淨』，甲本同，乙本脱。
〔一三〕『施』，甲本同，乙本脱。
〔一四〕『周』，乙本同，甲本作『同』。
〔一五〕『遠』，甲本同，乙本作『近』，誤。
〔一六〕『此』，甲本同，乙本作『會』。
〔一七〕『汝』，乙本同，甲本作『與』。
〔一八〕乙本此句後另有『佛及賢聖』。
〔一九〕『普』，乙本同，甲本作『並』。
〔二〇〕『受』，甲本同，乙本作『壽』，『壽』爲『受』之借字。

〔二一〕『土』，甲本同，乙本脱。
〔二二〕『求』，甲本同，當作『來』，據乙本改。乙本止於此句。
〔二三〕『大』，甲本作『大母』。
〔二四〕『悉』，甲本作『自』。
〔二五〕『燃』，甲本作『然』，均可通。
〔二六〕『開』，甲本脱。
〔二七〕『多』，甲本作『哆』。
〔二八〕『七七斛』，甲本無。
〔二九〕『行』，甲本作『行業』，據文義『業』係衍文，當删。
〔三〇〕『真言』，甲本作『言真』。
〔三一〕『嚩』，甲本脱。
〔三二〕『引』，甲本此字在『賀』後。
〔三三〕『量』，甲本作『畏』。
〔三四〕『得』，甲本作『德』。
〔三五〕『在』，甲本作『在右』。
〔三六〕『莫』，甲本作『牟』。
〔三七〕『向』，甲本脱。
〔三八〕『石』，甲本作『柘』，蓋涉下文『榴』而成的類化俗字。
〔三九〕第一個『諸』，甲本無。

〔四〇〕「諸」，甲本無。
〔四一〕「諸」，甲本無。
〔四二〕「色」，甲本脱；「陋」，甲本作「陃」，誤。
〔四三〕「引」，甲本脱；「叉」，甲本作「又」，誤。
〔四四〕「明」，甲本同，當作「呪」，據文義改。

參考文獻

《敦煌寶藏》二二册，臺北：新文豐出版公司，一九八二年，二六五至二六六頁（圖）；《敦煌寶藏》五三册，臺北：新文豐出版公司，一九八二年，二六六至二六八頁（圖）；《敦煌寶藏》一〇七册，臺北：新文豐出版公司，一九八四年，二八八頁（圖）；《英藏敦煌文獻》四卷，成都：四川人民出版社，一九九一年，一八七至一八八頁（圖）；《國家圖書館藏敦煌遺書》二六册，北京圖書館出版社，二〇〇六年，圖版二六〇頁、條記目録一三頁。

斯二六八五　三　釋迦牟尼佛心呪等

釋文

夜有不祥之夢，誦呪七遍，則得消滅。

地獄摧碎〔呪〕〔一〕

唵多呵多可唵薩嚩那羅歌地醯咄林吽叭唵那摩奢嚩羅蘭莎訶。唵跋折羅骨浪陀摩訶波羅。

餓鬼摧碎〔呪〕〔二〕

唵波佐波佐薩嚩不令多歌地醯咄林吽叭呵那多呵鉢底胞（？）斷莎。

畜生摧碎〔呪〕〔三〕

唵摩他摩他薩嚩地阿絡歌地醯咄林吽叭耶底丁羅喃波悉陀羅。乎平悉摩骨浪陀吽叭莎。

釋迦牟尼佛心呪

唵摩訶粥羅耶莎訶。

法身淨呪

唵悉典徒相多那耶莎訶。

阿閦佛呪

唵韈只羅婆娑耶莎訶。

三身觀想結界呪

南謨薄伽勃底阿波蜜哆阿喻紇硯娜須毗儞悉指陀。囉佐耶。怛他羯他耶。怛姪他。唵。薩婆桑悉迦囉波唎輸底。達磨底。伽伽娜莎訶。謀持迦底薩婆婆毗輸底摩訶娜耶波唎婆麗莎訶。

説明

此件首尾完整，存『地獄摧碎〔呪〕』『餓鬼摧碎〔呪〕』『畜生摧碎〔呪〕』『釋迦牟尼佛心呪』『法身淨呪』『阿閦佛呪』『三身觀想結界呪』等呪語，因與密教行事有關，故予收録。

校記

〔一〕『呪』，據文義補。

〔二〕『呪』，據文義補。

〔三〕『呪』，據文義補。

參考文獻

《敦煌寶藏》二二册，臺北：新文豐出版公司，一九八二年，二六五至二六六頁（圖）；《英藏敦煌文獻》四卷，成都：四川人民出版社，一九九一年，一八七至一八八頁（圖）。

斯二六八五背　一　啓請文

釋文

弟子某甲等，合道場人[一]，同發勝心，皈依啓請[二]。
十方諸佛[三]，三世如來[四]。湛若虚空，真如法體。
蓮花藏界，百億如來[五]。大賢劫中，一千化佛。
誓居三界，功德山王。同侶白衣[六]，維摩羅結（詰）[七]。
菩提樹下，降魔如來[八]。兜率宫中，化天大覺。
無量劫前，大通智勝。十六王子，恒沙劫後。
釋迦牟尼，五百徒衆。東方世界，阿閦毗佛[九]；
南方世界，日月燈佛[一〇]；西方世界，無量壽佛；
北方世界，最勝音佛[一一]。四維上下，亦復如是。
一一法身，恒沙世界；一一世界[一二]，百千如來。
一一如來，微塵大衆；一一大衆，皆是菩薩。

一一菩薩〔一三〕，具六神通〔一四〕；三界有情〔一五〕，誓當濟拔。

唯願金剛起座〔一六〕，取鐵圍山〔一七〕，來降道場〔一八〕，證盟（明）功德〔一九〕，发露懺悔〔二〇〕。

又更啓請：天上龍宮，五乘奥典，人間就（鷲）領（嶺）〔二一〕，十二部經，大涅槃山〔二二〕，大般若海，願垂沃閏（潤）〔二三〕，濟拔沈輪〔二四〕。

又更啓請：無學辟支〔二五〕，斷或羅漢〔二六〕，三賢十聖，五眼六通，發慈悲心，從禪定起〔二七〕，來降道場〔二八〕。

又更啓請：東方提頭刺（賴）吒天王〔二九〕，主領一切切乾闥婆神〔三〇〕、毗舍闍鬼〔三一〕，并諸眷屬〔三二〕，來降道場〔三三〕。

又更啓請〔三四〕：南方毗樓勒叉天王，主領一切鳩盤茶（荼）鬼〔三五〕、毗脅多鬼〔三六〕，并諸眷屬〔三七〕，來降道場〔三八〕。

又更啓請〔三九〕：西方毗樓博叉天王〔四〇〕，主領一切諸大毒龍〔四一〕，及富單那鬼〔四二〕，并諸眷屬〔四三〕，來降道場〔四四〕。

又更啓請〔四五〕：北方毗沙門天王〔四六〕，主領一切夜叉羅刹〔四七〕、二十八部〔四八〕、藥叉大將〔四九〕，并諸眷屬〔五〇〕，來降道場〔五一〕。

又更啓請〔五二〕：上方釋提恆（桓）因〔五三〕，主領一切日月天子、星宿五官、二十八宿〔五四〕、三十二神〔五五〕、四金剛首〔五六〕，并諸眷屬〔五七〕，來降道場〔五八〕。

又更啓請〔五九〕：下方堅牢地神，主領一切山嶽靈祇〔六〇〕、江河魍魎〔六一〕，并諸眷屬〔六二〕，來降道場〔六三〕。

又更啓請〔六四〕：三界九地、二十八部〔六五〕、那羅延神、散諸（支）大將〔六六〕、金剛密跡〔六七〕、轉輪聖王〔六八〕、護塔善神、護伽藍神〔六九〕、三歸五戒〔七〇〕、菩薩藏神〔七一〕、閻羅天子、啖人羅刹〔七二〕、行病鬼王、五道大神、太山府君〔七三〕、察命司録〔七四〕、五羅八王、三月六覆〔七五〕、奏使考典〔七六〕、預定是非〔七七〕、善惡童子、大阿鼻獄〔七八〕、夜叉羅刹〔七九〕、小捺洛迦〔八〇〕、牛頭獄卒〔八一〕，諸如是等雜類鬼神〔八二〕，皆有不思議〔大〕〔威〕〔神〕〔力〕〔八三〕。

並願：空（風）飛雨驟〔八四〕，電擊雲奔〔八五〕，來降道場〔八六〕，證盟（明）弟子所修功德〔八七〕。

並願〔八八〕：發歡喜心〔八九〕，誓當懺悔〔九〇〕。既蒙賢聖〔九一〕，來降道場〔九二〕。我等至誠〔九三〕，心生慚愧〔九四〕；至心皈命〔九五〕，敬禮常住三寶〔九六〕。

説明

此件首尾完整，無題，其内容爲『啓請文』，疑另一面之『乾元寺啓請文一本』本是此件之卷題。可能最初此卷僅抄寫有『啓請文』，標題標於背面，這也是卷軸類文書常見的現象。後人在其後抄寫了『吉祥梵音』，並在另一面抄寫了『施餓鬼食并水真言印法』『釋迦牟尼佛心呪』等。翟理斯在編目時將此件之背題『乾元寺啓請文一本』當作其後抄寫的『施餓鬼食并水真言印法』『釋迦牟尼佛心呪』的標題，並將此件所在的一面標爲背面。這樣的認識長期以來爲學界所因襲，但其他文書可以確證此件方爲真正的『啓請文』，另一面之『施餓鬼食并水真言印法』『釋迦牟尼佛心呪』均與『啓請文』無關。

現知敦煌文獻中保存與此件内容相同的尚有斯一一三七、斯三四二七、斯三八七五、斯五四五六、斯五九五七、BD 七六九〇（皇九〇）。其中斯三八七五、斯五四五六、斯五九五七、BD 七六九〇等四件均首尾完整，首題『啓請文』；斯一一三七首缺尾全，佚題；斯三四二七首尾完整，無題。本書第五卷在對斯一一三七進行釋録時，曾以此件爲校本。此處在增加校本的基礎上，對此件進行重新釋録。

以上釋文以斯二六八五背爲底本，用斯一一三七（稱其爲甲本）、斯三四二七（稱其爲乙本）、斯三八七五（稱其爲丙本）、斯五四五六（稱其爲丁本）、斯五九五七（稱其爲戊本）、BD 七六九〇（稱其爲己本）參校。

校記

〔一〕『道』，甲、丙、丁、戊、己本同，乙本脱。

〔二〕『皈』，甲、乙、丙、丁、戊、己本作『歸』；『依』，甲、乙、丙、丁、戊本同，己本作『依佛』，據文義『佛』係衍文，當刪。

〔三〕『方』，甲、丙、丁、戊、己本同，乙本脱。

〔四〕『世』，甲、乙、丙、戊、己本同，丁本作『聖』。

〔五〕「億」，乙、丙、丁、己本同，甲、戊本作「憶」，「憶」爲「億」之借字。

〔六〕「侣」，甲、乙、丙、丁、戊本同，己本作「類」；「衣」，乙、丙、丁、戊、己本同，甲本作「依」，「依」爲「衣」之借字。

〔七〕「結」，己本同，丁本作「訖」，當作「詰」，據甲、乙、丙、戊本改，「結」爲「詰」之借字。

〔八〕「魔」，甲、乙、丁、戊本同，丙、己本作「摩」，「摩」爲「魔」之借字。

〔九〕「毗」，乙、丙、丁、戊本同，己本作「鞞」。

〔一〇〕「燈」，乙、丙、戊本同，丁、己本作「登」，「登」爲「燈」之借字。

〔一一〕「勝」，甲、乙、丙、丁、己本同，戊本脱。

〔一二〕「一一世界」，甲、丙、丁、戊本同，乙、己本脱。

〔一三〕「一一菩薩」，甲、乙、丙、丁、戊本同，己本脱。

〔一四〕「六」，甲、乙、丙、丁、戊本同，己本作「足」。

〔一五〕「三」，甲、乙、丙、丁、戊本同，己本作「世」，誤；「情」，甲、乙、丙、戊、己本同，丁本作「請」，「請」爲「情」之借字。

〔一六〕「唯」，甲、丙、丁本同，己本脱，乙、戊本作「惟」；「願」，甲、乙、丙、丁、戊本同，己本脱；「金」，甲、乙、丁、戊本作「去」，丙、己本作「起」；「剛」，甲、乙、丙、丁、戊、己本作「金」；「起」，甲、乙、丙、丁、戊本作「剛」，己本作「光」；「座」，甲、乙、丙、丁、戊本同，己本作「坐」，均可通。

〔一七〕「取」，甲、乙、丙、丁本同，戊、己本作「趣」，「趣」爲「取」之借字。

〔一八〕「降」，丁、己本同，甲、乙、丙、戊本作「赴」。

〔一九〕「盟」，丙本同，當作「明」，據甲、乙、丁、戊、己本改；「功德」，甲、乙、丙、丁、戊、己本作「弟子」。

〔二〇〕『露』，甲、乙、丙、丁本同，戊本脱。此句己本無。

〔二一〕『間』，乙、丙、丁、戊本同，己本作『聞』，誤；『就』，當作『鷲』，據甲、乙、丙、丁、己本改，『就』爲『鷲』之借字，戊本作『⿱山就』，誤；『領』，丙本同，當作『嶺』，據甲、乙、丁、戊、己本改，『領』爲『嶺』之借字。

〔二二〕『槃』，甲、丙、丁、戊本同，乙、己本作『盤』。

〔二三〕『沃』，乙、丙、丁、戊本同，甲本作『拔』，誤；『閏』，當作『潤』，據甲、乙、丙、丁、戊本改，『閏』爲『潤』之借字；『沃閏』，己本作『閏沃』。

〔二四〕『拔』，甲、乙、丙、戊、己本同，丁本作『沃』；『輪』，戊本同，甲、乙、丙、丁、己本作『淪』，均可通。

〔二五〕『辟』，甲、丁、戊本同，乙、丙、己本作『壁』，『壁』爲『辟』之借字。

〔二六〕『或』，丁、戊、己本同，甲、乙、丙本作『惑』，『或』有『惑』義。

〔二七〕『起』，丙、丁、戊、己本同，甲、乙本作『去』，『去』爲『起』之借字。

〔二八〕『降』，甲、丙、丁、戊、己本同，乙本作『赴』。乙、己本此句後另有『證明弟子』。

〔二九〕『剌』，當作『賴』，據甲、丙、丁、戊、己本改，乙本作『來賴』，誤。

〔三〇〕第二個『切』，甲、乙、丙、丁、戊、己本無，據文義係衍文，當删。

〔三一〕『闍』，甲、乙、丙、戊、己本同，丁本作『奢』。

〔三二〕『眷』，甲、乙、丙、戊、己本同，丁本作『卷』，『卷』爲『眷』之借字。

〔三三〕『降』，甲、乙、丁、戊、己本同，丙本作『赴』。乙本此句後另有『證明弟子』。

〔三四〕『更啓』，乙、丙、丁、己本同，甲、戊本無。

〔三五〕『盤』，甲、丙、戊、己本同，乙、丁本作『槃』；『荼』，己本作『恭』，當作『茶』，據甲、丙本改，乙、丁、戊本作『吒』。

〔三六〕『毗』，甲、乙、丙、丁、戊本同，己本作『階』；『脅』，甲、乙、丁、己、戊本同，丙本作『荔』，誤。

〔三七〕『眷』，甲、乙、丙、戊、己本同，丁本作『卷』，『卷』爲『眷』之借字。

〔三八〕『降』，甲、乙、丁、戊、己本同，丙本作『赴』。

〔三九〕『更啓』，乙、丙、丁、戊、己本同，甲本無。

〔四〇〕『西方』，甲、乙、丙、丁本同，己本脱。此句戊本脱。

〔四一〕此句甲、乙、丙、丁、己本同，戊本脱。

〔四二〕此句甲、乙、丙、丁、己本同，戊本脱。

〔四三〕『眷』，甲、乙、丙、己本同，丁本作『卷』，『卷』爲『眷』之借字。此句戊本脱。

〔四四〕『降』，甲、乙、丁本同，丙、己本作『赴』。此句戊本脱。乙本此句後另有『證明弟子』。

〔四五〕『更啓』，乙、丙、丁、戊、己本同，甲本無。

〔四六〕『方』，甲、丙、丁、戊、己本同，乙本作『方大聖』；『毗』，甲、乙、丙、戊、己本同，丁本作『皮』，『皮』爲『毗』之借字。

〔四七〕『剎』，甲、丙、丁、戊、己本同，乙本作『察』，『察』爲『剎』之借字。

〔四八〕『二十』，甲、丙、戊本同，乙本作『廿』，丁本作『十二』；『八』，甲、乙、丙、戊本同，丁本無；『部』，甲、乙、丙、戊本同，丁本作『部尊經』。此句己本無。

〔四九〕『叉』，甲、乙、丙、戊本同，丁本作『又』，誤；『藥叉大將』，甲、乙、丙、丁、戊本同，己本無。

〔五〇〕『眷』，甲、乙、丙、戊、己本同，丁本作『卷』，『卷』爲『眷』之借字。

〔五一〕『降』，甲、乙、丁、戊本同，丙、己本作『赴』。乙本此句後另有『證明弟子』。

〔五二〕『更啓』，乙、丙、丁、己本同，甲、戊本無。

〔五三〕『恆』，丁、己本同，當作『桓』，據甲、乙、丙、戊本改。

〔五四〕『二十』，乙本作『廿』。此句甲、丙、丁、戊、己本無。

〔五五〕『三十』，甲、乙、丙、丁、戊本同，己本作『卅』。

〔五六〕『剛』，甲、乙、丙、丁、戊本同，己本作『光』，『光』爲『剛』之借字。

〔五七〕『眷』，甲、乙、丙、戊、己本同，丁本作『卷』，『卷』爲『眷』之借字；『屬』，甲、丙、丁、戊、己本同，乙本脱。

〔五八〕『降』，甲、乙、丁、戊本同，丙、己本作『赴』。乙本此句後另有『證明弟子』。

〔五九〕『更啓』，丙、丁、己本同，甲、乙、戊本無。

〔六〇〕『衹』，乙、戊、己本同，甲、丙、丁本作『祈』，誤。

〔六一〕『魍魎』，甲、乙、丁、戊、己本同，丙本作『鬼魅』。

〔六二〕『眷』，甲、乙、丙、戊、己本同，丁本作『卷』，『卷』爲『眷』之借字。

〔六三〕『降』，甲、乙、丁、戊本同，丙、己本作『赴』。乙本此句後另有『證明弟子』。

〔六四〕『更啓』，乙、丙、丁、己本同，甲、戊本無。

〔六五〕『二十』，甲、乙、丙、戊、己本同，丁本作『十二』；『部』，甲、乙、丙、丁、戊本同，己本作『天』，誤。

〔六六〕『散』，甲、乙、丙、戊、己本同，丁本作『敬』，誤；『諸』，丁、戊本同，當作『支』，據甲、乙、丙、己本改，『諸』爲『支』之借字。

〔六七〕『剛』，甲、乙、丙、丁、戊本同，己本作『光』，『光』爲『剛』之借字；『密』，丙、戊、己本同，甲、乙、丁本作『蜜』，『蜜』爲『密』之借字。

〔六八〕「聖」，甲、乙、丙、丁、戊本同，己本脱。
〔六九〕「伽」，甲、乙、丙、戊、己本同，丁本作「迦」。
〔七〇〕「戒」，甲、丙、戊本同，乙、丁、己本作「界」，「界」爲「戒」之借字。
〔七一〕己本此句後另有「太歲將軍」四字。
〔七二〕「刹」，甲、丙、丁、戊、己本同，乙本作「察」，「察」爲「刹」之借字。
〔七三〕「府」，乙、丁、己本同，甲本作「富」，丙、戊本作「傅」，「富」「傅」均爲「府」之借字；「君」，甲、乙、丙、丁、己本同，戊本作「軍」，「軍」爲「君」之借字。
〔七四〕「察」，丙、戊、己本同，甲、乙、丁本作「刹」，「刹」爲「察」之借字；「司」，甲、乙、丙、丁、己本同，戊本作「思」，「思」爲「司」之借字。
〔七五〕「覆」，甲、己本同，乙、丙、丁本作「府」，戊本作「傅」。
〔七六〕「考」，甲、乙、丙、丁、戊本同，己本作「材」。
〔七七〕「定」，甲、丙、己、戊本同，乙、丁本作「弟」，「弟」爲「定」之借字。
〔七八〕「鼻」，戊、己本同，甲、乙、丙、丁本作「毗」，誤。
〔七九〕「夜叉羅刹」，丙本同，甲、己、丁、戊本作「羅刹夜叉」，乙本作「羅察夜叉」。
〔八〇〕「捺」，甲、乙、丙、丁、己本同，戊本作「奈」；「洛」，甲、乙、丙、丁本同，戊、己本作「落」；「迦」，甲、丙、丁、戊、己本同，乙本作「伽」。
〔八一〕「獄」，乙、丙、丁、戊、己本同，甲本作「玉」，「玉」爲「獄」之借字。
〔八二〕「類」，乙、丙、丁、戊、己本同，甲本作「領」，誤；「神」，甲、乙、丁、戊、己本同，丙本脱。
〔八三〕「有」，甲、乙、丙、丁、戊本同，己本無；「議」，甲、乙、己本同，丙、丁、戊本作「儀」，「儀」爲「議」之借字；『大威神力』，據甲、乙、丙、丁、戊、己本補。

〔八四〕『空』，甲、丙、戊、己本同，丁本脱，當作『風』，據乙本改；『飛』，甲、乙、丙、戊、己本同，丁本作『非』，『非』爲『飛』之借字。

〔八五〕『雹』，乙、丙、丁、戊、己本同，甲本作『雷』；『雲』，甲、丙、丁本同，乙、戊、己本作『雷』。

〔八六〕『降』，甲、乙、丁、戊、己本同，丙本作『赴』。

〔八七〕『證』，甲、乙、戊、己本同，丙本脱；『盟』，丙本脱，丁本作『名』，當作『明』，據甲、乙、戊、己本改；『弟子』，乙、丙、丁、戊、己本同，甲本脱；『所修功德』，丁本同，己本無，甲本作『我尚書可修功德』，乙本作『某公可修功德』，丙本作『可修功德』，戊本作『某方道場所修功德』。己本此句後另有『我等今者，深覺罪愆，於大會中』。

〔八八〕『並願』，甲、乙、丙、丁、戊本同，己本無。

〔八九〕『歡』，甲、乙、丙、戊本同，丁本作『勸』，誤。此句己本無。

〔九〇〕『悔』，甲、乙、丙、丁、戊本同，己本作『謝』。

〔九一〕『聖』，乙、丙、丁、戊、己本同，甲本作『世』，誤。

〔九二〕『來』，甲、乙、丙、戊本同，己本作『垂』，丁本作『未』，誤；『降』，甲、乙、丁、戊本同，丙、己本作『赴』。

〔九三〕『誠』，甲、乙、丙、己本同，戊本作『成』，『成』爲『誠』之借字。此句丁本無。

〔九四〕『心』，丁、己本同，甲、乙、丙、戊本作『深』，『深』爲『心』之借字；『愧』，乙、丙、戊、己本同，甲本作『鬼』，誤；『慚愧』，丁本作『勸（歡）喜』。

〔九五〕『皈』，甲、己本無，乙、丙、丁本作『歸』；『命』，乙、丙、丁本同，甲、己本無。

〔九六〕『敬禮』，甲、丙、丁、戊、己本同，乙本無。乙本此句後另有小字『三説』。

參考文獻

《敦煌寶藏》八册，臺北：新文豐出版公司，一九八一年，六九一至六九二頁（圖）；《敦煌寶藏》二二册，臺北：新文豐出版公司，一九八二年，二六七至二六八頁（圖）；《敦煌寶藏》二八册，臺北：新文豐出版公司，一九八二年，四〇七至四〇八頁（圖）；《敦煌寶藏》三二册，臺北：新文豐出版公司，一九八二年，九二頁（圖）；《敦煌寶藏》四二册，臺北：新文豐出版公司，一九八二年，六四七至六五〇頁（圖）；《敦煌寶藏》四四册，臺北：新文豐出版公司，一九八二年，六〇〇至六〇一頁（圖）；《敦煌寶藏》一一〇册，臺北：新文豐出版公司，一九八四年，七一至七二頁（圖）；《英藏敦煌文獻》二卷，成都：四川人民出版社，一九九〇年，二三五至二三六頁（圖）；《英藏敦煌文獻》四卷，成都：四川人民出版社，一九九一年，一八九頁（圖）；《英藏敦煌文獻》五卷，成都：四川人民出版社，一九九二年，八五至八六、一八五頁（圖）；《英藏敦煌文獻》七卷，成都：四川人民出版社，一九九二年，一〇七至一一〇頁（圖）；《英藏敦煌文獻》九卷，成都：四川人民出版社，一九九四年，二三五至二三六頁（圖）；《敦煌佛學・佛事篇》，蘭州：甘肅民族出版社，一九九五年，七六頁（録）；《敦煌願文集》，長沙：嶽麓書社，一九九五年，四〇七至四〇八、四一六至四一七頁（録）；《英藏敦煌社會歷史文獻釋録》五卷，北京：社會科學文獻出版社，二〇〇五年，一一七至一二二頁（録）；《國家圖書館藏敦煌遺書》九八册，北京圖書館出版社，二〇〇八年，一四二至一四三頁（圖）。

斯二六八五背　　二　吉祥梵音

釋文

如意圓〔滿〕盧舍〔那〕〔一〕，最勝妙精如大海。身如滿月智無邊，速在爲我願吉祥。
能淨有護阿闍王，諸尊功德至吉祥。善心思量皆平等，速在〔爲〕我願吉祥〔二〕。
居家壽量如無數，禪定最勝超彼岸。安住持花受（壽）無量〔三〕，速在爲我願吉祥。
勝得牟尼義成佛，常思利益諸有情。六趣纏縛得解脱，速在爲我願吉祥。
如意圓滿盧舍那，最勝妙精（精）如大海〔四〕。身如滿月智無邊。

説明

此件首全尾缺，字體與前件不同，應爲不同人所書。

校記

〔一〕『滿』，據文義補；『那』，據文義補。

〔二〕『爲』，據文義補。

〔三〕『受』，當作『壽』，據文義改，『受』爲『壽』之借字。

〔四〕『精』，當作『精』，據文義改。

參考文獻

《敦煌寶藏》二二册，臺北：新文豐出版公司，一九八二年，二六八頁（圖）；《英藏敦煌文獻》四卷，成都：四川人民出版社，一九九一年，一八九頁（圖）；《敦煌佛學·佛事篇》，蘭州：甘肅民族出版社，一九九五年，七七頁（録）。

斯二六八八七　一　天福十二年十一月十九日（公元九四八年）歸義軍節度使曹元忠潯陽郡夫人翟氏施經巾題記

釋文

弟子河〔西〕歸義軍節度瓜沙等州管内營田觀察處置押蕃落等使〔一〕、特進、檢校太傅、譙郡開國侯、食邑一千户曹元忠潯陽郡夫人翟氏，先奉爲國安人泰，萬方伏款於　台庭；社稷恆昌，四遠來賓於　王化。狼煙息焰〔二〕，千門快樂而延祥；塞虜無喧，萬户獲逢於喜慶。府主寵禄，膺五嶽而長隆；壽比王喬，等五星而永曜。合宅姻眷，俱沐禎祥；内外枝羅〔三〕，俱霑福祐〔四〕。己躬康吉，賢聖護持，法界有情，皆成妙果〔五〕。敬造萬（五）色錦繡經巾一條〔六〕，施入宕泉窟，永充共（供）養〔七〕。

於時大漢天福十三（二）年丁未歲十一月壬子朔十九日庚午畢功紀〔八〕。

説明

此卷首尾完整，背面接抄正面内容。此件爲第一件，《敦煌遺書總目索引》擬題『天福十二年潯陽郡夫人翟氏布施疏』。《敦煌社會經濟文獻真蹟釋録》擬題『河西歸義軍節度使曹元忠潯陽郡夫人翟氏迴向疏』，《敦煌願文集》擬題『捨施發願文』。《英藏敦煌文献》據第二件最後一句『題記之耳』擬題爲『天福十三年（九四七）十一月十九日歸義軍節度使曹元忠潯陽郡夫人翟氏施巾題記』。按底本確爲『天福十三年丁未歲』，但天福十三年歲次『戊申』，天福十二年是歲次『丁未』。一般而言，『二』容易誤寫作『三』，『戊申』誤寫作『丁未』的可能性要小一些。所以，《敦煌遺書總目索引》將此件標爲『天福十二年』是有道理的。雖然天福十二年的大部分時間與公元九四七年對應，但至十一月十九日已进入公元九四八年。依據以上情況，將此件重新擬題爲『天福十二年十一月十九日（公元九四八年）歸義軍節度使曹元忠潯陽郡夫人翟氏施巾題記』。

校記

〔一〕『西』，《莫高窟年表》據文義校補；《敦煌願文集》認爲底本寫作『州州』，衍一『州』字，按底本第一個『州』字已塗去；『内』，《敦煌願文集》誤認爲底本脱，並據斯二八五〇補。

〔二〕『煙』，底本『火』旁寫作『忄』旁，因『忄』『火』形近，在手書中易混，故據文義逕釋作『煙』，以下『焰』『烽』『煙』同此，不另出校。

〔三〕『外』，《莫高窟年表》《敦煌遺書總目索引新編》未能釋讀。

〔四〕『霑』，《敦煌遺書總目索引新編》釋作『沾』，雖義可通而字誤。

〔五〕『妙』，《莫高窟年表》未能釋讀，《敦煌遺書總目索引新編》釋作『妍』，誤。

〔六〕『萬』，當作『五』，據此件後之『乾德二年（公元九六四年）四月廿二日歸義軍節度使敦煌王曹元忠之涼國夫人翟氏施經巾題記」改，《莫高窟年表》未能釋讀；「繡」，《敦煌遺書總目索引新編》釋作「鄉」，誤。

〔七〕「共」，當作「供」，《敦煌社會經濟文獻真蹟釋録》據文義校改，「共」爲「供」之借字，《敦煌遺書總目索引新編》逕釋作「供」。

〔八〕「三」，當作「二」，據文義改，《敦煌遺書總目索引》《敦煌遺書總目索引新編》逕釋作「二」；「紀」，《莫高窟年表》《敦煌願文集》釋作「記」。

參考文獻

《敦煌寶藏》二二册，臺北：新文豐出版公司，一九八二年，二七一頁（圖）；《敦煌遺書總目索引》，北京：中華書局，一九八三年，一六四頁（録）；《莫高窟年表》，上海古籍出版社，一九八五年，五四一頁（録）；《敦煌社會經濟文獻真蹟釋録》三輯，北京：全國圖書館文獻縮微複制中心，一九九〇年，九四頁（録）；《英藏敦煌文獻》四卷，成都：四川人民出版社，一九九一年，一九〇頁（圖）；《敦煌願文集》，長沙：嶽麓書社，一九九五年，三七六至三七七頁（録）；《敦煌遺書總目索引新編》，北京：中華書局，二〇〇〇年，八二頁（録）；《唐後期五代宋初敦煌僧尼的社會生活》，北京：中國社會科學出版社，一九九八年，二五〇頁；《敦煌研究》二〇一〇年三期，九七至一〇〇頁。

斯二六八七　二　乾德二年（公元九六四年）四月廿二日歸義軍節度使敦煌王曹元忠之凉國夫人翟氏施經巾題記

釋文

歸義軍節度使檢校太師兼中書令敦煌王曹公之凉國夫人潯陽翟氏〔一〕，敬造五色繡經巾一〔二〕，施入窟内。伏願一州土地、萬里山何（河）〔三〕，烽煙不起於三邊，樂業永安於萬姓。皇后天年永久，四海河（荷）霈霂之恩波〔四〕；大王神算遐長，七郡布殊常之德化。夫人心願，願玉葉金枝〔五〕、衙佑寀寮〔六〕、宫苑持（侍）女〔七〕，並皆安樂。百换周星〔八〕，但是帶含靈〔九〕，齊登覺路。於時大漢乾德二年甲子歲四月廿二日題記之耳〔一〇〕。

説明

此件始於正面，背面接續正面抄寫，尾題『乾德二年』。後漢無乾德年號，北宋乾德二年即公元九六四年，或認爲此件『大漢』當爲『大宋』的誤書（參見孫修身《伯二一五五〈曹元忠致甘州回鶻可汗狀〉時代考》，《敦煌研究》一九九一年二期，二八至二九頁）。

校記

〔一〕「師」，《莫高窟年表》釋作「傅」，誤；「煌」，底本「火」旁寫作「忄」旁，因「忄」「火」形近，在手書中易混，故據文義逕釋作「煌」，《敦煌願文集》釋作「惶」，校改作「煌」。

〔二〕「一」，《敦煌願文集》補作「一條」，不必。

〔三〕「何」，當作「河」，《敦煌願文集》據文義校改，《莫高窟年表》《敦煌社會經濟文獻真蹟釋録》《敦煌遺書總目索引新編》逕釋作「河」，「何」爲「河」之借字。

〔四〕「河」，當作「荷」，《敦煌遺書總目索引》據文義校改，「河」爲「荷」之借字，《敦煌願文集》釋作「何」，誤；「霡霂」，《敦煌總目遺書索引新編》未能釋讀。

〔五〕「玉」，《莫高窟年表》《敦煌社會經濟文獻真蹟釋録》《敦煌遺書總目索引新編》釋作「王」，誤，《敦煌願文集》釋作「王」，校改作「玉」，按底本實爲「玉」字。

〔六〕「宷」，《敦煌遺書總目索引新編》釋作「采」，誤。

〔七〕「持」，當作「侍」，據文義改，《莫高窟年表》《敦煌社會經濟文獻真蹟釋録》《敦煌願文集》《敦煌遺書總目索引新編》均逕釋作「侍」。

〔八〕「換」，《莫高窟年表》《敦煌願文集》《敦煌遺書總目索引新編》均釋作「機」，誤。

〔九〕「帶」，《敦煌願文集》認爲係衍文。

〔一〇〕「漢」，《敦煌社會經濟文獻真蹟釋録》校改作「宋」。

參考文獻

《杭州大學學報》一九七九年一至二期，九五至九六頁；《甘肅師大學報》一九八〇年一期，七八頁；《敦煌寶藏》二二册，臺北：新文豐出版公司，一九八二年，二七一至二七二頁（圖）；《敦煌遺書總目索引》，北京：中華書局，一九八三年，一六四頁（録）；《莫高窟年表》，上海古籍出版社，一九八五年，五四一至五四二頁（録）；《敦煌學輯刊》一九八八年總一三、一四期，二八頁；《敦煌社會經濟文獻真蹟釋録》三輯，北京：全國圖書館文獻縮微複制中心，一九九〇年，九五頁（録）；《英藏敦煌文獻》四卷，成都：四川人民出版社，一九九一年，一九〇頁（圖）；《敦煌研究》一九九一年二期，二八至二九頁；《敦煌願文集》，長沙：岳麓書社，一九九五年，三七八頁（録）；《唐後期五代宋初敦煌僧尼的社會生活》，北京：中國社會科學出版社，一九九八年，二五〇頁；《敦煌遺書總目索引新編》，北京：中華書局，二〇〇〇年，八二至八三頁（録）；《敦煌研究》二〇一〇年三期，九七至一〇〇頁。

斯二六八七背　修精舍功德文

釋文

竊以（？）十方淨土，三世如來，皆以願力之因緣〔一〕，方證真榮之真行，體（？）若（？）金剛，有（？）福□行齋延（筵）〔二〕，結果照（？）時，咸熟（？）即向龍樹菩薩等習場中相期，而豈可相（？）互（？）克限，而誰當有退？是故我　大王曹公在日，與師主圓滿大師法會弟子等，已曾結十五願，乃立精堂。福事未圓，俄遭傾逝。今爾彩彯修畢，功得（德）已稱（？）圓〔三〕，繪體願（？）□遵志（？）發心（？），佛弟子□

說明

此件首尾完整，墨跡甚淡，倒書於『乾德二年（公元九六四年）四月廿二日歸義軍節度使敦煌王曹元忠之涼國夫人翟氏施巾題記』之後。其中之『大王曹公』，當即其前題記中之『敦煌王曹元忠』。文中有『福事未圓』、大王曹公『俄遭傾逝』等語，則此件當作於曹元忠『傾逝』不久。因曹元忠卒於公元九七六年，則此件的時間當在公元九七六年後。《英藏敦煌文獻》將此件定名爲『願文』，從其內容來看，似爲『修精舍功德文』。

校記

〔一〕底本原有兩個『之』字，一在行末，一在次行行首，此爲當時的一種抄寫習慣，可以稱作『提行添字例』，第二個『之』字應不讀，故未録。

〔二〕『延』，當作『筵』，據文義改，『延』爲『筵』之借字。

〔三〕『得』，當作『德』，據文義改，『得』爲『德』之借字。

參考文獻

《敦煌寶藏》二二册，臺北：新文豐出版公司，一九八二年，二七二頁（圖）；《英藏敦煌文獻》四卷，成都：四川人民出版社，一九九一年，一九〇頁（圖）；《敦煌遺書總目索引新編》，北京：中華書局，二〇〇〇年，八三頁（録）。

斯二六八九　一　受戒懺悔文

釋文

受戒懺悔文〔一〕

次言〔二〕，善男子善女人等諦聽，□□大戒有大利益，故《智度論》云：大惡病中，戒爲良藥；大恐怖中，戒爲守護〔三〕；死黑闇中，戒爲明燈；三惡道中，戒爲橋梁；死苦海中，戒爲船栰。《遺教經》云〔四〕：戒是正順下脱之本〔五〕。若無此戒〔六〕，諸善功德，皆不得生，是故當知戒是安隱功德住處。雖知戒有□□□德，然所受戒有多差別。若持五戒，不矢（失）人身〔七〕；持八戒，必得生天；若持十戒，得聲聞。大戒〔八〕，得阿羅漢果；若能受持菩薩大戒，當得無上正等菩提，究竟成佛，具一切智，稱天人師，無與等者。今問：『汝隨汝意，於諸戒中，欲受何戒？』應教報言：『受菩薩戒。』

説明

此件首全尾缺，前三行及上部略殘，有原題，其後有『受八戒文』。兩件爲同一人所書。卷背有五言詩一首及背題。

校記

〔一〕『受戒懺悔文』，《敦煌寶藏》和《英藏敦煌文獻》漏收此行文字。
〔二〕『次言』，據殘筆劃及《勸發菩提心集》補。
〔三〕『爲守護』，據殘筆劃及文義補。
〔四〕此句之『教經』及下文之『戒』字已殘，但後人在此件前書有『遺教經云戒是』，當有補此殘字之意，此據之補所殘之字。
〔五〕『戒』，據殘筆劃及文義補。
〔六〕『此』，據殘筆劃及文義補。
〔七〕『矢』，當作『失』，據文義改，『矢』爲『失』之借字。
〔八〕此句疑有脱文。

參考文獻

《大正新脩大藏經》四五册，東京：大藏出版社，一九三二年，三九六頁；《敦煌寶藏》一二册，臺北：新文豐出版公司，一九八二年，二八五頁（圖）；《英藏敦煌文獻》四卷，成都：四川人民出版社，一九九一年，一九一頁（圖）。

斯二六八九　二　受八戒文

釋文

受八戒文

梵了。言：今某齋日，天龍鬼神，□□業道，皆來人間，觀諸衆生所造善惡。若見衆生多持齋戒，多修善業，□□□喜，世界安寧。若見衆生多造惡業，即令惡鬼奪人精氣〔一〕，奪人命根，令〔人〕疾病〔二〕，令人凶衰〔三〕，令人不吉。是故世尊見如是事，令六齋日受持齋戒。今善男子善女人等，愛敬佛法，崇重福田，乃能此時來至道場（隨所住處稱之）。欲受清淨八關齋戒，如是善心，實難成辦，當知皆是有智惠人，有福德人。夫欲受戒，先須懺悔。若欲懺悔，先須歸命啓請三寶。若欲歸命啓請三寶，各須虔恭，蹦跪合掌，至心啓請。將欲啓請，先歎勝利。《涅槃經》云：波羅柰國有一屠兒，名曰廣額。於每日中，煞無量羊。舍利弗願受八關戒一日一夜，命終得爲北方毗沙門子，〔以〕是因緣〔四〕。此戒名關，關閉一切三惡道故。又此亦名爲長養戒，長養薄福，少□□生，令成無量福德快樂故。《優婆塞戒經》中說：若人以其四大寶藏，滿中七寶，持用施人，不如有人一日一夜受持八戒。不毁犯者，便得往生極樂世界阿彌佛（陀）陀（佛）國〔五〕。彌勒出世，百年持戒，不如今日五濁惡世一日一夜受八關戒。又《四天王經》說：所在之處〔六〕，有持此戒，惡鬼遠之，住處安寧。

弟子某甲等，歸命十方盡虛空界諸佛世尊、大慈悲父、十二部經甚深正法、諸大菩薩、善知識僧，皆有天耳天□□□，皆有無量慈悲喜捨〔七〕。皆願度脱一切衆生〔八〕，盡未來際〔九〕，是諸衆生真（下缺）

說明

此件首全尾缺，有原題。其中之『世』字缺筆，應爲避唐諱。

校記

〔一〕『即』，據殘筆劃及文義補。

〔二〕『人』，據文義補。

〔三〕『凶』，據殘筆劃補。

〔四〕『以』，據文義補。

〔五〕『佛』，當作『陀』，據文義改；『陀』，當作『佛』，據文義改。
〔六〕『所』，據殘筆劃及文義補。
〔七〕『皆』，據殘筆劃及文義補；『慈悲喜捨』，據殘筆劃及文義補。
〔八〕『皆』，據殘筆劃及文義補；『脱一切衆生』，據殘筆劃及文義補。
〔九〕『盡未』，據殘筆劃及文義補。

參考文獻

《西域文化研究》（六），京都：法藏館，一九六三年，一一一至一一二、一四八頁；《敦煌寶藏》二二册，臺北：新文豐出版公司，一九八二年，二八五頁（圖）；《英藏敦煌文獻》四卷，成都：四川人民出版社，一九九一年，一九一頁（圖）。

斯二六八九背　一　玉顔思不見詩

釋文

玉顔思不見，悶坐歎文章。秋恨相（？）思淚[一]，更逢孤夜長。邊庭衣服（？）冷，憶□□中香。客語陪（？）慢處[二]，交兒□□□。

説明

此件抄於『受戒懺悔文』『受八戒文』卷背。其後有正面文書之卷題。

校記

〔一〕『秋』，《敦煌詩集殘卷輯考》釋作『愁』，《唐五代敦煌僧詩群體研究》釋作『悉』，均誤；『相』，《敦煌詩集殘卷輯考》釋作『鄉』；『淚』，《敦煌詩集殘卷輯考》釋作『照』，校改作『早』。

〔二〕『陪慢』，《敦煌詩集殘卷輯考》釋作『何以』。

參考文獻

《西域文化研究》（六），京都：法藏館，一九六三年，一一一至一一二、一四八頁；《敦煌寶藏》二三册，臺北：新文豐出版公司，一九八二年，二八六頁（圖）；《英藏敦煌文獻》四卷，成都：四川人民出版社，一九九一年，一九一頁（圖）；《敦煌詩集殘卷輯考》，北京：中華書局，二〇〇〇年，八七二頁（録）；《晉陽學刊》二〇〇八年三期，一〇八頁（録）。

斯二六八九背　二　僧日進文

釋文

僧日進文。

説明

此件抄於『受戒懺悔文』『受八戒文』卷背，是正面文書的卷題，表示正面文書屬於『僧日進』。《英藏敦煌文獻》《敦煌詩集殘卷輯考》將其視作『殘片』，不確。

參考文獻

《敦煌寶藏》二二册，臺北：新文豐出版公司，一九八二年，二八六頁（圖）；《英藏敦煌文獻》四卷，成都：四川人民出版社，一九九一年，一九一頁（圖）；《敦煌詩集殘卷輯考》，北京：中華書局，二〇〇〇年，八七二頁（録）。

斯二六九〇　大般若波羅蜜多經卷第四百一十三題記

釋文

海晏勘。

説明

此件《英藏敦煌文獻》未收，現予增收。

參考文獻

Descriptive Catalogue of the Chinese Manuscripts from Tunhuang in the British Museum, The Trustees of the British Museum, London 1957, p. 10（録）；《敦煌寶藏》二二册，臺北：新文豐出版公司，一九八二年，二八六頁（圖）；《中國古代寫本識語集録》，東京大學東洋文化研究所，一九九〇年，三七〇頁（録）；《敦煌碑銘贊輯釋》，蘭州：甘肅教育出版社，一九九二年，二六五頁（録）。

斯二六九一　丁酉年（公元八一七年）十一月六日僧玄通祭姊師文

釋文

維歲次丁酉十一月丙戌朔六日辛卯，師弟玄通謹以香乳珍羞之饌敬祭於故姊師之靈〔一〕：玄通與姊，往業善緣，運爲同氣；花蕚相敷，謂終千記。天何不整（憖）〔二〕，禍兮忽至，早棄囂塵〔三〕，歸寂空暐〔四〕。玄通罪釁，殃及姊已〔五〕。孤露淒淒，於何怙恃〔六〕？剖割肝腸，痛兮骨髓。謹薦香茶，祭於郊畤〔七〕，惟靈不昧，降斯歆旨〔八〕。尚饗〔九〕！

説明

此件首尾完整，劉永明據其中之『十一月丙戌朔』推斷此件中之『丁酉』爲唐元和十二年（公元八一七年）（參看《散見敦煌曆朔閏輯考》，《敦煌研究》二〇〇二年六期，一一三頁）。

校記

〔一〕『弟』，底本原字形似『第』，但因『第』『弟』手書易混，故可據上下文義判定其歸屬，此逕釋作『弟』；『靈』，

《敦煌遺書索引新編》釋作「□靈」，按底本「靈」前爲敬空，並無文字。

〔二〕「整」，當作「慭」，據文義改，《敦煌遺書總目索引新編》未能釋讀。

〔三〕「囂」，《敦煌遺書總目索引新編》未能釋讀。

〔四〕「暐」，《敦煌遺書總目索引新編》釋作「煒」，誤。

〔五〕「已」，《敦煌遺書總目索引新編》釋作「己」，誤。

〔六〕「何」，《敦煌遺書總目索引新編》釋作「保」，誤。

〔七〕「郊」，《敦煌遺書總目索引新編》釋作「效」，誤；「時」，《敦煌遺書總目索引新編》釋作「疇」，誤。

〔八〕「歆」，《敦煌遺書總目索引新編》釋作「猗」，誤。

〔九〕「饗」，《敦煌遺書總目索引新編》釋作「享」，雖義可通而字誤。

參考文獻

《敦煌寶藏》二二册，臺北：新文豐出版公司，一九八二年，二八七頁（圖）；《英藏敦煌文獻》四卷，成都：四川人民出版社，一九九一年，一九二頁（圖）；《敦煌遺書總目索引新編》，北京：中華書局，二〇〇〇年，八三頁（録）；《敦煌研究》二〇〇二年六期，一三頁；《新世紀敦煌學論集》，成都：巴蜀書社，二〇〇三年，三三四頁。

斯二六九三　無量壽經義記下卷題記

釋文

一校竟。

比丘洪琇許。

說明

此件《英藏敦煌文獻》未收，現予增收。

參考文獻

Descriptive Catalogue of the Chinese Manuscripts from Tunhuang in the British Museum, The Trustees of the British Museum, London 1957, p. 174（録）；《敦煌寶藏》二二册，臺北：新文豐出版公司，一九八二年，三一三頁（圖）；《敦煌學要籥》，臺北：新文豐出版公司，一九八二年，一二〇頁（録）；《敦煌遺書總目索引》，北京：中華書局，一九八三年，一六四頁（録）；《中國古代寫本識語集録》，東京大學東洋文化研究所，一九九〇年，一六二頁（録）；《魏晋南北朝敦煌文獻編年》，臺北：新文豐出版公司，一九九七年，二六九頁（録）；《敦煌遺書總目索引新編》，北京：中華書局，二〇〇〇年，八三頁（録）。

斯二六九四　華嚴略疏卷第三題記

釋文

淵許。

淵許。

説明

以上第一個題名題於正面卷尾，第二個題名題於卷背。此件《英藏敦煌文獻》未收，現予增收。

參考文獻

《敦煌寶藏》二二册，臺北：新文豐出版公司，一九八二年，三三一頁（圖）；《敦煌學要籥》，臺北：新文豐出版公司，一九八二年，六九至七〇頁（録）；《中國古代寫本識語集録》，東京大學東洋文化研究所，一九九〇年，一五八頁（録）；《敦煌遺書總目索引新編》，北京：中華書局，二〇〇〇年，八三頁（録）。

斯二六九五　真言要決卷第三

釋文

（前缺）

但凡愚無智〔一〕，即謂別有一佛可求〔二〕，爲無爲涅槃故，説誘進行菩薩行者〔三〕，此及餘世界脩菩薩行者〔四〕，樂聲聞乘涅槃，爲令聲聞乘進向大乘〔五〕，化佛受（授）聲聞記〔六〕，非是法佛〔七〕。夫至如釋迦出世，一生補處菩薩數若恒沙，亦應一一作佛。若其一一作佛，則無日無佛出世。縱令一一作佛，作佛已後，更欲何爲？夫脩出世道而求作佛者，無異世間愚人，纔蒙一位一班，則欲圖謀帝道、背國圖君，則是逆賊。違道求佛，豈是順人？許由，山谷之士，尚無意於萬乘，況出世智人，豈有心於十號？至如維摩詰、文殊師利、央掘魔羅等，並是過去他方世界應化諸佛〔八〕，猶自作菩薩弟子之衆，助釋迦弘道，教化衆生。何處始發心脩道，至理都未思量，乃承彼誘，進之假名，遂望三大阿僧祇劫而得作佛。《大智度論》云〔九〕：但爲世俗故，説有須陀洹乃至佛。何以故？一切諸法，實無我相，今用分別須陀洹異（果）乃至佛〔一〇〕，是世俗法。夫老君之爲柱吏（史）〔一一〕，孔子之宰中都，並爲助國行道，居斯下末。是以聖人開化，出處萬塗。或捨帝位而出家，或懷聖道而入俗，此並爲抑揚群品，舒卷行藏。使居高位者〔一二〕，不恃貴以務（矜）尊〔一三〕；處下僚者，不怨卑以憂辱。故釋迦自持應器，孔丘願得執鞭，況乎碌碌凡庸而輒自尊夸重？故聖人應化如此，豈有定體而爲佛相哉？老君孔子皆是出世聖人〔一四〕，未見脩道願作者，唯聞佛有放光功德，咸共尚之。不察了義根源，而貴假名末用，遂即希求此號，不覺與理相違。夫佛者，以覺悟大慈法身得名，非以卅二相得號。今乃以無明三毒之見，希求作佛形容者，豈關至理？故《金剛波若經》云〔一五〕：若以卅二相觀如來者，轉輪聖王即是如來。《維摩經》云：佛身者即法身也〔一六〕。夫法身無相，豈有佛身色像於其間哉？故《大智度論》云：有二種因緣，一者福德因緣，二者智慧因緣。欲引導福德因緣衆生故，用卅二相身；欲以智慧因緣引導衆生故，用法身。法身有二種衆生〔一七〕，一者知諸法假名，二者著名字。爲著名字衆生故，説無相；爲知諸法假名衆生故，説卅二相。夫中道正説如此，佛理可不悟之哉！故《涅槃經》云：佛者名覺。既自覺悟，復能覺人。夫若有此覺，佛理足明。若無此覺，何以求佛？故《法華經》云：舍利弗，汝等當信佛之所説言不虛妄。舍利弗，諸佛隨宜説法，意趣難解。所以者何？我以無數方便、種種因緣、譬喻言詞〔一八〕，演説諸法。是法非思量分別之所能解，唯有諸佛乃能知之。所以者何？諸佛世尊，唯以一大事因緣故，出見於世。舍利弗，云何諸佛世尊唯以一大事因緣故出見於世？諸佛出（世）世（尊）[一九]，欲令衆生開佛知見，使得清淨故，出見於世；欲示衆生佛之知見故，出見於世；欲令衆生悟佛知見故，出見於世；欲令衆生入佛知見故[二〇]，出見於世。佛告舍利弗：諸佛如來，但教化菩薩諸有所作，常爲一事，唯以佛之知見，示悟衆生。舍利弗，如來但以一佛乘故[二一]，爲衆生説法。無有餘乘，若二若三。舍利弗，一切十方諸佛，法亦如是。夫佛之一乘知見者，即謂無相無作，無爲無得，法身清淨，無生究竟種智也。《金剛波若經》〔云〕[二二]：若有法如來得阿耨多羅三藐三菩提，然燈佛則不與我受（授）記[二三]：汝於來世，當得作佛，號釋迦牟尼。何以故[二四]？以無〔有〕法得阿耨多羅三藐三菩提[二五]，故然燈佛與我受（授）記[二六]：汝於來世，當得作佛，號釋迦牟尼。何以故？如來者即諸法如義。夫如〔來〕體畢竟寂滅無生[二七]，誰有求而得者？故〔經〕云[二八]：如來者，無所從來，亦無所去，故名如來。又云：離一切諸相，則名諸佛。夫佛既離相，心何所希求？若有希求，豈非邪見！

出家脩道[二九]，專以呪術防身爲道者，此乃與鬼神爲怨，何名董（薰）脩大慈之行[三〇]？故佛每説正法，一切天龍鬼神皆悉集聽，未見佛起嫌心，〔以〕呪驅遂（逐）[三一]，但令開發道眼而起大慈，今者脩道都不觀身無常，多諸過患，先以呪詈訶鬼，防護穢濁之身，豈是奉持大師教旨？故《涅槃經》云：比丘不應作治身呪術，六十四能，十八或人呪術。夫三世諸佛皆以般若大悲爲本，不以詈鬼呪術爲宗〔三二〕，猶五帝三皇皆以慈儉淳朴爲基，不以禁令嚴形（刑）爲本〔三三〕。若脩道專以呪術而伏鬼神者，猶治政專以形（刑）罰而威百姓〔三四〕。形（刑）罰爲治〔三五〕，不久必亂；呪術爲道，不久必邪〔三六〕。故《大智度論》云：大悲是一切諸佛菩薩之根本，是般若波羅密之母〔三七〕，諸佛之祖母。又云：諸呪術中，般若波羅蜜是大神呪〔三八〕，何以故？能常與衆生道德樂故，餘呪術樂因緣，能起煩惱，又不善業故，墮三惡道〔三九〕。故云：般若波羅蜜是大明呪，無上明呪，無等等明呪。三世諸佛，皆用是明呪，得阿耨多羅三藐三菩提。夫般若波羅密者〔四〇〕，是心體實智。此智能破煩惱，斷妄除邪，以能除邪故名神呪。夫除邪者，諸（謂）除我心邪妄〔四一〕，非謂呪彼鬼神，但令我心體真無邪，鬼神自然不擾，故《老子》云：以道莅天下，其鬼不神。非其鬼不神，其神不傷人。夫若口誦般若波羅蜜而不內除邪妄者〔四二〕，無異鸚鵡學語。佛以能持此呪故，得無上菩薩提；若[其]不持此呪〔四三〕，必無除邪得道之理。

如來令遺出家脩道人著壞色糞掃納衣者〔四四〕，一爲破愛好我慢；二爲居山林曠野，要人不圖；三爲趣得供身，不爲貪覓；四爲示見少欲知足，教化衆生。今者乃有深練好繒，翦作花草，分間蔭映，納作山衣，被服端嚴，淫誘女色。服既是僞心，何得真如？此造事姦人，豈合與同河欽（飲）水〔四五〕？內懷犬羊之質，外被文豹之資，何止誑惑衆生，深是污辱三寶。然此一服，直數十千〔四六〕，自非理外規求，如何可得？心行如此，何名道人？天堂判，自不論，地獄遣，誰代入？夫糞掃納衣，若心生貪著，行違於道，佛尚不許聽著，何況苞藏姦伏假作山衣！《佛藏經》云：若納衣比丘於糞掃中拾取弊故，應生是心。以此鄣寒及脩聖道，勤行精進。若比丘於此納衣，生貪著心，即應捨之，我不聽著，何況餘衣！何以故？舍利弗，是比丘於此衣中，生非比丘法，是比丘不復應著，何況餘物！舍利弗，時是比丘寧以熱鐵鍱自纏其身，不應復著此納衣，何以故？於此衣中深愛心故。夫法衣既爾，應器亦然。故《大智度論》云：佛聽比丘用二種鉢，若瓦若鐵。如來制戒，不許出家脩道人食肉者，一爲斷大慈種，二爲身心濁逸，三爲不發一切衆生善心，四爲令一切有命者畏，五爲增長惡業。今者乃有私地食肉，稱言將護衆生，不畏天眼之誅，反畏愚情之責，發露之旨，其義安施？覆藏罪過，何時懺悔？又假令有一二不食肉者，則專精蘇蜜細粉稻梁（粱）以自供身〔四七〕。我慢自在，長養肥盛，放逸貪淫。聞人延請作齋，先思量飲食麤細，不能内省，合消以不逆，計校施財物，必多喪葬。富者則爭共安名報願，貧人則競推僧次。收殘裹幞〔四八〕，稱與病僧〔四九〕；重索齋餘，言供同學；觀行戒律，本不關心；飲食錢財，無忘寤寐。縱使面顔無恥，可不懼罪三塗〔五〇〕？孔子尚云：君子謀道不謀食，憂道不憂貧。況乎佛者□？故《楞枷（伽）經》云〔五一〕：凡所飲食，作食子肉想，作服藥想，不應食肉。聽食肉者，無有是處。《佛藏經》云：寧啖熱石，吞飲洋銅，不以無戒食人信施。《涅槃經》云：善男子，從今日始，不聽聲聞弟子食肉。若受檀越信施之時，應觀是食如子肉想。忠言相告，真是大慈。諂言相説，真是嫉妒。夫見過言説有二種，一者爲利益故，見過相告；二者爲嫉妒故，見過相説。不得一向執見過爲是過爲非。無問道俗，皆同此理。故孔子云：君有爭臣，父有爭子，士有爭友，忠告善道。夫若有忠心訶責者是，若懷嫉妒譽歎者非。其訶責稱歎者，必須確得實情，不得望風浪説。故《大智度論》云：應訶而讚，應讚而訶，口集諸過，終不見樂。夫若爲行道利益見過訶責者，是奉佛深心。若爲畏懼嫉妒見過不言者，是違佛至意。故《涅槃經》云：有持戒比丘，威儀具足，護持正法，見壞法者，即能驅遣，訶責糾治。當知是人得福無量，不可稱計。若比丘見壞法者，置不驅遣，訶責舉處，當知是人佛法中怨。若能驅遣，訶責舉處，是我弟子，真聲聞也。夫聲聞尚爾，況菩薩乎？《勝鬘經》云：應折伏者而折伏之，應攝受者而攝受之。何以故？折伏攝受故，令法久住者，天人充滿，惡道減少。

辯僞篇第六

夫事有真僞，理有正邪，自悲（非）慧眼[五二]，無容能別。故殘賊誑惑愚人以規貨財者，必造假金銀[五三]；造事誑〔惑〕衆生以求錢帛者[五四]，必稱聖功德。然非金銀不動愚人志，非功德不感癡人心。故造假金者必用真金爲表，銅錫爲骨；造誑惑者，必以聖道爲語，劫剥爲心。遇（愚）人所以被殘賊誑[五五]，止爲貪金銀；癡人所以被詐僞人惑[五六]，止爲貪功德。若不貪功德者，必不被詐僞人惑；不貪金銀者，必不被造事人欺；不被功德惑者，是見理人；不被假金銀欺者〔五七〕，是别貨人。不見理者，必貪善致敗；不别貨者，必貪金致禍。故物之恆致敗喪者，非爲貪惡，並爲貪善故也。故曰：魚吞鉤者，爲貪香餌；人喪命者，爲貪善道。何以故？夫姦淫喪命者，止爲薰香妖冶，不爲腥臊醜陋；盜賊喪身者，止爲金銀繒綺，不爲糞土砂礫。故《老子》云：天下皆知美之爲美，斯不惡已〔五八〕；皆知善之爲善，斯不善已。

造僞過所誑關令以求度關者〔五九〕，必稱司門；造僞告身誑官人以求資蔭者，必稱吏部；造妖僞誑衆生以求財食者，必稱聖言。故造僞過所者，特忌司門郎中；造僞告身者，特忌尚書吏部；造妖惑者，特忌解（道）智人〔六〇〕。故司門郎中手暑（署）過所〔六一〕，尚書吏部面自補官，解道智人心自悟理。司門郎中懸别僞過所，尚書吏部偏（懸）别僞告身〔六二〕，解道智人懸别妖惑語。若關令暗者被僞過所誑，官人遇（愚）者被僞告身欺〔六三〕，衆生愚者被妖僞人惑，以此而議物理者，不得率爾信其言跡耳。故孔子云：視其所以，觀其所由，察其所安，人焉廋哉！人焉廋哉！《涅槃經》云：共住久處，智惠觀察。《大智度論》云：説相似般若波羅蜜，相似者，名字語同而心義異〔六四〕。

倚官狹（挾）勢求財者〔六五〕，必覓首領，令其句牽；販佛賣僧求施者，必覓邑主，令其勸化。首領勾牽者，必假官人，以作威恩；邑主勸化者，必稱佛法，以説罪福。百姓性懼威覓恩〔六六〕，則竭産無悋；衆生畏罪求福，則傾家不亂（辭）〔六七〕。故倚官狹（挾）勢者極衆〔六八〕，販佛賣僧者極多。遞相侵漁，貧人何以自活？百姓耕織〔六九〕，擬供賦役，衣食復在其中〔七〇〕，施惠既盡，公私何以取濟？是故倚官狹（挾）勢者〔七一〕，明主能除之；販佛賣僧者〔七二〕，正見能斷之。故《大智度論》云：若惱衆生供養佛〔七三〕，佛所不許，破法求財故。若施凡人，奪彼與此，非平等法；如菩薩法，等心一切，皆如兒子。是以故少施〔七四〕。

愚人有事求恩者〔七五〕，好乞長吏錢；癡人造罪求福者，好施僧尼物。百姓實無心憐長吏，止自覓私恩；衆生實無心愛僧尼，止自求私福。長吏亦無心憐民户，止自覺（覓）錢財〔七六〕；僧尼亦無心〔愛〕檀趣（越）〔七七〕，止自求利養。長吏若不倚王法作寒暑，百姓終不肯乞一錢；僧〔尼〕若不倚佛法説吉凶〔七八〕，衆生必不肯施一物。故知真清謹長吏，唯奉國王正法行事，終不作寒暑，從百姓索錢；真清淨沙門，唯奉如來正法脩道，必不説吉凶，從衆生覓施。長吏所以稱户主爲好人者，爲得他財錢〔七九〕，復不向人説其過愆。縱使多乞長吏錢，正課正侵（役）終不免〔八〇〕；縱使多施僧尼物，正業正報終不亡。正課既不免，則不須乞長吏錢〔八一〕；正報既不滅，則不須施僧尼財。故事帝王者，但莫造妖逆、劫盜、鬬殺、姦欺及諸罪過，而勤力田蠶、孝養父母、友順兄弟、慈愛妻兒、和睦諸親、遜悌鄉黨、供奉正課。若然者，何但不畏官人長吏，乃至不懼帝王。故孔子云：內省不疚，何憂何懼？若其違上所行，縱使車載黃金，送與帝王，亦終不免刑戮，何況乞官人長吏錢？是以事道佛者，但滅三毒無明，勤身苦作，以活性命。敬順師長，慈悲於一切衆生，斷除嫉妒我慢，遠離諂曲邪非，莫起一切惡行，隨己所堪，給濟困乏。若然者，何但不畏僧尼道士，乃至不懼諸佛天尊。故《維摩經》云：無畏是道場，無諸過故。若其違上所行者，縱使捨身命與佛，亦終不免入地獄，何況施僧尼財？若官人枉法，取百姓錢，國法終不捨；若僧尼破戒受檀越施，佛法終不原。國法終不捨，爲身自執法治〔百〕〔姓〕〔八二〕；佛法終不原，爲身自行道化群生。官人尚自除名得重罪，何處有恩及百姓？僧尼尚自歿身入地獄，何處有福及衆生？故出身仕官者，不得同於庶人〔八三〕；出家脩道者，不得同於凡俗。故官人則有衙府自異，道人則有寺觀自殊；官人則有倚公營私之愆，道人則有傍是行非之過。非傍公[則]不得作威恩以營私〔八四〕，非傍聖則不得説禍福以行僞，非明[王不]能制彼濁官〔吏〕〔八五〕，非正見不能定彼〔僞〕僧尼〔八六〕。

[温]室之經多説利養〔八七〕，至於講説，歲有百千遺教之經，專明禁戒。至於講説，未見一人。以此參驗，足明心跡，化誘取物，剥脱貧窮，不問有無，唯多即喜。夫上古薄賦斂，省傜役，猶稱爲聖主，況脩習出世之道而劫奪無厭！如此外道無明，非明王不能制御。故《勝鬘經》云：諸餘衆生於諸深法〔八八〕，堅著妄説，違背正法，習諸外道腐敗種子者，當以王力、天龍鬼神力而調伏之。

夫先王茅茨土階〔八九〕，惡衣菲食而憂養兆民者，稱爲聖君；金屋瑶臺，食珍衣綺而暴亂蒼生者，稱爲暗主〔九〇〕。故聖君能撫諧百姓，而國秦（泰）身安〔九一〕；〔暗〕〔主〕乃殘滅黔黎〔九二〕，而國亡身滅。況乎世尊大覺，棄聖位於轉輪，不入香味色聲，證無上之真道。法身常住，應六趣而引接群生；持鉢巡門，乞常餐而度兹五濁，豈存心於綺揀（練）〔九三〕？豈留意於僞形？若以滋味美色爲懷，猶乖堯禹養之以民道〔九四〕；若以實（寶）剎銀基爲念〔九五〕，乃〔同〕桀紂亂國之心〔九六〕。非理勞弊含生，寧得稱爲三界慈父；違道懷私愛己，寧得稱爲天人大師。其有弟子聲聞之衆，並令捨俗，憩於空閑〔九七〕，或居塚墓以調心，或依山林而學靜。應器三衣錫杖，行住恆與同居。活命取濟，隨緣少欲，遠於貪〔著〕〔九八〕。復設經律明訓，兼以垂誨，將來尚不得以持行爲心，豈得〔以〕破戒爲意〔九九〕？至於像法流末，正教沈淪，慧目者寡〔一〇〇〕，生盲者衆，不復遵其聖軌，唯逐財色聲名，誘化無識群迷，廣構僧房殿塔。營造僞像，罄竭資財，唯大唯高，爭名爭勝，飾以金銀，彩色炫耀，無目衆生，燒香禮拜。嚬眉稱爲供養諸佛，内心實恆波浪，外相詐見禪儀。竟無饒益之心，唯有規圖之志。群隊揚聲喚佛，何曾有微覺之情？相率大唱善哉，詎懷片善之意。悤悤爭頭逐食，喻（踰）於獵狗尋羶〔一〇一〕；擾擾競覓施財，劇於飛蛾赴火。不辨菽麥之狀〔一〇二〕，亦復説法化人。當身見自被囚，焉能爲人解縛？但知勸他布施，不悟己自慳貪。仍號我是沙門，施者當應獲福。莫省己之長短，破戒違律之愆。姦非諂曲恣爲，猶稱如來釋種。故知破滅正法，非是外人，寧更有蟲，内傷師子。故《佛藏經》云：舍利佛（弗）〔一〇三〕，我法實以多供養故，後當疾滅。

夫復有傍是行非淫亂，以爲無相大乘；酒肉貪嗜無厭，名爲不生分別。妄語惡口兩舌，乃云言語性空；未解一念澄心，猖狓以爲解脱。爭有爭無之鬭訟，競斷競常之是非，隨心憎愛之毁譽，逐語尋言之戲論。著空斷脩諸行，不以六度在懷〔一〇四〕。聞道法性無生，并捨因緣業果。不復尊敬師友，放逸傲佷凌人〔一〇五〕，觴（觸）目無一所知〔一〇六〕，即號我離文字。經藏都未深入，智海於何出生？雖誦句偈微言，實不識其玄旨。依他經論，言説亦道，我無所求。執此無記癡心〔一〇七〕，以爲同塵。晦跡食穢，憑河受辱，夸爲有力；大人無明，縱志貪饕，口言無心。住（任）運學諸世間邪術〔一〇八〕，將作種智。多能禱祀厭詛求恩，自誑人稱我善。親彼財交色合，踈（疎）其骨肉善遊〔一〇九〕。賣假僞之印符，取資財以潤屋。針疚（灸）合鍊金石〔一一〇〕，卜筮推步盈虚，呪禁占相吉凶。巫覡呼神唤鬼，朋黨共相親狎，扇惑老嫗小兒，稱爲救度病苦衆生，其間唯行〔姦〕〔非〕剥脱〔一一一〕。甘言誘人，衣食百倍。多世巫醫，自矜結好，貴人自美，狎遊名德。恃託先王典籍，衒賣取人錢財。貪欲積聚無厓〔一一二〕，講教遂妄（忘）勞倦〔一一三〕。逢迎富勢豪貴，不覺面柔足恭，以此活婦養兒，一何不知慚恥！聞人説己之過，無心剋己復仁。淫逸聲色，混淆不顧禮儀風俗。即聾從昧，與頑用嚚。積習生常，稱之爲道。其猶婬女成性〔一一四〕，無憚世之毁譽。久處鮑魚之肆，不聞其臭，此乃真是禽獸〔一一五〕，真是闡提，真是愚癡，真是殘賊！苟貪目下之利，將來何以逃殃？長惡不悛，敗亡可俟。淑人君子，可不戒哉！故《易》云：顔氏之子，其殆庶幾乎？有不善未嘗不知，知之未嘗復行，豈其虛矣〔一一六〕！

爲道者除僞脩真，爲政者除惡樹善。不除惡不名治政，不除僞不名脩道。若〔脩〕〔道〕能除僞〔一一七〕，則種智自明；爲政能除惡，則萬人自富〔一一八〕。民富無惡則姦盜不行，智〔明〕僞除則邪魔不擾〔一一九〕。邪魔不〔能〕擾〔一二〇〕，是得道真；姦盜不能行，是得治要。得治要則人無夸企，得道真則心無取捨。心無取捨則復命歸根，人無夸企則還淳反朴。還淳反朴始〔名〕〔真〕〔治〕〔一二一〕，復命歸根始名真道。真道具則文字斯捐〔一二二〕，真始（治）興則不言而教〔一二三〕。不言而教則結繩復用，文字斯捐則目擊道存。故治政者，唯在去姦；得（脩）道者〔一二四〕，唯在除僞。僞不除則真道暗，姦不去則政治昏。政治昏則姦佞起，真道暗則邪惑興。邪惑興，群魔制，姦佞起，大盜侵。爲盜侵者，由其不除亂本；爲魔制者，由其不斷邪源。故斷邪源者，當須察微；除亂本者〔一二五〕，當須照隱。照隱者，杜其萌兆；察微者，絶其漏因。漏〔因〕既絶〔一二六〕，則邪不能干；萌兆既杜，則姦不能亂。姦不能亂，唯在君明；邪不能干，唯在心惠。若君不明，必爲姦臣所惑；心不惠，必爲邪魔所牽。被姦臣惑者，君民必亡；被邪魔牽者，身心必敗。故《書》云：僕臣正，厥后克正；僕臣諛，厥后自聖。《老子》云：其安易持，其未兆易謀。爲之於未始，治之於未亂。故明君興祚，必任賢臣；暗主覆宗，必任佞人。以此而議，可不察乎？故《書》云：后德惟臣，弗德惟臣。

上事（士）不爲過〔一二七〕，非有畏，不爲，理自〔不〕〔爲〕〔一二八〕；中士不爲過，非不欲，爲懼罪福，故不敢爲；下士不爲過，非不欲，爲〔懼〕〔刑〕〔罰〕〔一二九〕，〔故〕〔不〕〔敢〕爲〔一三〇〕。故無刑罰，下士過必起〔一三一〕；〔無〕〔罪〕〔福〕〔一三二〕，〔中〕〔士〕〔過〕〔必〕〔起〕〔一三三〕。雖無罪福刑罰，上士終不爲過。何以故？體至道故，理自然故，心平等故，無規求故，無嗜欲故，無〔愛〕憎故〔一三四〕。自然不爲過者心真，有畏不爲過者情僞。情僞者恆須制御，心〔真〕者方可獨行〔一三五〕。可獨行者名爲上智，須制御者名爲下愚。以此自觀，足明真僞。故《禮記》云：仁者安仁，智者利仁，畏罪者强仁。是以上士無愧於幽冥，下士恆懼於刑罰。故《詩》云：尚不愧于屋漏。《大智度〔論〕》〔云〕〔一三六〕：若無罪福，則世俗法亂。《禮〔記〕》云〔一三七〕：刑以防淫。

世人脩福者，悉求人天報，止自恆作三塗因；世人求安者，悉畏五形（刑）罰〔一三八〕，止自恆違國法令；〔若〕〔不〕〔違〕〔國〕〔法〕〔令〕〔一三九〕，即不須畏五形（刑）〔一四〇〕。若不作三塗因，則不須求人天報。但驗四人違法令〔一四一〕，即明衆生恆作罪。故知脩福者，者即是作罪人〔一四二〕；讀律者，即是違法人。夫登朝仕官〔一四三〕，未有自知已無堪，莫不皆求好官職。乃至無知署吏，杖（拔）爲卿相〔一四四〕，亦謂材德備堪。及其不勝其任，犯國形

（刑）綱[一四五]，方驗（始）始（驗）其真僞[一四六]。以此理觀，足明善惡。故孔子云：不以言舉人，〔不〕〔以〕〔人〕廢言[一四七]。《易》曰：鼎折足，覆公餗，其形渥[一四八]，凶。言不勝其任。

爲道者易[一四九]，爲俗者難。易者事簡而真，難者事煩而僞。至如服食器用，本爲供身。供身取濟，不必要須華侈。何以故？夫食充虛，何假百味？器得盛物，何假金銀？衣得覆形，何假文繡？屋得庇體，何假琱鏤[一五〇]？琱鏤爲難[一五一]，非茅茨可呪；文繡爲貴[一五二]，非縑素可方；金銀爲貴[一五三]，非瓦木可比；百味爲損，非蔬食可踰[一五四]。俗情以爲有殊，而適用是一。即此參驗，難易可知。難易既知，真僞足辯。〔真〕〔僞〕〔既〕〔辯〕[一五五]，道俗可明。道俗既明，至理自悟。故以簞食瓢飲衣弊緼袍環堵以居者，儒之易也；綴鉢摶食巖穴以居者，道之易也。夫何故哉？體易得真故也。體易得真，則心鏡内朗。心鏡内朗，始堪冥心濟物。〔故〕《易》云[一五六]：蒙〔以〕養正[一五七]，其此之謂矣。

夫易〔簡〕之德[一五八]，稱乎天地；無爲而治，稱乎聖人。是以天地易簡，萬〔物〕各得生成[一五九]；聖人無爲，群生各安其業。故《老子》曰：是以聖人去其（甚）去奢去泰[一六〇]。木性是一，隨材異任；人性是一，隨德立名。故人之真僞不可易名[一六一]，材之大小不可〔易〕〔任〕[一六二]。〔是〕〔以〕〔小〕〔人〕〔不〕得稱爲君子[一六三]，君子亦不得稱爲小人[一六四]。何以故？名須當實故。夫爭名實者，則非君子；矜賢才者，則是小人。故小人好爭，君子好讓。好讓者推善於人，好爭者引德於己。引德於己〔一六五〕，此德僞〔德〕〔一六六〕；推善於人，此善真〔善〕〔一六七〕。真善既不爭名，爲（僞）德豈不知恥〔一六八〕！若僞德，爭名則反常亂俗；真善，不爭則化物體真。化物體真則賢愚咸得其分〔一六九〕，真善不爭則貴賤各安其所。故《老子》云：不尚賢，使臣不爭。又云：上善若水，水善利萬物而不爭，處衆人之所惡，故幾於道。《易》曰：勞謙君子有終吉。

心不獨任〔一七〇〕，六情以助之；君不獨治，百司以佐之。無心識則刑（形）體不存〔一七一〕，無帝王之則群生不立〔一七二〕。帝王與百司〔一七三〕，本爲養黎庶；六情與心識，本爲養刑（形）骸〔一七四〕。養刑（形）骸者不得無六情〔一七五〕，養蒼生者不得無群佐。若六情守分，則刑（形）體自安〔一七六〕；群佐不擾，則蒼生自泰。故喪民者止由群職〔一七七〕，敗身者止爲六情〔一七八〕。若心能制六情，則刑（形）骸不須養而自逸〔一七九〕；若君能〔制〕群職〔一八〇〕，則蒼生不須治而自安。若六情待制，名爲妄情；百司待制，名爲僞佐。若百司真，則君無所憂；六情真，則心無所慮。無所慮者，情與性真〔一八一〕；無所憂者，臣與君合。臣與〔君〕合〔一八二〕，則可不具陳；情與性真〔一八三〕，則爲而不恃。爲而不恃，則首足俱順；可不具陳，則貴賤咸序。貴賤咸序，則四民自靜。道道（首）足俱順〔一八四〕，則百體自安。四民自靜，〔在〕於無爲〔一八五〕；百體自安，在於無欲。〔無〕〔爲〕〔者〕〔削〕〔法〕〔物〕〔一八六〕，〔無〕〔欲〕者損色聲〔一八七〕。削法物則淳朴以居，損色聲則天真自保。《老子》

云：我無爲，民自化；我好靜，民自正；我無事，民自富；我無欲，民自朴。《易》云：損先難而後易，損以遠害。夫始於除欲故先難，終於無累故後易。去欲無患，故得遠害，〔故〕〔曰〕〔損〕〔以〕〔遠〕〔害〕〔一八八〕。夫憂身危害者，皆爲愛欲故也。愛欲既除，害焉能及？故俗人尚益，道家尚損。損者與物玄同，益者與物乖迂（迕）〔一八九〕。同者爲與理冥，迂（迕）者爲與物爭〔一九〇〕。爭者危身喪命，冥者遠害全身〔一九一〕。故損之爲德，大矣至矣！故《易》云：山下有澤，損，君子以懲忿室（窒）欲〔一九二〕。

真言要決卷第三

說明

此件首缺尾全，起『但凡愚無智』，訖『真言要決卷第三』。卷中『民』字或有缺筆。多處段落起首處有另筆添加小字，似對該段文書内容之提示。

據日本《奈良朝現在一切經書目録》，此書計有六卷，出自釋徒之手，多援引儒、道經典中處世真言，以與佛教經典嘉言相互比附，互證互釋，藉以引導世人，勸善誡惡。敦煌寫卷《新集文詞九經抄》《文詞教林》等多引用此書文字，知此書在中晚唐時期曾流行於民間。（參見鄭阿財《敦煌寫本〈真言要訣〉研究》，《法商學報》二三期，一九八九年；又載鄭阿財《敦煌文獻與文學》，二〇三至二三六頁）。

除此件外，現知敦煌文獻中保存『真言要決卷第三』的尚有伯二〇四四，首缺尾全，起『之理』，訖『真言要决卷第三』；伯四九七〇，首尾均缺，首起『迷廣構』，訖『手指頭』。

以上釋文以斯二六九五爲底本，用伯二〇四四（稱其爲甲本）參校。

校記

〔一〕『但』，據甲本補。

〔二〕『謂别有一佛可求』，據甲本補。

〔三〕『進行菩薩行者』，據甲本補。此句後甲本有一『故』字。

〔四〕『世界脩菩薩行』，據甲本補。

〔五〕『乘進向大』，據殘筆劃及甲本補。

〔六〕『受』，當作『授』，據甲本改，『受』爲『授』之借字。

〔七〕『法』，據殘筆劃及甲本補；『佛』，據甲本補。

〔八〕『世界』，甲本作『出世』。

〔九〕『大智度論』，甲本作『故大智度論』。

〔一〇〕『用』，甲本作『用我』；『異』，當作『果』，據甲本改。

〔一一〕『吏』，當作『史』，據甲本改。

〔一二〕『居』，甲本脱。

〔一三〕『務』，當作『矜』，據甲本改。

〔一四〕『老』，甲本作『夫老』。

〔一五〕『波』，甲本作『般』。
〔一六〕『即』，甲本作『則』。
〔一七〕『法身』，甲本無。
〔一八〕『詞』，甲本作『辭』。
〔一九〕『出世』，當作『世尊』，據甲本改。
〔二〇〕『見』，甲本作『見道』。
〔二一〕『故』，甲本作『法』。
〔二二〕『金』，甲本作『故金』；『云』，據甲本補。
〔二三〕『然』，甲本作『燃』，均可通；『受』，當作『授』，據甲本改，『受』爲『授』之借字。
〔二四〕『何以故』，甲本無。
〔二五〕『有』，據甲本補。
〔二六〕『然』，甲本作『燃』，均可通；『受』，當作『授』，據甲本改，『受』爲『授』之借字。
〔二七〕『來』，據甲本補。
〔二八〕『經』，據甲本補。
〔二九〕『出』字上有另筆添加『出家』二字，字體略小，甲本無，未録。
〔三〇〕『董』，當作『薰』，據甲本改。
〔三一〕『以』，據甲本補；『遂』，當作『逐』，據甲本改。
〔三二〕『詈』，甲本作『罵』。
〔三三〕『形』，當作『刑』，據甲本改，『形』爲『刑』之借字。

〔三四〕『形』，當作『刑』，據甲本改，『形』爲『刑』之借字。
〔三五〕『形』，當作『刑』，據甲本改，『形』爲『刑』之借字。
〔三六〕甲本『邪』字之後有『故知呪術非脩道之方，刑罰非致治之體』。
〔三七〕『密』，甲本作『蜜』。
〔三八〕『神呪』，甲本及《大正新脩大藏經》《大智度論》作『呪術』。
〔三九〕『道』，甲本作『道故』。
〔四〇〕『密』，甲本作『蜜』。
〔四一〕『諸』，當作『謂』，據甲本改。
〔四二〕『夫若口誦般若波羅蜜而不内除邪妄者』至『惡道減少』，甲本無。
〔四三〕『其』，據殘筆劃及文義補。
〔四四〕『如』字上有另筆添加『不食肉』三字，字體略小，未録。
〔四五〕『欽』，當作『飲』，據文義改，『欽』爲『飲』之借字。
〔四六〕『直』，甲本作『值』，均可通。
〔四七〕『粱』，當作『梁』，據甲本改，『粱』爲『梁』之借字。
〔四八〕『幞』，《大正新脩大藏經》釋作『僕』，誤。
〔四九〕『病』，《大正新脩大藏經》釋作『疾』，誤。
〔五〇〕『塗』，據殘筆劃及文義補。
〔五一〕『枷』，當作『伽』，據文義改，『枷』爲『伽』之借字。
〔五二〕『悲』，當作『非』，據甲本改。

〔五三〕「造」，甲本作「遺」。
〔五四〕「惑」，據甲本補。
〔五五〕「遇」，當作「愚」，據甲本改，「遇」爲「愚」之借字。
〔五六〕第二個「人」，甲本無。
〔五七〕「銀」，甲本無。
〔五八〕「斯不」，甲本同，「不」係衍文，當删。
〔五九〕「造」字上有另筆添加「過所」二字，字體略小，未録。
〔六〇〕「道」，據甲本補。
〔六一〕「暑」，當作「署」，據甲本改，「暑」爲「署」之借字。
〔六二〕「偏」，當作「懸」，據甲本改。
〔六三〕「遇」，當作「愚」，據甲本改，「遇」爲「愚」之借字。
〔六四〕「語」，甲本作「語言」。
〔六五〕「狹」，甲本同，當作「挾」，據文義改，「狹」爲「挾」之借字。
〔六六〕「性」，甲本無。
〔六七〕「亂」，當作「辭」，據甲本改。
〔六八〕「狹」，當作「挾」，據甲本改，「狹」爲「挾」之借字。
〔六九〕「百」，甲本作「然百」。
〔七〇〕「中」，甲本作「間」。
〔七一〕「狹」，當作「挾」，據甲本改，「狹」爲「挾」之借字。

〔七二〕『販』，底本字形介於『販』與『皈』之間，因二字形近，在手書中易混，故可依據文義判定其所屬，此據甲本和文義逕釋作『販』。
〔七三〕『惱』，甲本作『總』，誤；『供』，甲本作『供以』。
〔七四〕『是以』，甲本作『以是』。
〔七五〕『愚』字上有另筆添加『求恩』二字，字體略小，未録。
〔七六〕『覺』，當作『覓』，據甲本改。
〔七七〕『愛』，據甲本補；『趣』，當作『越』，據甲本改。
〔七八〕『尼』，據甲本補。
〔七九〕據甲本，此句後脱『復不向人説其取受；僧尼所以稱檀越爲信心者，爲得他財施』。
〔八〇〕『侵』，當作『役』，據甲本改。
〔八一〕『錢』，甲本作『物』。
〔八二〕『百姓』，據甲本補。
〔八三〕『人』，甲本作『民』。
〔八四〕『則』，據甲本補。
〔八五〕『王不』，據甲本補；『吏』，據甲本補。
〔八六〕『僞』，據甲本補。
〔八七〕『温』，據甲本補。
〔八八〕第一個『諸』，甲本無。
〔八九〕『夫』字上有另筆添加『茅茨』二字，字體略小，未録。

〔九〇〕「暗」，甲本作「闇」，均可通。
〔九一〕「秦」，甲本同，當作「泰」，據文義改。
〔九二〕「暗」，據文義補，甲本作「闇」；「主」，據甲本補。
〔九三〕「揀」，當作「練」，據甲本改。
〔九四〕「禹」，甲本作「舜」；「養之以民道」，甲本作「養民之道」。
〔九五〕「實」，當作「寶」，據甲本改。
〔九六〕「同」，據甲本補。
〔九七〕「憩」，甲本無。
〔九八〕「著」，據甲本補。
〔九九〕「以」，據甲本補。
〔一〇〇〕「慧」，甲本作「惠」，均可通。
〔一〇一〕「喻」，當作「踰」，據甲本改，「喻」爲「踰」之借字。
〔一〇二〕「辨」，甲本作「辯」，「辯」有「辨」義。
〔一〇三〕「佛」，當作「弗」，據甲本改，「佛」爲「弗」之借字。
〔一〇四〕「在」，甲本作「存」。
〔一〇五〕「傲」，甲本作「慠」，均可通。
〔一〇六〕「觴」，當作「觴」，據甲本改。
〔一〇七〕「記」，甲本作「説」。
〔一〇八〕「住」，當作「任」，據甲本改。

〔一〇九〕『踈』，甲本同，當作『踈』，『踈』乃『疎』之訛，『疎』同『疏』。
〔一一〇〕『疢』，當作『灸』，據甲本改；『鍊』，甲本作『練』。
〔一一一〕『姦非』，據甲本補。
〔一一二〕『厓』，甲本作『崖』。
〔一一三〕『妄』，當作『忘』，據甲本改，『妄』爲『忘』之借字。
〔一一四〕『成』，據甲本和殘筆劃補。
〔一一五〕『是』，據甲本和殘筆劃補。
〔一一六〕『其』，《大正新脩大藏經》釋爲『甚』，誤。
〔一一七〕『脩道』，據甲本補。
〔一一八〕『人』，甲本作『民』。
〔一一九〕『明』，據甲本補。
〔一二〇〕『能』，據甲本補。
〔一二一〕『名真治』，據甲本補。
〔一二二〕『捐』，甲本作『損』。
〔一二三〕『始』，當作『治』，據甲本改。
〔一二四〕『得』，當作『脩』，據甲本改。
〔一二五〕『除亂』，底本爲『除亂除亂』，按第二個『除亂』爲提行添字，故不録。
〔一二六〕『因』，據甲本補。
〔一二七〕『上』字上有另筆添加『上中下士』四字，字體略小，未録；『事』，當作『士』，據甲本改，『事』爲『士』

之借字。

〔一二八〕「不爲」，據甲本補。

〔一二九〕「懼刑罰」，據甲本補。

〔一三〇〕「故不敢」，據甲本補。

〔一三一〕「起」，甲本作「生」。

〔一三二〕「無罪福」，據甲本補。

〔一三三〕「中士過必起」，據甲本補。

〔一三四〕「愛」，據甲本補。

〔一三五〕「真」，據甲本補。

〔一三六〕「論」，據甲本補；「云」，據甲本補。

〔一三七〕「記」，據甲本補。

〔一三八〕「形」，當作「刑」，據甲本改，「形」爲「刑」之借字；「罰」，甲本作「罪」。

〔一三九〕「若不違國法令」，據甲本補。

〔一四〇〕「即」，甲本作「則」；「形」，當作「刑」，據甲本改，「形」爲「刑」之借字。

〔一四一〕「人」，甲本作「民」。

〔一四二〕「者」，據甲本係衍文，當删。

〔一四三〕「官」，甲本作「官者」。

〔一四四〕「杖」，當作「拔」，據甲本改。

〔一四五〕「形」，當作「刑」，據甲本改，「形」爲「刑」之借字。

〔一四六〕『驗』，當作『始』，據甲本改；『始』當作『驗』，據甲本改。
〔一四七〕『不以人』，據甲本補。
〔一四八〕『形』，甲本作『刑』，『刑』爲『形』之借字。
〔一四九〕『爲』字上有另筆添加『道易俗難』四字，字體略小，未録。
〔一五〇〕『琱』，甲本作『彫』，均可通。
〔一五一〕『琱』，甲本作『彫』，均可通。
〔一五二〕『貴』，甲本作『費』。
〔一五三〕『貴』，甲本作『費』。
〔一五四〕『踰』，甲本作『喻』。
〔一五五〕『真僞既辯』，據甲本補。
〔一五六〕『故』，據甲本補。
〔一五七〕『以』，據甲本補。
〔一五八〕『夫』字上有另筆添加『易間』二字，字體略小，未録；『簡』，據甲本補。
〔一五九〕『物』，據甲本補。
〔一六〇〕『其』，當作『甚』，據甲本改。
〔一六一〕『之』，甲本無。
〔一六二〕『易任』，據甲本補。
〔一六三〕『是以小人不』，據甲本補。
〔一六四〕『亦』，甲本無。

〔一六五〕「德」，甲本作「得」，「得」爲「德」之借字。
〔一六六〕「德」，據甲本補。
〔一六七〕「善」，據甲本補。
〔一六八〕「爲」，當作「僞」，據甲本改。
〔一六九〕「化」，甲本作「則化」。
〔一七〇〕「心」上有另筆添加「心不獨任」四字，字體略小，未録。
〔一七一〕「刑」，當作「形」，據甲本改，「刑」爲「形」之借字；「體」，甲本作「骸」。
〔一七二〕「之」，據甲本係衍文，當删。
〔一七三〕「帝」，甲本作「故帝」。
〔一七四〕「刑」，當作「形」，據甲本改，「刑」爲「形」之借字。
〔一七五〕「刑」，當作「形」，據甲本改，「刑」爲「形」之借字。
〔一七六〕「刑」，當作「形」，據甲本改，「刑」爲「形」之借字；「體」，甲本作「骸」。
〔一七七〕「故」，甲本作「故知」。
〔一七八〕「爲」，甲本作「由」。
〔一七九〕「刑」，當作「形」，據甲本改，「刑」爲「形」之借字。
〔一八〇〕「若」，甲本無；「君」，甲本作「居」，誤；「制」，據甲本補。
〔一八一〕「真」，甲本作「冥」，誤。
〔一八二〕「君」，據甲本補。
〔一八三〕「真」，甲本作「冥」，誤。

〔一八四〕第一個『道』，係衍文，據甲本和文義當删；第二個『道』，當作『首』，據甲本改。
〔一八五〕『在』，據甲本補；『於』，甲本作『於無欲』。
〔一八六〕『無爲者削法物』，據甲本補。
〔一八七〕『無欲』，據甲本補。
〔一八八〕『故曰損以遠害』，據甲本補。
〔一八九〕『迂』，當作『迕』，據甲本改。
〔一九〇〕『迂』，當作『迕』，據甲本改。
〔一九一〕『身』，甲本作『真』。
〔一九二〕『室』，當作『窒』，據甲本改。

參考文獻

《大正新脩大藏經》八五册，東京：大正一切經刊行會，一九三四年，一二二九至一二三五頁（録）；《敦煌寶藏》二二册，臺北：新文豐出版公司，一九八二年，三三一至三三八頁（圖）；《敦煌寶藏》一一三册，一九八五年，八三至八九頁（圖）；《敦煌寶藏》一三五册，一九八六年，七三頁（圖）；《英藏敦煌文獻》四卷，成都：四川人民出版社，一九九一年，一九二至一九七頁（圖）；《敦煌文獻與文學》，臺北：新文豐出版公司，一九九三年，二〇三至二三六頁；《郭店楚墓竹簡》，北京：文物出版社，一九九八年，一一二頁（圖）；《馬王堆帛書·老子》，北京：文物出版社，二〇〇〇年，二二頁（圖）；《法藏敦煌西域文獻》一六册，上海古籍出版社，二〇〇一年，一一七至一二五頁（圖）；《法藏敦煌西域文獻》三三册，上海古籍出版社，二〇〇五年，三二三頁（圖）；《老子道德經注校釋》，北京：中華書局，二〇〇八年，六頁（録）。

斯二七〇一　淨名經關中疏卷上題記

釋文

戊戌年四月一日，比丘神威記。

説明

此件首尾完整，寫於『淨名經關中疏卷上』後，《英藏敦煌文獻》未收，現予增收。若此件中的『神威』與斯六四一七『同光四年（公元九二六年）金光明寺徒衆慶寂神威等請僧法真充寺主狀并都僧統海晏判』、同卷『清泰二年（公元九三五年）金光明寺上座神威請善力爲上座狀并龍辯判』、伯二二五〇背『清泰三年（公元九三六年）六月儭狀』中的金光明寺『神威』爲同一人，則此件『戊戌』應是天福三年（公元九三八年）（參見郝春文《唐後期五代宋初沙州的方等道場與方等道場司》，《唐研究》二卷，一九九六年，六九頁）。

參考文獻

Giles, *BSOS*, 11.1（1943）, p. 166（録）；《敦煌寶藏》二二册，臺北：新文豐出版公司，一九八二年，三八二頁

（圖）；《敦煌學要籥》，臺北：新文豐出版公司，一九八二年，一二〇頁（録）；《敦煌遺書總目索引》，北京：中華書局，一九八三年，一六四頁；《中國古代寫本識語集録》，東京大學東洋文化研究所，一九九〇年，三三七頁（録）；《唐後期五代宋初沙州的方等道場與方等道場司》，《唐研究》二卷，北京大學出版社，一九九六年，六九頁；《敦煌遺書總目索引新編》，北京：中華書局，二〇〇〇年，八三頁（録）。

斯二七〇二背　一　壁畫榜題抄

釋文

□□故當時天帝釋將兵馬與阿修羅兩家相鬭時〔一〕。兵馬共天帝釋鬭諍時。爾時阿修羅愛天上天蘇陀耶味美。爾時天帝釋兵馬下界，海中劫阿修羅女。其阿修羅怒〔二〕，故將（以下原缺文）

五。北天迦毗羅國淨飯大王。十六。陀國磃那盈王。健陀羅國羯那悉經王。塩善尼國波斯匿。樓蘭國優陀仙王。西天波羅柰梵魔達王住。戰羅。爾時師子國王住中天。南天舍衛國頻婆娑羅王住東天。

說明

此件抄寫於『淨名經集解關中疏』卷上背面，向達最初定名爲『雜抄佛經』（參見《倫敦所藏敦煌卷子經眼目録》，《北平圖書館圖書季刊》一九三九年新一卷四期，三九七頁；後收入《唐代長安與西域文明》，二一五頁），白化文疑其爲壁畫榜題（參見《變文和榜題》，《敦煌語言文學研究》，一四五頁），《敦煌遺書總目索引新編》確定其爲「壁畫榜書底稿」。按此件爲「壁畫榜書」或「榜題」應無問題。但是否爲一窟或一壁之榜書底稿則尚待證明。因此件前後均留有空白，其後又有雜寫、「三囑歌」、「天帝釋竊織師婦俗文」、「雜抄」和「數存記住心門方」等内容，這些内容有正書，有倒書，字體大小不一，筆跡亦不同，並非一人一時所抄寫（其中之「三囑歌」和「天帝釋竊織師婦俗文」筆跡相似，似爲同一人所抄）。而此件所抄内容僅爲一窟或一壁之榜題的一小部分，似非某窟「壁畫榜書底稿」，故擬名爲「壁畫榜題抄」。

校記

〔一〕「故」，《變文和榜題》漏録。

〔二〕「怒」，《變文和榜題》漏録，此字上有「女」字偏旁，或爲未寫完之「怒」字，未録。

參考文獻

《唐代長安與西域文明》，北京：三聯書店，一九五七年，二一五頁；《敦煌寶藏》二二册，臺北：新文豐出版公司，一九八二年，三九九頁（圖）；《敦煌語言文學研究》，北京大學出版社，一九八八年，一四五至一四六頁（録）；《英藏敦煌文獻》四卷，成都：四川人民出版社，一九九一年，一九七頁（圖）；《敦煌遺書總目索引新編》，北京：中華書局，二〇〇〇年，八三頁（録）。

斯二七〇二背　　二　雜寫（聞求寶者須投大海等）

釋文

第三囑作牛馬駝驢驢驢〔一〕。
令狐
遊州遇鎮□〔二〕。
聞求寶者須投大海，思小者必慕深山。不獲明珠而稱心，未過蓬萊而意退。

説明

此件爲時人隨手所寫，第一句雜寫實爲第三件第三囑内容之習字，最後一行應爲失名文。

校記

〔一〕『第』，底本原作『弟』形，因二字形近，在手書中易混，故可依據文義判定其所屬，此逕釋作『第』。
〔二〕『□』，其偏旁似『山』字。

參考文獻

《敦煌寶藏》二二册，臺北：新文豐出版公司，一九八二年，三九九頁（圖）；《英藏敦煌文獻》四卷，成都：四川人民出版社，一九九一年，一九七、一九八頁（圖）。

斯二七〇二背　三　三囑歌

釋文

第一囑甚囑〔一〕，發願耶孃長萬福，十月懷躭受苦辛〔二〕，乳哺三年相養畝（畜）〔三〕。貌堂堂，人（仁）義足〔四〕，可中五逆甘採惠〔五〕，死了掇頭入地獄。

第二囑〔六〕，事須兄弟且和睦，莫聽鄰里外人言，便即惡發別開門〔七〕，爭打分離自啼哭。

第三囑〔八〕，作牛馬駝驢并六畜，蓋緣前生負君財。輕駝（馱）少打長君福〔九〕，蹄川（穿）領破没人知〔一〇〕。怕死遥聞怨苦聲，刀割湯鑊望口撲〔一一〕。

說明

此件首尾完整，其内容應爲佛教徒勸善文之類，《敦煌遺書總目索引》擬題爲『三囑歌』，此從之。

校記

〔一〕「第」，底本原作「弟」形，因二字形近，在手書中易混，故可依據文義判定其所屬，此逕釋作「第」。以下同，不另出校。《敦煌歌辭總編》釋作「弟」，校改作「第」。此件本爲三七言歌行體，「甚囑」係衍文，當删。

〔二〕「躭」，《敦煌歌辭總編》校改作「躬」，《〈敦煌歌辭總編〉匡補》據文義校改作「擔」，按「躭」同「擔」。

〔三〕「欲」，當作「育」，據文義改，《敦煌歌辭總編》釋作「畂」，校改作「畜」。

〔四〕「人」，當作「仁」，《敦煌歌辭總編》據文義校改，「人」爲「仁」之借字。

〔五〕「惠」，《敦煌歌辭總編》未能釋讀。

〔六〕「囑」，《敦煌歌辭總編》在後補「甚囑」，不必。

〔七〕「門」，《敦煌歌辭總編》校改作「口」，《敦煌歌辭總編》在此句後補「□□□，□□□，□□□□□□□」。

〔八〕「囑」，《敦煌歌辭總編》在後補「甚囑」。

〔九〕「駝」，當作「馱」，《敦煌歌辭總編》據文義校改，「駝」爲「馱」之借字。

〔一〇〕「川」，當作「穿」，《敦煌歌辭總編》據文義校改，「川」爲「穿」之借字；「破」，《敦煌歌辭總編》釋作「敀」，校改作「破」，按底本實爲「破」；「知」，底本作「治知」，《敦煌歌辭總編》釋作「治知」，校改作「知贖」，按底本「治」旁有删除符號，應不録。

〔一一〕「口」，《敦煌歌辭總編》未能釋讀；「撲」，底本似「樸」，按寫本中「扌」「木」旁形近易混，故據文義逕釋，《敦煌歌辭總編》釋作「樸」，校改作「撲」。

參考文獻

《敦煌寶藏》二二册，臺北：新文豐出版公司，一九八二年，三九九頁（圖）；《敦煌歌辭總編》，上海古籍出版社，一九八七年，一〇二九至一〇三〇頁（録）；《〈敦煌歌辭總編〉匡補》，成都：巴蜀書社，二〇〇〇年，一三七至一三八頁（録）；《英藏敦煌文獻》四卷，成都：四川人民出版社，一九八頁（圖）。

斯二七〇二背　四　天帝釋竊織師婦俗文

釋文

昔磨孽，此云死活（?）。非遊大臣〔一〕。

過去有佛號曰迦葉。爾時有一女人，持一埵麻花，奉上彼佛。布施已後，不經多時，其女命終，託生何處？其女生在舍衛大城。福感姿容殊妙，及至年大，娉事乾嶽織師。天帝觀見女人，遂變身爲織師之狀，直來下界，赴就女家，候夫不在之間，便乃共妻交接。如是出入，已及數旬。其妻怪之，夜後遂問夫曰：某（以下原缺文）

説明

此件首尾完整，原未抄完，其内容爲佛經故事。從筆跡看，與上件『三囑歌』爲同一人抄寫。

校記

〔一〕此行内容似與其後文字無關。

參考文獻

《敦煌寶藏》二二册，臺北：新文豐出版公司，一九八二年，三九九頁（圖）；《英藏敦煌文獻》四卷，成都：四川人民出版社，一九九一年，一九八頁（圖）。

斯二七〇二背　五　雜抄

釋文

其貓食啖一切女人衆生了，始遇聖有菩薩，見其菩薩，表十戒。爵頭商藍弗者，非離身是，亦鐵嘴貓兒。今見須彌山側，住到劫末時，人長三尺，其人斗内坐，腳主斗底，始遇色婦。

説明

此件首尾完整，似未抄完。文字與佛教有關，但並非佛經，暫名爲雜抄。

參考文獻

《敦煌寶藏》二二册，臺北：新文豐出版公司，一九八二年，四〇〇頁（圖）；《英藏敦煌文獻》四卷，成都：四川人民出版社，一九九一年，一九八頁（圖）。

斯二七〇二背　六　數存記住心門方

釋文

此是數存記住心門。

智明爲大，裏名爲乘。裏智和合，故曰大乘。

左腳押右腳，左手押右手，舌主（拄）上萼（顎）〔一〕，眼不開不合，平看遠看，盡虛空看，看看已，只爲無物得心安。

手足者如四世界，心者是大圓鏡。左眼是月，右眼是日。

四大即是四世界。身如須彌，腹如大海。心如明月神珠，朗然大悟。

說明

此件首句至『朗然大悟』皆倒書。其内容有的是對佛教名詞的解釋，有的似是坐禪的方法。

校記

〔一〕「主」，當作「拄」，據文義改，「主」爲「拄」之借字；「尃」，當作「顎」，據文義改，「尃」爲「顎」之借字。

參考文獻

《敦煌寶藏》二二册，臺北：新文豐出版公司，一九八二年，四〇〇頁（圖）；《英藏敦煌文獻》四卷，成都：四川人民出版社，一九九一年，一九八頁（圖）。

斯二七〇三　一　人名

釋文

（前缺）

何鸞祥　李元爽

説明

此卷由多紙粘接而成，粘接前多紙已被剪裁，有的紙被剪裁後僅存一、二行或幾個字，故此卷内容多不連續。此件因粘接的原因呈現倒書形態，僅存二人名，性質不明。

參考文獻

《敦煌寶藏》二二册，臺北：新文豐出版公司，一九八二年，四〇六頁（圖）；《英藏敦煌文獻》四卷，成都：四川人民出版社，一九九一年，一九九頁（圖）。

斯二七〇三　二　某年奉帖追土鎮王祐生等番役不到事牒

釋文

（前缺）

□平。李思慶弟奉明十七日。

（中空一行）

二日（？）番不到土鎮王祐生〔一〕、王□

右奉帖令追前件人。

今牒遞過〔二〕，請處［分］〔三〕。

（後缺）

説明

《敦煌遺書總目索引新編》認爲此件爲一件文書，《敦煌社會經濟文獻真蹟釋録》則認爲『平李思慶弟奉明』句爲獨立一件，『二日』至『請處分』爲另一件。第一行和第二行間原留有一行空白，中間確有紙縫，原爲兩件文書的可能是存在的，但第一行和後面幾行的筆跡相似，故暫作一件處理。此件後有倒書『廿二日』，與此件無關，未録。

校記

〔一〕『日』，右側有一点；『祐』，《敦煌社會經濟文獻真蹟釋録》釋作『福』，誤。

〔二〕『牒』，《敦煌社會經濟文獻真蹟釋録》釋作『得』，誤；『遞』，《敦煌社會經濟文獻真蹟釋録》未能釋讀。

〔三〕『分』，據殘筆劃及文義補，《敦煌社會經濟文獻真蹟釋録》逕釋作『分』。

參考文獻

《敦煌寶藏》二二册，臺北：新文豐出版公司，一九八二年，四〇七頁（圖）；《敦煌社會經濟文獻真蹟釋録》四輯，北京：全國圖書館文獻縮微複製中心，一九九〇年，四六八頁（録）；《英藏敦煌文獻》四卷，成都：四川人民出版社，一九九一年，一九九頁（圖）。

斯二七〇三　三　乾元元年（公元七五八年）七月史張元貞牒

釋文

（前缺）

□□雙泉〔一〕

牒件狀如前，謹牒。

乾元元年七月　日史張元貞牒〔二〕。

說明

此件前缺，僅存尾部。

校記

〔一〕「□」，《敦煌社會經濟文獻真蹟釋録》釋作「臣」，按此字應爲左右結構字形，「臣」爲左半部構件，不能確定是「臣」字；「雙泉」，據殘筆劃補，《敦煌社會經濟文獻真蹟釋録》未能釋讀。

〔二〕「張」，《敦煌社會經濟文獻真蹟釋録》未能釋讀。

參考文獻

《敦煌寶藏》二二册，臺北：新文豐出版公司，一九八二年，四〇六頁（圖）；《敦煌社會經濟文獻真蹟釋録》四輯，北京：全國圖書館文獻縮微複製中心，一九九〇年，四六八頁（録）；《英藏敦煌文獻》四卷，成都：四川人民出版社，一九九一年，一九九頁（圖）。

斯二七〇三　四　天寶八載（公元七四九年）三月廿二日史令狐良嗣牒

釋文

案

牒上使爲請載支公用疋段事。

右件事，今印署訖，請處分。

件狀如前〔一〕，謹牒。

宋楚（押）〔二〕

天寶八載三月廿二日史令狐良嗣牒〔三〕。

判官縣尉張閏（？）一（押）〔四〕

説明

此件首尾完整，『宋楚』二字爲另筆大字書寫，呈二字合文形態。此件後之『天寶年間敦煌郡牒及符事目歷』中有直典宋思楚，該件亦有相同之大字書寫『宋楚』之合文，疑均爲『宋思楚』之簽押。

校記

〔一〕「件」，《唐代財政史稿》釋作「牒件」，按底本實無「牒」字；「前」，旁有小字，難以辨識，似與此件無關，未録。

〔二〕「宋楚」，原爲合文簽押，《敦煌社會經濟文獻真蹟釋録》《唐代財政史稿》未録。

〔三〕「牒」，據殘筆劃補，《敦煌社會經濟文獻真蹟釋録》《唐代財政史稿》逕釋作「牒」。

〔四〕「聞（？）一」，原爲簽押，《敦煌社會經濟文獻真蹟釋録》未能釋讀。

參考文獻

《敦煌寶藏》二二册，臺北：新文豐出版公司，一九八二年，四〇七頁（圖）；《敦煌社會經濟文獻真蹟釋録》四輯，北京：全國圖書館文獻縮微複製中心，一九九〇年，四六八至四六九頁（録）；《英藏敦煌文獻》四卷，成都：四川人民出版社，一九九一年，一九九頁（圖）；《唐代財政史稿（上）》，北京大學出版社，一九九五年，一〇六〇至一〇六一頁（録）。

斯二七〇三　五　敦煌縣名簿

釋文

（前缺）

□□嗣　李玉苟

馬奉芝　唐思敬

孔□□　趙石本〔一〕

朱鐵山〔二〕　安元賓〔三〕

效穀鄉張義崇　張英憲

孫崇欽〔四〕　氾安富〔五〕

馬貞禮　李仁貞

黑加太　李思諫

氾義實　彭仁祚

賀拔妙真　安元壽〔六〕

□　　段阿爽
□　　李玄其
（中缺）
安没帝失[七]　　□
宋光進　　楊奉瓘
孔妙真　　王漢漢[八]
賀力士[九]　　牢仙朝
張俗德　　宋客娘[一〇]
郭定嶽　　宋暉莊[一一]
翟懷保　　令狐大娘
唐崇明　　□
（後缺）

説明

此件首尾均缺，其中『馬奉芝』『效穀鄉張義崇』『孫崇欽』『馬貞禮』等名字上鈐有朱印，印文爲

『敦煌縣之印』。此件雖爲官府文書，但性質不詳。

校記

〔一〕『石』，《中國古代籍帳研究》《敦煌社會經濟文獻真蹟釋録》釋作『仁』。
〔二〕『朱』，《敦煌社會經濟文獻真蹟釋録》釋作『米』。
〔三〕『安』，《敦煌資料》未能釋讀。
〔四〕『欽』，《敦煌資料》未能釋讀。
〔五〕『安富』，《敦煌資料》釋作『興黄』，《中國古代籍帳研究》未能釋讀。
〔六〕『安』，《敦煌資料》《中國古代籍帳研究》未能釋讀；『元壽』，《中國古代籍帳研究》《敦煌社會經濟文獻真蹟釋録》釋作『無礙』。
〔七〕『安没帝失』，《敦煌資料》未能釋讀。
〔八〕『漢漢』，《敦煌資料》釋作『漢漢』。
〔九〕『士』，《敦煌資料》釋作『土』。
〔一〇〕『宋』，《中國古代籍帳研究》《敦煌社會經濟文獻真蹟釋録》釋作『李』，誤。
〔一一〕『暉』，《敦煌資料》釋作『曄』。

參考文獻

《敦煌資料》一輯，北京：中華書局，一九六一年，二〇四至二〇五頁（録）；《敦煌寶藏》二二册，臺北：新文豐出版公司，一九八二年，四〇七頁（圖）；《敦煌社會經濟文獻真蹟釋録》四輯，北京：全國圖書館文獻縮微複製中心，一九九〇年，四七〇至四七一頁（録）；《英藏敦煌文獻》四卷，成都：四川人民出版社，一九九一年，一九九頁（圖）；《中國古代籍帳研究》，北京：中華書局，二〇〇七年，三四一至三四二頁（録）。

斯二七〇三　六　天寶年間敦煌郡牒及符事目歷

釋文

（前缺）

廿四日判下□〔一〕

支度勾覆所牒爲同前事〔二〕。　閣（？）（押）〔三〕

如同前判。張先（押）〔四〕

監河西和糴使牒爲諸色贓贖勘報事〔五〕。

其日判牒監和糴使訖史張賓行。　張先（押）

勑東京北衙右屯營使牒爲果毅李延言違程不到事〔六〕。

廿四日判牒上東京右屯營使訖史宋光。　張先（押）

勑河西節度使牒爲軍郡長官已下不須赴使事。

其日判牒軍并牓門訖史張先〔七〕。　張先（押）

右壹拾肆道直典宋思楚〔八〕。　宋楚（押）〔九〕

廿六日。

張先（押）

尚書省兵部符奉　　勑爲果毅李臘兒等改授官事。

張先（押）

一爲折衝劉敬忠改官事。

張先（押）

一爲折衝趙仁（？）朗等改授官事〔一〇〕。

張先（押）

一爲折衝劉神力改官事。

張先（押）

尚書省兵部符奉　　旨爲鎮副儀庭俊改官事。

張先（押）

一爲鎮將党仁愛等改授官事。

張先（押）

一爲別將馮晏改官事。

張先（押）

一爲鎮將盧神光改官事。

張先（押）

一爲别將劉祁陀等改授官事。

張先（押）

一爲鎮副鄧子騫改官事。

張先（押）

一爲果毅王令詮改官事。

張先（押）

一爲果毅教論啜等改官事〔一一〕。

張先（押）

一爲鎮將吕懷玢改官事〔一二〕。

張先（押）

一爲别將叨護蘇改官事。

張先（押）

一爲别將王仲由改官事。

張先（押）
一爲別將常耀卿改官事。
張先（押）
一爲果毅孫奴奴等改官事。
張先（押）
一爲鎮副石羯槎等改官事〔一三〕。
張先（押）
一爲鎮將任亮改官事。
張先（押）
一爲別將柴無義改官事。
張先（押）
兵部符奉　制爲折衝張法嵩改官事〔一四〕。
一爲折衝張謙光改官事。
已上貳拾貳道其日勑下牒（府）并判（？）稽（？）事同訖史宋光〔一五〕。
張先（押）
户部符奉　勑爲諸公王及内外文武官等先有給使在人家事〔一六〕。

其日判下郡光□〔一七〕

右貳拾□

（後缺）

説明

此件首尾均缺，是敦煌郡牒及符之事目歷。每行事目起首處及右側均有朱筆勘驗符號，第一、三、五、七、九、三十四、三十六行均爲朱書。李志生認爲此件爲經過勾官省署的抄目文書，朱筆勘驗符號爲勾官所爲，文中大字的『宋楚』二字爲勾官簽押（參見《唐開元年間西州抄目三件考釋》，《敦煌吐魯番文獻研究論集》五輯，四七五頁）。『宋楚』簽押又見上件『天寶八載（公元七四九年）三月廿二日史令狐良嗣牒』。

校記

〔一〕『下』，《敦煌社會經濟文獻真蹟釋録》《唐開元年間西州抄目三件考釋》漏録。

〔二〕『支度』，《唐開元年間西州抄目三件考釋》釋作『度支』，按底本『度支』旁有倒乙符號。

〔三〕『閻』，原爲簽押，《敦煌社會經濟文獻真蹟釋録》《唐開元年間西州抄目三件考釋》未録。

〔四〕『張先』，原爲簽押，《敦煌社會經濟文獻真蹟釋録》《唐開元年間西州抄目三件考釋》均照描字形。以下朱書『張先』同，不另出校。

〔五〕『贓』，《敦煌社會經濟文獻真蹟釋録》釋作『臓』，誤。

〔六〕『銜』，《敦煌社會經濟文獻真蹟釋録》釋作『街』，誤；『違』，《唐開元年間西州抄目三件考釋》釋作『遠』，誤。

〔七〕『牓』，《敦煌社會經濟文獻真蹟釋録》釋作『榜』，雖義可通而字誤。

〔八〕『思』，《唐開元年間西州抄目三件考釋》漏録。

〔九〕『宋楚』，原爲簽押，《唐開元年間西州抄目三件考釋》照描字形。

〔一〇〕『仁（？）』，《敦煌社會經濟文獻真蹟釋録》釋作『仵』。

〔一一〕『敎』，《敦煌社會經濟文獻真蹟釋録》釋作『勃』，雖義可通而字誤；『啜』，《唐開元年間西州抄目三件考釋》釋作『騣』，誤。

〔一二〕『玢』，《唐開元年間西州抄目三件考釋》釋作『珍』。

〔一三〕『槎』，《敦煌社會經濟文獻真蹟釋録》釋作『搓』，《唐開元年間西州抄目三件考釋》釋作『様』，誤。

〔一四〕『嵩』，《唐開元年間西州抄目三件考釋》釋作『蒿』，誤。

〔一五〕『勑下』，《唐開元年間西州抄目三件考釋》未能釋讀；『牒』，疑當作『府』，據文義改；『稽（？）事同』，《唐開元年間西州抄目三件考釋》未能釋讀。此行《敦煌社會經濟文獻真蹟釋録》漏録。

〔一六〕『給使』，據殘筆劃補，《唐開元年間西州抄目三件考釋》疑作『合吏』；『事』，《敦煌社會經濟文獻真蹟釋録》據殘筆劃校補，《唐開元年間西州抄目三件考釋》疑補作『又』。

〔一七〕『光』，《敦煌社會經濟文獻真蹟釋録》《唐開元年間西州抄目三件考釋》未能釋讀。

參考文獻

《講座敦煌·3·敦煌の社會》，東京：大東出版社，一九八〇年，一二一至一二三頁；《敦煌寶藏》二二册，臺北：

新文豐出版公司，一九八二年，四〇七至四〇八頁（圖）；《敦煌社會經濟文獻真蹟釋録》四輯，北京：全國圖書館文獻縮微複製中心，一九九〇年，四七二至四七四頁（録）；《英藏敦煌文獻》四卷，成都：四川人民出版社，一九九一年，二〇〇頁（圖）；《敦煌吐魯番文獻研究論集》五輯，北京大學出版社，一九九〇年，四七三至四七五頁（録）。

斯二七〇三　七　習字千字文

釋文

（前缺）

□光光光光光光

□光光光光光

□光光光光光光

果果果果果果果果果果果果

果果果果果果果果果果果果果

果果果果果果果果果果果果果

珍珍珍珍珍珍珍珍珍珍珍珍珍珍珍珍珍珍珍珍珍珍珍

珍珍珍珍珍珍珍珍珍珍珍珍珍珍珍珍珍珍珍珍珍珍珍

珍珍珍珍珍珍珍珍珍珍珍珍珍珍珍珍珍珍珍珍珍珍

柰柰柰柰柰柰柰柰柰柰柰柰柰

柰柰柰柰柰柰柰柰柰柰柰柰柰

柰柰柰柰柰柰柰柰柰柰柰柰

光果珍柰

休。廿五日。

柰柰柰柰柰柰柰

菜柰李李李李李李李李李李李

柰李李李李李李李李李李李李

李李李李李李李李李李李李李

菜菜菜菜菜菜菜菜菜菜菜

菜菜菜菜菜菜菜菜菜菜菜菜

菜菜菜菜菜菜菜菜菜菜菜

重重重重重重重重重重重重重

重重重重重重重重重重重重重重重

重重重重重重重重重重重重重

芥芥芥芥芥芥芥芥芥芥芥芥芥

芥芥芥芥芥芥芥芥芥芥芥芥芥

芥芥芥芥芥芥芥芥芥芥芥芥芥

李菜重芥水薑

廿六日。

薑薑薑薑

薑薑薑薑薑薑薑薑薑薑薑

薑薑薑薑薑薑薑薑薑薑薑薑薑

海海海海海海海海海海海海海海海海

海海海海海海海海海海海海海海海海海

海海海海海海海海海海海海海海海海

鹹鹹鹹鹹鹹鹹鹹鹹鹹鹹鹹鹹鹹鹹鹹鹹鹹鹹鹹

鹹鹹鹹鹹鹹鹹鹹鹹鹹鹹鹹鹹鹹鹹鹹鹹鹹鹹鹹

鹹鹹鹹鹹鹹鹹鹹鹹鹹鹹鹹鹹鹹鹹鹹鹹鹹鹹鹹

（中缺）

騰騰騰騰騰騰

騰騰騰騰騰騰騰騰騰騰騰騰騰騰騰

斯二七〇三

騰騰騰騰騰騰騰騰騰騰騰騰騰騰騰

陽雲騰

休。十八日。

騰騰騰騰騰騰騰騰

致致致致致致致致致致致致致致致致致致致致致

致致致致致致致致致致致致致致致致致致致致

致致致致致致致致致致致致致致致致致致致致

雨雨雨雨雨雨雨雨雨雨雨雨雨雨雨雨雨雨雨雨雨雨雨雨雨

雨雨雨雨雨雨雨雨雨雨雨雨雨雨雨雨雨雨雨雨雨雨雨雨雨

雨雨雨雨雨雨雨雨雨雨雨雨雨雨雨雨雨雨雨雨雨雨雨雨

露露露露露露露露露露露露露露

露露露露露露露露露露露露露露

露露露露露露露露露露露露露露露

結結結結結結結結結結結結結結結結結

結結結結結結結結結結結結結結結結結結結

結結結結結結結結結結結結結結結結結結

致雨露結
休。十九日。
結結結結結結結結
爲爲爲爲爲爲爲爲爲爲爲爲爲
爲爲爲爲爲爲爲爲爲爲爲爲爲
爲爲爲爲爲爲爲爲爲爲爲爲爲爲
霜霜霜霜霜霜霜霜霜霜霜霜霜
霜霜霜霜霜霜霜霜霜霜霜霜霜霜
金金金金金金金金金金金金金金金
金金金金金金金金金金金金金金金金
生生生生生生生生生生生生生生生生生生生生生生
生生生生生生生生生生生生生生生生生生生生生生生
生生生生生生生生生生生生生生生生生生生生生生生
爲霜金生
休。廿日。
生生生生生生生生生生生生生

斯二七〇三

麗麗麗麗麗麗麗麗麗麗麗麗
麗麗麗麗麗麗麗麗麗麗麗麗麗
麗麗麗麗麗麗麗麗麗麗麗麗麗
水水水水水水水水水水水水水水水水水水
水水水水水水水水水水水水水水水水水水水
水水水水水水水水水水水水水水水水水水水
玉玉玉玉玉玉玉玉玉玉玉玉玉玉玉玉玉玉玉玉玉玉玉玉玉
玉玉玉玉玉玉玉玉玉玉玉玉玉玉玉玉玉玉玉玉玉玉玉玉玉玉
玉玉玉玉玉玉玉玉玉玉玉玉玉玉玉玉玉玉玉玉玉玉玉玉玉玉玉
玉玉玉玉玉玉玉玉玉玉玉玉玉玉玉玉玉玉玉玉玉玉
麗水玉
漸有少能，亦合甄賞，休。廿一日。
出出出出出出出出出出出出出出出出出出
出出出出出出出出出出出出出出出出出出出出
出出出出出出出出出出出出出出出出出出出出出
崐崐崐崐崐崐崐崐崐崐崐崐崐崐崐崐崐崐崐

崐崐崐崐崐崐崐崐崐崐崐崐崐崐崐崐崐崐崐
崐崐崐崐崐崐崐崐崐崐崐崐崐崐崐崐崐崐崐崐
崐崐崐崐崐崐崐崐崐崐崐崐崐崐崐崐崐崐崐崐
崗崗崗崗崗崗崗崗崗崗崗崗崗崗

（後缺）

説明

此件首尾均缺，中間亦有殘缺，爲學童臨寫《千字文》之作業，存二十六字。其中所標注之日期（如廿五日、廿六日、十八日、十九日、廿日、廿一日等）與『休』『漸有少能』等文字與習字筆跡不同，應爲教師批語（參見鄭阿財、朱鳳玉《敦煌蒙書研究》，二〇頁）。

值得注意的是，目前我們看到的習字圖版既不是按千字文次序排列的，也不是按臨寫時間的先後次序排列的。或者是時人把已經斷裂的千字文習字重新粘接在一起，利用其背面抄寫其他文字，在粘接的時候，並未按原來的次序粘接。文中部分字殘缺，據該行其他字逕補，不再出校説明。

參考文獻

《敦煌寶藏》二二册，臺北：新文豐出版公司，一九八二年，四〇八至四一一頁（圖）；《文物天地》一九八六年一期，一五頁；《英藏敦煌文獻》四卷，成都：四川人民出版社，一九九一年，二〇〇至二〇二頁（圖）；《敦煌蒙書研究》，蘭州：甘肅教育出版社，二〇〇二年，二〇頁。

斯二七〇三背　一　天寶年間敦煌郡典應遣上使文解牒并判抄

釋文

（前缺）

合郡廿五日應遣上使文解總玖道〔一〕。

一上北庭都護府爲勘修功德使取宮觀齋醮料事〔二〕。

一牒交河郡爲同前事。一牒伊吾郡爲同前事〔三〕。

一牒上中書門下爲勘修功德使　墨勑并驛家事〔四〕。

一上御史臺爲同前事。一上節度使中丞衙爲同前事〔五〕。

二上監河西磧西使宇文判官爲烏山等四戍函馬事〔六〕。

一爲巡官何寧祇迎踈輿（？）事〔七〕。

一上節度使中丞衙爲送供進野馬皮事〔八〕。

右各責得所由狀具上使事

目如前。

牒件檢如前〔九〕，謹牒。

十二月　日典王隱聞（？）〔一〇〕。

當郡應上使及諸郡文牒共玖道，分付

長行坊取領如牒〔一一〕，常樂館檢領遞過

訖報〔一二〕。其月日牒爲□〔一三〕

（以下原缺文）

説明

此件首缺尾全，原未抄完，《敦煌社會經濟文獻真蹟釋録》據後件『天寶八載（公元七四九）十二月廿四日司倉參軍潘沖上武威郡牒』，將其擬名爲『唐天寶八載（公元七四九）敦煌郡應遣上使文解玖道事目』。『文解』是下級向上級官府遞交公文的概稱（參見李志生《唐開元年間西州抄目三件考釋》，《敦煌吐魯番文獻研究論集》五輯，四八三頁）。從此件之格式看，應爲抄件，最後三行應爲判文，故擬名爲『天寶年間敦煌郡典應遣上使文解牒并判抄』。此件中的『常樂』爲唐瓜州管縣，地當交通要道，故置館驛（參見王永興《唐前期西北軍事研究》，三七八頁）。

此件與下一件行間及兩件間空白處間雜有時人隨手所寫之文字，另出釋文。

校記

〔一〕『廿』，《唐開元年間西州抄目三件考釋》漏録；『五』，《唐代西州的道教》釋作『三』。
〔二〕『修』，《唐開元年間西州抄目三件考釋》釋作『脩』；『事』，據殘筆劃和文義補。
〔三〕『事』，據殘筆劃和文義補。
〔四〕『修』，《唐開元年間西州抄目三件考釋》釋作『脩』；『事』，據殘筆劃和文義補。
〔五〕『前事』，據殘筆劃和文義補。
〔六〕『事』，據殘筆劃和文義補。
〔七〕『爲』，《敦煌社會經濟文獻真蹟釋録》釋作『上爲』，底本實無『上』字；『疎興』，《敦煌社會經濟文獻真蹟釋録》釋作『騾具』，《唐開元年間西州抄目三件考釋》疑作『孫興』。
〔八〕『進』，《唐開元年間西州抄目三件考釋》漏録。
〔九〕『檢』，《唐代西州的道教》釋作『狀』，誤。
〔一〇〕『聞』，《敦煌社會經濟文獻真蹟釋録》釋作『分付』，《唐代西州的道教》釋作『牒』。
〔一一〕『分付』，《敦煌社會經濟文獻真蹟釋録》釋作『符』，《唐代西州的道教》釋作『附』，均誤。
〔一二〕『遞』，《敦煌社會經濟文獻真蹟釋録》釋作『通』。
〔一三〕『其月日牒爲』，《敦煌社會經濟文獻真蹟釋録》《唐代西州的道教》未能釋讀。

參考文獻

《講座敦煌·3·敦煌の社會》，東京：大東出版社，一九八〇年，一一九至一二〇頁；《敦煌寶藏》二二册，臺北：新文豐出版公司，一九八二年，四一一至四一二頁（圖）；《敦煌社會經濟文獻真蹟釋録》四輯，北京：全國圖書館文獻縮微複製中心，一九九〇年，四七五頁（録）；《敦煌吐魯番文獻研究論集》五輯，北京大學出版社，一九九〇年，四八四頁（録）；《英藏敦煌文獻》四卷，成都：四川人民出版社，一九九一年，二〇二頁（圖）；《唐前期西北軍事研究》，北京：中國社會科學出版社，一九九四年，三七八至三七九、三八八頁；《唐代西州的道教》，《敦煌吐魯番研究》第四卷，北京：北京大學出版社，一九九九年，一三二至一三三頁。

斯二七〇三背　二　雜寫

釋文

劍

崐崐

索張六[一]

時（？）

水水

爲

麗

笙

金

爲爲

露露

以以

七

鹹

面

石

鄧爲序激

廿本菜

流流流

説明

以上文字爲時人隨手所寫於『天寶年間敦煌郡典應遣上使文解牒并判抄』『天寶八載（公元七四九年）十二月廿四日司倉參軍潘沖上武威郡牒抄』和『天寶年間敦煌郡典牒抄』行間及兩件間之空白處，現集中釋録於此。其中之千字文筆跡與正面之習字相近，或爲正面之習字者隨手所寫。其他雜寫筆跡與千字文不同。這些文字並非連續書寫，有的是横書。

校記

〔一〕此三字原横書於『天寶年間敦煌郡典牒并判抄』上。

參考文獻

《敦煌寶藏》二二册，臺北：新文豐出版公司，一九八二年，四一一至四一三頁（圖）；《英藏敦煌文獻》四卷，成都：四川人民出版社，一九九一年，二〇二至二〇三頁（圖）。

斯二七〇三背　　三　天寶八載（公元七四九年）十二月廿四日敦煌郡司倉參軍潘沖上武威郡牒并判抄

釋文

司倉。

牒上武威郡爲張去惑負勾徵事。

一爲括訪盜馬健兒李忠臣事。

右件封牒，謹隨狀送。

牒件狀如前，謹牒。

天寶八載十二月廿四日史王崇振

司倉參軍潘沖〔一〕。

連四月　日〔二〕。

廿六日。

説明

此件首尾完整，最後兩行爲另筆所寫，疑爲判文抄。此件中間空白處有時人隨手所寫『露露』二字，釋文見上件。

校記

〔一〕『沖』，《敦煌社會經濟文獻真蹟釋録》釋作『惠』，誤。

〔二〕『四月』，《敦煌社會經濟文獻真蹟釋録》釋作『案什』，誤；『日』，《敦煌社會經濟文獻真蹟釋録》未能釋讀。

參考文獻

《講座敦煌·3·敦煌の社會》，東京：大東出版社，一九八〇年，一二〇頁；《敦煌寶藏》二二册，臺北：新文豐出版公司，一九八二年，四一二頁（圖）；《敦煌社會經濟文獻真蹟釋録》四輯，北京：全國圖書館文獻縮微複製中心，一九九〇年，四七六頁（録）；《英藏敦煌文獻》四卷，成都：四川人民出版社，一九九一年，二〇三頁（圖）。

斯二七〇三背　　四　天寶年間敦煌郡典應遣上使文解牒并判抄

釋文

（前缺）

一爲發遣鄧光朝訖事。
一爲郭瑕男括訪不獲事。
一爲任使　墨勑并牌券不同事。
一上支度使爲當軍預申天十兵馬糧禄事。
二上上官司馬爲當下兵驢傭等事。
一爲應給當下兵衣資具上事。
一上節度推徵所爲發遣鄧光朝事。
一上姜判官爲同前事〔一〕。
二上和糴使李侍御爲任使　墨勑牌券事。
一爲收糴和糴斛斗事。

一牒武威郡爲（？）訪李忠臣事〔二〕。
一事户部爲預支天九税錢不同事〔三〕。
右各責諸司狀具上使事
目如前。
牒件檢如前〔四〕，謹牒。
　　十二月　日典王隱□〔五〕。
軍郡上使封牒壹拾肆道，帖常樂館□〔六〕
領訖〔七〕。其帖卻遞送郡〔八〕，仍別遣（？）分付長
行坊〔九〕，取押付事（？）十二月　日〔一〇〕

説明

此件首缺尾全，其性質與『天寶年間敦煌郡典應遣上使文解牒并判抄』相同，『典王隱□』應即該件中之『典王隱聞（？）』。此件行間夾有習字『以以七』『面石』『鄧爲序激』『廿本菜』『流流流』等字（釋文見前），文後有畫符。

校記

〔一〕『姜』，《敦煌社會經濟文獻真蹟釋録》未能釋讀。

〔二〕『爲』，《敦煌社會經濟文獻真蹟釋録》釋作『括』。

〔三〕第一個『事』，《敦煌社會經濟文獻真蹟釋録》釋作『上』。

〔四〕『檢』，《敦煌社會經濟文獻真蹟釋録》釋作『狀』，誤。

〔五〕『十二』，《敦煌社會經濟文獻真蹟釋録》釋作『六』。

〔六〕『帖』，《敦煌社會經濟文獻真蹟釋録》釋作『牒』。

〔七〕『訖』，《敦煌社會經濟文獻真蹟釋録》未能釋讀。

〔八〕『其』，《敦煌社會經濟文獻真蹟釋録》未能釋讀；『卻遞送』，《敦煌社會經濟文獻真蹟釋録》未能釋讀。

〔九〕『仍別遣（？）』，《敦煌社會經濟文獻真蹟釋録》未能釋讀。

〔一〇〕『事（？）十二月日』，《敦煌社會經濟文獻真蹟釋録》未能釋讀。

參考文獻

《敦煌寶藏》二二册，臺北：新文豐出版公司，一九八二年，四一三頁（圖）；《敦煌社會經濟文獻真蹟釋録》四輯，北京：全國圖書館文獻縮微複製中心，一九九〇年，四七七至四七八頁（録）；《英藏敦煌文獻》四卷，成都：四川人民出版社，一九九一年，二〇三至二〇四頁（圖）。

斯二七〇三背　五　天寶年間敦煌郡事目牒抄

釋文

（前缺）

四戍函馬事。一爲巡官何寧祇迎疎[一]

（後缺）

説明

此件僅存半行，從内容看當亦爲敦煌郡事目牒，時間亦當爲天寶年間。『何寧祇迎疎』又見第一件《天寶年間敦煌郡典應遣上使文解牒并判抄》第七行，可證。

校記

〔一〕此行小字書寫，《敦煌社會經濟文獻真蹟釋録》未録。

參考文獻

《敦煌寶藏》二二册，臺北：新文豐出版公司，一九八二年，四一三頁（圖）；《英藏敦煌文獻》四卷，成都：四川人民出版社，一九九一年，二〇四頁（圖）。

斯二七〇三背　六　敦煌縣諸鄉徵革鞍歷

釋文

（前缺）

効

革鞍

閏

□□　李到（？）戟（？）〔一〕　薛嗣　曹嶽

□

革鞍　劉福（？）四〔二〕　翟昇一

褡　索禮　劉表

惠　革鞍　鄧狗五入二

（中缺）

□□□　荊欽讓　索如德（？）〔三〕

平□□

革鞍　索元明四

廿[四]

褡　索晃[五]　氾璟　索唯　索義

池

陰庭會三

氾大智　陰華

□恆三　張力二

（後缺）

説明

此件首尾均缺，已斷爲兩截，中間内容不能接續，部分人名上方有勘驗符號，部分人名旁有墨點。此從《英藏敦煌文獻》擬題。

校記

〔一〕『到（？）戟（？）』，《中國古代籍帳研究》《唐代財政史稿》釋作『伯龍』，《敦煌社會經濟文獻真蹟釋録》未能釋讀。

〔二〕『福（？）』，《中國古代籍帳研究》《敦煌社會經濟文獻真蹟釋録》《唐代財政史稿》未能釋讀；『四』，《敦煌社會經濟文獻真蹟釋録》釋作『回』。

〔三〕『德（？）』，《中國古代籍帳研究》《敦煌社會經濟文獻真蹟釋録》釋作『法』。

〔四〕『廿』，《中國古代籍帳研究》《敦煌社會經濟文獻真蹟釋録》《唐代財政史稿》未録。

〔五〕『晃』，《中國古代籍帳研究》《唐代財政史稿》釋作『日光』。

參考文獻

《敦煌寶藏》二二册，臺北：新文豐出版公司，一九八二年，四一四頁（圖）；《敦煌社會經濟文獻真蹟釋録》四輯，北京：全國圖書館文獻縮微複製中心，一九九〇年，四七九至四八〇頁（録）；《英藏敦煌文獻》四卷，成都：四川人民出版社，一九九一年，二〇四頁（圖）；《唐代財政史稿（上）》，北京大學出版社，一九九五年，四七四頁；《中國古代籍帳研究》，北京：中華書局，二〇〇七年，三四二頁（録）。

斯二七一〇　一　王梵志詩一卷

釋文

（前缺）

[丈]夫無伎藝〔一〕，虚霑一世人〔二〕。

養子莫徒使，先教勤讀書〔三〕，一朝乘駟馬〔四〕，還得似相如〔五〕。

欲得兒孫孝〔六〕，無過教及身〔七〕，一朝千度打〔八〕，有罪更須嗔〔九〕。

養兒從小打〔一〇〕，莫道憐不笞〔一一〕，長大欺父母〔一二〕，後悔定無疑〔一三〕。

男年十七八〔一四〕，莫遣倚街衢〔一五〕，若不行姦盜〔一六〕，相構即榻（㮰）蒲〔一七〕。

有兒欲娶婦〔一八〕，須擇大家兒〔一九〕，縱使無姿首〔二〇〕，終成有禮儀〔二一〕。

有女欲嫁娶〔二二〕，不用絶高門，但得身超後（俊）〔二三〕，錢財總莫論〔二四〕。

欲得於身吉〔二五〕，無過莫作非〔二六〕，但知牢閑（閉）口〔二七〕，禍去阿寧來〔二八〕。

飲酒妨生計〔二九〕，㮰蒲心（必）破家〔三〇〕，但看此等色，不久作窮荼（查）〔三一〕。

見惡須藏掩，知賢唯讚揚〔三二〕，若依（能）能（依）此語〔三三〕，秘密立身方〔三四〕。

借物莫交（教）索〔三五〕，用了送還他，損失酬高價〔三六〕，求嗔得也摩〔三七〕。

借物索不得〔三八〕，貸錢不肯還〔三九〕，頻來論即鬬〔四〇〕，過在阿誰邊〔四一〕。

鄰並須來住（往）〔四二〕，借取共交通，急緩相憑仗〔四三〕，人生莫不從〔四四〕。

長幼同飲（欽）敬〔四五〕，知尊莫不遵〔四六〕，但能行禮樂〔四七〕，鄉里自稱人（仁）〔四八〕。

庭客勿叱狗〔四九〕，對客莫頻眉〔五〇〕，供給千餘日〔五一〕，臨歧請不飢〔五二〕。

親客無踈（疎）伴〔五三〕，喚（來）〔即〕盡須喚〔五四〕，食了寧且休〔五五〕，只可待他散〔五六〕。

爲客不呼客〔五七〕，去必主人嗔，欲得能行事〔五八〕，無過莫避人〔五九〕。

逢人須斂手，避道莫前盪〔六〇〕，忽若相衝著〔六一〕，他强必自傷。

惡口深乖禮〔六二〕，條中卻没文，若能不罵詈，即便是賢人〔六三〕。

見貴當須避〔六四〕，知强遠利（離）他〔六五〕，高飛能去網〔六六〕，豈得值低羅？

結交須澤（擇）善〔六七〕，非諂莫與心〔六八〕，若知鮑管志〔六九〕，還共不分金。

惡人相遠離〔七〇〕，善者近相知，縱使天無雨，雲陰自潤衣〔七一〕。

有德人心下〔七二〕，無才意即高〔七三〕，但看行藍（濫）物〔七四〕，若個是堅牢〔七五〕？

典吏頻多優（擾）〔七六〕，從饒必莫嗔〔七七〕，但則多與酒〔七八〕，火芆（艾）不欺人〔七九〕。

惡人相觸誤（忤）〔八〇〕，被罵必從饒〔八一〕，喻若園中韮（韭）〔八二〕，由（猶）如得雨澆〔八三〕。

罵妻早是惡〔八四〕，打婦更無知，索强欺得客，可是丈夫兒〔八五〕？

有勢不煩意（倚）〔八六〕，欺他必自危〔八七〕，但看木裏火〔八八〕，出則自燒伊〔八九〕。

貧親須拯濟〔九〇〕，富眷不煩饒〔九一〕，情知蘇蜜味〔九二〕，何用更添膏〔九三〕？

有錢莫掣擢〔九四〕，不得事奢華〔九五〕，鄉里人儜惡，差科必破家。

〔他〕貧不得笑〔九六〕，他〔弱〕不須（得）欺〔九七〕，但看人頭數〔九八〕，即須受逢迎〔九九〕。

莫不安爪〔肉〕〔一〇〇〕，魚〔吞〕在腹裏〔一〇一〕，若（善）惡有千般〔一〇二〕，〔人〕〔心〕〔難〕〔可〕〔知〕〔一〇三〕。

在鄉須下意，爲客莫高心，相見作先拜〔一〇四〕，膝下没黄金〔一〇五〕。

貧人莫簡棄〔一〇六〕，有食最須呼〔一〇七〕，但惠封瘡藥，何愁不奉珠。

得言請莫説，有語不須傳，見事如不見〔一〇八〕，終身無過愆〔一〇九〕。

無親莫充保〔一一〇〕，無事（妻）莫作媒〔一一一〕，雖失鄉人意〔一一二〕，終身無害災〔一一三〕。

雙陸之（智）人戲〔一一四〕，圍碁出專能〔一一五〕，解時終不惡〔一一六〕，久後與仙通〔一一七〕。

逢爭不須看〔一一八〕，見打莫前僞（爲）〔一一九〕，損即追友證〔一二〇〕，能勝總不知〔一二一〕。

立身存篤信〔一二二〕，景行勝將金，在處人攜接〔一二三〕，諳知無負心〔一二四〕。

有恩須報上〔一二五〕，得濟莫孤恩〔一二六〕，但看千里井〔一二七〕，誰爲重來尋〔一二八〕？

知恩須報恩〔一二九〕，有恩莫不報〔一三〇〕，更在枯井中〔一三一〕，誰能重來救〔一三二〕？

先得他恩重〔一三三〕，酬償勿使輕〔一三四〕，一餐何所直〔一三五〕，感賀（荷）百金傾〔一三六〕。

蒙人惠一恩〔一三七〕，終身酬不極，若濟桑下飢，扶論（輪）可惜力〔一三八〕？

得他一束絹〔一三九〕，還他一束羅〔一四〇〕，計時應大重〔一四一〕，直爲歲年多。

貸人伍斗米〔一四二〕，送還壹碩粟〔一四三〕，算時應有餘，剩者充臼直〔一四四〕。

世間難捨割，無過財色深〔一四五〕，丈夫須遠（達）命〔一四六〕，割斷暗迷心〔一四七〕。

煞生罪最重〔一四八〕，喫肉亦非輕，欲得身長命，無過點續明。

偷盜雖無命〔一四九〕，侵欺罪更多，將他物已用〔一五〇〕，思量得也魔〔一五一〕。

邪婬及妾（妄）語〔一五二〕，知非總勿作〔一五三〕，但知依道行〔一五四〕，萬里無迷錯〔一五五〕。

喫肉多病報，智者不須餐〔一五六〕，一朝無諫（間）地〔一五七〕，受罪始智（知）難〔一五八〕。

飲酒是癡報，如人落糞坑〔一五九〕，情〔知〕有不淨〔一六〇〕，豈合岸頭行〔一六一〕？

造酒罪甚重，酒肉俱不輕〔一六二〕，若人不信義〔一六三〕，檢取《涅盤（槃）經》〔一六四〕。

見泥須避道，莫入汙腳鞋〔一六五〕，若知已有罪，莫被（破）戒時齋〔一六六〕。

相交莫嫉妒〔一六七〕，相勸（歡）莫蛆儜〔一六八〕，一日無常去，王前罷手行〔一六九〕。

見病慈（須）須（慈）愍〔一七〇〕，知方速爲醫〔一七一〕，若能行此行〔一七二〕，大是不思議〔一七三〕。

經紀須平直〔一七四〕，心中莫側斜〔一七五〕，些些微取利〔一七六〕，可可苦他家〔一七七〕。

布施生生富〔一七八〕，慳貪世世貧〔一七九〕，若人苦吝惜〔一八〇〕，却（劫）却（劫）受辛勤〔一八一〕。

忍尋（辱）生端正〔一八二〕，多嗔作毒蛇〔一八三〕，若人不停惡〔一八四〕，必得上三車〔一八五〕。

尋常勤念善〔一八六〕，書（晝）夜受書經〔一八七〕，心裏無蛆佞〔一八八〕，何愁佛不成？

六時長禮懺〔一八九〕，日暮廣燒香，十濟（齋）莫使闕〔一九〇〕，有力煞三場（長）〔一九一〕。

持戒須含忍〔一九二〕，長齋不得嗔〔一九三〕，莫隨風火性〔一九四〕，參差悞煞人〔一九五〕。

逢師即須拜〔一九六〕，過道向前參〔一九七〕，莫生多別相〔一九八〕，見過不知（和）南〔一九九〕。

聞鍾身須側〔二〇〇〕，卧轉莫前（纏）眠〔二〇一〕，萬一無常去〔二〇二〕，免至獄門邊〔二〇三〕。

師僧來乞食〔二〇四〕，必莫惜家嘗（常）〔二〇五〕，布施無邊福，來生不少糧。

家貧從力貸〔二〇六〕，不得嬾乖慵〔二〇七〕，但知勤作福，衣食自然豐。

惡事總須棄〔二〇八〕，善事莫相違〔二〇九〕，智（至）意求妙法〔二一〇〕，必得見如來〔二一一〕。

王梵志〔詩〕一卷〔二一二〕

說明

此件首缺尾全，其間有朱筆句讀和墨筆塗改，尾題『王梵志詩一卷』，保存了《王梵志詩》一卷本之第一七九至二六三首的内容。其後有『清泰四年（公元九三七年）十二月吴儒賢書題記』和『清泰四年（公元九三七年）十二月洪潤鄉百姓氾富川賣牛契抄』。

現知敦煌文獻中保存的『一卷本』《王梵志詩》共有十五件。其中伯二七一八、伯三五五八、伯三六五六、伯三七一六背、斯三三九三均首尾完整，首尾題『王梵志詩一卷』。伯三二六六首尾均缺，起『主人相屈至』，訖『見事如不見』；伯四〇九四爲册頁裝，首缺尾全，起『非，但知牢閉口』，尾題『王梵志詩集一卷』，册頁下部邊緣略有殘損；斯四六六九+斯五七九四，綴合後的寫本首尾均缺，起『不得在前倚』，訖『人心難可知』；日本奈良寧樂美術館藏本，首缺尾全，無題。另外，伯二六〇七背、伯二八四二、Дх〇〇八九〇+Дх〇〇八九一、Дх〇四七五四、Дх一〇七三六均不同程度地保存了『王梵志詩一卷』的部分内容，但這五件所存的内容與此件無重合之處，故無校勘價值。

以上釋文以斯二七一〇爲底本，用伯二七一八（稱其爲甲本）、伯三五五八（稱其爲乙本）、伯三六五六（稱其爲丙本）、伯三七一六背（稱其爲丁本）、斯三三九三（稱其爲戊本）、伯三二六六（稱其爲己本）、伯四〇九四（稱其爲庚本）、斯四六六九+斯五七九四（稱其爲辛本）、日本奈良寧樂美術館藏敦煌寫本（稱其爲壬本）參校。

校記

〔一〕『丈』，據甲、乙、丙、丁、戊、己、辛、壬本補；『無』，甲、乙、丙、戊、己、辛、壬本同，丁本脱；『伎』，甲、丁、戊、己、壬本同，乙本作「佼」，誤，丙、辛本作「才」。

〔二〕「一」，甲、乙、丁、戊、己、辛、壬本同，丙本作「壹」。

〔三〕「教」，甲、乙、丙、己、壬本同，丁、戊、辛本作「交」，「交」爲「教」之借字；「書」，甲、丙、丁、戊、己、辛、壬本同，乙本作「詩」。

〔四〕「馬」，甲、乙、丙、戊、己、辛、壬本同，丁本作「罵」，「罵」爲「馬」之借字。

〔五〕「得」，甲、乙、丙、戊、己、辛、壬本同，丁本作「似」；「似」，甲、乙、丙、戊、己、壬本同，丁本作「保」，辛本作「自」；「如」，甲、乙、丁、戊、己、壬本同，丙本作「兒」，辛本作「知」，均誤。

〔六〕「兒」，甲、戊、己、壬本同，乙本作「如」，丁本作「兒子」，「子」係衍文，當删。此句丙、辛本無。

〔七〕「過」，甲、乙、丁、己、壬本同，戊本脱；「及」，甲、乙、丁、己、壬本同，戊本作「及一」。此句丙、辛本無。

〔八〕此句甲、乙、丁、戊、己、壬本同，丙、辛本無。

〔九〕「更」，甲、乙、戊、己、壬本同，丁本脱；「須」，甲、丁、戊、己、壬本同，乙本作「相」。此句丙、辛本無。

〔一〇〕「小」，乙、丙、丁、辛、壬本同，甲、戊、己本作「少」，《王梵志詩校注》認爲戊、己本作「小」，誤。

〔一一〕「憐」，甲、丙、丁、戊、己、辛、壬本同，乙本作「連」，「連」爲「憐」之借字；「答」，甲、乙、丙、丁、己、辛、壬本同，戊本作「荅」，均誤，《王梵志詩校注》認爲辛本作「愛」，誤，《王梵志詩研究》認爲辛本作「知」，按辛本「知」已被塗抹，並在其右書「荅」字。

〔一二〕「長大」，甲、乙、丙、丁、戊、己、壬本同，辛本作「愛長」。

〔一三〕「悔」，乙、丙、丁、戊、己、辛、壬本同，甲本作「迴」，「迴」爲「悔」之借字；「定」，甲、乙、丙、己、辛、壬本同，丁本作「空」，誤，戊本作「更」；「疑」，乙、丙、丁、戊、己、辛、壬本同，甲本作「魚」，「魚」爲「疑」之借字。

〔一四〕『十七』，乙、丙、己、辛、壬本同，甲、丁、戊本作『七十』，誤。

〔一五〕『衢』，甲、乙、丙、丁、戊、己、壬本同，辛本作『衢』，誤。

〔一六〕『盜』，甲、乙、丙、丁、戊、己、壬本同，辛本作『道』，『道』爲『盜』之借字。

〔一七〕『相』，甲、乙、丙、戊、己、辛、壬本同，丁本作『想』，誤；『榻』，甲、乙、丙、丁、戊、辛、壬本同，己本作『摺』，當作『槢』，《王梵志詩校輯》據文義校改。

〔一八〕『娶』，甲、乙、丙、丁、壬本同，辛本作『取』，均可通。此句戊、己本無。

〔一九〕『家兒』，乙、丙、壬本同，甲、丁、辛本作『兒家』。此句戊、己本無。

〔二〇〕『縱』，甲、乙、丁、辛、壬本同，丙本作『從』，誤。此句戊、己本無。

〔二一〕『終』，甲、丙、丁、辛、壬本同，乙本作『縱』，誤；『成』，甲、乙、丁、壬本同，丙、辛本作『身』。此句戊、己本無。

〔二二〕『女』，甲、乙、丙、丁、辛、壬本同，戊、己本作『兒』；『娶』，甲、乙、丙、丁、戊、辛、壬本同，己本作『取』，均可通。

〔二三〕『超』，甲、乙、丙、戊、己、辛、壬本同，丁本作『起』，誤；『後』，甲、乙、丙、丁、戊、己、辛、壬本同，當作『俊』，據辛本改。

〔二四〕『錢』，甲、乙、丙、丁、戊、己、壬本同，辛本作『賤』，誤；『總』，甲、乙、丙、戊、己、辛、壬本同，丁本脱；『論』，甲、乙、丙、戊、己、辛、壬本同，丁本脱。

〔二五〕『於』，乙、丙、丁、戊、己、辛、壬本同，甲本作『依』，『依』爲『於』之借字。

〔二六〕『莫作』，乙、丙、丁、戊、己、辛、壬本同，甲本作『作是』，誤。庚本始於此句之『非』字。

〔二七〕『閑』，當作『閉』，據甲、乙、丙、丁、戊、己、庚、辛、壬本改。

〔二八〕「去」，甲、乙、丁、戊、庚、辛、壬本同，丙本作「豈」，「豈」爲「去」之借字；「阿」，甲、乙、丙、戊、己、庚、辛、壬本同，丁本作「自」；「寧」，戊、庚、壬本同，甲、乙、丙本作「你」，「你」爲「寧」之借字，丁本作「然」，己、辛本作「泥」，誤；「來」，甲、乙、丙、戊、己、庚、辛、壬本同，丁本作「離」，「離」爲「來」之借字。

〔二九〕「飲」，甲、丁、丙、戊、己、庚、辛、壬本同，乙本作「餅」，誤；「酒」，甲、乙、丙、戊、己、庚、辛、壬本同，丁本作「須」，誤；「計」，乙、丙、丁、戊、己、庚、辛、壬本同，甲本作「敬」，「敬」爲「計」之借字。

〔三〇〕「樗」，乙、丙、丁、戊、己、庚、辛、壬本同，甲本作「榻」，誤；「蒲」，甲、乙、丙、丁、戊、己、辛、壬本同，庚本作「蒱」，「蒱」通「蒲」；「心」，甲、乙、戊、庚、壬本同，當作「必」，據丙、丁、己、辛本改。

〔三一〕「茶」，乙、丙、丁、己、庚本同，當作「查」，據甲本改，「茶」爲「查」之借字，戊、辛、壬本作「恭」，誤。

〔三二〕「知」，甲、乙、丙、戊、己、庚、辛、壬本同，丁本作「欲」，誤；「唯」，甲、丙、丁、戊、己、庚、辛、壬本同，乙本作「爲」，「爲」爲「唯」之借字，《王梵志詩校注》認爲丙、戊、辛本作「爲」，誤；「讚」，甲、乙、丁、戊、己、庚、辛、壬本同，丙本作「鑽」，誤；「揚」，乙、丙、戊、庚、辛、壬本同，甲、丁、己本作「陽」，「陽」爲「揚」之借字。

〔三三〕「若」，乙、丙、丁、戊、己、庚、辛、壬本同，甲本作「但」；「依」，丁本作「人」，當作「能」，據甲、乙、丙、戊、己、庚、辛、壬本改；「能」，丁本同，丙、己、辛本作「於」，當作「依」，據甲、乙、戊、庚本改。

〔三四〕「密」，乙、丙、庚、辛、壬本同，甲、丁、戊、己本作「蜜」，「蜜」爲「密」之借字。

〔三五〕「借」，甲、乙、丙、丁、己、庚、辛、壬本同，戊本作「昔」，誤；「交」，甲、乙、丙、丁、戊、己、庚、辛、壬本同，當作「教」，據文義改，「交」爲「教」之借字，《王梵志詩校注》認爲「交」通「教」。

〔三六〕「損」，甲、乙、戊、庚、辛、壬本同，丙、丁、己本作「捐」，誤；「失」，甲、乙、丙、戊、己、庚、辛本同，丁本作『共』，誤；『酬高價』，甲、乙、丙、丁、戊、己、庚、辛、壬本同，乙本作『高酬價』。

〔三七〕『也』，甲、乙、己、庚、壬本同，丙、丁、戊、辛本作『夜』，『夜』爲『也』之借字；『摩』，乙、戊、己、庚、辛、壬本同，甲、丙、丁本作『磨』，均可通，《王梵志詩校輯》認爲『摩』同『麼』，《王梵志詩校注》認爲丙本作『摩』，誤。

〔三八〕『索』，甲、乙、丙、丁、己、庚、辛、壬本同，戊本作『色』，《王梵志詩校注》認爲『色』通『索』。

〔三九〕『錢』，甲、乙、丙、戊、己、庚、辛、壬本同，丁本作『前』，『前』爲『錢』之借字。

〔四〇〕『頻』，甲、丙、丁、己、庚、辛、壬本同，戊本作『貧』，『貧』爲『頻』之借字；『即鬬』，甲、乙、丙、戊、己、庚、辛、壬本同，丁本作『鬬諍』。

〔四一〕『誰』，甲、丙、丁、戊、己、庚、辛、壬本同，乙本作『須』，誤。

〔四二〕『住』，當作『往』，據甲、乙、丙、丁、戊、己、庚、辛、壬本改。

〔四三〕『相』，甲、乙、丙、戊、己、庚、辛、壬本同，丁本作『想』；『仗』，甲、丙、丁、己、庚、辛、壬本同，乙本作『杖』，戊本作『丈』，『杖』『丈』均爲『仗』之借字。

〔四四〕『從』，甲、乙、丙、戊、己、庚、辛、壬本同，丁本作『縱』，誤。

〔四五〕『欽』，丙、丁、戊、辛本同，甲本作『歡』，當作『欽』，據乙、己、庚、壬本改。

〔四六〕『知』，乙、丙、丁、戊、己、庚、辛、壬本同，甲本作『稱』；『遵』，乙、丁、己、庚本同，甲、丙、戊、壬本作『尊』，辛本作『從』。

〔四七〕『但』，乙、丙、丁、戊、己、庚、辛、壬本同，甲本作『且』；『能』，甲、乙、丙、丁、戊、己、庚、壬本同，辛本作『看』。

〔四八〕『人』，甲、乙、丁、戊、己、庚、辛、壬本同，當作『仁』，據丙本改，『人』爲『仁』之借字。

〔四九〕『庭』，乙、丙、丁、戊、己、庚、辛、壬本同，甲本作『停』；『勿』，甲、丁、戊、己、庚、辛、壬本同，乙、丙本作『物』，『物』爲『勿』之借字。

〔五〇〕『莫』，甲、乙、丙、戊、己、庚、辛、壬本同，丁本脱。

〔五一〕『給』，底本原字形似『紷』，但因『給』『紷』手書易混，故可據上下文義判定其歸屬，此逕釋作『給』，甲、乙、丙、丁、戊、己、庚、辛本同，壬本作『合』，誤；『日』，乙、丙、丁、戊、己、庚、辛、壬本同，甲本作『自』，誤。

〔五二〕『歧』，乙、丙、丁、己、庚、壬本同，甲、辛本作『時』，戊本作『枝』，誤；『不』，甲、乙、丙、丁、戊、己、庚、壬本同，辛本脱。

〔五三〕『無』，乙、丙、丁、戊、己、庚、辛、壬本同，甲本作『號』；『踈』，乙、丙、丁、戊、己、辛、壬本同，甲本作『不踈』，當作『疎』，據文義改，『踈』爲『疎』之訛，『疎』同『疏』；『伴』，乙、丙、丁、戊、己、辛、壬本同，甲本無。

〔五四〕第一個『喚』，乙、丙、戊、己、辛、壬本同，當作『來』，據丁本改，甲本作『建』，誤；『即』，據乙、丙、丁、戊、己本補，甲本作『喚』，辛、壬本作『則』；『盡』，乙、丙、丁、戊、己、辛、壬本同，甲本作『則』；第二個『喚』，甲、乙、丙、丁、戊、辛、壬本同，己本作『呼』。

〔五五〕『寧』，甲、乙、丁、戊、己、庚、辛、壬本同，丙本作『你』。

〔五六〕『待』，乙、丙、丁、戊、己、庚、壬本同，甲本作『侍』，辛本作『倚』，均誤。

〔五七〕『不』，甲、乙、丁、戊、己、壬本同，丙本作『莫』。辛本此句作『客莫呼客去』。

〔五八〕『欲』，甲、丙、丁、戊、己、庚、辛、壬本同，乙本作『飮』，誤。

〔五九〕『避』，甲、乙、戊、壬本同，丙、己本作『被』，丁本作『非』，『被』爲『避』之借字。

〔六〇〕『莫』，甲、乙、丙、戊、己、庚、辛、壬本同，丁本作『之』，誤；『前』，甲、丙、己、庚、辛、壬本同，乙、戊本作『煎』，丁本作『明』，誤，《王梵志詩校注》認爲丁本作『朋』，誤；『盪』，甲、乙、庚、壬本同，丙、丁、戊、己、辛本作『湯』，《王梵志詩研究》《王梵志詩校注》認爲『盪』同『湯』。

〔六一〕『若』，甲、乙、丙、丁、己、庚、辛、壬本同，戊本作『然』；『衝』，甲、乙、丙、丁、戊、己、壬本同，辛本作『充』，『充』爲『衝』之借字。

〔六二〕『深』，甲、丙、戊、己、庚、壬本同，乙本作『心』，『心』爲『深』之借字，丁本作『誰』。

〔六三〕『即』，甲、乙、丁、戊、己、庚、辛、壬本同，丙本作『卻』；『便』，甲、戊、己、庚、辛、壬本同，乙、丁本作『是』，丙本作『使』，誤，《王梵志詩校注》認爲丙本作『便』，誤；『是』，甲、丙、戊、己、庚、辛、壬本同，乙、丁本作『大』。

〔六四〕『貴』，甲、丙、丁、戊、己、庚、壬本同，乙本作『鬼』，『鬼』爲『貴』之借字；『須』，甲、乙、丙、戊、己、庚、壬本同，丁本脱。

〔六五〕『利』，甲、戊、己本同，當作『離』，據乙、丙、丁、庚、辛、壬本改，『利』爲『離』之借字。

〔六六〕『去』，甲、乙、丙、丁、戊、己、庚、壬本同，辛本作『豈』，『豈』爲『去』之借字。

〔六七〕『澤』，當作『擇』，據甲、乙、丙、丁、戊、己、庚、壬本改，『澤』爲『擇』之借字。

〔六八〕『諳』，丙、己、壬本同，戊本作『知』，甲、庚本作『識』，乙、丁本作『諸』，誤，《王梵志詩校注》認爲壬本作『識』，按壬本『識』字已被删除，並於其右側書有『諳』字。

〔六九〕『知』，甲、乙、丙、丁、戊、己、庚、壬本同，辛本作『能』，誤；『鮑管志』，乙、丙、丁、戊、己本同，甲、庚、辛本作『管鮑志』，壬本作『鮑志管』，誤。

〔七〇〕『離』，甲、丙、丁、戊、己、庚、壬本同，乙本作『離他』，『他』係衍文，當删。

〔七一〕『雲』，乙、丙、丁、戊、己、辛、壬本同，甲、庚本作『陰』；『陰』，丙、戊、己、辛、壬本同，甲、庚本作『雲』，乙本作『音』，『音』爲『陰』之借字，丁本作『陰陽』，『陽』係衍文，當删；『衣』，甲、丁、戊、己、庚、辛、壬本同，乙本作『依』，丙本作『伊』，『依』『伊』均爲『衣』之借字。

〔七二〕『德』，甲、乙、丙、戊、己、庚、辛、壬本同，丁本作『得』，『得』爲『德』之借字，《王梵志詩校注》認爲『德』『得』通用；『人』，乙、丙、丁、戊、己、辛、壬本同，甲、庚本作『之』，誤；『心』，甲、乙、丙、丁、己、庚、壬本同，戊本作『身』，『身』爲『心』之借字。

〔七三〕『才』，甲、丁、戊、己、庚、壬本同，乙、丙本作『財』。

〔七四〕『行』，甲、乙、丙、戊、己、庚、辛、壬本同，丁本脱；『藍』，辛本作『監』，當作『濫』，據甲、乙、丙、丁、戊、己、庚、壬本改；『物』，甲、乙、丙、丁、己、庚、辛、壬本同，戊本作『勿』，『勿』爲『物』之借字。

〔七五〕『牢』，甲、乙、丙、丁、戊、庚、壬本同，辛本作『勞』，『勞』爲『牢』之借字。

〔七六〕『吏』，丙、丁、己、庚、壬本同，甲、乙、辛本作『使』，戊本作『史』；『優』，當作『擾』，據甲、丙、丁、戊、己、庚、壬本改。

〔七七〕『從』，甲、乙、丙、戊、己、庚、壬本同，丁本作『縱』；『饒』，乙、丙、丁、戊、己、庚、壬本同，甲本作『少』；『必』，甲、乙、丙、戊、己、庚、壬本同，丁本作『爲』，誤。

〔七八〕『則』，甲、乙、丁、戊、己、庚、壬本作『知』，丙、辛本作『能』；『與』，甲、乙、丁、己、庚、辛、壬本同，戊本作『爲』。

〔七九〕『火』，甲、乙、丙、戊、己、庚、壬本同，丁、辛本作『芰』，誤；『芰』，甲、乙、丙、戊、己、庚、壬本同，丁、辛本作『火』，當作『艾』，《王梵志詩校注》據文義校改。

〔八〇〕『誤』，甲、乙、丙、丁、戊、己、庚、壬本同，當作『忤』，《王梵志詩校輯》據文義校改。

〔八一〕『被』，乙、丙、丁、戊、己、庚、壬本同，甲本作『彼』，誤。

〔八二〕『匪』，甲、庚本同，當作『韭』，據乙、丙、丁、戊、己、辛、壬本改，《王梵志詩校注》認爲戊本作『匪』，誤。

〔八三〕『由』，甲、乙、丁、戊、己、庚、辛、壬本同，當作『猶』，據丙本改，『由』爲『猶』之借字，《王梵志詩校注》認爲『由』與『猶』通用；『雨』，甲、乙、戊、己、庚、壬本同，丙、丁、辛本作『水』。

〔八四〕『早』，甲、乙、丙、丁、戊、己、庚、辛本同，壬本脱。

〔八五〕『兒』，據殘筆劃及甲、乙、丙、丁、戊、己、庚、辛、壬本補。

〔八六〕『勢』，甲、乙、丙、丁、戊、己、庚、壬本同，辛本作『藝』，誤；『意』，甲、乙、戊、己、庚、壬本同，當作『倚』，據丙、丁、辛本改，『意』爲『倚』之借字。

〔八七〕『危』，甲、丙、丁、戊、己、庚、壬本同，乙本作『遇』，誤。

〔八八〕『裹』，甲、乙、丙、戊、己、庚、壬本同，丁本作『中』。

〔八九〕『伊』，甲、乙、丙、戊、己、庚、壬本同，辛本作『身』。丁本此句作『出即燒身』。

〔九〇〕『親』，甲、乙、丙、丁、己、庚、辛、壬本同，戊本作『來』，誤；『拯』，甲、乙、戊、己、庚、辛、壬本同，丙、丁本作『救』。

〔九一〕『眷』，甲、丙、丁、戊、己、庚、壬本同，乙本作『養』，辛本作『貴』，均誤。

〔九二〕『知』，甲、丙、丁、戊、己、庚、壬本同，乙本作『之』，『之』爲『知』之借字；『蜜』，甲、乙、丁、戊、己、庚、壬本同，丙本作『密』，『密』爲『蜜』之借字。

〔九三〕『膏』，乙、丙、丁、戊、己、壬本同，甲本作『高』，庚本作『餻』，『高』『餻』均爲『膏』之借字。

〔九四〕『擢』，乙、丙、丁、己、庚、辛、壬本同，甲本作『懽』，戊本作『鑊』，『鑊』爲『擢』之借字。

〔九五〕『事』，乙、丙、丁、戊、己、庚、辛、壬本同，甲本作『是』，『是』爲『事』之借字；『華』，甲、乙、丙、丁、庚、壬本同，戊本作『萃』，己、辛本作『莘』，均誤。

〔九六〕『他』，據甲、乙、丙、丁、戊、己、庚、壬本補。

〔九七〕『弱』，戊本作『若』，據甲、乙、丙、丁、己、庚、辛、壬本補；『不』，甲、乙、丙、丁、戊、庚、辛、壬本同，己本作『必』，誤；『須』，庚、壬本同，當作『得』，據甲、乙、丙、丁、戊、己、辛本改。丙本此句後另有『太公未遇日，猶自獨鉤魚』，《王梵志詩校注》認爲此句出自戊本，誤。

〔九八〕『數』，甲、戊、己、庚、辛、壬本同，乙本脱，丁本作『上』。此句丙本無。《王梵志詩研究》於『他〔弱〕不得欺』後釋作『太公未遇日，猶自獨鉤魚』，並以此懷疑『但看人頭數』前脱兩句。

〔九九〕此句甲、乙、丁、戊、己、庚、辛、壬本同，丙本無。

〔一〇〇〕『莫不安』，甲、乙、丁、己、庚、壬本同，戊本無；『爪』，底本原字形似『瓜』，但因『爪』『瓜』手書易混，故可據上下文義判定其歸屬，此逕釋作『爪』；『肉』，據乙、丁本補，底本於『安瓜』右側的行間書『欠二』，乃是注明此處欠闕二字，甲、庚本的抄者不明就裏，將二字誤抄入正文。此句丙本無。《王梵志詩研究》疑此句文義顛倒，當作『善惡有千般，人心難可知，莫不安爪肉，魚吞在腸裹』。

〔一〇一〕『吞』，甲、戊、己、庚、壬本亦脱，據乙、丁本補；『腹』，乙、己、壬本同，甲、丁、戊、庚、辛本作『腸』。此句丙本無。

〔一〇二〕『若』，當作『善』，據甲、乙、丁、戊、己、庚、辛、壬本改；『有』，甲、乙、丙、丁、戊、己、庚、壬本同，辛本作『數』。此句丙本無。

〔一〇三〕『人心難可知』，甲、乙、丁、戊、己、庚、壬本亦脱，據辛本補。辛本止於此句。

〔一〇四〕『見』，甲、乙、丙、戊、己、庚、壬本同，丁本作『謝』。

〔一〇五〕『没』，甲、乙、丙、戊、己、壬本同，丁本作『投』，誤；『金』，據殘筆劃及甲、乙、丙、丁、戊、己、庚、壬本補。

〔一〇六〕『簡』，甲、乙、丙、戊、己、庚、壬本同，丁本作『蘭』，誤。

〔一〇七〕『呼』，甲、乙、丙、丁、戊、己、壬本同，庚本作『事』。

〔一〇八〕『如』，甲、乙、丙、戊、己、壬本同，丁、庚本作『而』，『而』爲『如』之借字。

〔一〇九〕『過』，甲、乙、丙、戊、壬本同，丁本脱。己本止於此句之『終』字。

〔一一〇〕『無』，甲、乙、丙、戊、庚、壬本同，丁本脱；『親』，乙、丙、丁、戊、庚、壬本同，甲本作『心』，誤；『充』，甲、乙、丙、戊、庚、壬本同，丁本作『老』，誤。

〔一一一〕『事』，甲、乙、丙、戊、庚、壬本同，丁本作『女』，當作『妻』，《王梵志詩校勘零拾》據文義校改；『媒』，甲、丙、丁、戊、庚、壬本同，乙本作『謀』，誤。

〔一一二〕『失』，乙、丙、戊、壬本同，甲、庚本作『悉』，誤，丁本作『史』，『史』爲『失』之借字；『人意』，甲、乙、丙、戊、壬本同，丁本作『意人』，誤。

〔一一三〕『災』，甲、丙、丁、戊、庚、壬本同，乙本作『家』，誤。

〔一一四〕『之』，當作『智』，據甲、乙、丙、丁、戊、庚、壬本改，『之』爲『智』之借字。

〔一一五〕『碁』，甲、丙、戊、庚、壬本同，乙、丁本作『基』，誤；『專』，甲、丙、丁、戊、庚、壬本同，乙本作『轉』，『轉』爲『專』之借字。

〔一一六〕『時』，甲、乙、丙、丁、庚、壬本同，戊本作『事』，『事』爲『時』之借字；『終』，甲、丙、丁、戊、庚、壬本同，乙本作『忠』，『忠』爲『終』之借字。

〔一一七〕『與』，甲、乙、戊、庚、壬本同，丙本作『以』，『以』爲『與』之借字，丁本作『似』，誤；『仙』，甲、丁、戊、庚、壬本同，乙、丙本作『先』，『先』爲『仙』之借字。

〔一一八〕『爭』，甲、乙、丁、戊、庚、壬本同，丙本作『静』。

〔一一九〕『僞』，甲、乙、丁、戊、庚、壬本同，當作『爲』，據丙本改，『僞』爲『爲』之借字。

〔一二〇〕『損』，甲、丙、戊、庚、壬本同，丁本作『捐』，《王梵志詩校注》認爲戊本作『捐』，誤；『友』，甲、庚、壬本同，乙、丙、戊本作『有』，丁本作『直』；『證』，乙、丙、丁、壬本同，甲、庚本作『勝』，戊本作『鄧』，誤。

〔一二一〕『能勝』，乙、丙、丁、戊、壬本同，甲、庚本作『證能』。

〔一二二〕『存』，甲、丁、庚、壬本同，乙本作『怪』，丙、戊本作『在』，均誤。

〔一二三〕『接』，甲、乙、丙、戊、庚、壬本同，丁本作『倿』，誤。

〔一二四〕『諳』，甲、戊、庚、壬本同，丙本作『闇』，『闇』爲『諳』之借字，乙本作『語』，丁本作『請』，誤；『知』，甲、丙、丁、戊、庚、壬本同，乙本作『之』，『之』爲『知』之借字。

〔一二五〕『報』，甲、丁、戊、庚、壬本同，乙、丙本作『保』，『保』爲『報』之借字。

〔一二六〕『得』，甲、乙、丙、丁、庚、壬本同，戊本作『保』，誤；『濟』，甲、乙、丙、戊、庚、壬本同，丁本作『齊』，誤；『孤』，甲、乙、丙、戊、庚、壬本同，丁本作『幸』，誤。

〔一二七〕此句甲、丙、丁、戊、庚、壬本同，乙本脱。

〔一二八〕此句甲、丙、丁、戊、庚、壬本同，乙本脱。

〔一二九〕此句甲、丙、丁、戊、庚、壬本同，乙本脱。

〔一三〇〕『報』，乙、丙、丁、戊、庚、壬本同，甲本脱。

〔一三一〕『更』，甲、乙、丙、丁、庚、壬本同，戊本作『雨』，誤。

〔一三二〕『誰』，甲、乙、丁、戊、庚、壬本同，丙本作『雖』，誤；『能』，甲、乙、丁、戊、庚、壬本同，丙本作

「爲」，誤；「重」，甲、乙、丙、戊、庚、壬本同，丁本作「裏」，誤。

〔一三三〕「先」，乙、丙、丁、戊、壬本同，甲本作「元」，庚本作「無」，誤；「他」，甲、乙、丙、戊、庚、壬本同，丁本脱。

〔一三四〕「酬」，甲、乙、丙、庚、壬本同，丁本作「酬酬」，衍一「酬」字，戊本作「償」；「償」，甲、乙、丁、壬本同，丙本作「當」，戊本作「酬」，庚本作「賞」；「勿」，甲、乙、丙、戊、庚、壬本同，丁本作「物」，「物」爲「勿」之借字。

〔一三五〕「何所」，甲、乙、丙、丁、庚、壬本同，戊本作「所重」，誤。

〔一三六〕「賀」，甲、乙、丙、丁、戊、庚、壬本同，當作「荷」，《王梵志詩校輯》據文義校改，「賀」爲「荷」之借字，《王梵志詩研究》《王梵志詩校注》認爲「荷」「賀」同音通用；「百」，甲、乙、丙、戊、庚、壬本同，丁本作「金」；「金」，乙、丙、庚、壬本同，甲、戊本作「千」，丁本作「百」；「傾」，甲、乙、丙、丁、庚、壬本同，戊本作「金」。

〔一三七〕「人惠」，甲、乙、丙、戊、庚、壬本同，丁本脱；「一」，甲、乙、丁、庚、壬本同，丙、戊本作「可」，誤。

〔一三八〕「論」，甲、丙本同，當作「輪」，據乙、丁、戊、庚、壬本改，「論」爲「輪」之借字。

〔一三九〕「一」，甲、乙、戊、庚、壬本同，丙、丁本作「壹」；「東」，甲、丙、丁、戊、庚、壬本同，乙本作「東」，誤。

〔一四〇〕「一」，甲、乙、戊、庚、壬本同，丙、丁本作「壹」。

〔一四一〕「時」，甲、乙、丙、丁、庚、壬本同，乙本作「詩」，「詩」爲「時」之借字；「大」，甲、乙、丙、庚、壬本同，丁本作「不」，戊本作「有」；「重」，甲、丁、丙、戊、庚、壬本同，乙本作「衆」，「衆」爲「重」之借字。

〔一四二〕『伍』，乙、丙、丁、戊、庚、壬本同，甲本作『五』。

〔一四三〕『碩』，甲、丙、丁、戊、壬本同，乙、庚本作『石』；『粟』，甲、乙、丁、戊、庚、壬本同，丙本脱。

〔一四四〕『剩』，甲、乙、丙、戊、庚、壬本同，丁本作『乘』，誤。

〔一四五〕『色』，甲、乙、丙、戊、庚、壬本同，丁本作『急』，誤。

〔一四六〕『遠』，甲、乙、丙、丁、戊、庚、壬本同，當作『達』，《王梵志詩校輯讀後記》據文義校改。

〔一四七〕『暗』，甲、乙、丁、戊、壬本同，丙、庚本作『闇』。

〔一四八〕『罪最』，乙、丙、戊、壬本同，甲、庚本作『最罪』，丁本作『罪甚』。

〔一四九〕『偷』，甲、乙、丙、戊、庚、壬本同，丁本作『渝』，誤；『雖』，丙、丁、戊、壬本同，甲、乙、庚本作『須』，『須』爲『雖』之借字。

〔一五〇〕『己』，甲、乙、丁、戊、庚、壬本同，丙本作『使』，誤。

〔一五一〕『也』，丁本同，甲、乙、丙、戊、庚、壬本作『夜』，『夜』爲『也』之借字；『魔』，甲、乙、壬本同，戊本作『摩』，丙、丁、庚本作『磨』，《王梵志詩校注》認爲『魔』『摩』『磨』同音通用。

〔一五二〕『邪婬』，甲、乙、丙、庚、壬本同，丁、戊本作『耶孃』，誤；『妄』，乙、丙、丁、庚、壬本作『忘』，當作『妄』，據甲、戊本改，『忘』爲『妄』之借字。

〔一五三〕『總』，甲、乙、丙、戊、庚、壬本同，丁本作『物』，誤；『勿』，甲、丙、丁、戊、庚、壬本同，乙本作『物』，『物』爲『勿』之借字。

〔一五四〕『知』，乙、丙、丁、戊、庚、壬本同，甲本作『之』，『之』爲『知』之借字；『依』，甲、乙、丙、戊、庚、壬本同，丁本作『於』，『於』爲『依』之借字。

〔一五五〕『無』，甲、丙、丁、戊、庚、壬本同，乙本脱；『迷』，甲、乙、丙、丁、庚、壬本同，戊本作『求』，誤。

〔一五六〕「智」，壬本同，甲、乙、丙、丁、戊本作「知」，《王梵志詩校注》認爲「知」與「智」通。

〔一五七〕「諌」，甲、乙、丁、戊、庚、壬本同，當作「間」，據丙本改，「諌」爲「間」之借字；「地」，甲、乙、丙、丁、庚、壬本同，戊本作「他」，誤。

〔一五八〕「受」，甲、乙、丙、丁、庚、壬本同，戊本作「有」；「智」，當作「知」，據甲、乙、丙、丁、戊、壬本改，「智」爲「知」之借字。

〔一五九〕「糞」，甲、乙、丁、戊、庚、壬本同，丙本作「番」，誤。

〔一六〇〕「知」，據甲、乙、丙、丁、戊、庚、壬本補；「不」，甲、乙、丙、戊、壬本同，丁本脱；「淨」，乙、丙、丁、戊、壬本同，甲本作「爭」，誤。

〔一六一〕「合」，甲、乙、丙、戊、壬本同，丁本作「不」。

〔一六二〕「酒」，甲、乙、丁、庚、壬本同，丙本作「買」，戊本作「喫」，《王梵志詩研究》以丙本義勝，並認爲敦煌寫卷中「賣」往往作「買」；「俱」，甲、乙、丁、庚、壬本同，丙、戊本作「亦」；「不」，甲、乙、丁、庚、壬本同，丙本作「非」，戊本脱；「輕」，甲、乙、丙、丁、戊本同，壬本作「傾」，「傾」爲「輕」之借字。

〔一六三〕「義」，乙、丁、壬本同，甲、丙、戊本作「語」，「語」爲「義」之借字。

〔一六四〕「涅」，甲、乙、丙、戊、庚、壬本同，丁本作「怛」，誤；「盤」，乙、戊、庚本同，當作「槃」，據甲、丙、丁、壬本改。

〔一六五〕「入」，甲、乙、丙、戊、壬本同，丁本作「人」，誤；「腳」，戊本同，甲、乙、丙、丁、壬本作「卻」。

〔一六六〕「被」，當作「破」，據甲、乙、丙、丁、戊、庚、壬本改；「時」，乙、丙、丁、戊、壬本同，甲、庚本作「持」。

〔一六七〕「相」，甲、乙、丙、戊、庚、壬本同，丁本脱。

〔一六八〕「勸」，甲、乙、丙、丁、戊、壬本同，當作「歡」，《王梵志詩校注》據文義校改；「蛆儜」，甲、乙、丙、丁、戊、壬本同，《王梵志詩研究》校改作「怚佞」，《王梵志詩校注》認爲「蛆儜」即「怚佞」。

〔一六九〕「王」，甲、乙、丁、戊、庚、壬本同，丙本作「玉」，誤；「罷」，甲、丁、庚、壬本同，乙本作「[illegible]」，丙、戊本作「擺」，均誤。

〔一七〇〕「慈須」，丁、戊、庚、壬本同，當作「須慈」，據甲、乙、丙本改；「愍」，乙、丙、戊、庚、壬本同，甲本作「遐」，丁本作「忌」，均誤。

〔一七一〕「知」，乙、丁、戊、壬本同，甲、丙本作「諸」，「諸」爲「知」之借字，庚本作「方」，誤；「方」，甲、乙、丙、丁、戊、壬本同，庚本作「知」，誤；「速」，甲、乙、丙、戊、庚、壬本同，丁本作「早」；「爲」，乙、丙、丁、戊、庚、壬本同，甲本作「療」。

〔一七二〕第一個「行」，甲、乙、丙、丁、庚、壬本同，戊本作「孝」，誤。

〔一七三〕「議」，甲、乙、丁、戊、庚、壬本同，丙本作「儀」，「儀」爲「議」之借字。

〔一七四〕「經」，甲、乙、戊、庚、壬本同，丙本作「記」，丁本脱。《王梵志詩校注》認爲底本「經紀」作「紀經」，按底本「紀」與「經」中間有倒乙符號。

〔一七五〕「斜」，甲、乙、丙、戊、庚、壬本同，丁本作「針」，誤。

〔一七六〕「微」，丙、丁、戊、庚、壬本同，甲本作「徵」，誤。

〔一七七〕「苦」，甲、乙、丙、戊、庚、壬本同，丁本作「若」，誤。

〔一七八〕「富」，甲、乙、丙、丁、庚、壬本同，戊本作「福」。

〔一七九〕「慳」，甲、乙、丙、戊、庚、壬本同，丁本作「堅」，誤。

〔一八〇〕「吝」，乙、丙、戊、壬本同，甲、庚本作「慳」，丁本作「悕」，誤。

〔一八一〕『却却』，甲、乙、丙、丁、戊、庚、壬本同，當作『劫劫』，《王梵志詩集》據文義校改；『辛』，甲、丙、丁、戊、庚、壬本同，乙本作『新』，『新』爲『辛』之借字，丁本作『親』，誤。

〔一八二〕『尋』，當作『辱』，據甲、丙、丁、戊、庚、壬本改；『正』，甲、乙、丙、戊、庚、壬本同，丁本作『政』，『政』爲『正』之借字。

〔一八三〕『嗔』，甲、丙、丁、戊、庚、壬本同，乙本作『瞋』，『嗔』同『瞋』。

〔一八四〕『人不』，甲、丙、丁、戊、庚、壬本同，乙本作『不人』，誤。

〔一八五〕『得』，甲、乙、丙、丁、戊、庚本同，壬本作『德』，『德』爲『得』之借字。

〔一八六〕『善』，甲、乙、丙、庚、壬本同，丁、戊本作『佛』。

〔一八七〕第一個『書』，當作『晝』，據甲、乙、丁、戊、庚、壬本改，丙本作『日』；『受』，甲、乙、丙、丁、戊、庚、壬本同，《王梵志詩校注》認爲乙本作『愛』，誤。

〔一八八〕『佞』，乙、丙、丁、戊、庚、壬本同，甲本作『儜』。

〔一八九〕『六』，甲、乙、丙、戊、庚本同，丁本作『亡』，誤；『懺』，甲、乙、丙、戊、庚、壬本同，丁本作『拜』。

〔一九〇〕『濟』，當作『齋』，據甲、乙、丙、丁、戊、庚、壬本改。

〔一九一〕『煞』，甲、丙、戊、庚、壬本同，丁本作『殺』，均可通；『場』，甲、丁、戊、庚、壬本同，當作『長』，據丙本改，『場』爲『長』之借字。

〔一九二〕『含』，甲、乙、丁、戊、庚、壬本同，丙本作『貪』，誤。

〔一九三〕『嗔』，甲、丙、丁、戊本同，庚、壬本作『瞋』，『嗔』同『瞋』。

〔一九四〕『隨』，甲、乙、丁、戊、庚本同，丙本作『作』；『性』，甲、丙、丁、戊、庚、壬本同，乙本作『姓』，『姓』爲『性』之借字。

〔一九五〕『差』，乙、丙、丁、戊、庚、壬本同，甲本作『羞』，誤；『人』，甲、丙、丁、庚、壬本同，戊本脱。

〔一九六〕『即』，甲、乙、丙、丁、戊、庚、壬本作『須』；『須』，甲、乙、丙、戊、庚、壬本作『禮』，丁本作『頂』；『拜』，甲、乙、丙、戊、庚、壬本同，丁本作『禮』。

〔一九七〕『過』，甲、乙、丁、戊、庚、壬本同，丙本作『遇』；『参』，乙、丙、丁、戊本同，甲、庚本作『行』，誤。

〔一九八〕『多』，甲、乙、丁、戊、庚、壬本同，丙本作『離』；『相』，甲、乙、丁、戊、庚、壬本同，丙本作『想』。

〔一九九〕『知』，甲、乙、庚、壬本同，當作『和』，據丙、丁、戊本改。

〔二〇〇〕『身』，甲、乙、丙、庚、壬本同，丁本脱。

〔二〇一〕『前』，甲、乙、戊、庚、壬本同，丁本作『忘』，當作『纏』，據丙本改；『眠』，甲、乙、丙、戊、庚、壬本同，丁本作『睡眠』。

〔二〇二〕『萬』，甲、乙、丁、戊、庚、壬本同，丙本作『晚』，『晚』爲『萬』之借字。

〔二〇三〕『邊』，甲、乙、庚本同，丙、丁、戊本作『前』。

〔二〇四〕此句甲、乙、丙、丁、庚、壬本同，戊本無。

〔二〇五〕『嘗』，甲、丁、庚、壬本同，當作『常』，據丙本改，『嘗』爲『常』之借字。此句戊本無。

〔二〇六〕『貸』，甲、乙、丙、戊、庚、壬本同，丁本作『貨』，誤。壬本此句後另有『必莫惜家嘗，布施無邊福，來生不少糧，家貧從力貸』。

〔二〇七〕『嬾』，甲、乙、丙、丁、庚、壬本同，戊本作『賴』，誤，《王梵志詩校輯》釋作『懶』，雖義可通而字誤；『傭』，丙、庚、壬本同，甲本作『傭』，乙本作『慵』，丁、戊本作『墉』，『傭』『墉』均爲『慵』之借字，《王梵志詩校注》認爲丙本作『墉』，誤。

〔二〇八〕『棄』，甲、乙、丁、壬本同，丙、戊、庚本作『去』，均可通。

〔二〇九〕『違』，甲、乙、戊、庚、壬本同，丙本作『催』，丁本作『遣』，均誤。

〔二一〇〕『智』，乙、戊、庚、壬本同，甲本作『知』，丙本作『志』，當作『至』，據丁本改，『智』『知』『志』均爲『至』之借字，《王梵志詩研究》認爲『智』義勝；『妙』，甲、乙、丙、戊、庚、壬本同，丁本作『妙妙』，一在行末，一在次行行首，此爲當時的一種抄寫習慣，可以稱作『提行添字例』，第二個『妙』字應不讀。

〔二一一〕『如』，甲、乙、丙、戊、庚、壬本同，丁本作『而』，『而』爲『如』之借字。

〔二一二〕『詩』，據甲、丙、丁、戊本補，庚本作『詩集』。

參考文獻

《敦煌寶藏》二二册，臺北：新文豐出版公司，一九八二年，四四八至四四九頁（圖）；《敦煌寶藏》二八册，臺北：新文豐出版公司，一九八二年，二三二至二三四頁（圖）；《敦煌寶藏》三七册，臺北：新文豐出版公司，一九八二年，二七八至二七九頁（圖）；《敦煌寶藏》四四册，臺北：新文豐出版公司，一九八二年，四七五頁（圖）；《王梵志詩校輯》，北京：中華書局，一九八三年，一一七至一四四頁（録）；《敦煌寶藏》一二三册，臺北：新文豐出版公司，一九八五年，四七一至四七二頁（圖）；《敦煌寶藏》一二七册，臺北：新文豐出版公司，一九八五年，二二七頁（圖）；《敦煌寶藏》一二九册，臺北：新文豐出版公司，一九八五年，六八至七〇、四八一至四八三頁（圖）；《敦煌寶藏》一三〇册，臺北：新文豐出版公司，一九八五年，一六〇至一六二頁（圖）；《敦煌寶藏》一三三册，臺北：新文豐出版公司，一九八六年，一一五至一一七頁（圖）；《王梵志詩研究》（下），臺北：學生書局，一九八七年，二八七至三三六頁（録）；《敦煌學輯刊》一九八七年二期，三二、三四、三五頁；《敦煌研究》一九八八年二期，五四至五九頁；《中國古代寫本識語集録》，東京大學東洋文化研究所，一九九〇年，四七八頁（録）；《英藏敦煌文獻》四卷，成都：四川人民出版社，一九九一年，二〇五頁（圖）；《王梵志詩校注》，上海古籍出版社，一九九一年，四八三至五七〇頁（録）；《英藏敦煌文獻》五卷，成都：四川人民出版社，一九九二年，六九至七〇頁（圖）；《英藏敦煌文獻》六卷，成都：四川人民出版社，一九九四年，一五二頁（圖）；《英藏敦煌文獻》九卷，成都：四川人民出版社，一九九四年，一五二頁（圖）；《法藏敦煌西域文獻》一七册，上海古籍出版社，二〇〇一年，三四九至三五〇頁（圖）；《法藏敦煌西域文獻》二二册，上海古籍出版社，二〇〇二年，三一七至三一八頁（圖）；《法藏敦煌西域文獻》二五册，上海古籍出版社，二〇〇二年，二六四至二六六頁（圖）；《法藏敦煌西域文獻》二六册，上海古籍出版社，二〇〇二年，七八至七九頁、二四四至二四六頁（圖）；《法藏敦煌西域文獻》三一册，上海古籍出版社，二〇〇五年，一二九至一三一頁（圖）；《王梵志詩校注》（增訂本），上海古籍出版社，二〇一〇年，四一二至四八八頁（録）。

斯二七一〇　二　清泰四年（公元九三七年）十二月吴儒賢書題記

釋文

清泰四年丁酉歲十二月〔一〕，舍書吴儒賢書〔二〕，從頭自續氾富川〔三〕。

説明

吴儒賢在氾富川所抄文字後面抄寫了題記和契約，故有『從頭自續氾富川』之説。

校記

〔一〕『四』，《法忍抄本殘卷王梵志詩初校》釋作『三』。

〔二〕『舍』，《敦煌遺書總目索引》《敦煌遺書總目索引新編》均未能釋讀；『儒』，《敦煌遺書總目索引》《敦煌遺書總目索引新編》均未能釋讀；『書』，《敦煌蒙書研究》漏録。

〔三〕『頭』，《法忍抄本殘卷王梵志詩初校》釋作『頭目』，按底本實無『目』字。

參考文獻

Descriptive Catalogue of the Chinese Manuscripts from Tunhuang in the British Museum, The Trustees of the British Museum, London, 1957, p. 238（録）；《敦煌寶藏》二二册，臺北：新文豐出版公司，一九八二年，四四八至四四九頁（圖）；《敦煌遺書總目索引》，北京：中華書局，一九八三年，一六四頁（録）；《敦煌學》一二輯，臺北：新文豐出版公司，一九八七年，九二頁（録）；《英藏敦煌文獻》四卷，成都：四川人民出版社，一九九一年，二〇五頁（圖）；《敦煌遺書總目索引新編》，北京：中華書局，二〇〇〇年，八三頁（録）；《敦煌蒙書研究》，蘭州：甘肅教育出版社，二〇〇二年，四二五頁（録）。

斯二七一〇　三　清泰四年（公元九三七年）十二月洪潤鄉百姓氾富川賣牛契抄

釋文

清泰三（四）年丁酉歲十二月〔一〕，洪潤鄉百姓氾富川爲家中力欠小〔匹〕〔帛〕〔二〕，田（填）納兩户地水七十畝〔三〕，全緣交（？）□有定，母舍三口，兩家到（對）面買（賣）六歲庚（耕）牛〔四〕，全自相交卻納布（？），必（？）自有布，如兩相交卻，還布得二疋者。如先有者，睘（還）絹一疋〔五〕。見人王骨子、見人陰買子、陰少兒。

説明

此件首尾完整，字跡潦草，並未保存契約文書的原格式，且每有脱誤，應爲抄件。此件中之『清泰三年』，學界一般認爲當爲『四年』之誤。另，此件中之見人『王骨子』亦見於伯二八四二背《甲辰年一月九日社司轉帖》及同件《乙酉年正月廿九日空來兒身故納贈歷》（參看沙知《敦煌契約文書輯校》，六七頁）。

《敦煌遺書總目索引新編》等誤以爲此件在『王梵志詩一卷』的背面。

校記

〔一〕『三』，當作『四』，《中國歷代契約會編考釋》據文義校改，《敦煌社會經濟文獻真蹟釋録》逕釋作『四』。

〔二〕『潤』，《中國歷代契約會編考釋》《敦煌契約文書輯校》釋作『閏』。『疋帛』，據文義補。

〔三〕『田』，當作『填』，《中國歷代契約會編考釋》據文義校改，『田』爲『填』之借字。

〔四〕『到』，當作『對』，《敦煌契約文書輯校》據文義校改；『買』，當作『賣』，《中國歷代契約會編考釋》據文義校改；『庚』，當作『耕』，《中國歷代契約會編考釋》據文義校改，『庚』爲『耕』之借字。

〔五〕『睘』，當作『還』，《敦煌契約文書輯校》據文義校改。

參考文獻

《敦煌寶藏》二二册，臺北：新文豐出版公司，一九八二年，四四九頁（圖）；《敦煌社會經濟文獻真蹟釋録》二輯，北京：全國圖書館文獻縮微複製中心，一九九〇年，六一頁（録）；《英藏敦煌文獻》四卷，成都：四川人民出版社，一九九一年，二〇六頁（圖）；《中國歷代契約會編考釋》，北京大學出版社，一九九五年，二三九頁（録）；《敦煌契約文書輯校》，南京：江蘇古籍出版社，一九九八年，六六頁（録）；《敦煌遺書總目索引新編》，北京：中華書局，二〇〇〇年，一六四頁。

斯二七一〇背　一　背題（汜富川王梵志詩一卷）

釋文

汜富川王梵志詩一卷。

説明

此件筆跡與正面文書相同，應該是正面文書的背題，『汜富川』似爲『王梵志詩一卷』的主人。其後有雜寫若干行。

參考文獻

《敦煌寶藏》二二册，臺北：新文豐出版公司，一九八二年，四四九頁（圖）；《英藏敦煌文獻》四卷，成都：四川人民出版社，一九九一年，二〇六頁（圖）。

斯二七一〇背　二　雜寫

釋文

第第立第官布官官布立立第
曹曹火火火爐爐火爐爐爐爐
（中空）
社司轉帖右緣少事商量諸公等帖至
爭爭良勝郎官（？）孔目

説明

以上内容爲時人隨手所寫於『王梵志詩一卷』卷背，有正書，有倒書。最後兩行，《英藏敦煌文獻》漏印圖版。

參考文獻

《敦煌寶藏》二二册，臺北：新文豐出版公司，一九八二年，四四九至四五〇頁（圖）；《英藏敦煌文獻》四卷，成都：四川人民出版社，一九九一年，二〇六頁（圖）。

圖書在版編目(CIP)數據

英藏敦煌社會歷史文獻釋録. 第13卷/郝春文等編著.
—北京: 社會科學文獻出版社, 2015.7
(敦煌社會歷史文獻釋録. 第1編)
ISBN 978-7-5097-7563-9

Ⅰ.①英… Ⅱ.①郝… Ⅲ.①敦煌學-文獻-注釋
Ⅳ.①K870.6

中國版本圖書館CIP數據核字(2015)第117443號

敦煌社會歷史文獻釋録 第一編
英藏敦煌社會歷史文獻釋録 第十三卷

編 著/郝春文 宋雪春 李芳瑶 王秀林 陳于柱

出 版 人/謝壽光
項目統籌/宋月華 李建廷
責任編輯/李建廷

出 版/社會科學文獻出版社·人文分社(010)59367215
地址: 北京市北三環中路甲29號院華龍大厦 郵編: 100029
網址: www.ssap.com.cn
發 行/市場營銷中心(010)59367081 59367090
讀者服務中心(010)59367028
印 裝/三河市東方印刷有限公司

規 格/開 本: 889mm×1194mm 1/32
印 張: 17.125 字 數: 373千字
版 次/2015年7月第1版 2015年7月第1次印刷
書 號/ISBN 978-7-5097-7563-9
定 價/69.00圓

本書如有破損、缺頁、裝訂錯誤,請與本社讀者服務中心聯繫更換